令和5年度・6年度

入管法令改正及び育成就労法の解説

特別高度人材　未来創造人材　興行　送還停止効の例外　退去命令
監理措置　補完的保護　在留特別許可申請　日系4世
本邦大学等卒業者　技術・人文知識・国際業務に係る関連性審査　デジタルノマド
特定在留カード　特定技能　育成就労

著　弁護士　山脇 康嗣

新日本法規

は し が き

　令和4年9月に、『詳説　入管法と外国人労務管理・監査の実務－入管・労働法令、内部審査基準、実務運用、裁判例－〔第3版〕』を刊行して以降、非常に重要な法律改正がありました。即ち、①令和5年法律第56号による令和5年入管法改正（送還停止効の例外規定の創設、罰則付き退去命令制度の創設、収容に代わる監理措置の創設、補完的保護対象者認定制度の創設及び在留特別許可の申請手続の創設等）、②令和6年法律第60号による令和6年入管法及び技能実習法改正（技能実習制度に代わる育成就労制度の創設及び特定技能制度の見直し等）、③令和6年法律第59号による令和6年入管法改正（在留カードとマイナンバーカードの一体化）がありました。

　特に、①はいわゆる収容・送還問題を解決するための法律改正であり、②は制度目的と実態に齟齬がある技能実習制度の問題を解決するための法律改正です。我が国の出入国在留管理行政が長期間にわたって抱えてきた二大課題を立法的に解決しようとするものであり、歴史的な法律改正であったと評価することができます。

　また、令和5年度及び6年度は、上記①ないし③の法律改正以外にも、次のような重要な法令改正（一部運用変更を含みます。以下同じ。）が相次ぎました。即ち、特別高度人材制度及び未来創造人材制度の創設（特別高度人材省令の制定、高度専門職省令及び特定活動告示の改正）、在留資格「興行」に係る上陸許可基準の改正、日系4世の受入要件に係る特定活動告示の改正及び「定住者」への在留資格変更に係る運用の変更、本邦大学等卒業者（特定活動告示46号）の対象者追加、外国人留学生キャリア形成促進プログラムとして認定を受けた学科を修了した専門士についての「技術・人文知識・国際業務」に係る関連性審査の緩和、デジタルノマドに係る在留資格「特定活動」の創設、特定産業分野及び業務区分等の追加並びに「特定技能2号」の対象分野拡大等の重要な法令改正が相次いで行われました。

　これらはいずれも、法曹、行政書士、社会保険労務士、行政官及び捜査官らの法律実務家による外国人関係業務の遂行に対して重大な影響があります。そのため、実務家は、法令改正の内容を正確に理解した上で、直ちに対応の準備を進める必要があります。しかし、法令改正の多くの内容が複雑であり、難解です。令和5年度及び6年度の法令改正を経た現在の制度が、我が国の出入国在留管理法制史上、複雑さを最も極めているといえます。

　そこで、令和5年度及び6年度の法令改正の重要性及び難解さに鑑み、その内容をわかりやすく正確に解説する本書を刊行することとしました。本書と『詳説　入管法と外国人労務管理・監査の実務－入管・労働法令、内部審査基準、実務運用、裁判例－〔第3版〕』を併用して頂くことを想定しています。なお、在留資格「興行」については、『詳説　入管法と外国人労務管理・監査の実務－入管・労働法令、内部審査基準、実務運用、裁判例－〔第3版〕』において独立しては取り上げていないところ、「「興行」の在留資格は実務でそれなりの頻度で取り扱うが、全体像を理解しづらく、解釈に悩むことも多いため、是非解説が欲しい。」という意見が同書の読者から多く寄せられていました。そのため、本書において、上陸許可基準に係る改正事項そのものにとどまらず、在留資格「興行」の全般について実務的観点から

解説することとしました。

　本書が、外国人関係業務を扱う法曹、行政書士、社会保険労務士、行政官及び捜査官らの法律実務家等において広く活用され、入管法1条が規定する「公正な出入国在留管理」の実現、ひいては、日本人と外国人との共生及び社会統合の実現に貢献できることを祈念しています。

　末筆ではありますが、本書の企画・編集の全般にわたってご尽力頂いた新日本法規出版の田代隆志氏及び中林裕生氏のご厚情に、心から感謝申し上げます。

　令和6年9月

弁護士　山脇　康嗣

著者略歴

山脇　康嗣（やまわき　こうじ）

さくら共同法律事務所パートナー弁護士

昭和52年大阪府生まれ

慶應義塾大学法学部法律学科卒業

慶應義塾大学大学院法務研究科専門職学位課程修了

東京入国管理局長承認入国在留審査関係申請取次行政書士を経て、弁護士登録

現在、慶應義塾大学大学院法務研究科非常勤講師（入管法担当）、慶應義塾大学大学院法務研究科グローバル法研究所（ＫＥＩＧＬＡＤ）客員所員、第二東京弁護士会国際委員会副委員長、日本弁護士連合会人権擁護委員会特別委嘱委員（出入国在留管理庁との定期協議担当）、日本弁護士連合会多文化共生社会の実現に関するワーキンググループ委員、日本行政書士会連合会法律顧問

外国人に関係する企業（監理団体、登録支援機関及び日本語学校を含む。）及び入管業務・技能実習業務を手掛ける行政書士・弁護士の顧問並びに監理団体の外部監査人を多数務める。

＜主　著＞

『詳説　入管法と外国人労務管理・監査の実務－入管・労働法令、内部審査基準、実務運用、裁判例－〔第３版〕』（新日本法規出版、令和４年）－単著

『特定技能制度の実務』（日本加除出版、令和２年）－単著

『技能実習法の実務』（日本加除出版、平成29年）－単著

『入管法判例分析』（日本加除出版、平成25年）－単著

『Ｑ＆Ａ外国人をめぐる法律相談』（新日本法規出版、平成24年）－編集代表・執筆

『外国人及び外国企業の税務の基礎－居住者・非居住者の税務と株式会社・合同会社・支店の税務における重要制度の趣旨からの解説－』（日本加除出版、平成27年）－共編著

『円滑に外国人材を受け入れるためのグローバルスタンダードと送出国法令の解説』（ぎょうせい、令和４年）－共著

『事例式民事渉外の実務』（新日本法規出版、平成14年）－分担執筆

『こんなときどうする外国人の入国・在留・雇用Ｑ＆Ａ』（第一法規、平成４年）－分担執筆

「「特定技能２号」の対象分野拡大の意義と課題」季刊労働法283号

「技能実習制度及び特定技能制度の改革の方向性」日本労働法学会誌135号

「実務家からみた平成30年入管法改正に対する評価と今後の課題」季刊労働法265号

「入管法及び技能実習法の実務と今後の課題」季刊労働法262号

「一体的に進む外国人の受入基準緩和と管理強化」自由と正義2017年６月号

略　語　表

1　法令名等の表記

法令名等は、次のとおりの略称を用いて表記しています。

入管法	出入国管理及び難民認定法
入管法施行規則	出入国管理及び難民認定法施行規則
育成就労政府基本方針	育成就労の適正な実施及び育成就労外国人の保護に関する基本方針
育成就労分野別運用方針	個別育成就労産業分野における育成就労に係る制度の運用に関する方針
育成就労法	外国人の育成就労の適正な実施及び育成就労外国人の保護に関する法律
議定書	難民の地位に関する議定書
技能実習法	外国人の技能実習の適正な実施及び技能実習生の保護に関する法律
刑事収容施設処遇法	刑事収容施設及び被収容者等の処遇に関する法律
建築物衛生法	建築物における衛生的環境の確保に関する法律
高度専門職省令	出入国管理及び難民認定法別表第1の2の表の高度専門職の項の下欄の基準を定める省令
拷問等禁止条約	拷問及び他の残虐な、非人道的な又は品位を傷つける取扱い又は刑罰に関する条約
上陸基準省令	出入国管理及び難民認定法第7条第1項第2号の基準を定める省令
審査要領	入国・在留審査要領
造船・舶用工業事務取扱要領	造船・舶用工業分野に係る特定技能外国人受入れに係る事務取扱要領
特定活動告示	出入国管理及び難民認定法第7条第1項第2号の規定に基づき同法別表第1の5の表の下欄に掲げる活動を定める件
特定技能飲食料品製造業分野告示	出入国管理及び難民認定法第7条第1項第2号の基準を定める省令及び特定技能雇用契約及び1号特定技能外国人支援計画の基準等を定める省令の規定に基づき飲食料品製造分野に特有の事情に鑑みて定める基準
特定技能運用要領（飲食料品製造業分野）	特定の分野に係る特定技能外国人受入れに関する運用要領―飲食料品製造業分野の基準について―
特定技能運用要領（外食業分野）	特定の分野に係る特定技能外国人受入れに関する運用要領―外食業分野の基準について―
特定技能運用要領（漁業分野）	特定の分野に係る特定技能外国人受入れに関する運用要領―漁業分野の基準について―
特定技能運用要領（建設分野）	特定の分野に係る特定技能外国人受入れに関する運用要領―建設分野の基準について―

特定技能運用要領（航空分野）	特定の分野に係る特定技能外国人受入れに関する運用要領－航空分野の基準について－
特定技能運用要領（自動車整備分野）	特定の分野に係る特定技能外国人受入れに関する運用要領－自動車整備分野の基準について－
特定技能運用要領（造船・舶用工業分野）	特定の分野に係る特定技能外国人受入れに関する運用要領－造船・舶用工業分野の基準について－
特定技能運用要領（素形材・産業機械・電気電子情報関連製造業分野）	特定の分野に係る特定技能外国人受入れに関する運用要領－素形材・産業機械・電気電子情報関連製造業分野の基準について－
特定技能運用要領（農業分野）	特定の分野に係る特定技能外国人受入れに関する運用要領－農業分野の基準について－
特定技能運用要領（ビルクリーニング分野）	特定の分野に係る特定技能外国人受入れに関する運用要領－ビルクリーニング分野の基準について－
特定技能介護分野告示	出入国管理及び難民認定法第７条第１項第２号の基準を定める省令及び特定技能雇用契約及び１号特定技能外国人支援計画の基準等を定める省令の規定に基づき介護分野について特定の産業上の分野に特有の事情に鑑みて当該分野を所管する関係行政機関の長が定める基準
特定技能外食業分野告示	出入国管理及び難民認定法第７条第１項第２号の基準を定める省令及び特定技能雇用契約及び１号特定技能外国人支援計画の基準等を定める省令の規定に基づき外食業分野に特有の事情に鑑みて定める基準
特定技能基準省令	特定技能雇用契約及び１号特定技能外国人支援計画の基準等を定める省令
特定技能漁業分野告示	特定技能雇用契約及び１号特定技能外国人支援計画の基準等を定める省令第２条第１項第13号及び第２項第７号の規定に基づき、漁業分野に特有の事情に鑑みて定める基準
特定技能建設分野告示	出入国管理及び難民認定法第７条第１項第２号の基準を定める省令及び特定技能雇用契約及び１号特定技能外国人支援計画の基準等を定める省令の規定に基づき建設分野に特有の事情に鑑みて当該分野を所管する関係行政機関の長が告示で定める基準を定める件
特定技能工業製品製造業分野告示	出入国管理及び難民認定法第７条第１項第２号の基準を定める省令及び特定技能雇用契約及び１号特定技能外国人支援計画の基準等を定める省令の規定に基づき工業製品製造業分野に特有の事情に鑑みて定める基準
特定技能航空分野告示	出入国管理及び難民認定法第７条第１項第２号の基準を定める省令及び特定技能雇用契約及び１号特定技能外国人支援計画の基準等を定める省令の規定に基づき航空分野に特有の事情に鑑みて当該分野を所管する関係行政機関の長が告示で定める基準

特定技能自動車整備分野告示	出入国管理及び難民認定法第7条第1項第2号の基準を定める省令及び特定技能雇用契約及び1号特定技能外国人支援計画の基準等を定める省令の規定に基づき自動車整備分野に特有の事情に鑑みて当該分野を所管する関係行政機関の長が告示で定める基準を定める件
特定技能宿泊分野告示	出入国管理及び難民認定法第7条第1項第2号の基準を定める省令及び特定技能雇用契約及び1号特定技能外国人支援計画の基準等を定める省令の規定に基づき宿泊分野に特有の事情に鑑みて当該分野を所管する関係行政機関の長が告示で定める基準を定める件
特定技能除外国告示	出入国管理及び難民認定法第7条第1項第2号の基準を定める省令の特定技能の在留資格に係る基準の規定に基づき退去強制令書の円滑な執行に協力する外国政府又は出入国管理及び難民認定法施行令第1条に定める地域の権限ある機関を定める件
特定技能政府基本方針	特定技能の在留資格に係る制度の運用に関する基本方針
特定技能造船・舶用工業分野告示	出入国管理及び難民認定法第7条第1項第2号の基準を定める省令及び特定技能雇用契約及び1号特定技能外国人支援計画の基準等を定める省令の規定に基づき造船・舶用工業分野に特有の事情に鑑みて当該分野を所管する関係行政機関の長が告示で定める基準を定める件
特定技能素形材・産業機械・電気電子情報関連製造業分野告示	出入国管理及び難民認定法第7条第1項第2号の基準を定める省令及び特定技能雇用契約及び1号特定技能外国人支援計画の基準等を定める省令の規定に基づき素形材・産業機械・電気電子情報関連製造業分野に特有の事情に鑑みて定める基準
特定技能特有事情分野告示	出入国管理及び難民認定法第7条第1項第2号の基準を定める省令及び特定技能雇用契約及び1号特定技能外国人支援計画の基準等を定める省令の規定に基づき特定の産業上の分野を定める件
特定技能農業分野告示	特定技能雇用契約及び1号特定技能外国人支援計画の基準等を定める省令第2条第1項第13号及び第2項第7号の規定に基づき、農業分野に特有の事情に鑑みて定める基準
特定技能ビルクリーニング分野告示	出入国管理及び難民認定法第7条第1項第2号の基準を定める省令及び特定技能雇用契約及び1号特定技能外国人支援計画の基準等を定める省令の規定に基づきビルクリーニング分野について特定の産業上の分野に特有の事情に鑑みて当該分野を所管する関係行政機関の長が定める基準
特定技能分野等省令	出入国管理及び難民認定法別表第1の2の表の特定技能の項の下欄に規定する産業上の分野等を定める省令
特定技能分野別運用方針（外食業分野）	外食業分野における特定技能の在留資格に係る制度の運用に関する方針
特定技能分野別運用方針（工業製品製造業分野）	工業製品製造業分野における特定技能の在留資格に係る制度の運用に関する方針

特定技能分野別運用方針（自動車運送業分野）	自動車運送業分野における特定技能の在留資格に係る制度の運用に関する方針
特定技能分野別運用方針（造船・舶用工業分野）	造船・舶用工業分野における特定技能の在留資格に係る制度の運用に関する方針
特定技能分野別運用方針（鉄道分野）	鉄道分野における特定技能の在留資格に係る制度の運用に関する方針
特定技能分野別運用要領（飲食料品製造業分野）	「飲食料品製造業分野における特定技能の在留資格に係る制度の運用に関する方針」に係る運用要領
特定技能分野別運用要領（外食業分野）	「外食業分野における特定技能の在留資格に係る制度の運用に関する方針」に係る運用要領
特定技能分野別運用要領（漁業分野）	「漁業分野における特定技能の在留資格に係る制度の運用に関する方針」に係る運用要領
特定技能分野別運用要領（自動車運送業分野）	「自動車運送業分野における特定技能の在留資格に係る制度の運用に関する方針」に係る運用要領
特定技能分野別運用要領（宿泊分野）	「宿泊分野における特定技能の在留資格に係る制度の運用に関する方針」に係る運用要領
特定技能分野別運用要領（造船・舶用工業分野）	「造船・舶用工業分野における特定技能の在留資格に係る制度の運用に関する方針」に係る運用要領
特定技能分野別運用要領（ビルクリーニング分野）	「ビルクリーニング分野における特定技能の在留資格に係る制度の運用に関する方針」に係る運用要領
特定技能木材産業分野告示	出入国管理及び難民認定法第7条第1項第2号の基準を定める省令（平成2年法務省令第16号）の表の法別表第1の2の表の特定技能の項の下欄第1号に掲げる活動の項の下欄第6号及び特定技能雇用契約及び1号特定技能外国人支援計画の基準等を定める省令（平成31年法務省令第5号）の規定に基づき、木材産業分野に特有の事情に鑑みて定める基準を定める件
特別高度人材省令	特別高度人材の基準を定める省令
難民条約	難民の地位に関する条約

日系４世在留指針告示	出入国管理及び難民認定法第７条第１項第２号の規定に基づき同法別表第１の５の表の下欄に掲げる活動を定める件第43号に掲げる活動を指定されて在留する者の在留手続の取扱いに関する指針
入管特例法	日本国との平和条約に基づき日本の国籍を離脱した者等の出入国管理に関する特例法
番号利用法	行政手続における特定の個人を識別するための番号の利用等に関する法律
風営法	風俗営業等の規制及び業務の適正化等に関する法律
変更基準省令	出入国管理及び難民認定法第20条の２第２項の基準を定める省令
労働施策総合推進法	労働施策の総合的な推進並びに労働者の雇用の安定及び職業生活の充実等に関する法律
労働者派遣法	労働者派遣事業の適正な運営の確保及び派遣労働者の保護等に関する法律

２　判例の表記

判例は次のように表記しました。

（１）　略記例

東京高等裁判所令和２年１月29日判決（判例タイムズ1479号28頁）

＝東京高裁令和２年１月29日判決（判タ1479号28頁）

（２）　出典略称

判時	判例時報		判タ	判例タイムズ

３　文献の表記

参考文献については、原則としてフルネームを用いて表記しましたが、煩雑さを避けるため下記の書籍については略称を用いました。

出入国管理法令研究会『入管関係法大全　第２巻〔第２版〕』（日本加除出版、令和３年）

＝『入管関係法大全　第２巻〔第２版〕』

目　次

第1編　令和5年度・6年度入管法令改正の解説

第1章　特別高度人材制度及び未来創造人材制度の創設（特別高度人材省令の制定、高度専門職省令及び特定活動告示の改正）

ページ

第1節　特別高度人材制度の創設……………………………………………3

第1　特別高度人材制度の概要………………………………………3

第2　特別高度人材として認定されるための要件………………………3

1　「高度専門職1号」に係る主活動の類型………………………4

2　①高度学術研究活動又は②高度専門・技術活動の活動類型に係る外国人………4

（1）特別高度人材として認定されるための要件………………4

（2）「修士号以上の学位」の意義……………………………4

（3）「年収」の意義……………………………………4

（4）要件該当性の判断基準時…………………………4

3　③高度経営・管理活動の活動類型に係る外国人………………5

第3　出入国在留管理上の優遇措置の内容…………………………5

1　在留資格「高度専門職1号」をもって在留する場合の優遇措置………5

2　在留資格「高度専門職2号」をもって在留する場合の優遇措置………6

第4　申請手続の流れ等…………………………………………6

第2節　未来創造人材制度の創設……………………………………6

第1　未来創造人材制度の概要………………………………………6

第2　未来創造人材の要件……………………………………………7

1　年　齢………………………………………………………7

2　対象大学……………………………………………………7

3　卒業後の年数………………………………………………8

4　生計維持費…………………………………………………8

第3　未来創造人材に認められる活動………………………………8

第4　未来創造人材の家族の帯同……………………………………8

第2章　在留資格「興行」に係る上陸許可基準の改正

第1節　改正の概要………………………………………………………9

第2節 在留資格「興行」の詳解 ………………………………………9

第1 在留資格の概要………………………………………………………9

第2 在留資格該当性の定め………………………………………………10

  1 ①「興行に係る活動」と②「その他の芸能活動」の2つの類型…………10

  2 重複しうる他の在留資格との関係………………………………………11

   （1）「経営・管理」との関係…………………………………………11

   （2）「芸術」、「技術・人文知識・国際業務」との関係………………11

   （3）「報道」との関係…………………………………………………11

第3 在留資格該当性の説明………………………………………………12

  1 「興行に係る活動」の類型について……………………………………12

   （1）「演劇、演芸、演奏、スポーツ等の興行」の意義………………12

   （2）「興行に係る活動」の意義………………………………………12

  2 「その他の芸能活動」の類型について…………………………………18

   （1）「その他の芸能活動」の意義……………………………………18

   （2）本邦の公私の機関との契約の要否………………………………19

   （3）芸能人以外の芸能活動関係者の活動……………………………19

  3 在留資格該当性に係る審査のポイント…………………………………19

第4 上陸許可基準の定め…………………………………………………20

第5 上陸許可基準の説明…………………………………………………23

  1 「演劇等の興行に係る活動」に従事しようとする場合(上陸基準省令1号)……26

   （1）上陸基準省令1号イ（新設された緩和形態）……………………27

   （2）上陸基準省令1号ロ（旧基準省令2号相当形態）………………31

   （3）上陸基準省令1号ハ（旧基準省令1号に相当する標準形態）………35

  2 「演劇等の興行に係る活動以外の興行に係る活動」に従事しようとする場合（上陸基準省令2号）………………………………………44

  3 「興行に係る活動以外の芸能活動」に従事しようとする場合（上陸基準省令3号）……………………………………………………45

   （1）商品又は事業の宣伝に係る活動（上陸基準省令3号イ）…………45

   （2）放送番組（有線放送番組を含む。）又は映画の製作に係る活動（上陸基準省令3号ロ）……………………………………………46

   （3）商業用写真の撮影に係る活動（上陸基準省令3号ハ）……………47

   （4）商業用のレコード、ビデオテープその他の記録媒体に録音又は録画を行う活動（上陸基準省令3号ニ）………………………47

第6 「興行」に係る提出資料………………………………………………47

第3章　収容・送還等に関する令和5年入管法改正（令和5年法律第56号）

Ⅰ　令和5年入管法改正の概要

第1節　改正の理由 ……………………………………………………………48

第2節　難民認定手続に係る改正 ………………………………………………48
第1　難民認定等の申請をした外国人に対する適切な配慮 ……………………48
第2　難民認定等を適切に行うための措置 ………………………………………48
 1　難民該当性に関する規範的要素の明確化等 ……………………………48
 2　難民の出身国情報等を充実するとともに、難民調査官の能力を向上させ、育成するための措置 ……………………………………………………48
第3　仮滞在許可 ……………………………………………………………………49
第4　難民認定手続と在留特別許可手続の分離 …………………………………49
第5　難民旅行証明書 ………………………………………………………………49

第3節　補完的保護対象者認定手続に係る改正 ………………………………49

第4節　退去強制手続に係る改正 ………………………………………………49
第1　出国命令 ………………………………………………………………………49
第2　監理措置 ………………………………………………………………………50
第3　仮放免 …………………………………………………………………………50
第4　在留特別許可 …………………………………………………………………50
第5　送還停止効の例外（難民認定手続及び補完的保護対象者認定手続と退去強制手続との関係） ……………………………………………………………50
第6　上陸拒否期間を1年とする旨の決定 ………………………………………50
第7　退去のための計画 ……………………………………………………………51
第8　退去の命令 ……………………………………………………………………51

第5節　被収容者の処遇に係る改正 ……………………………………………51

Ⅱ　令和5年入管法改正の詳解

第1節　改正の理由 ……………………………………………………………51

第2節　難民認定手続に係る改正 …………………………………………52

第1　難民認定等の申請をした外国人に対する適切な配慮 ………………52

第2　難民認定等を適切に行うための措置 ……………………………………52

  1　難民該当性に関する規範的要素の明確化等 …………………………52

    （1）　難民の定義 ………………………………………………………52

    （2）　入管庁による「難民該当性判断の手引」の策定 ……………53

    （3）　「難民該当性判断の手引」の分析 ……………………………56

    （4）　実務上の対応 ……………………………………………………75

  2　難民の出身国情報等を充実するとともに、難民調査官の能力を向上させ、
育成するための措置 …………………………………………………………76

第3　仮滞在許可 …………………………………………………………………76

  1　仮滞在許可の要件 ………………………………………………………76

  2　仮滞在許可を受けた外国人に禁止される活動 ………………………78

  3　報酬を受ける活動の許可 ………………………………………………78

    （1）　意　義 ……………………………………………………………78

    （2）　仮滞在許可書への記載 …………………………………………79

    （3）　報酬を受ける活動の許可の取消し ……………………………79

    （4）　活動の状況の届出 ………………………………………………79

  4　仮滞在期間の終期の到来 ………………………………………………79

  5　仮滞在許可を受けた在留資格未取得外国人の在留資格の取得 ……80

    （1）　要　件 ……………………………………………………………80

    （2）　考慮事情 …………………………………………………………80

    （3）　退去強制手続との関係 …………………………………………80

  6　仮滞在許可の取消し ……………………………………………………81

第4　難民認定手続と在留特別許可手続の分離 ……………………………81

第5　難民旅行証明書 ……………………………………………………………81

  1　難民旅行証明書の有効期間 ……………………………………………81

  2　難民旅行証明書の有効期間の延長 ……………………………………81

第3節　補完的保護対象者認定手続に係る改正 ……………………82

第1　補完的保護対象者 …………………………………………………………82

  1　定　義 ……………………………………………………………………82

  2　補完的保護対象者の該当性 ……………………………………………82

  3　改正前入管法に基づく難民認定手続における人道配慮による在留特別許可
との関係（改正前より人道配慮による在留許可の範囲が狭まるかについて）……83

  4　行政手続法の適用除外 …………………………………………………84

第2　補完的保護対象者の認定……………………………………………………84

1　補完的保護対象者認定申請（2項申請）による場合………………………84

2　難民認定申請（1項申請）による場合………………………………………84

第3　補完的保護対象者認定証明書の交付………………………………………85

第4　補完的保護対象者認定申請に対し不認定とした場合の理由提示…………85

第5　難民に関する取扱いに準じた取扱い…………………………………………85

1　在留資格の取消し………………………………………………………………86

2　退去強制事由……………………………………………………………………86

3　在留資格「定住者」に係る羈束的許可………………………………………86

4　「定住者」への在留資格変更又は在留資格取得に係る羈束的許可…………87

5　仮滞在許可………………………………………………………………………87

6　退去強制手続との関係…………………………………………………………87

（1）　仮滞在期間が経過するまでの間の退去強制手続の停止………………87

（2）　仮滞在許可を受けていない者及び仮滞在期間が経過することになった

者に係る退去強制令書に基づく送還の停止……………………………87

7　不正に認定を受けたこと等による補完的保護対象者認定の取消し………88

8　補完的保護対象者認定を受けた者の在留資格の取消し……………………88

9　審査請求…………………………………………………………………………88

10　永住許可要件の緩和……………………………………………………………89

（1）　補完的保護対象者の認定を受けている者………………………………89

（2）　国際連合難民高等弁務官事務所その他の国際機関が保護の必要性を認

めた者…………………………………………………………………………89

11　退去強制令書の発付に伴う補完的保護対象者認定証明書の返納……………89

12　送還先からの除外………………………………………………………………89

13　一時庇護上陸許可の対象者の追加……………………………………………89

14　刑事罰（補完的保護対象者認定不正取得罪）………………………………90

15　認定を適切に行うための措置…………………………………………………90

16　日本語教育………………………………………………………………………90

17　みなし再入国許可の適用除外…………………………………………………90

第4節　退去強制手続に係る改正……………………………………………………91

第1　出国命令…………………………………………………………………………92

1　対象者の類型の追加……………………………………………………………92

2　類型に応じた上陸拒否期間……………………………………………………92

（1）　違反調査の開始前に、速やかに本邦から出国する意思をもって自ら出

入国在留管理官署に出頭し、出国命令により出国した者………………92

（2）　違反調査の開始後、入国審査官から退去強制対象者に該当する旨の通
　　　知を受ける前に、速やかに本邦から出国する意思がある旨を表明し、出
　　　国命令により出国した者………………………………………………………92
第2　監理措置………………………………………………………………………………93
　1　退去強制令書の発付前の収容に代わる監理措置（収令監理措置）…………94
　　（1）　入国警備官から主任審査官に対する通知………………………………94
　　（2）　主任審査官による審査……………………………………………………94
　　（3）　監理措置の決定……………………………………………………………94
　　（4）　監理人………………………………………………………………………98
　　（5）　報酬を受ける活動の許可………………………………………………100
　　（6）　被監理者の義務等………………………………………………………103
　　（7）　監理措置決定の取消し…………………………………………………104
　　（8）　監理措置決定の失効……………………………………………………105
　2　退去強制令書の発付後の収容に代わる監理措置（退令監理措置）…………105
　　（1）　入国警備官から主任審査官に対する通知……………………………105
　　（2）　主任審査官による審査…………………………………………………105
　　（3）　監理措置の決定…………………………………………………………106
　　（4）　監理人……………………………………………………………………108
　　（5）　被監理者の義務…………………………………………………………111
　　（6）　監理措置決定の取消し…………………………………………………111
　　（7）　監理措置決定の失効……………………………………………………112
　3　監理措置制度と全件収容主義との関係…………………………………………112
第3　仮放免………………………………………………………………………………113
　1　仮放免の要件………………………………………………………………………113
　2　仮放免許可書の交付、常時携帯・提示義務……………………………………114
　　（1）　仮放免許可書の交付……………………………………………………114
　　（2）　仮放免許可書の常時携帯・提示義務…………………………………114
　3　仮放免の不許可理由の通知………………………………………………………115
　4　仮放免期間の延長…………………………………………………………………115
　5　健康状態の配慮……………………………………………………………………116
　6　被仮放免者逃亡罪…………………………………………………………………116
第4　在留特別許可………………………………………………………………………116
　1　在留特別許可の意義………………………………………………………………116
　2　在留特別許可の要件………………………………………………………………117
　　（1）　原則的要件………………………………………………………………117
　　（2）　加重要件…………………………………………………………………117
　　（3）　法務大臣が考慮しなければならない事由……………………………117
　3　在留特別許可に係るガイドラインの見直し……………………………………118

目　次　7

```
4　申請権の保障…………………………………………………………123
（1）　手　続…………………………………………………………123
（2）　申請権の教示…………………………………………………123
（3）　在留特別許可申請をしない場合等における退去強制令書の発付…………123
（4）　不許可の場合の理由提示……………………………………124
第5　送還停止効の例外（難民認定手続及び補完的保護対象者認定手続と退去強
　　制手続との関係）………………………………………………………124
1　送還停止効………………………………………………………124
2　送還停止効が発生しない例外的場合（要件）………………125
3　送還が停止される「相当の理由がある資料を提出した者」の意義…………126
4　「相当の理由がある資料」にあたるか否かを判断する主体…………………127
5　送還停止効の例外に該当するか否かの判断それ自体について、行政訴訟等
　　により争うことができる仕組みを設けていない理由…………………………127
6　送還停止効の例外規定と人権諸条約との関係………………128
7　入管法53条3項1号との関係（入管法53条3項該当性の判断プロセス）………130
第6　上陸拒否期間を1年とする旨の決定……………………………131
1　決定の内容………………………………………………………131
2　書面による通知…………………………………………………132
第7　退去のための計画…………………………………………………133
1　入国警備官による退去のための計画の策定…………………133
2　入国警備官から主任審査官への進捗状況の報告……………133
3　監理措置決定の要否の検討……………………………………133
（1）　主任審査官による検討………………………………………133
（2）　入管庁長官による検討………………………………………133
（3）　検討結果に係る本人に対する告知…………………………134
4　収容が継続している者への監理措置決定の要否の検討……134
5　旅券発給申請等命令……………………………………………134
（1）　命令の対象者、命令の内容…………………………………134
（2）　旅券発給申請等命令の創設の趣旨…………………………135
（3）　旅券発給申請等命令の運用…………………………………135
（4）　罰　則…………………………………………………………135
第8　退去の命令…………………………………………………………136
1　退去の命令の発出………………………………………………136
（1）　発出要件………………………………………………………136
（2）　退去の命令書の交付…………………………………………136
2　退去の命令の効力停止…………………………………………136
3　入管法52条3項による送還との関係…………………………137
4　退去の命令により退去させられた者の取扱い………………137
```

5　退去の命令違反罪‥‥‥‥‥‥‥‥‥‥‥‥‥‥‥‥‥‥‥‥‥‥137
　第9　刑事訴訟法上の出国制限制度との関係‥‥‥‥‥‥‥‥‥‥‥‥‥‥137
　　1　拘禁刑以上の刑に処する判決の宣告を受けた者に係る出国制限制度‥‥‥‥138
　　（1）　出国制限制度‥‥‥‥‥‥‥‥‥‥‥‥‥‥‥‥‥‥‥‥‥‥‥138
　　（2）　一時出国許可‥‥‥‥‥‥‥‥‥‥‥‥‥‥‥‥‥‥‥‥‥‥‥138
　　（3）　一時出国許可の取消し‥‥‥‥‥‥‥‥‥‥‥‥‥‥‥‥‥‥‥139
　　（4）　無許可出国、一時出国許可の取消し、指定期間内不帰国の場合の措置‥‥139
　　2　罰金の裁判の告知を受けた被告人及び罰金の裁判が確定した者に係る出国
　　　制限制度‥‥‥‥‥‥‥‥‥‥‥‥‥‥‥‥‥‥‥‥‥‥‥‥‥‥‥140
　　（1）　出国禁止命令‥‥‥‥‥‥‥‥‥‥‥‥‥‥‥‥‥‥‥‥‥‥‥140
　　（2）　一時出国許可等‥‥‥‥‥‥‥‥‥‥‥‥‥‥‥‥‥‥‥‥‥‥140
　　（3）　罰金の裁判が確定した者の拘置‥‥‥‥‥‥‥‥‥‥‥‥‥‥‥140
　　3　出国確認の留保‥‥‥‥‥‥‥‥‥‥‥‥‥‥‥‥‥‥‥‥‥‥‥‥141
　　4　退去強制令書の執行停止‥‥‥‥‥‥‥‥‥‥‥‥‥‥‥‥‥‥‥‥141
　　5　出国制限対象者条件指定書の携帯及び提示‥‥‥‥‥‥‥‥‥‥‥‥‥141
　　6　条件の遵守状況等の届出‥‥‥‥‥‥‥‥‥‥‥‥‥‥‥‥‥‥‥‥141
　　7　出国制限対象者に対する不法残留罪及び不法在留罪の適用関係‥‥‥‥‥142
　　8　出国制限対象者の不法就労罪‥‥‥‥‥‥‥‥‥‥‥‥‥‥‥‥‥‥142

第5節　被収容者の処遇に係る改正‥‥‥‥‥‥‥‥‥‥‥‥‥‥‥‥142
　第1　総　則‥‥‥‥‥‥‥‥‥‥‥‥‥‥‥‥‥‥‥‥‥‥‥‥‥‥‥‥142
　　1　処遇の原則‥‥‥‥‥‥‥‥‥‥‥‥‥‥‥‥‥‥‥‥‥‥‥‥‥142
　　2　被収容者に対する活動の援助‥‥‥‥‥‥‥‥‥‥‥‥‥‥‥‥‥‥143
　　3　宗教上の行為‥‥‥‥‥‥‥‥‥‥‥‥‥‥‥‥‥‥‥‥‥‥‥‥143
　　4　実地監査‥‥‥‥‥‥‥‥‥‥‥‥‥‥‥‥‥‥‥‥‥‥‥‥‥‥143
　　5　入国者収容所等視察委員会‥‥‥‥‥‥‥‥‥‥‥‥‥‥‥‥‥‥‥143
　第2　保健衛生及び医療‥‥‥‥‥‥‥‥‥‥‥‥‥‥‥‥‥‥‥‥‥‥143
　　1　保健衛生及び医療の原則‥‥‥‥‥‥‥‥‥‥‥‥‥‥‥‥‥‥‥‥143
　　2　健康診断等‥‥‥‥‥‥‥‥‥‥‥‥‥‥‥‥‥‥‥‥‥‥‥‥‥143
　　（1）　収容の開始の際の事情聴取‥‥‥‥‥‥‥‥‥‥‥‥‥‥‥‥‥143
　　（2）　健康診断の実施‥‥‥‥‥‥‥‥‥‥‥‥‥‥‥‥‥‥‥‥‥143
　　3　診療等‥‥‥‥‥‥‥‥‥‥‥‥‥‥‥‥‥‥‥‥‥‥‥‥‥‥‥144
　第3　規律及び秩序の維持‥‥‥‥‥‥‥‥‥‥‥‥‥‥‥‥‥‥‥‥‥144
　　1　規律及び秩序を維持するための措置の限度‥‥‥‥‥‥‥‥‥‥‥‥‥144
　　2　遵守事項、生活及び行動についての指示‥‥‥‥‥‥‥‥‥‥‥‥‥144
　　3　被収容者の隔離‥‥‥‥‥‥‥‥‥‥‥‥‥‥‥‥‥‥‥‥‥‥‥144

4　入国警備官による制止等の措置……………………………………145
　　（1）　被収容者に対する措置………………………………………145
　　（2）　被収容者以外の者に対する措置…………………………145
　　5　捕縄及び手錠の使用…………………………………………………145
　　6　保護室又は単独室への収容…………………………………………145
　　（1）　収容要件……………………………………………………145
　　（2）　収容期間……………………………………………………146
　　（3）　医師等の意見聴取…………………………………………146
　　7　外部交通………………………………………………………………146
　　（1）　面　　会……………………………………………………146
　　（2）　信　　書……………………………………………………148
　　（3）　電話等による通信…………………………………………149
　　8　不服申立て……………………………………………………………149
　　（1）　審査の申請…………………………………………………149
　　（2）　事実の申告…………………………………………………150
　　（3）　苦情の申出…………………………………………………151

第4章　日系4世の受入要件に係る特定活動告示の改正及び「定住者」への在留資格変更に係る運用の変更

第1節　日系4世の受入要件に係る特定活動告示の改正………………153
　第1　年齢制限要件………………………………………………………154
　第2　日系4世受入れサポーター要件…………………………………154

第2節　日系4世の「定住者」への在留資格変更に係る運用の変更……154
　第1　「定住者」への在留資格変更許可に係る要件…………………154
　第2　「定住者」への在留資格変更許可申請における添付資料………155

第5章　本邦大学等卒業者（特定活動告示46号）の対象者追加

第1節　本邦大学等卒業者（特定活動告示46号）の制度趣旨…………156

第2節　本邦大学等卒業者（特定活動告示46号）の対象者の追加……157
　第1　特定活動告示改正前の対象者……………………………………157
　第2　特定活動告示改正後の対象者……………………………………157

第6章 外国人留学生キャリア形成促進プログラムとして認定を受けた学科を修了した専門士についての「技術・人文知識・国際業務」に係る関連性審査の緩和

第1節 「技術・人文知識・国際業務」に係る上陸許可基準としての関連性要件……………158

第2節 外国人留学生キャリア形成促進プログラムとして認定を受けた学科を修了した専門士についての関連性審査の緩和………158

第7章 デジタルノマドに係る在留資格「特定活動」の創設

第1節 創設趣旨……………160

第2節 デジタルノマド本体者に認められる活動……………160

第3節 デジタルノマド本体者の要件……………162

第4節 デジタルノマド本体者に付与される在留資格及び在留期間……164

第5節 デジタルノマドの帯同家族の要件……………165

第8章 在留カードとマイナンバーカードの一体化、「育成就労」及び「企業内転勤2号」の創設、特定技能制度の見直し、永住許可制度の適正化等に関する令和6年入管法改正（令和6年法律第59号、法律第60号）

第1節 在留カードとマイナンバーカードの一体化（令和6年法律第59号）……………166
第1　在留カードの券面記載事項の変更……………166
第2　「永住者」又は「高度専門職2号」をもって在留する者の在留カードの有効期間の変更……………166
　1　「永住者」（在留カード交付日に18歳に満たない者を除く。）又は「高度専門職2号」をもって在留する者……………167
　2　在留カード交付日に18歳に満たない「永住者」をもって在留する者………167
第3　特定在留カードの交付申請及び交付に係る手続……………167
　1　特定在留カードの定義……………167

2　特定在留カードの交付申請……………………………………………………167

　　　（1）　在留手続（地方出入国在留管理局での手続）……………………………167

　　　（2）　住居地届出（市町村の窓口での手続）…………………………………168

　　3　特定在留カードの作成…………………………………………………………168

　　4　特定在留カードの交付…………………………………………………………168

　　　（1）　在留手続（地方出入国在留管理局での手続）……………………………168

　　　（2）　住居地届出（市町村の窓口での手続）…………………………………169

　　5　特別永住者の特定特別永住者証明書…………………………………………169

　第4　特定在留カード・特定特別永住者証明書の失効及び返納…………………169

　第5　入管法における電磁的記録の取扱いの明確化………………………………170

　　1　電磁的記録に係る定義…………………………………………………………170

　　2　在留カードの提示義務に含まれる内容の明確化……………………………170

　　3　事実の調査権限に含まれる内容の明確化……………………………………170

第2節　在留資格「育成就労」及び「企業内転勤2号」の創設、特定技能制度の見直し等（令和6年法律第60号）……………………171

　第1　新たな在留資格の創設…………………………………………………………171

　　1　在留資格「育成就労」…………………………………………………………171

　　2　在留資格「企業内転勤2号」…………………………………………………172

　第2　特定技能制度の適正化…………………………………………………………173

　第3　不法就労助長罪の厳罰化………………………………………………………173

　第4　永住許可制度の適正化等………………………………………………………173

　　1　永住許可の要件（国益適合要件）の明確化…………………………………173

　　2　永住者に係る在留資格取消事由の追加………………………………………173

　　　（1）　永住者について追加された在留資格取消事由……………………………173

　　　（2）　在留資格取消事由追加の趣旨……………………………………………174

　　　（3）　追加された在留資格取消事由の解釈……………………………………174

　　3　永住者の在留資格の取消しに伴う職権による在留資格の変更………………176

　　4　在留資格取消事由に係る通報制度の創設……………………………………177

第9章　特定産業分野及び業務区分等の追加並びに「特定技能2号」の対象分野拡大

第1節　特定産業分野及び業務区分等の追加……………………………………178

　第1　自動車運送業分野、鉄道分野、林業分野及び木材産業分野の特定産業分野

　　　への追加…………………………………………………………………………178

第2　素形材・産業機械・電気電子情報関連製造業分野の工業製品製造業分野へ
　　　の名称変更、業務区分及び受入事業所の追加 ……………………………… 178
第3　造船・舶用工業分野における業務区分の再編 ……………………………… 178
第4　飲食料品製造業分野における受入事業所の追加 …………………………… 179
第5　在留資格「特定技能1号」の許可要件まとめ ……………………………… 179

第2節　「特定技能2号」の対象分野拡大（令和5年8月31日法務省令第35号） …………………………………………………… 215

第2編　育成就労法の解説

第1章　育成就労法の概要

第1節　育成就労制度の目的及び基本方針 ……………………………………… 235
第1　新たな在留資格「育成就労」の創設 ………………………………………… 235
　1　1個の在留資格 ……………………………………………………………… 235
　2　2つの区分 …………………………………………………………………… 236
　（1）　単独型育成就労 ………………………………………………………… 236
　（2）　監理型育成就労 ………………………………………………………… 237
第2　法律名の変更 …………………………………………………………………… 239
第3　制度目的の変更 ………………………………………………………………… 239
第4　基本方針及び分野別運用方針 ………………………………………………… 240
　1　育成就労政府基本方針 ……………………………………………………… 240
　2　育成就労分野別運用方針 …………………………………………………… 240

第2節　育成就労計画の認定制度 ………………………………………………… 241
第1　在留資格該当性の要件としての認定育成就労計画 ………………………… 241
第2　認定要件 ………………………………………………………………………… 242
　1　基準適合性と欠格事由非該当性 …………………………………………… 242
　2　認定基準 ……………………………………………………………………… 242
　（1）　原則的な認定基準 ……………………………………………………… 242
　（2）　例外的な認定基準（労働者派遣等監理型育成就労の場合等） ……… 243
　3　欠格事由 ……………………………………………………………………… 244
第3　転籍（育成就労実施者の変更） ……………………………………………… 246
　1　転籍の類型 …………………………………………………………………… 246

目　次　　13

　2　転籍時に求められる新たな育成就労計画の認定……………………………247
　（1）　転籍希望の申出をした育成就労外国人を対象として新たに育成就労を
　　　行わせる場合の認定基準……………………………………………………247
　（2）　育成就労の対象でなくなった外国人を対象として新たに育成就労を行
　　　わせる場合の認定基準………………………………………………………249
　3　転籍希望の申出…………………………………………………………………251
　（1）　育成就労外国人による申出………………………………………………251
　（2）　育成就労外国人が育成就労実施者に申し出た場合の措置……………251
　（3）　育成就労外国人が監理支援機関に申し出た場合の措置………………252
　（4）　育成就労外国人が入管庁長官及び厚生労働大臣に申し出た場合の措置……252
　4　転籍希望の申出があった場合の連絡調整等…………………………………252
　（1）　外国人育成就労機構による職業紹介等の援助…………………………252
　（2）　監理支援機関による職業紹介等の措置…………………………………253
第4　育成就労計画の変更……………………………………………………………253
第5　育成就労認定の停止及び再開………………………………………………254
　1　育成就労認定の停止……………………………………………………………254
　2　育成就労認定の再開……………………………………………………………254
第6　育成就労実施者の帳簿書類の作成、備置き…………………………………254
第7　育成就労実施者の届出、報告…………………………………………………255
第8　育成就労実施者に対する処分等………………………………………………256
　1　報告徴収及び実地検査…………………………………………………………256
　（1）　主務大臣によるもの………………………………………………………256
　（2）　外国人育成就労機構によるもの…………………………………………256
　2　改善命令…………………………………………………………………………257
　3　認定の取消し……………………………………………………………………257

第3節　監理支援機関……………………………………………………………258
第1　監理型育成就労の定義…………………………………………………………258
第2　監理支援の定義…………………………………………………………………259
第3　監理支援機関に係る許可制……………………………………………………260
　1　監理支援事業について許可を受ける必要性…………………………………260
　2　監理支援機関の許可の区分……………………………………………………261
　3　監理支援機関の許可の有効期間………………………………………………261
　（1）　有効期間……………………………………………………………………261
　（2）　許可の更新…………………………………………………………………261
　4　監理支援機関の許可の条件……………………………………………………262

第4　監理支援機関の許可要件……………………………………262

1　許可基準……………………………………………………262

2　欠格事由……………………………………………………263

第5　監理支援機関の遵守事項……………………………………264

1　認定育成就労計画に従った監理支援等…………………264

（1）　監理支援………………………………………………264

（2）　指導及び助言…………………………………………264

（3）　育成就労外国人が転籍を希望する際の連絡調整及び職業紹介等…264

（4）　監　査………………………………………………264

（5）　育成就労実施者と密接な関係を有する役職員の業務制限………264

2　名義貸しの禁止……………………………………………265

3　監理支援責任者の設置等…………………………………265

（1）　事業所ごとの監理支援責任者の選任………………265

（2）　監理支援責任者による指導…………………………265

（3）　監理支援責任者による指示、関係行政機関への通報………265

4　帳簿書類の作成、備置き…………………………………266

5　個人情報の管理……………………………………………266

6　報告、届出…………………………………………………266

第6　監理支援費…………………………………………………267

第7　監理支援機関に対する処分等……………………………267

1　報告徴収等…………………………………………………267

2　改善命令……………………………………………………268

3　監理支援機関の許可の取消し……………………………268

4　事業停止命令………………………………………………268

5　行政手続法及び行政不服審査法の適用…………………269

第4節　関係機関……………………………………………………269

第1　外国人育成就労機構…………………………………………269

1　外国人育成就労機構の目的………………………………269

2　外国人育成就労機構の業務範囲、関係機関との連携…269

（1）　外国人育成就労機構の業務範囲……………………269

（2）　外国人育成就労機構と公共職業安定所・地方運輸局との相互連携………270

第2　分野別協議会…………………………………………………270

第3　地域協議会……………………………………………………270

目　次　15

第5節　育成就労外国人に対する保護方策……………………………………271
第1　禁止行為………………………………………………………………………271
　1　暴力、脅迫、監禁等による育成就労の強制の禁止………………………271
　2　育成就労に係る契約の不履行についての違約金等の禁止………………271
　3　旅券や在留カードの保管の禁止……………………………………………272
　4　私生活の自由の不当な制限の禁止…………………………………………272
第2　相談・支援体制………………………………………………………………273
　1　相談、情報提供、助言その他の援助………………………………………273
　2　育成就労実施者の変更（転籍）の支援……………………………………273
　（1）　育成就労を行わせることが困難となった場合及び育成就労認定が取り
　　　消された場合…………………………………………………………………273
　（2）　育成就労外国人が、育成就労実施者の変更（転籍）を希望する場合……273
　3　法違反事実の入管庁長官及び厚生労働大臣への申告権…………………274
第3　罰則の整備……………………………………………………………………274
　1　育成就労外国人の保護を図るための罰則…………………………………274
　2　育成就労の適正な実施を図るための罰則…………………………………276

第2章　技能実習に関する経過措置

第1節　育成就労法施行の際現に行っている技能実習………………………282

第2節　育成就労法施行日前にされた実習認定申請に係る認定及び
　　　　当該認定に基づく技能実習………………………………………………282

第3節　従前の例によることとされた技能実習の修了者に係る実習
　　　　認定申請に係る認定及び当該認定に基づく技能実習………………282

索　引

○事項索引…………………………………………………………………………285

第1編

令和5年度・6年度 入管法令改正の解説

2

第1章 特別高度人材制度及び未来創造人材制度の創設（特別高度人材省令の制定、高度専門職省令及び特定活動告示の改正）

第1節 特別高度人材制度の創設

第1 特別高度人材制度の概要

　令和5年4月から特別高度人材制度（J-Skip）が導入され、これまでの高度人材ポイント制とは別途、活動類型に応じて、後記第2のとおり学歴又は職歴と、年収がそれぞれ一定の水準以上であれば「高度専門職」の在留資格を付与し（高度専門職省令1条1項柱書、2条1項1号イ）、後記第3のとおり「特別高度人材」としてこれまでよりも拡充した優遇措置を認めることとしました。

第2 特別高度人材として認定されるための要件

＜特別高度人材省令＞
　出入国管理及び難民認定法別表第1の2の表の高度専門職の項の下欄の基準を定める省令（平成26年法務省令第37号）第1条第1項の法務省令で定める基準は、次の各号のいずれかに該当することとする。
一　出入国管理及び難民認定法（以下「法」という。）別表第1の2の表の高度専門職の項の下欄第1号イ又はロに掲げる活動を行う外国人であって、法第3章第1節若しくは第2節の規定による上陸許可の証印若しくは許可（在留資格の決定を伴うものに限る。）、法第4章第2節の規定による許可又は法第50条第1項若しくは第61条の2の2第2項の規定による許可（以下「上陸許可の証印等」という。）を受ける時点において、契約機関（契約の相手方である本邦の公私の機関をいう。以下同じ。）及び外国所属機関（外国の公私の機関の職員が当該機関から転勤して契約機関に受け入れられる場合における当該外国の公私の機関をいう。以下同じ。）から受ける報酬の年額の合計が2,000万円以上であり、かつ、次のいずれかに該当するもの。
　イ　博士若しくは修士の学位又は専門職学位（学位規則（昭和28年文部省令第9号）第5条の2に規定する専門職学位をいい、外国において授与されたこれに相当する学位を含む。）を有していること。
　ロ　従事する研究、研究の指導若しくは教育又は業務について10年以上の実務経験があること。
二　法別表第1の2の表の高度専門職の項の下欄第1号ハに掲げる活動を行う外国人であって、上陸許可の証印等を受ける時点において、活動機関（法別表第1の2の表の高度専門職の項の下欄第1号ハに掲げる活動を行う本邦の公私の機関をいう。）及び外国所属機関から受ける報酬の年額の合計が4,000万円以上であり、かつ、事業の経営又は管理について5年以上の実務経験があること。

1 「高度専門職1号」に係る主活動の類型

在留資格「高度専門職1号」の対象として、外国人本人が我が国で行う主活動に応じて、以下のとおり3つの類型があります。

即ち、①高度学術研究活動（法務大臣が指定する本邦の公私の機関との契約に基づいて行う研究、研究の指導又は教育をする活動。入管法別表第1の2の表の高度専門職の項の下欄1号イ）、②高度専門・技術活動（法務大臣が指定する本邦の公私の機関との契約に基づいて行う自然科学又は人文科学の分野に属する知識又は技術を要する業務に従事する活動。入管法別表第1の2の表の高度専門職の項の下欄1号ロ）、③高度経営・管理活動（法務大臣が指定する本邦の公私の機関において貿易その他の事業の経営を行い又は当該事業の管理に従事する活動。入管法別表第1の2の表の高度専門職の項の下欄1号ハ）の3つの類型があります。

特別高度人材として認定されるための要件は、上記の主活動に係る①～③の活動類型ごとに以下のとおりです。

2 ①高度学術研究活動又は②高度専門・技術活動の活動類型に係る外国人

（1）　特別高度人材として認定されるための要件

①高度学術研究活動又は②高度専門・技術活動の主活動を行おうとする外国人が特別高度人材として認定されるための要件は、上陸許可又は在留許可を受ける時点において、以下のⅰ又はⅱのいずれかを満たすことです（特別高度人材省令1号）。

ⅰ　修士号以上の学位を有しており、かつ年収2000万円以上であること

ⅱ　従事しようとする業務に係る10年以上の実務経験があり、かつ年収2000万円以上であること

（2）　「修士号以上の学位」の意義

上記(1)ⅰの「修士号以上の学位」とは、博士若しくは修士の学位又は専門職学位（学位規則5条の2に規定する専門職学位をいい、外国において授与されたこれに相当する学位を含みます。）をいいます。

（3）　「年収」の意義

上記(1)ⅰⅱの「年収」とは、契約機関（契約の相手方である本邦の公私の機関）及び外国所属機関（外国の公私の機関の職員が当該機関から転勤して契約機関に受け入れられる場合における当該外国の公私の機関。以下同じ。）から受ける報酬の年額の合計をいいます。

（4）　要件該当性の判断基準時

「高度専門職1号」又は「高度専門職2号」に係る審査においては、上陸許可又は在留許可に係る申請時点で特別高度人材である者は、それに対応する許可を受ける時点（高度専門職省令1条1項柱書、2条1項柱書参照）でも特別高度人材である者とみなされます（高度専門職省令1条2項、2条2項）。

3 ③高度経営・管理活動の活動類型に係る外国人

③高度経営・管理活動の主活動を行おうとする外国人が特別高度人材として認定されるための要件は、上陸許可又は在留許可を受ける時点において、事業の経営又は管理に係る5年以上の実務経験があり、かつ年収4000万円以上であることの要件を満たすことです（特別高度人材省令2号）。

上記の「年収」とは、活動機関（入管法別表第1の2の表の高度専門職の項の下欄1号ハに掲げる活動を行う本邦の公私の機関）及び外国所属機関から受ける報酬の年額の合計をいいます。

上記2（4）のとおり、「高度専門職1号」又は「高度専門職2号」に係る審査においては、上陸許可又は在留許可に係る申請時点で特別高度人材である者は、それに対応する許可を受ける時点（高度専門職省令1条1項柱書、2条1項柱書参照）でも特別高度人材である者とみなされます（高度専門職省令1条2項、2条2項）。

第3 出入国在留管理上の優遇措置の内容

特別高度人材である場合は、高度人材ポイント制による優遇措置よりも拡充された以下のとおりの優遇措置を受けられます。

なお、特別高度人材として認められた場合は、特別高度人材証明書が交付され、また、在留カード裏面欄外の余白に「特別高度人材」と記載されます。

1 在留資格「高度専門職1号」をもって在留する場合の優遇措置

特別高度人材が在留資格「高度専門職1号」をもって在留する場合の優遇措置は以下のとおりです。このうち、④、⑥、⑦が、高度人材ポイント制による優遇措置よりも拡充されています。

① 複合的な在留活動の許容
② 在留期間「5年」の付与
③ 在留歴に係る永住許可要件の緩和

※次のi又はⅱのいずれかに該当する特別高度人材は、永住許可の要件たる国益適合要件（入管法22条2項柱書本文）としての継続在留要件を満たすものとされます（入管庁「永住許可に関するガイドライン（令和6年6月10日改訂）」2（8））。

i 「特別高度人材」（特別高度人材省令に規定する基準に該当すると認められて在留している者）として1年以上継続して本邦に在留していること

ⅱ 1年以上継続して本邦に在留している者で、永住許可申請日から1年前の時点を基準として特別高度人材省令に規定する基準に該当することが認められること

④ 配偶者の就労

※配偶者は、在留資格「研究」、「教育」、「技術・人文知識・国際業務」及び「興行」に該当する活動に加え（特定活動告示33号、別表第5参照）、在留資格「教授」、「芸術」、「宗教」、

「報道」及び「技能」に該当する活動についても、それらの在留資格について上陸基準省令が求める経歴等の要件を満たさなくても、週28時間を超えて就労が認められます（特定活動告示33号の2、別表第5の2）。

⑤　一定の条件の下での親の帯同

⑥　一定の条件の下での家事使用人の雇用

※世帯年収が3000万円以上の場合は、外国人家事使用人2人まで雇用可能です（特定活動告示2号の4ロ（2））。また、家事使用人の雇用において、家庭事情要件等（13歳未満の子又は病気等により日常の家事に従事できない配偶者を有すること、又は外国で継続して1年以上雇用していた家事使用人を引き続き雇用すること）は課されません（特定活動告示2号の4）。

⑦　大規模空港等に設置されているプライオリティレーンの使用

⑧　入国・在留手続の優先処理

2　在留資格「高度専門職2号」をもって在留する場合の優遇措置

「高度専門職1号」に係る活動を1年以上行っていた特別高度人材は、「高度専門職2号」への在留資格変更許可を受けられます（入管法20条の2第2項、変更基準省令、高度専門職省令2条1項2号括弧書）。特別高度人材が「高度専門職2号」をもって在留する場合の優遇措置は以下のとおりです。

①　「高度専門職1号」の活動と併せてほぼ全ての就労資格の活動を行うことができる

②　在留期間が無期限となる

③　上記1の③〜⑦の優遇措置が受けられる

第4　申請手続の流れ等

特別高度人材に係る申請手続の流れ及び各申請に必要な書類については、入管庁HP「特別高度人材制度（J-Skip）」を参照して下さい。

第2節　未来創造人材制度の創設

第1　未来創造人材制度の概要

令和5年4月から未来創造人材制度（J-Find）が導入され、後記第2の要件を満たす優秀な海外大学等を卒業等した者が、日本において就職活動又は起業準備活動を行う場合、在留資格「特定活動」（未来創造人材）を付与され、最長2年間の在留が可能となりました（特定活動告示51号）。この「特定活動」（特定活動告示51号）をもって在留する外国人は、後記第3のと

おり、就職活動又は起業準備活動のほか、これらの活動を行うために必要な資金を補うため必要な範囲内の報酬を受ける活動や起業準備活動に付随して行う報酬を受ける活動を行うことが認められます。また、後記第4のとおり、家族（扶養を受ける配偶者又は子）の帯同も認められます（特定活動告示52号）。

第2　未来創造人材の要件

<特定活動告示>
五十一　次のいずれにも該当する18歳以上の者が本邦において2年を超えない期間滞在して行う、就職活動及び本邦において貿易その他の事業の経営を開始するために必要な事業所の確保その他の準備行為を行う活動（以下この号において「起業準備活動」という。）並びにこれらの活動を行うために必要な資金を補うため必要な範囲内の報酬を受ける活動並びに起業準備活動に附随して行う報酬を受ける活動（風俗営業活動を除く。）
　イ　申請の時点において、別表第13に掲げる指標（いずれも直近のものに限る。）のうち2以上において上位100位までに掲げられている大学を卒業し、又はその大学の大学院の課程を修了して学位又は専門職学位（学位規則（昭和28年文部省令第9号）第5条の2に規定する専門職学位をいい、外国において授与されたこれに相当する学位を含む。）を授与された日から5年を経過していないこと。
　ロ　申請の時点において、申請人の預貯金の額が日本円に換算して20万円以上であること。
五十二　前号に掲げる活動を指定されて在留する者の扶養を受ける配偶者又は子として行う日常的な活動

別表第13
一　クアクアレリ・シモンズ社（英国）が公表する世界大学ランキング（QS・ワールド・ユニバーシティ・ランキングス）
二　タイムズ社（英国）が発行するタイムズ・ハイアー・エデュケーション誌において公表される世界大学ランキング（THE・ワールド・ユニバーシティ・ランキングス）
三　シャンハイ・ランキング・コンサルタンシー（中国）が公表する世界大学学術ランキング（アカデミック・ランキング・オブ・ワールド・ユニバーシティズ）

　「特定活動」（未来創造人材）の在留資格を認められるためには、後記1ないし4の要件を全て満たす必要があります。

1　年　齢

　年齢が18歳以上であることが求められます（特定活動告示51号柱書）。

2　対象大学

　申請の時点において、特定活動告示別表第13に掲げる3つの世界大学ランキング（いずれも直近のものに限ります。）のうち2つ以上において上位100位までに掲げられている大学を

卒業し、又はその大学の大学院の課程を修了して学位又は専門職学位（学位規則5条の2に規定する専門職学位をいい、外国において授与されたこれに相当する学位を含みます。以下同じ。）を授与されていることが求められます（特定活動告示51号イ）。

　上記の3つの世界大学ランキングとは、①クアクアレリ・シモンズ社公表のQS・ワールド・ユニバーシティ・ランキングス（特定活動告示別表第13第1号）、②タイムズ社公表のTHE ワールド・ユニバーシティ・ランキングス（特定活動告示別表第13第2号）、③シャンハイ・ランキング・コンサルタンシー公表のアカデミック・ランキング・オブ・ワールド・ユニバーシティズ（特定活動告示別表第13第3号）を指し、具体的に対象となる大学一覧は、入管庁HP「未来創造人材制度の対象となる大学一覧」を参照して下さい。

3　卒業後の年数

　上記2の対象大学を卒業し、又は対象大学の大学院の課程を修了して、学位又は専門職学位を授与された日から5年以内であることが求められます（特定活動告示51号イ）。

4　生計維持費

　滞在当初の生計維持費として、申請の時点において、申請人の預貯金の額が日本円に換算して20万円以上あることが求められます（特定活動告示51号ロ）。

第3　未来創造人材に認められる活動

　「特定活動」（未来創造人材）の在留資格をもって在留する外国人は、日本において2年を超えない期間滞在して行う、就職活動及び本邦において貿易その他の事業の経営を開始するために必要な事業所の確保その他の準備行為を行う活動（起業準備活動）並びにこれらの活動を行うために必要な資金を補うため必要な範囲内の報酬を受ける活動並びに起業準備活動に付随して行う報酬を受ける活動（風俗営業活動を除きます。）が認められます（特定活動告示51号柱書）。

第4　未来創造人材の家族の帯同

　「特定活動」（未来創造人材）の在留資格をもって在留する外国人の扶養を受ける配偶者又は子として行う日常的な活動は、「特定活動」（未来創造人材の配偶者等）が付与され（特定活動告示52号）、未来創造人材の家族帯同が認められます。なお、未来創造人材の配偶者又は子の就労には、資格外活動許可（入管法19条2項）が必要です。

第2章　在留資格「興行」に係る上陸許可基準の改正

第1節　改正の概要

　在留資格「興行」に係る活動のうち、「演劇、演芸、歌謡、舞踊又は演奏（以下「演劇等」ともいいます。）の興行に係る活動」に係る上陸許可基準を見直すことにより、外国人アーティストその他の文化・芸術分野の外国人の受入れを促進し、もって国際的な文化交流の発展や我が国の社会の活性化に資することを目的として、令和5年5月31日法務省令第28号により上陸基準省令が改正され、令和5年8月1日から施行されています。

　上記改正後の上陸基準省令の興行の項の下欄1号イにおいて、適正に実施している実績があるか又は将来適正に実施する蓋然性が高いと認められる招へい機関が受け入れ、風営法2条1項1号から3号までに規定する営業を営む施設以外の施設において行われる演劇等の興行に係る要件が大幅に緩和されました。また、改正後の上陸基準省令の興行の項の下欄1号ロ(4)及び(5)において、新たに受け入れようとする場合でも問題が生じるおそれが低いと考えられる者に適用される要件の一部が緩和されました。

第2節　在留資格「興行」の詳解

第1　在留資格の概要

　在留資格「興行」は、国民に娯楽を提供する芸能人やプロスポーツ選手等を外国から受け入れるために設けられた（坂中英徳・齋藤利男『出入国管理及び難民認定法逐条解説〔改訂第4版〕』118頁（日本加除出版、平成24年））、就労可能な（入管法19条1項1号）在留資格です（入管法別表第1の2の表の興行の項の下欄）。興行の形態で行われる演劇、演芸、歌謡、舞踊、演奏、スポーツ、商品の宣伝のためのショー等に係る活動及び興行以外の形態で行われる芸能活動が「興行」に該当します。

　「興行」は、在留資格該当性に加え、上陸許可基準適合性も求められる在留資格です（入管法7条1項2号参照）。

　「興行」に係る在留期間は、3年、1年、6月、3月又は30日です（入管法施行規則3条、別表第2の興行の項の下欄）。

10　　第1編　第2章　在留資格「興行」に係る上陸許可基準の改正

第2　在留資格該当性の定め

<＜入管法別表第1の2の表の興行の項の下欄＞>
　演劇、演芸、演奏、スポーツ等の興行に係る活動又はその他の芸能活動（この表の経営・管理の項の下欄に掲げる活動を除く。）

1　①「興行に係る活動」と②「その他の芸能活動」の2つの類型

　「興行」の在留資格該当性については、入管法別表第1の2の表の興行の項の下欄において、「演劇、演芸、演奏、スポーツ等の興行に係る活動又はその他の芸能活動（この表の経営・管理の項の下欄に掲げる活動を除く。）」と規定されています。この規定から明らかなとおり、在留資格「興行」には、在留資格該当性上、①「興行に係る活動」と②「その他の芸能活動」の2つの類型があります。

　なお、上陸基準省令の興行の下欄1号は、①の「興行に係る活動」のうち、「演劇、演芸、歌謡、舞踊又は演奏（以下「演劇等」といいます。）の興行に係る活動」に係る上陸許可基準を規定し、同2号は、①の「興行に係る活動」のうち、「演劇等の興行に係る活動以外の興行に係る活動」に係る上陸許可基準を規定し、同3号は、②「その他の芸能活動」（興行に係る活動以外の芸能活動）に係る上陸許可基準を規定しています。上陸基準省令の興行の項の下欄3号により、②「その他の芸能活動」（興行に係る活動以外の芸能活動）は、上陸許可基準適合性として、ⅰ商品又は事業の宣伝に係る活動、ⅱ放送番組（有線放送番組を含みます。）又は映画の製作に係る活動、ⅲ商業用写真の撮影に係る活動、ⅳ商業用のレコード、ビデオテープその他の記録媒体に録音又は録画を行う活動のいずれかに該当する必要があります。

●在留資格「興行」の類型

在留資格該当性	上陸許可基準適合性
興行に係る活動	演劇等の興行に係る活動 （上陸基準省令1号）
	演劇等の興行に係る活動以外の興行に係る活動 （上陸基準省令2号）
その他の芸能活動	興行に係る活動以外の芸能活動 （上陸基準省令3号） ※ⅰ商品又は事業の宣伝に係る活動、ⅱ放送番組（有線放送番組を含む。）又は映画の製作に係る活動、ⅲ商業用写真の撮影に係る活動、ⅳ商業用のレコード、ビデオテープその他の記録媒体に録音又は録画を行う活動のいずれかに該当する必要あり

2 重複しうる他の在留資格との関係

（1）　「経営・管理」との関係

　入管法別表第1の2の表の興行の項の下欄括弧書が、「経営・管理」に係る活動を除くと規定しています。よって、事業の経営又は管理に従事する者は、その経営又は管理に従事する活動が興行に係るものであっても、「興行」の在留資格の対象とはなりません。例えば、興行主として日本で興行を個人事業として行う外国人や興行を事業として行う企業を経営する外国人は、それらの外国人の行う活動が興行に係る活動であったとしても、「興行」ではなく「経営・管理」の在留資格の対象となります（『入管関係法大全　第2巻〔第2版〕』135頁）。

（2）　「芸術」、「技術・人文知識・国際業務」との関係

　入管法別表第1の1の表の芸術の項の下欄括弧書及び入管法別表第1の2の表の技術・人文知識・国際業務の項の下欄括弧書は、いずれも「興行」に係る活動を除いています。

　よって、芸術上の活動や外国の文化に基盤を有する思考又は感受性を必要とする活動であっても、それが興行に係る活動又はその他の芸能活動にもあたるときは、「芸術」や「技術・人文知識・国際業務」ではなく「興行」の在留資格の対象となります（『入管関係法大全　第2巻〔第2版〕』131～132頁）。例えば、公演を行うオーケストラの活動は、芸術家といえる場合であっても、公衆に聴かせ又は見せることを目的とすることから、その活動は「興行」の在留資格に該当します（審査要領）。

　なお、主たる活動として「興行」に係る活動を行う者が、当該主たる活動の遂行を阻害しない範囲で「芸術」に係る活動（例えば、生徒に対して演奏等に係る有償でのプライベートレッスンを行う活動）を附随的に行う場合及び主たる活動として「芸術」に係る活動を行う者が、当該主たる活動の遂行を阻害しない範囲で「興行」に係る活動を附随的に行う場合は、いずれも個別的資格外活動許可（入管法19条2項、入管法施行規則19条5項3号）の対象となります。このような場合は、主たる活動が、「興行」に係る活動であるのか、それとも、「芸術」に係る活動であるかの見極めが重要です。

（3）　「報道」との関係

　入管法別表第1の1の表の報道の項の下欄の「取材その他の報道上の活動」の「取材」は例示にすぎず、「報道上の活動」には、報道を行うために必要な活動であれば、取材活動のほか、撮影、記事の執筆及び画像の編集等の活動も含まれ、さらには、報道番組に出演するアナウンサー等としての活動も含まれ得ます。但し、報道に必要な活動でなければならず、放送局が放送用に製作するものであっても、バラエティー等の娯楽番組等の製作に係る活動は、報道に必要な活動とはいえないため、「報道上の活動」には該当しません。このような娯楽番組等の製作に係る活動は、「興行」（上陸基準省令3号ロ）の対象となり得ます（『入管関係法大全　第2巻〔第2版〕』43～44頁）。

第3 在留資格該当性の説明

1 「興行に係る活動」の類型について

（1）「演劇、演芸、演奏、スポーツ等の興行」の意義

ア 「演劇、演芸、演奏、スポーツ等」の意義

「演劇、演芸、演奏、スポーツ」はいずれも例示であり、興行の形態で行われるショーや大会等が全て含まれます。

イ 「興行」の意義

興行場法1条1項は、「興行場」とは、映画、演劇、音楽、スポーツ、演芸又は観せ物を、公衆に見せ、又は聞かせる施設をいうと定義しています。入管法別表第1の2の表の興行の項の下欄の「興行」の意義も、興行場法1条1項と同じく、「映画、演劇、音楽、スポーツ、演芸又は観せ物を、公衆に見せ、又は聞かせる」ことであると解されます（『入管関係法大全 第2巻〔第2版〕』132頁参照）。特定の施設内で入場料を取って行われるのが通常ですが、それ以外の形態で行われる興行も含まれ得ます（『入管関係法大全 第2巻〔第2版〕』132頁）。審査要領は、「「興行」とは、特定の施設において公衆に対して演劇、演芸、演奏、スポーツ、サーカスその他のショー等を見せ又は聞かせることをいい、バー、キャバレー、クラブ等に出演する歌手等としての活動もこれに含まれる。」としています。

（2）「興行に係る活動」の意義

ア 相応の報酬を受けるものでなければならないこと

在留資格「興行」は就労資格ですので（入管法19条1項1号）、当該活動を行うことによって相応の報酬を受けるものである必要があります。報酬を受けて行うものでない場合は、日本における滞在期間が短期間であれば「短期滞在」の在留資格の対象となり得ます。また、活動の内容によっては、「文化活動」の在留資格の対象となる場合もあります（『入管関係法大全 第2巻〔第2版〕』132～133頁）。

イ 興行に直接関係する活動以外の活動の可否

（ア）興行に直接関係する活動以外の活動は含まれないこと

入管法別表第1の2の表の興行の項の下欄は、同表の技術・人文知識・国際業務の項の下欄のように「・・・を必要とする業務に従事する活動」とは規定されていません。入管法上、「・・・を必要とする業務に従事する活動」と規定されている場合には、従事する業務の一部に知識等を必要としない業務が含まれていても、当該業務の主たる部分がこのような知識等を必要とするものであれば在留資格該当性が肯定されるのに対し、入管法別表第1の2の表の興行の項の下欄は、そのように規定されていません。そのため、興行に直接関係する活動以外の活動は「興行に係る活動」に含まれません（『入管関係法大全 第2巻〔第2版〕』133～134頁）。

（イ）興行に直接関係する活動といえるか否かが問題となる場合

i 客席等において客の接待に従事する行為、接待以外の接客、配膳その他店舗の営業に係る雑用に従事する行為

公演は行っているものの、公演の開始前、終了後又は幕間の時間帯において「客席等にお

いて客の接待に従事する行為」や「接待以外の接客、配膳その他店舗の営業に係る雑用に従事する行為」に従事し、これらの行為が報酬を伴うものと認められる場合（公演に対する報酬がこれらの行為の存在を前提として支払われている場合を含みます。）は、興行に直接関係する活動といえず、入管法別表第１の２の表の興行の項の下欄の「興行に係る活動」に含まれないため、違法な資格外活動となります（坂中英徳・齋藤利男『出入国管理及び難民認定法逐条解説〔改訂第４版〕』119頁（日本加除出版、平成24年）、審査要領）。

　　　　ⅱ　歌唱や舞踊等の公演が現に行われている最中又は開演直前・終演直後の時間帯
　　　　　　に客から花束やチップをもらう行為、握手、ハイタッチあるいは簡単なあいさつ
　　　　　　を交わす行為等儀礼にわたるものと認められるもの

　歌唱や舞踊等の公演が現に行われている最中又は開演直前・終演直後の時間帯に客から花束やチップをもらう行為、握手、ハイタッチあるいは簡単なあいさつを交わす行為等儀礼にわたるものと認められるものは、社会通念上公演そのものに付随する行為として、興行に直接関係する活動といえるため、入管法別表第１の２の表の興行の項の下欄の「興行に係る活動」に含まれます（坂中英徳・齋藤利男『出入国管理及び難民認定法逐条解説〔改訂第４版〕』119頁（日本加除出版、平成24年）、審査要領）。

　　ウ　申請人と本邦の公私の機関との契約の要否

　入管法別表第１の２の表の興行の項の下欄は、同表の技術・人文知識・国際業務の項の下欄のように「本邦の公私の機関との契約に基づいて行う」とは規定されていません。よって、申請人と本邦の公私の機関との間に契約関係が存在することは、「興行」に係る在留資格該当性としては求められません。そのため、外国の機関に所属する外国人が当該外国の機関と本邦の公私の機関との契約に基づいて（当該外国人が本邦の公私の機関と契約を締結せずに）日本で興行に係る活動を行うことも対象となりえます。

　但し、後記第５　１（１）（３）のとおり、上陸許可基準において、演劇等の興行に係る活動（上陸基準省令１号）のうち、上陸基準省令１号イ（改正により新設された緩和形態）及び上陸基準省令１号ハ（旧上陸基準省令１号に相当する標準形態）の形態の場合には、申請人と本邦の公私の機関との契約関係の存在が要件となります。

●在留資格「興行」における申請人と本邦の公私の機関との契約関係の要否

在留資格該当性	上陸許可基準適合性	申請人と本邦の公私の機関との契約関係の要否	
興行に係る活動	演劇等の興行に係る活動（上陸基準省令１号）	上陸基準省令１号イ（改正により新設された緩和形態）	必要
		上陸基準省令１号ロ（旧上陸基準省令２号相当形態）	不要

		上陸基準省令1号ハ（旧上陸基準省令1号に相当する標準形態）	必要
	演劇等の興行に係る活動以外の興行に係る活動 （上陸基準省令2号）	不要	
その他の芸能活動	興行に係る活動以外の芸能活動 （上陸基準省令3号）	不要	

　エ　興行に自ら出演、出場等をする者以外の興行関係者の活動

　（ア）　「興行に係る活動」の3類型

　入管法別表第1の2の表の興行の項の下欄の「興行に係る活動」には、①興行の形態で行われる演劇、演芸、歌謡、舞踊、演奏、スポーツ、サーカスその他のショー等に出演、出場等（以下「出演等」といいます。）をする活動、②出演等はしないがこれらの興行を行う上で重要な役割を担う芸能活動、③出演等をする者が興行を行うために必要不可欠な補助者としての活動が該当します（審査要領）。

　（イ）　「興行を行う上で重要な役割を担う芸能活動」

　上記（ア）の②「興行を行う上で重要な役割を担う芸能活動」とは、振付師、演出家、劇作家等の出演等をしないものの独立して行う興行に係る重要な芸能活動です（審査要領）。このような活動を行う者は、興行に出演等をする者との関係においてではなく、独立して「興行に係る活動」を行う者として「興行」の在留資格の対象となり得ます（『入管関係法大全　第2巻〔第2版〕』133頁）。

　（ウ）　「出演等をする者が興行を行うために必要不可欠な補助者としての活動」

　　i　判断枠組み

　上記（ア）の③「出演等をする者が興行を行うために必要不可欠な補助者」とは、「興行」の在留資格をもって在留する外国人が出演等をする興行において、当該外国人と一体となって当該興行を行うために必要不可欠な活動を行う者（本邦において興行を行うチームの一員として入国し在留する者）をいいます（『入管関係法大全　第2巻〔第2版〕』133頁）。

　この点については、出演等をする者と補助者との間で、後記iiの必要性と後記iiiの一体性が認められることが要件となる一方で、補助者の活動を単独でみた場合に単純な活動といえるか否かは問いません（審査要領）。例えば、マネージャー、演劇の興行における演出家や照明係、舞踊の興行における振付師、サーカスの興行における動物飼育員、スポーツの興行におけるコーチやトレーナー等が該当します（『入管関係法大全　第2巻〔第2版〕』133頁、審査要領）。

　なお、「興行」をもって在留するプロスポーツ選手を指導する活動は、「スポーツの指導に

係る技能を要する業務に従事するもの」として「技能」の在留資格にも該当しうるところ（上陸基準省令の技能の項の下欄8号）、実際の活動が「興行」と「技能」のいずれの在留資格に該当するかについて、出入国管理法令研究会『外国人の入国・在留資格案内』316頁〔福山宏執筆部分〕（日本加除出版、令和5年）は、以下のように述べています。即ち、「当事者の個々のプレーや試合だけではなく、スポーツの各種目自体の興行的要素の強弱、即ち、当該種目を統括する競技団体（種目別の協会など）及びそれらの競技団体を統括する団体の方針、所属チームの経営母体の経営方針、チームに対する運営方針、その形態及び興行収入の規模と内容並びにチーム及びその経営母体において当事者が日常的に占める地位・役割、受け取る報酬の額と性質など全体的な状況を考慮に入れつつ、個別的に判断せざるを得ない。興行的な要素より指導的な要素が強い場合にあっては「技能」が（中略）付与される可能性が高い。」と述べています。

ⅱ　必要性

「出演等をする者が興行を行うために必要不可欠な補助者」といえるための要件たる「必要性」の有無については、次の①と②が考慮されます。

即ち、①補助者の活動がなくては出演者の活動の遂行が困難であり、かつ、補助者の活動を行う者の代替が困難又は代替可能であってもその代償が大きいか、②必ずしも補助者の活動がなくとも出演者の活動の遂行は可能であるが、補助者の活動が出演者の活動の遂行に多大に貢献する関係が認められるかを考慮されます（審査要領）。

ⅲ　一体性

「出演等をする者が興行を行うために必要不可欠な補助者」といえるための要件たる「一体性」の有無については、出演者の活動が補助者の活動と時間的又は地理的に近接して行われることが必要であることをいいますが、全く同一の時間帯、場所で活動が行われることまでを要するものではなく、出演者の活動と補助者の活動との関係で、社会通念上想定される範囲内での近接性が認められればよいとされます（審査要領）。

ⅳ　プロゴルファーのキャディーについて

外国人プロゴルファーが、プロゴルフツアーに参加するために、「興行」の在留資格をもって本邦に入国・在留する場合の専属キャディーの在留資格該当性及びプロゴルファーが出国した後にキャディーが引き続き在留を希望する場合の取扱いは次のとおりです（審査要領）。

即ち、キャディーが単にゴルフバッグを運搬し、クラブを渡すだけの作業を行うものだけでなく、技術的、精神的なアドバイスを行い、マネージャー的業務等も行っている場合には、キャディーの存在なくして「興行」活動の遂行は困難であると認められ、かつ、当該キャディーは余人をもって代え難いと認められることから、上記ⅱの「必要性」が認められます。また、キャディーが通常想定される専属キャディーとしての活動を行っている場合には、上記ⅲの「一体性」も認められることとなります。

しかし、補助者の活動は、出演者の活動を行う者が存在しなくなった場合には「興行」の在留資格該当性がなくなります。よって、プロゴルファーが出国した場合等において、キャ

ディーだけが本邦に在留して「興行」活動を行うことは原則として認められません。但し、このような場合であっても、新たに雇用主となる外国人プロゴルファーが現れ、当該ゴルファーの「興行」活動の遂行に当たって、上記ⅱの「必要性」と上記ⅲの「一体性」が認められれば、キャディーの「興行」の在留資格該当性は維持されます（審査要領）。

　　オ　「特定活動」（特定活動告示6号）との区別

　本邦の球団やクラブチーム等に所属する外国人スポーツ選手の在留資格については、当該外国人が雇用契約に基づき本邦の公私の機関のために本邦においてスポーツ選手として活動することを目的として入国・在留する場合は、後記（ア）及び（イ）のとおり、在留資格「興行」（上陸基準省令2号）又は「特定活動」（特定活動告示6号）の該当性が判断されます。

　　（ア）　在留資格「興行」に該当するとされる場合

　　　ⅰ　判断基準

　本邦の公私の機関がプロ選手としてスポーツの試合を行わせるために当該外国人と雇用契約を締結した場合において、当該機関が、スポーツの試合を事業として行う機関であるときは、在留資格「興行」（上陸基準省令2号）に該当するとされます（審査要領）。

　例えば、団体競技の場合、興行を行うことを目的とし、興行収入（スポンサー収入を含みます。）で運営されているチームに所属する選手については「興行」に該当するとされます。それに対し、実業団チームのように企業の広告塔としての活動の対価として会社から選手に報酬が支払われる場合には、後記（イ）のとおり、専らチームにおける選手としての活動が予定されるプロ契約を行っているものを除き、原則として「特定活動」（特定活動告示6号）の在留資格に該当するとされます（審査要領）。スポーツ選手について、審査実務上、「興行」（上陸基準省令2号）の在留資格に該当するとして扱われているものとして、後記ⅱの例があります。

　　　ⅱ　審査実務上、「興行」（上陸基準省令2号）の在留資格に該当するとして扱われているスポーツ選手

　　　（ⅰ）　野　球

　日本プロ野球機構に所属する12球団の1軍及び2軍登録選手並びに地区独立リーグに所属する野球選手は、「興行」の在留資格に該当すると扱われています（審査要領）。

　　　（ⅱ）　サッカー

　Jリーグ（J1及びJ2）に所属するサッカーチームの選手は、「興行」の在留資格に該当すると扱われています（審査要領）。

　JFL（日本フットボールリーグ）に所属するチームについては、上記ⅰの判断基準によって、「興行」又は「特定活動」（特定活動告示6号）のいずれに該当するかが判断されています（審査要領）。

　サッカーには、「ホペイロ」と呼ばれる選手の身の回りの世話や練習の準備を迅速に行う者がいるところ、一定の経験が必要であること、選手に対するアドバイス等も行っていることから、「興行」の在留資格に該当すると扱われています（審査要領）。

（ⅲ）　フットサル

フットサルにはFCリーグの組織があり、現在プロリーグとしての評価はできていないところ、上記ⅰの判断基準によって、一部チームの選手について「興行」の在留資格に該当すると扱われているものがあります（審査要領）。

（ⅳ）　バスケットボール

バスケットボールで「興行」の在留資格に該当する取扱いが行われているものとしてBJリーグがあります（審査要領）。

（ⅴ）　アイスホッケー

アイスホッケーのリーグは廃止されていますが、アジア各国9チームで「アジアアイスホッケーリーグ」が創設されているところ、日本国内では4チームが加盟しています。これらのうち2チームがプロチームとしてあり、そのチームの選手を「興行」の在留資格に該当すると扱われています（審査要領）。

（ⅵ）　ラグビー

ジャパンラグビーリーグワンに所属するチームの選手について「興行」の在留資格に該当すると扱われているものがあります。

（ⅶ）　個人競技

ゴルフトーナメントに出場するプロ選手、大相撲力士（公益財団法人日本相撲協会から力士として証明されている者で、番付を問いません。）、興行として行われる試合に出場するボクシングプロ選手、総合格闘技選手及びプロレス選手等が、「興行」に該当すると扱われています（審査要領）。

（イ）　在留資格「特定活動」（特定活動告示6号）に該当するとされる場合

本邦の公私の機関が、興行を目的としてではなく、自社の宣伝や技術を競う目的で設けた当該機関内のクラブチームの出場するスポーツの試合に参加させるために、当該外国人と雇用契約を締結した場合において、クラブチームの所属機関が、スポーツの試合を事業として行っているものではないときは、在留資格「特定活動」（特定活動告示6号）に該当するとされます。但し、個人の資格で活動することとなる場合（プロのゴルフ、テニス等の選手が行う活動）は、「興行」に該当します（審査要領）。

（ウ）　在外公館における国際スポーツ大会に係る査証の発給区分

在外公館における国際スポーツ大会に係る査証の発給区分は、次の表のとおりであり、上陸審査において許可する在留資格の区分についてもこの表のとおりとされます（審査要領）。

ⅰ　団体競技

	国の代表チームとして参加	クラブチームとして参加	実業団チームとして参加
大会例	・オリンピック（予選を含む） ・世界選手権（ワールドカップ等。予選を含む）	・クラブ対抗戦 ・親善試合（クラブ対抗戦）	・世界選手権 ・アジア大会 ・国別対抗戦

	・アジア大会 ・国別対抗戦 ・親善試合	・その他	・親善試合
賞金・報酬の有無	選手育成費等（選手に直接支払われるケースは少ない）	有（契約に基づく活動ー生業）	－
プロ	「無査証（オリンピック、世界選手権、アジア大会）」又は「短期滞在」	「興行」	
アマチュア	「無査証（オリンピック、世界選手権、アジア大会）」又は「短期滞在」	－	「短期滞在」

ⅱ　個人競技

	国の代表チームとして参加	個人参加	
大会例	・オリンピック（予選を含む） ・世界選手権（ワールドカップ等。予選を含む） ・アジア大会 ・国別対抗戦 ・親善試合	・国際大会 　ゴルフ・トーナメント 　テニス・トーナメント 　格闘技（ボクシング、空手、レスリング等）	
賞金・報酬の有無	－	有	無
プロ	「無査証（オリンピック、世界選手権、アジア大会）」又は「短期滞在」	「興行」	「短期滞在」
アマチュア （実業団選手を含む）	「無査証（オリンピック、世界選手権、アジア大会）」又は「短期滞在」	「短期滞在」	

2　「その他の芸能活動」の類型について

（1）　「その他の芸能活動」の意義

　入管法別表第1の2の表の興行の項の下欄の「その他の」とは、「興行に係る活動」に属しないものであることを意味します。「その他の芸能活動」には、在留資格該当性としては、興行に係る活動に属しない（興行の形態で行われるものではない）あらゆる芸能活動が含まれます。「芸能活動」でなければなりませんが、メディアの発達等により、「その他の芸能活動」に該当する芸能活動が多様化しています（『入管関係法大全　第2巻〔第2版〕』134頁）。

　但し、上陸基準省令の興行の項の下欄3号により、上陸許可基準適合性として、①商品又は事業の宣伝に係る活動、②放送番組（有線放送番組を含みます。）又は映画の製作に係る活動、③商業用写真の撮影に係る活動、④商業用のレコード、ビデオテープその他の記録媒体に録音又は録画を行う活動のいずれかに該当する必要があります。

第1編　第2章　在留資格「興行」に係る上陸許可基準の改正　　19

（2）　本邦の公私の機関との契約の要否

　「その他の芸能活動」の類型についても、上記1の「興行に係る活動」の類型と同様に、申請人と本邦の公私の機関との契約に基づいて活動を行うことが、在留資格該当性の要件とされていません。よって、例えば、外国の映画会社等から派遣された撮影隊が本邦において撮影のみを行う場合や外国のプロダクションに所属する歌手が同プロダクションと本邦の公私の機関との契約に基づいて（本邦の機関とは契約関係を有することなく）本邦でレコーディングをする場合も、「その他の芸能活動」の類型として「興行」に係る在留資格該当性を満たします（審査要領）。

（3）　芸能人以外の芸能活動関係者の活動

　入管法別表第1の2の表の興行の項の下欄の「その他の芸能活動」には、芸能人の活動以外の活動も含まれ得ます。上記1の「興行に係る活動」の類型と同様に、外国人が芸能活動を行うに当たってその存在が必要不可欠な者（テレビ番組の製作者、映画監督、映画や商業用写真の撮影を行うカメラマン、商業用レコードの録音技師等の芸能人と一体となって活動する者）の活動が含まれます（審査要領、法務省入国管理局政策課「解説「興行」の在留資格とその基準」国際人流1991年12月号13～14頁）。また、外国人のモデルや俳優がいない場合でも、ファッションショーにおけるデザイナーや映画監督等のように、当該活動が独立して行い得るものであれば、「その他の芸能活動」として「興行」の在留資格に該当します（審査要領）。

3　在留資格該当性に係る審査のポイント

　審査要領は、「興行」の在留資格該当性に係る審査のポイントとして、①本人の能力等（経歴又は学歴、報酬額に鑑みて興行活動を行う能力を有しているといえるか、本国又は外国における芸能等に係る学歴や活動実績により相応の評価を受けているか）、②興行契約機関及び出演施設の適格性（外国人を受け入れて興行活動を適正に行う体制を整えているか）、③申請内容の信憑性（特に、過去に提出された経歴に係る書類との矛盾の有無、職員の常勤性等に係る興行契約機関の実態についての慎重な審査）を挙げています。

　審査要領は、①の本人の能力等に関して、「基準3号の芸能活動に従事する場合に、外国人から申告された経歴が、インターネット上で行われた活動のみであったとしても、本邦の招へい機関等が当該外国人のインターネット上での活動実績や知名度を評価し、商品等の宣伝に係る活動を行わせる目的で契約することも想定されることから、これまでの活動がインターネット上で行われたものであることのみをもって、芸能活動を行う能力を有していないと評価することは適切ではない。外国人から申告された経歴が、インターネット上で行われた活動のみであった場合、その活動の態様や状況等から、芸能活動を行う能力を有しているかを判断する。」と記載しています。なお、審査要領は、18歳未満の芸能人については、必要に応じて親権者の同意があることを確認するとしています。

第4 上陸許可基準の定め

<上陸基準省令の興行の項の下欄>
一 申請人が演劇、演芸、歌謡、舞踊又は演奏（以下「演劇等」という。）の興行に係る活動に従事しようとする場合は、次のいずれかに該当していること。
　イ 申請人が次のいずれにも該当する本邦の公私の機関と締結する契約に基づいて、風俗営業等の規制及び業務の適正化等に関する法律（昭和23年法律第122号。以下「風営法」という。）第2条第1項第1号から第3号までに規定する営業を営む施設以外の施設において行われるものであること。
　　（1）外国人の興行に係る業務について通算して3年以上の経験を有する経営者又は管理者がいること。
　　（2）当該機関の経営者又は常勤の職員が次のいずれにも該当しないこと。
　　　（i）人身取引等を行い、唆し、又はこれを助けた者
　　　（ii）過去5年間に法第24条第3号の4イからハまでに掲げるいずれかの行為を行い、唆し、又はこれを助けた者
　　　（iii）過去5年間に当該機関の事業活動に関し、外国人に不正に法第3章第1節若しくは第2節の規定による証明書の交付、上陸許可の証印（法第9条第4項の規定による記録を含む。以下同じ。）若しくは許可、同章第4節の規定による上陸の許可又は法第4章第1節、第2節若しくは法第5章第3節の規定による許可を受けさせる目的で、文書若しくは図画を偽造し、若しくは変造し、虚偽の文書若しくは図画を作成し、若しくは偽造若しくは変造された文書若しくは図画若しくは虚偽の文書若しくは図画を行使し、所持し、若しくは提供し、又はこれらの行為を唆し、若しくはこれを助けた者
　　　（iv）法第74条から第74条の8までの罪又は売春防止法（昭和31年法律第118号）第6条から第13条までの罪により刑に処せられ、その執行を終わり、又は執行を受けることがなくなった日から5年を経過しない者
　　　（v）暴力団員による不当な行為の防止等に関する法律（平成3年法律第77号）第2条第6号に規定する暴力団員（以下「暴力団員」という。）又は暴力団員でなくなった日から5年を経過しない者
　　（3）過去3年間に締結した契約に基づいて興行の在留資格をもって在留する外国人に対して支払義務を負う報酬の全額を支払っていること。
　　（4）（1）から（3）までに定めるもののほか、外国人の興行に係る業務を適正に遂行する能力を有するものであること。
　ロ 申請人が従事しようとする活動が、次のいずれかに該当していること。
　　（1）我が国の国若しくは地方公共団体の機関、我が国の法律により直接に設立された法人若しくは我が国の特別の法律により特別の設立行為をもって設立された法人が主催する演劇等の興行又は学校教育法（昭和22年法律第26号）に規定する学校、専修学校若しくは各種学校において行われるものであること。
　　（2）我が国と外国との文化交流に資する目的で国、地方公共団体又は独立行政法人の資金援助を受けて設立された本邦の公私の機関が主催するものであること。
　　（3）外国の情景又は文化を主題として観光客を招致するために外国人による演劇等の興行を常時行っている敷地面積10万平方メートル以上の施設において行われるものであること。

第1編　第2章　在留資格「興行」に係る上陸許可基準の改正　21

（4）　客席において飲食物を有償で提供せず、かつ、客の接待（風営法第2条第3項に規定する接待をいう。以下同じ。）をしない施設（営利を目的としない本邦の公私の機関が運営するもの又は客席部分の収容人員が100人以上であるものに限る。）において行われるものであること。

（5）　当該興行により得られる報酬の額（団体で行う興行の場合にあっては当該団体が受ける総額）が1日につき50万円以上であり、かつ、30日を超えない期間本邦に在留して行われるものであること。

ハ　申請人が従事しようとする活動が、次のいずれにも該当していること。

（1）　申請人が従事しようとする活動について次のいずれかに該当していること。ただし、当該興行を行うことにより得られる報酬の額（団体で行う興行の場合にあっては当該団体が受ける総額）が1日につき500万円以上である場合は、この限りでない。

（i）　外国の教育機関において当該活動に係る科目を2年以上の期間専攻したこと。

（ii）　2年以上の外国における経験を有すること。

（2）　申請人が次のいずれにも該当する本邦の機関との契約（当該機関が申請人に対して月額20万円以上の報酬を支払う義務を負うことが明示されているものに限る。以下この号において「興行契約」という。）に基づいて演劇等の興行に係る活動に従事しようとするものであること。ただし、主として外国の民族料理を提供する飲食店（風営法第2条第1項第1号に規定する営業を営む施設を除く。）を運営する機関との契約に基づいて月額20万円以上の報酬を受けて当該飲食店において当該外国の民族音楽に関する歌謡、舞踊又は演奏に係る活動に従事しようとするときは、この限りでない。

（i）　外国人の興行に係る業務について通算して3年以上の経験を有する経営者又は管理者がいること。

（ii）　5名以上の職員を常勤で雇用していること。

（iii）　当該機関の経営者又は常勤の職員が次のいずれにも該当しないこと。

（a）　人身取引等を行い、唆し、又はこれを助けた者

（b）　過去5年間に法第24条第3号の4イからハまでに掲げるいずれかの行為を行い、唆し、又はこれを助けた者

（c）　過去5年間に当該機関の事業活動に関し、外国人に不正に法第3章第1節若しくは第2節の規定による証明書の交付、上陸許可の証印若しくは許可、同章第4節の規定による上陸の許可又は法第4章第1節、第2節若しくは法第5章第3節の規定による許可を受けさせる目的で、文書若しくは図画を偽造し、若しくは変造し、虚偽の文書若しくは図画を作成し、若しくは偽造若しくは変造された文書若しくは図画若しくは虚偽の文書若しくは図画を行使し、所持し、若しくは提供し、又はこれらの行為を唆し、若しくはこれを助けた者

（d）　法第74条から第74条の8までの罪又は売春防止法第6条から第13条までの罪により刑に処せられ、その執行を終わり、又は執行を受けることがなくなった日から5年を経過しない者

（e）　暴力団員又は暴力団員でなくなった日から5年を経過しない者

（iv）　過去3年間に締結した興行契約に基づいて興行の在留資格をもって在留する外国人に対して支払義務を負う報酬の全額を支払っていること。

（3）　申請に係る演劇等が行われる施設が次に掲げるいずれの要件にも適合すること。ただし、興行に係る活動に従事する興行の在留資格をもって在留する者が当該施設において

申請人以外にいない場合は、（vi）に適合すること。
（i） 不特定かつ多数の客を対象として外国人の興行を行う施設であること。
（ii） 風営法第2条第1項第1号に規定する営業を営む施設である場合は、次に掲げるいずれの要件にも適合していること。
　（a） 専ら客の接待に従事する従業員が5名以上いること。
　（b） 興行に係る活動に従事する興行の在留資格をもって在留する者が客の接待に従事するおそれがないと認められること。
（iii） 13平方メートル以上の舞台があること。
（iv） 9平方メートル（出演者が5名を超える場合は、9平方メートルに5名を超える人数の1名につき1.6平方メートルを加えた面積）以上の出演者用の控室があること。
（v） 当該施設の従業員の数が5名以上であること。
（vi） 当該施設を運営する機関の経営者又は当該施設に係る業務に従事する常勤の職員が次のいずれにも該当しないこと。
　（a） 人身取引等を行い、唆し、又はこれを助けた者
　（b） 過去5年間に法第24条第3号の4イからハまでに掲げるいずれかの行為を行い、唆し、又はこれを助けた者
　（c） 過去5年間に当該機関の事業活動に関し、外国人に不正に法第3章第1節若しくは第2節の規定による証明書の交付、上陸許可の証印若しくは許可、同章第4節の規定による上陸の許可又は法第4章第1節、第2節若しくは法第5章第3節の規定による許可を受けさせる目的で、文書若しくは図画を偽造し、若しくは変造し、虚偽の文書若しくは図画を作成し、若しくは偽造若しくは変造された文書若しくは図画若しくは虚偽の文書若しくは図画を行使し、所持し、若しくは提供し、又はこれらの行為を唆し、若しくはこれを助けた者
　（d） 法第74条から第74条の8までの罪又は売春防止法第6条から第13条までの罪により刑に処せられ、その執行を終わり、又は執行を受けることがなくなった日から5年を経過しない者
　（e） 暴力団員又は暴力団員でなくなった日から5年を経過しない者
二　申請人が演劇等の興行に係る活動以外の興行に係る活動に従事しようとする場合は、日本人が従事する場合に受ける報酬と同等額以上の報酬を受けて従事すること。
三　申請人が興行に係る活動以外の芸能活動に従事しようとする場合は、申請人が次のいずれかに該当する活動に従事し、かつ、日本人が従事する場合に受ける報酬と同等額以上の報酬を受けること。
イ　商品又は事業の宣伝に係る活動
ロ　放送番組（有線放送番組を含む。）又は映画の製作に係る活動
ハ　商業用写真の撮影に係る活動
ニ　商業用のレコード、ビデオテープその他の記録媒体に録音又は録画を行う活動

　上陸基準省令の興行の項の下欄は、①「演劇等の興行に係る活動」に従事しようとする場合（1号）、②「演劇等の興行に係る活動以外の興行に係る活動」に従事しようとする場合（2号）、③「興行に係る活動以外の芸能活動」に従事しようとする場合（3号）の3つの場合に分けて、それぞれについて異なる上陸許可基準を規定しています。

　特に、小規模な飲食店における歌謡や舞踊等の①「演劇等の興行に係る活動」は、以前か

ら、その濫用によるホステスとしての稼働や売春行為等の資格外活動につながり、さらに、そのような者が出演する飲食店が不法滞在者や偽装滞在者による不法就労の実行場所になるほか、人身取引の手段として利用されてきたという問題事例が多発してきたことから、特にこのような形態での興行に係る活動について上陸基準省令1号により厳格な上陸許可基準が定められているものです（出入国管理法令研究会『外国人の入国・在留資格案内』317～318頁〔福山宏執筆部分〕（日本加除出版、令和5年））。

第5　上陸許可基準の説明

●活動類型ごとの上陸許可基準の整理

在留資格該当性	上陸基準省令における活動類型	上陸許可基準適合性	
興行に係る活動	演劇等の興行に係る活動 （上陸基準省令1号）	1号イ、ロ、ハのいずれかに該当すること	
		1号イ（改正により新設された緩和形態）	①ないし③の全てを満たすこと
			①　〔申請人と本邦の公私の機関との契約関係の存在に係る要件〕 　　申請人と本邦の公私の機関（興行契約機関）との契約関係が存在すること ②　〔興行契約機関に係る要件〕 　　興行契約機関がi～ivの要件を全て満たすこと i　外国人の興行に係る業務について通算して3年以上の経験を有する経営者又は管理者がいること ii　経営者又は常勤職員が欠格事由に該当しないこと iii　過去3年間に締結した契約に基づいて「興行」をもって在留する外国人に対して支払義務を負う報酬の全額を支払っていること iv　i～iiiのほか、外国人の興行に係る業務を適正に遂行する能力を有すること ③　〔活動場所に係る要件〕 　　風営法2条1項1号から3号までに規定する営業を営む施設以外の施設において行われること

		1号ロ（旧上陸基準省令2号相当形態）	①ないし⑤のいずれかを満たすこと
			① 〔公的機関が主催する興行、音楽学校等における教育的な活動に基づく興行〕 　我が国の国・地方公共団体又は特殊法人が主催する興行であるか又は学校教育法に規定する学校、専修学校若しくは各種学校において行われること
			② 〔公的機関の資金援助がある興行〕 　我が国と外国との文化交流に資する目的で国、地方公共団体又は独立行政法人の資金援助を受けて設立された本邦の公私の機関が主催すること
			③ 〔テーマパークにおける興行〕 　外国の情景又は文化を主題として観光客を招致するために外国人による演劇等の興行を常時行っている敷地面積10万平方メートル以上の施設において行われること
			④ 〔コンサートホール等における興行〕 　客席において飲食物を有償で提供せず、かつ、客の接待をしない施設（営利を目的としない本邦の公私の機関が運営するもの又は客席部分の収容人員が100人以上であるものに限る。）において行われること
			⑤ 〔高額の報酬を受け、かつ、短期間我が国に滞在して行う著名な歌手等の興行〕 　当該興行により得られる報酬額（団体で行う興行の場合は当該団体が受ける総額）が1日につき50万円以上であり、かつ、30日を超えない期間本邦に在留して行われること
		1号ハ（旧上陸基準省令1号に相当する標準形態）	①ないし③の全てを満たすこと
			① 〔申請人の経歴に係る要件〕 　報酬額（団体で行う興行の場合は当該団体が受ける総額）が1日につき500万円以上の場合を除き、外国の教育機関において当該活動に係る科目を2年以上専攻したか、2年以上の外国における

経験を有すること

② 〔申請人と一定の要件を満たす本邦の公私の機関との、一定の要件を満たす内容の契約関係の存在に係る要件〕

主として外国の民族料理を提供する飲食店（風営法2条1項1号に規定する営業を営む施設を除く。）の運営機関との契約に基づいて月額20万円以上の報酬を受けて当該飲食店において当該外国の民族音楽に関する歌謡、舞踊又は演奏に係る活動に従事する場合を除き、申請人とi～ivのいずれも満たす本邦の機関（興行契約機関）との、当該機関が申請人に対して月額20万円以上の報酬を支払う義務を負うことが明示されている興行契約関係が存在すること

（興行契約機関の要件）

i 外国人の興行に係る業務について通算して3年以上の経験を有する経営者又は管理者がいること

ii 5名以上の職員を常勤で雇用していること

iii 経営者又は常勤の職員が欠格事由に該当しないこと

iv 過去3年間に締結した興行契約に基づいて「興行」をもって在留する外国人に対して支払義務を負う報酬の全額を支払っていること

③ 〔出演施設に係る要件〕

i～viの要件を全て満たすこと（但し、興行に係る活動に従事する「興行」をもって在留する者が当該施設において申請人以外にいない場合は、viのみを満たすことで足りる）

i 不特定かつ多数の客を対象として外国人の興行を行う施設であること

ii 風営法2条1項1号に規定する営業を営む施設の場合は、専ら客の接待に従事する従業員が5名以上おり、かつ、興行に係る活動に従事する「興行」をもって在留する者が客の接待に従事するおそれがないこと

		ⅲ　13平方メートル以上の舞台があること
		ⅳ　9平方メートル（出演者が5名を超える場合は、9平方メートルに5名を超える人数の1名につき1.6平方メートルを加えた面積）以上の出演者用の控室があること
		ⅴ　従業員の数が5名以上であること
		ⅵ　当該施設を運営する機関（運営機関）の経営者又は当該施設に係る業務に従事する常勤職員が欠格事由に該当しないこと
	演劇等の興行に係る活動以外の興行に係る活動 （上陸基準省令2号）	〔同等報酬要件〕 日本人が従事する場合に受ける報酬と同等額以上の報酬を受けて従事すること
その他の芸能活動	興行に係る活動以外の芸能活動 （上陸基準省令3号）	①及び②をいずれも満たすこと
		①　〔活動内容要件〕 　ⅰ～ⅳのいずれかに該当する活動であること 　ⅰ　商品又は事業の宣伝に係る活動 　ⅱ　放送番組（有線放送番組を含む。）又は映画の製作に係る活動 　ⅲ　商業用写真の撮影に係る活動 　ⅳ　商業用のレコード、ビデオテープその他の記録媒体に録音又は録画を行う活動 ②　〔同等報酬要件〕 　日本人が従事する場合に受ける報酬と同等額以上の報酬を受けること

1　「演劇等の興行に係る活動」に従事しようとする場合（上陸基準省令1号）

　上陸基準省令の興行の項の下欄1号は、申請人が演劇等の興行に係る活動に従事しようとする場合は、同号イ、ロ、ハのいずれかに該当していることを求めています。

　「興行」に係る上陸許可基準は、出入国管理及び難民認定法第7条第1項第2号の基準を定める省令の一部を改正する省令（令和5年5月31日法務省令第28号）により改正されまし

第1編　第2章　在留資格「興行」に係る上陸許可基準の改正　　27

た（以下、同改正前の上陸基準省令を「旧基準省令」といいます。また、改正後の上陸基準
省令を「新基準省令」ということがあります。）。

　新基準省令1号ハは、「演劇等の興行に係る活動」に従事しようとする場合の標準形態とし
て旧基準省令1号が規定していた形態であり、その緩和形態が新基準省令1号イとして新設
されました。新基準省令1号ロは、旧基準省令2号に相当する形態です。

　新基準省令1号が規定する類型ごとの上陸許可基準の厳格さの違いは、濫用される蓋然性
の程度に応じて、次のような考え方によるとされます。即ち、「演劇等の興行に係る活動」の
全体から、まず①国や地方公共団体の機関等が主催する場合である1号ロ（1）（2）、次に②
出演先の規模や形態等から判断して濫用される蓋然性が低い場合である1号ロ（3）（4）
（5）、さらに③適正な制度運用実績があるか又は将来適正に制度運用がなされると認められ
る場合である1号イを除いた残り（旧基準省令1号に相当する標準形態）が1号ハとなると
いう考え方によるとされます（出入国管理法令研究会『外国人の入国・在留資格案内』317〜318頁〔福山
宏執筆部分〕（日本加除出版、令和5年））。

（1）　上陸基準省令1号イ（新設された緩和形態）

＜上陸基準省令の興行の項の下欄1号イ＞
一　申請人が演劇、演芸、歌謡、舞踊又は演奏（以下「演劇等」という。）の興行に係る活動に従
　事しようとする場合は、次のいずれかに該当していること。
　イ　申請人が次のいずれにも該当する本邦の公私の機関と締結する契約に基づいて、風俗営業
　　等の規制及び業務の適正化等に関する法律（昭和23年法律第122号。以下「風営法」という。）
　　第2条第1項第1号から第3号までに規定する営業を営む施設以外の施設において行われる
　　ものであること。
　　（1）　外国人の興行に係る業務について通算して3年以上の経験を有する経営者又は管理者
　　　がいること。
　　（2）　当該機関の経営者又は常勤の職員が次のいずれにも該当しないこと。
　　　（ⅰ）　人身取引等を行い、唆し、又はこれを助けた者
　　　（ⅱ）　過去5年間に法第24条第3号の4イからハまでに掲げるいずれかの行為を行い、唆
　　　　し、又はこれを助けた者
　　　（ⅲ）　過去5年間に当該機関の事業活動に関し、外国人に不正に法第3章第1節若しくは
　　　　第2節の規定による証明書の交付、上陸許可の証印（法第9条第4項の規定による記
　　　　録を含む。以下同じ。）若しくは許可、同章第4節の規定による上陸の許可又は法第4
　　　　章第1節、第2節若しくは法第5章第3節の規定による許可を受けさせる目的で、文
　　　　書若しくは図画を偽造し、若しくは変造し、虚偽の文書若しくは図画を作成し、若し
　　　　くは偽造若しくは変造された文書若しくは図画若しくは虚偽の文書若しくは図画を行
　　　　使し、所持し、若しくは提供し、又はこれらの行為を唆し、若しくはこれを助けた者
　　　（ⅳ）　法第74条から第74条の8までの罪又は売春防止法（昭和31年法律第118号）第6条か
　　　　ら第13条までの罪により刑に処せられ、その執行を終わり、又は執行を受けることが
　　　　なくなった日から5年を経過しない者
　　　（ⅴ）　暴力団員による不当な行為の防止等に関する法律（平成3年法律第77号）第2条第

　　　　6号に規定する暴力団員（以下「暴力団員」という。）又は暴力団員でなくなった日か
　　　　ら5年を経過しない者
　（3）　過去3年間に締結した契約に基づいて興行の在留資格をもって在留する外国人に対し
　　　　て支払義務を負う報酬の全額を支払っていること。
　（4）　（1）から（3）までに定めるもののほか、外国人の興行に係る業務を適正に遂行する能
　　　　力を有するものであること。

　審査要領は、上陸基準省令1号イについて、「外国人の興行に係る業務を適正に実施してい
る実績がある招へい機関との契約に基づいて、演劇等の興行に係る活動に従事しようとする
場合には、外国人の能力や報酬、客席における飲食物提供の有無等の要件を設けず、様々な
形態の興行を幅広く認めようというものである。そのため、契約機関の要件及び出演施設の
要件のみが規定されている。」と記載しています。

　　ア　申請人と興行契約機関との契約関係の存在要件
　上陸基準省令1号イは、申請人と同号イ（1）ないし（4）のいずれにも該当する本邦の公私
の機関（興行契約機関）との間の契約関係の存在を求めています。
　「本邦の機関」とは、日本国内に事業所等を有する機関を意味します。よって、申請人と
日本国内に全く事業所等を有しない機関との契約及び当該機関と本邦の機関との契約に基づ
いて活動する場合は、上陸基準省令1号イを満たしません（『入管関係法大全　第2巻〔第2版〕』
142頁）。

　　イ　興行契約機関の要件
　上陸基準省令1号イは、申請人と契約を締結する本邦の公私の機関（興行契約機関）が同
号イ（1）ないし（4）のいずれにも該当することを求めています。
　　（ア）　外国人の興行に係る業務について通算して3年以上の経験を有する経営者又は
　　　　　管理者がいること（上陸基準省令1号イ（1））
　適正な業務を行うためのマネジメント能力として外国人の興行に係る業務経験を求めるも
のです（審査要領）。新規の興行契約機関の設立による申請の場合は、他の既存の機関での経
験を指します（出入国管理法令研究会『外国人の入国・在留資格案内』322頁〔福山宏執筆部分〕（日本加除
出版、令和5年））。
　　（イ）　経営者又は常勤の職員が一定の欠格事由に該当しないこと（上陸基準省令1号イ
　　　　　（2））
　上陸基準省令1号イ（2）（ⅰ）ないし（ⅲ）の欠格事由について、当該機関の経営者又は常勤
の職員は、退去強制手続の対象となり得る者である必要はなく、日本人や特別永住者である
場合も、また、退去強制手続が行われた結果在留特別許可を受けた場合であっても、該当し
ます（『入管関係法大全　第2巻〔第2版〕』144頁）。
　上陸基準省令1号イ（2）（ⅱ）及び（ⅲ）の「過去5年間」の起算点は、上陸許可申請を行っ
た外国人に対する許可又は不許可（退去命令）の処分を行う時点ですが（『入管関係法大全　第
2巻〔第2版〕』144頁、145頁）、実務上は、在留資格認定証明書交付申請に係る処分時点から遡っ
て過去5年間に該当事実がある場合は、原則として同証明書交付の要件を満たさないものと

して取り扱われます（審査要領）。

　上陸基準省令1号イ（2）（iii）の「当該機関の事業活動に関し」とは、「当該興行契約機関の事業活動に関し」という意味であり、特定の機関における行為が対象となります。従って、他の機関において該当行為を行ったことが確認されたとしても、このことのみをもって基準不適合とはされません。もっとも、同一の機関であるか否かは実質的に判断され、形式的には別法人であっても、単なる社名変更にすぎないなど、実質的に事業の継続性、一体性の認められる場合は、同一機関での行為として扱われます（審査要領）。

　　（ウ）　過去3年間に締結した契約に基づいて興行の在留資格をもって在留する外国人
　　　　　に対して支払義務を負う報酬の全額を支払っていること（上陸基準省令1号イ（3））

　「過去3年間に」とは、上陸許可申請に対する処分時から遡って過去3年間という意味ですが、実務上は、在留資格認定証明書交付申請に係る処分時点から遡って過去3年間に締結した興行契約に基づいて報酬の全額を支払っていない場合は、原則として、同証明書の交付要件を満たさないものとして取り扱われます（審査要領）。

　報酬全額支払義務の対象となる者は、「過去3年間に興行の在留資格をもって在留した外国人」ではなく、「過去3年間に締結した興行契約に基づいて興行契約機関から報酬の支払いを受けるべき立場にあった外国人」です（審査要領）。

　「報酬の全額を支払っている」とは、未払いの報酬が存在しないことを意味します。行政見解によれば、支払期日に支払いがなされていなくても、処分時までに全額を支払っていればよいとされます。よって、申請に当たって、その直前に過去の未払いの報酬をまとめて支払うこと（駆け込み支払い）でも、それにより未払いが解消されれば、「全額を支払っている」ものとされます（審査要領）。しかし、上陸基準省令1号イ（3）は、興行契約の実効性を確保するための要件であるところ（出入国管理法令研究会『外国人の入国・在留資格案内』324頁〔福山宏執筆部分〕（日本加除出版、令和5年））、契約で定められた支払期限までに支払っていなかった場合にはたとえ期限に遅れて支払ったとしても、当該興行契約機関が締結する興行契約の実効性に重大な疑義が生じるため、この行政見解の妥当性には疑問があります。

　　（エ）　上陸基準省令1号イ（1）から（3）までに定めるもののほか、外国人の興行に係
　　　　　る業務を適正に遂行する能力を有するものであること（上陸基準省令1号イ（4））

　　i　労働関係法令違反や薬物法令違反の前科

　行政見解は、「外国人の興行に係る業務を適正に遂行する能力」を有しない具体例として、興行契約機関の経営者又は従業員が、労働関係法令に違反し刑に処せられている場合及び薬物法令に違反し刑に処せられている場合を挙げています（入管庁HP「在留資格「興行」に係る上陸基準省令等の改正について」）。

　　ii　財務状況

　「直近の損益計算書」の売上高欄や売上原価欄により当該興行契約機関が真に営業活動を行っているか否か、興行契約機関の職員及び興行契約機関が雇用等する芸能人への報酬の支払いが可能であるか否かが確認されます。この際、当期利益欄や経常利益欄の損失により経

営が赤字であることのみをもって営業活動を行っていることに疑義があるものとは取り扱われませんが、外国人を受け入れた後に営業活動が悪化し、特に報酬の支払いが行われない事態が発生することを防がなければならないため、「その他の当該機関の概要を明らかにする資料」（入管法施行規則6条の2第2項本文、別表第3の興行の項の下欄2号イ）として、例えば過去数年に遡っての法人税の納付状況を確認すること等をもって健全な経営が行われるか否かを確認されます（審査要領）。

ⅲ　労務管理能力

審査要領は、興行契約機関と芸能人が使用者と労働者の関係に立つ場合、当該興行契約機関は外国人芸能人に対する労務管理能力を有し、外国人芸能人による適正な興行活動の実施を十分に担保するものであることが必要であるとして、具体的には、外国人芸能人の適正な活動が確保されるよう、興行契約機関において、後記（ⅰ）ないし（ⅲ）の体制がとられていることが必要であるとしています。

なお、外国人芸能人に対する労務管理とは、外国人芸能人が適正な在留活動に従事し、その在留期間内に確実に活動を終了し出国するように、同人の公演状況等を把握することであって、いかなる意味においても外国人芸能人の身体の自由を制限する等の人権侵害行為とは全く異なるものであり、これらの人権侵害行為が一切容認されないことは当然です（審査要領）。

（ⅰ）　外国人芸能人の管理

興行契約機関は、当該外国人芸能人が本邦において適正な興行活動に従事できるように取り計らう立場にあり、このような立場にふさわしい外国人芸能人の管理能力を有していなければなりません。ここにいう外国人芸能人の管理とは、その能力・資質を確認した上で外国人芸能人と興行契約を締結し、外国人芸能人が同契約に基づいて適正な在留活動に従事するよう、外国人芸能人等の公演状況を把握し、興行活動に関し、当該外国人芸能人を指揮・監督することです。

（ⅱ）　外国人芸能人の公演状況の常態的把握

興行契約機関において外国人芸能人の公演状況を常態的に把握することができることが必要です。常態的に把握するとは、次に掲げる3つの要件がいずれも満たされていることをいいます。即ち、①公演が実施されている時間中、興行契約機関の従業員が週2回程度以上出演施設に出向く等の方法により、外国人芸能人の公演状況等を適正に把握していること、②携帯電話を持たせる、出演先の責任者の連絡先を把握しておくなどの適当な方法により、外国人芸能人及び出演施設との密な連絡体制が確保されていること、③担当者の待機等、外国人芸能人又は外国人芸能人の行う公演活動について法令上違反となる行為が判明したなどの問題が生じた場合に速やかに出演施設に赴いて適切な措置をとるための体制が整備されていることのいずれも満たされていることが必要です（審査要領）。

（ⅲ）　違反行為がないこと

過去においてその興行契約機関が興行契約を締結した外国人芸能人について、虚偽申請や

客の接待への従事等の違反行為がなかったことが必要です。仮に、過去にこれらのことがあった場合には、再発のおそれがないよう改善措置がとられていることが必要です（審査要領）。

　　ウ　活動場所の要件

　上陸基準省令1号イは、申請人の活動が、風営法2条1項1号から3号までに規定する営業を営む施設以外の施設において行われることを求めています。

　風営法2条1項1号ないし3号は、①キャバレー、待合、料理店、カフエーその他設備を設けて客の接待をして客に遊興又は飲食をさせる営業（1号）、②喫茶店、バーその他設備を設けて客に飲食をさせる営業で、国家公安委員会規則で定めるところにより計った営業所内の照度を10ルクス以下として営むもの（2号）、③喫茶店、バーその他設備を設けて客に飲食をさせる営業で、他から見通すことが困難であり、かつ、その広さが5平方メートル以下である客席を設けて営むもの（3号）を挙げています。

　風営法2条1項1号に規定する営業に該当するか否かは、当該営業の許可を受けているか否かで形式的に判断されるものではなく、スナック、パブ等の名称いかんにかかわらず、実際に客の接待をして客に飲食等をさせる営業を日常的に営んでいるものであるか否かにより実質的に判断されます（審査要領）。

（2）　上陸基準省令1号ロ（旧基準省令2号相当形態）

＜上陸基準省令の興行の項の下欄1号ロ＞

一　申請人が演劇、演芸、歌謡、舞踊又は演奏（以下「演劇等」という。）の興行に係る活動に従事しようとする場合は、次のいずれかに該当していること。

　ロ　申請人が従事しようとする活動が、次のいずれかに該当していること。

　　（1）　我が国の国若しくは地方公共団体の機関、我が国の法律により直接に設立された法人若しくは我が国の特別の法律により特別の設立行為をもって設立された法人が主催する演劇等の興行又は学校教育法（昭和22年法律第26号）に規定する学校、専修学校若しくは各種学校において行われるものであること。

　　（2）　我が国と外国との文化交流に資する目的で国、地方公共団体又は独立行政法人の資金援助を受けて設立された本邦の公私の機関が主催するものであること。

　　（3）　外国の情景又は文化を主題として観光客を招致するために外国人による演劇等の興行を常時行っている敷地面積10万平方メートル以上の施設において行われるものであること。

　　（4）　客席において飲食物を有償で提供せず、かつ、客の接待（風営法第2条第3項に規定する接待をいう。以下同じ。）をしない施設（営利を目的としない本邦の公私の機関が運営するもの又は客席部分の収容人員が100人以上であるものに限る。）において行われるものであること。

　　（5）　当該興行により得られる報酬の額（団体で行う興行の場合にあっては当該団体が受ける総額）が1日につき50万円以上であり、かつ、30日を超えない期間本邦に在留して行われるものであること。

　上陸基準省令1号ロは、演劇等の興行に係る活動に従事しようとする場合について、当該活動が同号ロ（1）ないし（5）のいずれかに該当していれば要件を満たすとしています。

これは、興行契約の当事者、出演先施設、興行活動の種類・内容・形態・規模によっては、過去において入管法令違反が生じた例が少ない場合があることに鑑み、それらを類型化して上陸許可基準を緩和したものです（出入国管理法令研究会『外国人の入国・在留資格案内』329頁〔福山宏執筆部分〕（日本加除出版、令和5年））。つまり、上陸基準省令1号ロ（1）ないし（5）に掲げる興行に係る活動は、公的機関が主催する興行（1号ロ（1））又は公的機関の資金援助がある興行（1号ロ（2））、音楽学校等における教育的な活動に基づく興行（1号ロ（1））、テーマパーク（1号ロ（3））やコンサートホール等（1号ロ（4））における興行、高額の報酬を受け、かつ、短期間我が国に滞在して行う著名な歌手等の興行（1号ロ（5））であり、これらの活動については、違法活動の発生のおそれが少なく、適正な活動が期待できるものであることから、上陸基準省令1号ハにおいて定められている要件に適合することを求めないとして、「演劇等の興行に係る活動」に従事しようとする場合の標準形態である1号ハに比べて上陸許可基準を緩和したものです（審査要領）。

なお、「興行」に係る在留資格該当性が肯定されるためには、上記第3　3のとおり、申請人たる外国人自身が公演の実施によって相応の対価が得られる程度の能力や資質等を有していること及び相応の報酬が支払われることが必要であり、この観点から、申請書の「報酬」の記載が審査されます。上陸基準省令1号ロに該当するものとして行う申請であっても、例えば、外国人本人の過去の活動歴等からみて、申請に係る興行活動を行うに足りる能力や資質等を有していること、滞在費を含めて興行活動を行うための費用が明確であること、公演スケジュールや内容が具体的かつ明確であることが必要です。興行活動を行うに足りる能力や資質が認められず、興行活動を行うための費用や公演内容等が明確でないものは、上陸基準省令1号ロに該当する興行活動に従事するという申請内容そのものに疑義があるものとして扱われ、慎重な審査が行われます（審査要領）。

　　ア　我が国の国若しくは地方公共団体の機関、我が国の法律により直接に設立された法人若しくは我が国の特別の法律により特別の設立行為をもって設立された法人が主催する演劇等の興行又は学校教育法に規定する学校、専修学校若しくは各種学校において行われるものであること（上陸基準省令1号ロ（1））

①我が国の国若しくは地方公共団体の機関、我が国の法律により直接に設立された法人若しくは我が国の特別の法律により特別の設立行為をもって設立された法人が主催する演劇等の興行は、主催者が特定されています。それに対し、②学校教育法に規定する学校、専修学校若しくは各種学校において行われる興行は、演劇等の興行が行われる場所が特定されているのであって、主催者は問いません（『入管関係法大全　第2巻〔第2版〕』148頁）。よって、例えば、学園祭など学校が主催するものではない興行で学校の施設において行われるものも含まれます。他方、学校等が主催する興行であっても、当該学校等の敷地や施設以外の場所・施設において行われる場合は、該当しません（審査要領）。

①の「我が国の法律により直接に設立された法人若しくは我が国の特別の法律により特別の設立行為をもって設立された法人」とは、日本放送協会等のいわゆる特殊法人をいいます

第1編　第2章　在留資格「興行」に係る上陸許可基準の改正　　33

（審査要領）。「主催する」とは、中心となって催すことを意味し、具体的には、当該興行を主体的に企画・運営することをいいます。他の機関との共催も含まれますが、単なる「後援」や「協賛」の場合は、「主催する」とはされません（審査要領）。

②の「学校教育法に規定する学校」とは、幼稚園、小学校、中学校、義務教育学校、高等学校、中等教育学校、特別支援学校、大学及び高等専門学校をいいます（学校教育法1条）。

　　イ　我が国と外国との文化交流に資する目的で国、地方公共団体又は独立行政法人の資
　　　　金援助を受けて設立された本邦の公私の機関が主催するものであること（上陸基準省令
　　　1号ロ（2））

「独立行政法人」には、地方独立行政法人は含まれません（上陸基準省令の研究の項の下欄柱書但書括弧書）。

「資金援助を受けて設立された」について、我が国と外国との文化交流に資する目的で資金援助を受けて設立されたことの立証が確実になされていれば、援助を受けた資金の額は問いません。但し、実際に設立に要した資金の額に比して援助額が極めて少額である場合やそもそも設立に要した資金が異常に少額である場合は、合理的理由が求められます。また、国又は地方公共団体の資金援助を受けて設立された機関であっても、いわゆる任意団体については、活動内容や活動実績から、適正な運営がなされているかについて審査されます（審査要領）。

「主催する」の意義は、上記アの上陸基準省令1号ロ（1）の「主催する」と同義です（審査要領）。

　　ウ　外国の情景又は文化を主題として観光客を招致するために外国人による演劇等の興
　　　　行を常時行っている敷地面積10万平方メートル以上の施設において行われるものであ
　　　ること（上陸基準省令1号ロ（3））

いわゆるテーマパーク等で行われる演劇等の興行を想定した規定です。施設を運営する機関との契約に基づいて行うか否かを問わず、当該施設において行われる興行に係る活動に従事しようとする場合は該当します（審査要領）。

　　エ　客席において飲食物を有償で提供せず、かつ、客の接待（風営法2条3項に規定す
　　　　る接待）をしない施設（営利を目的としない本邦の公私の機関が運営するもの又は客
　　　　席部分の収容人員が100人以上であるものに限る。）において行われるものであること
　　　　（上陸基準省令1号ロ（4））

上陸基準省令1号ロ（4）は、活動が行われる施設について、①客席において飲食物を有償で提供しない施設であること、②客の接待をしない施設であること、③営利を目的としない本邦の公私の機関が運営する施設又は客席部分の収容人員が100人以上である施設であることの3要件を満たすことを求めています。

上陸基準省令1号ロ（4）は、演劇等の興行が、非営利団体が持つ劇場やホール等の施設を使って行われる場合、公民館や体育館のような施設を一時的に借りて行われる場合、営利団体が持つ施設であっても相当の規模の劇場等で行われる場合等を想定した規定です（『入管関

係法大全　第2巻〔第2版〕150頁）。屋外の施設も該当し得ます（審査要領）。設備を設けて客に飲食させる営業（飲食店営業や喫茶店営業）を営む飲食店や客の接待をしたり飲食をさせたりする風俗営業店は該当しません（審査要領）。

　　　（ア）　①客席において飲食物を有償で提供しない施設であること

　「客席において飲食物を有償で提供」とは、客席で注文を受けて飲食物を販売するような場合を意味します（『入管関係法大全　第2巻〔第2版〕』149頁）。

　劇場やコンサートホールでは、客席部分と区分されたロビー等に自動販売機や売店がある場合が多いところ、客がこれらで購入した飲食物を自ら客席に持ち込んで飲食しても、「客席において飲食物を提供」することには当たりません（審査要領）。また、客席と一体性のある場所に設置されているバーカウンター等で飲食物を提供する場合であっても、客がバーカウンターにおいて飲食物を受け取り、自ら客席に運んで飲食する場合は、「客席において飲食物を提供」することに当たりません（入管庁HP「在留資格「興行」に係る上陸基準省令等の改正について」、審査要領）。これは、施設への入場料と飲食料金が区別されている場合のほか、入場料に飲食料金が含まれている場合も同様です（審査要領）。

　設備を設けて客に飲食させる営業（いわゆる飲食店営業、喫茶店営業）を営む飲食店であっても、当該施設の利用に係る契約書等から、当該興行において飲食物の提供がないことが明らかであれば、「客席において飲食物を有償で提供せず」に該当します。もっとも、客の接待をしたり、客に飲食をさせたりする風俗営業店は、当該施設の利用に係る契約の内容にかかわらず、「客の接待をしない施設」に該当しないため、上陸基準省令1号ロ（4）を満たしません（審査要領）。

　　　（イ）　②客の接待をしない施設であること

　「接待」とは、風営法2条3項に規定する接待（歓楽的雰囲気を醸し出す方法により客をもてなすこと）をいいます（上陸基準省令1号ロ（4）括弧書）。

　　　（ウ）　③営利を目的としない本邦の公私の機関が運営する施設又は客席部分の収容人員が100人以上である施設であること

　　　　ⅰ　営利を目的としない本邦の公私の機関が運営する施設

　国・地方公共団体、公益社団法人、公益財団法人、学校法人、社会福祉法人、宗教法人、医療法人等が運営主体となっている施設をいいます。運営主体が非営利目的の機関であることが必要であり、施設が非営利目的のものであっても、運営主体が営利目的の機関である場合は該当しません（審査要領）。

　　　　ⅱ　客席部分の収容人員が100人以上である施設

　収容人員は、消防法8条及び消防法施行令1条の2に規定する防火管理者を定めなければならない防火対象物等の判断基準の一つとして定められており、「客席部分の収容人員」とは、当該人員のうち、客席部分に係るものをいいます。収容人員の算定方法は、消防法施行規則1条の3において定められており、固定式のいす席を設ける部分についてはその数をもって、立見席を設ける部分については当該部分の床面積を1人当たり0.2m^{2}をもって算定します

第1編　第2章　在留資格「興行」に係る上陸許可基準の改正　　35

（審査要領）。

　客席が設置されていないライブハウス等で、スタンディングで100人以上収容できる施設も認められます（入管庁HP「在留資格「興行」に係る上陸基準省令等の改正について」）。

　　　オ　当該興行により得られる報酬の額（団体で行う興行の場合にあっては当該団体が受ける総額）が１日につき50万円以上であり、かつ、30日を超えない期間本邦に在留して行われるものであること（上陸基準省令1号ロ（5））

　上陸基準省令1号ロ（5）は、高額の報酬を受け、かつ、短期間我が国に滞在して行う著名な歌手等の興行（ホテルのディナーショー等）を対象としており、飲食物の提供又は客の接待を伴う施設において行うものでも構いません（審査要領）。

　「団体で行う興行」とは、２名以上の者が出演する興行をいい、個々の外国人が受ける報酬の額にかかわらず、当該団体が受ける報酬の総額が１日につき50万円以上であれば足ります（審査要領）。

　「30日を超えない期間本邦に在留して」とは、申請に係る興行を行うために我が国に上陸してから出国するまでの期間、即ち、実際の公演期間にその前後の移動や準備に要する期間を合わせた我が国での滞在期間全体が30日以内であることをいいます（審査要領）。

（３）　上陸基準省令1号ハ（旧基準省令1号に相当する標準形態）

＜上陸基準省令の興行の項の下欄1号ハ＞
一　申請人が演劇、演芸、歌謡、舞踊又は演奏（以下「演劇等」という。）の興行に係る活動に従事しようとする場合は、次のいずれかに該当していること。
　ハ　申請人が従事しようとする活動が、次のいずれにも該当していること。
　　（１）　申請人が従事しようとする活動について次のいずれかに該当していること。ただし、当該興行を行うことにより得られる報酬の額（団体で行う興行の場合にあっては当該団体が受ける総額）が１日につき500万円以上である場合は、この限りでない。
　　（ⅰ）　外国の教育機関において当該活動に係る科目を２年以上の期間専攻したこと。
　　（ⅱ）　２年以上の外国における経験を有すること。
　　（２）　申請人が次のいずれにも該当する本邦の機関との契約（当該機関が申請人に対して月額20万円以上の報酬を支払う義務を負うことが明示されているものに限る。以下この号において「興行契約」という。）に基づいて演劇等の興行に係る活動に従事しようとするものであること。ただし、主として外国の民族料理を提供する飲食店（風営法第2条第1項第1号に規定する営業を営む施設を除く。）を運営する機関との契約に基づいて月額20万円以上の報酬を受けて当該飲食店において当該外国の民族音楽に関する歌謡、舞踊又は演奏に係る活動に従事しようとするときは、この限りでない。
　　（ⅰ）　外国人の興行に係る業務について通算して３年以上の経験を有する経営者又は管理者がいること。
　　（ⅱ）　５名以上の職員を常勤で雇用していること。
　　（ⅲ）　当該機関の経営者又は常勤の職員が次のいずれにも該当しないこと。
　　（a）　人身取引等を行い、唆し、又はこれを助けた者
　　（b）　過去５年間に法第24条第3号の4イからハまでに掲げるいずれかの行為を行い、唆し、又はこれを助けた者

（ｃ）　過去5年間に当該機関の事業活動に関し、外国人に不正に法第3章第1節若しく
は第2節の規定による証明書の交付、上陸許可の証印若しくは許可、同章第4節の
規定による上陸の許可又は法第4章第1節、第2節若しくは法第5章第3節の規定
による許可を受けさせる目的で、文書若しくは図画を偽造し、若しくは変造し、虚
偽の文書若しくは図画を作成し、若しくは偽造若しくは変造された文書若しくは図
画若しくは虚偽の文書若しくは図画を行使し、所持し、若しくは提供し、又はこれ
らの行為を唆し、若しくはこれを助けた者

（ｄ）　法第74条から第74条の8までの罪又は売春防止法第6条から第13条までの罪によ
り刑に処せられ、その執行を終わり、又は執行を受けることがなくなった日から5
年を経過しない者

（ｅ）　暴力団員又は暴力団員でなくなった日から5年を経過しない者

（ⅳ）　過去3年間に締結した興行契約に基づいて興行の在留資格をもって在留する外国人
に対して支払義務を負う報酬の全額を支払っていること。

（3）　申請に係る演劇等が行われる施設が次に掲げるいずれの要件にも適合すること。ただ
し、興行に係る活動に従事する興行の在留資格をもって在留する者が当該施設において
申請人以外にいない場合は、（ⅵ）に適合すること。

（ⅰ）　不特定かつ多数の客を対象として外国人の興行を行う施設であること。

（ⅱ）　風営法第2条第1項第1号に規定する営業を営む施設である場合は、次に掲げるい
ずれの要件にも適合していること。

（ａ）　専ら客の接待に従事する従業員が5名以上いること。

（ｂ）　興行に係る活動に従事する興行の在留資格をもって在留する者が客の接待に従事
するおそれがないと認められること。

（ⅲ）　13平方メートル以上の舞台があること。

（ⅳ）　9平方メートル（出演者が5名を超える場合は、9平方メートルに5名を超える人
数の1名につき1.6平方メートルを加えた面積）以上の出演者用の控室があること。

（ⅴ）　当該施設の従業員の数が5名以上であること。

（ⅵ）　当該施設を運営する機関の経営者又は当該施設に係る業務に従事する常勤の職員が
次のいずれにも該当しないこと。

（ａ）　人身取引等を行い、唆し、又はこれを助けた者

（ｂ）　過去5年間に法第24条第3号の4イからハまでに掲げるいずれかの行為を行い、
唆し、又はこれを助けた者

（ｃ）　過去5年間に当該機関の事業活動に関し、外国人に不正に法第3章第1節若しく
は第2節の規定による証明書の交付、上陸許可の証印若しくは許可、同章第4節の
規定による上陸の許可又は法第4章第1節、第2節若しくは法第5章第3節の規定
による許可を受けさせる目的で、文書若しくは図画を偽造し、若しくは変造し、虚
偽の文書若しくは図画を作成し、若しくは偽造若しくは変造された文書若しくは図
画若しくは虚偽の文書若しくは図画を行使し、所持し、若しくは提供し、又はこれ
らの行為を唆し、若しくはこれを助けた者

（ｄ）　法第74条から第74条の8までの罪又は売春防止法第6条から第13条までの罪によ
り刑に処せられ、その執行を終わり、又は執行を受けることがなくなった日から5
年を経過しない者

（ｅ）　暴力団員又は暴力団員でなくなった日から5年を経過しない者

第1編　第2章　在留資格「興行」に係る上陸許可基準の改正　　　37

　上陸基準省令1号ハは、旧基準省令1号に相当する標準形態として、演劇等の興行に係る活動が、上陸基準省令1号ハ（1）ないし（3）が規定する①申請人の経歴に係る要件、②申請人と一定の要件を満たす本邦の公私の機関との一定の要件を満たす内容の契約関係の存在に係る要件、③演劇等が行われる施設に係る要件の全てを満たすことを求めています。「興行」に係る在留資格該当性としては、申請人と本邦の公私の機関との契約関係の存在は求められていませんが（入管法別表第1の2の表の興行の項の下欄）、上陸許可基準適合性として上陸基準省令1号ハを満たすためには、当該契約関係の存在が必要です。

　　ア　申請人の経歴に係る要件（上陸基準省令1号ハ（1））

　上陸基準省令1号ハ（1）は、当該興行を行うことにより得られる報酬の額（団体で行う興行の場合にあっては当該団体が受ける総額）が1日につき500万円以上である場合を除き（上陸基準省令1号ハ（1）但書）、申請人が従事しようとする活動について、①外国の教育機関において当該活動に係る科目を2年以上の期間専攻したこと（学歴）又は②2年以上の外国における経験を有すること（実務経験）を求めています（上陸基準省令1号ハ（1）本文）。①又は②の経歴があることが必要であり、学歴と実務経験の合計2年で要件を満たすものとはされません。例えば、1年間の科目の専攻と1年間の外国における実務経験とを合わせて2年であるという場合は、要件を満たしません。

　上記の①、②の経歴要件は、外国人芸能人本人の能力に関する要件であるところ、興行を行うことにより得られる報酬の額（団体で行う興行の場合にあっては当該団体が受ける総額）が1日につき500万円以上である場合は、①や②の経歴がなくとも芸能人としての能力が備わっているものと解されるため（審査要領）、免除されます（上陸基準省令1号ハ（1）但書）。

　　（ア）　外国の教育機関において当該活動に係る科目を2年以上の期間専攻したこと
　　　　　（上陸基準省令1号ハ（1）ⅰ）

　　　ⅰ　「外国の教育機関」の意義

　「外国の教育機関」とは、その国・地域における学校教育制度において正規の教育機関とされているものであり、かつ、原則として、義務教育修了後に入学するものをいいます。従って、歌謡や舞踊等のレッスン教室や塾等において個人的に師事したといった場合は除かれます（審査要領）。

　　　ⅱ　「当該活動に係る科目」の意義

　「当該活動に係る科目」とは、活動の名称と科目の名称の異同にかかわりなく、その活動に関する能力・資質を涵養するに足る科目という意味です（審査要領）。

　　　ⅲ　「2年以上の期間」の意義

　「2年以上の期間」については、2年課程のコースであれば足り、例えば「2010年9月から2012年7月まで本校で舞踏を専攻し卒業した」旨の記載がある卒業証明書の提出があった場合は、実質的に2年に満たないものの、特段の疑義のない限り、当該要件に適合するものとして取り扱われます（審査要領）。

（イ）　２年以上の外国における経験を有すること（上陸基準省令１号ハ（1）ⅱ）

　「２年以上の外国における経験を有する」とは、職業芸能人として興行に係る活動に外国において実際に従事していた経験が２年以上あることをいい、継続性なく単発的に、又は芸術若しくは芸能に関連性を有しない職業活動を営む一方でその余暇を利用した形で、興行に係る活動を行っていた経験は含まれません（審査要領）。日本に在留していたことがある者がその在留中に行った興行に係る活動の経験は、再入国許可による出国中に外国において行ったものを除き、「外国における経験」には含まれません（『入管関係法大全　第２巻〔第２版〕』141頁）。

　　（ウ）　補助者に係る取扱い

　上陸基準省令１号ハの要件を満たす芸能人本人のマネージャーなど、上記第３　１（2）エ（ウ）の「補助者」については、上陸許可基準上、明確に上陸基準省令１号ハ（1）本文の経歴要件（学歴又は実務経験）の適用を除外する規定はありません。しかし、趣旨に鑑み、これらの要件は、出演者又は興行を行う上で重要な役割を担う芸能人に係る規定であるため、その者が興行を行う上で必要不可欠な活動に従事するものである限り、出演者が上陸基準省令１号ハ（1）本文の要件を満たすのであれば、補助者は当該要件を満たすことを求められません（審査要領）。

　　（エ）　審査のポイント

　上陸基準省令１号ハ（1）本文が規定する経歴要件（学歴、実務経験）については、申請書の「申請人の経歴」欄の記載、立証資料の「経歴書」及び「活動に係る経歴を証する文書」（入管法施行規則６条の２第２項本文、別表第３の興行の項の下欄１号イ）、入管当局のデータベースに記録されている過去に提出された経歴書等の内容、本国における芸能人としての活動期間中の個人事業所得等の納税に係る領収書（写し）、社会保険加入事実等に関する資料等をもって確認されます（審査要領）。

　イ　申請人と一定の要件を満たす本邦の公私の機関との一定の要件を満たす内容の契約
　　　関係の存在に係る要件（上陸基準省令１号ハ（2））

　上陸基準省令１号ハ（2）は、主として外国の民族料理を提供する飲食店（風営法２条１項１号に規定する営業を営む施設を除きます。）を運営する機関との契約に基づいて月額20万円以上の報酬を受けて当該飲食店において当該外国の民族音楽に関する歌謡、舞踊又は演奏に係る活動に従事しようとするときを除き（上陸基準省令１号ハ（2）但書）、申請人と一定の要件を満たす本邦の公私の機関（興行契約機関）との一定の要件を満たす内容の契約関係の存在を求めています（上陸基準省令１号ハ（2）本文）。つまり、上陸基準省令１号ハ（2）本文は、一般的にプロダクションと呼ばれる機関やいわゆる自店招へいの場合の興行契約機関の要件及び興行契約機関と外国人芸能人との間の契約（興行契約）の要件について定めています。

　　（ア）　主として外国の民族料理を提供する飲食店（風営法２条１項１号に規定する営
　　　　　業を営む施設を除きます。）を運営する機関との契約に基づいて月額20万円以上
　　　　　の報酬を受けて当該飲食店において当該外国の民族音楽に関する歌謡、舞踊又は
　　　　　演奏に係る活動に従事しようとするとき（上陸基準省令１号ハ（2）但書）
　　ⅰ　「主として外国の民族料理を提供する飲食店」の意義

　外国において考案され我が国において特殊なものとされているスペイン料理、中国料理、

タイ料理等の外国料理の分野において、相応の実績及び評判を有する飲食店をいいます。「技能」の在留資格に係る上陸許可基準1号に適合する調理師を雇用する程度の業務を行っている飲食店がこれに該当します（審査要領）。上陸基準省令1号ハ（2）但書が、民族料理店で同じ民族の音楽に関連した芸能活動について、上陸基準省令1号ハ（2）（ⅰ）ないし（ⅳ）の要件を求めないこととしたのは、民族料理店の営業の特別性に基づく非代替性を考慮したものであるとされます（出入国管理法令研究会『外国人の入国・在留資格案内』321～322頁〔福山宏執筆部分〕（日本加除出版、令和5年））。

「主として外国の民族料理を提供する飲食店」が新規に開店する飲食店の場合は、事業計画の具体性、合理性、実現可能性、事業所（施設）の確保の状況、営業許可の取得状況、年間売上見込み等により、当該事業の継続性が見込まれることを要します（審査要領）。

風営法2条1項1号に規定する営業を営む施設が除かれるところ（上陸基準省令1号ハ（2）但書括弧書）、同号が規定する営業は、キャバレー、待合、料理店、カフェーその他設備を設けて客の接待をして客に遊興又は飲食をさせる営業です。

　　　　ⅱ　「当該飲食店において当該外国の民族音楽に関する歌謡、舞踊又は演奏に係る活動」の意義

その飲食店において提供される民族料理に関連する民族音楽に係る活動をいい、この活動を行う者については、その国籍や出身地を問わず、上陸基準省令1号ハ（1）の要件に適合し、かつ、当該民族音楽に係る興行活動についての資格、学歴又は経験を有していることが必要です（審査要領）。

　　　（イ）　興行契約機関に係る要件（上陸基準省令1号ハ（2）（ⅰ）ないし（ⅳ））

申請人と契約を締結する本邦の公私の機関（興行契約機関）が、①外国人の興行に係る業務について通算して3年以上の経験を有する経営者又は管理者がいること（上陸基準省令1号ハ（2）（ⅰ））、②5名以上の職員を常勤で雇用していること（上陸基準省令1号ハ（2）（ⅱ））、③経営者又は常勤の職員が一定の欠格事由に該当しないこと（上陸基準省令1号ハ（2）（ⅲ））、④過去3年間に締結した契約に基づいて興行の在留資格をもって在留する外国人に対して支払義務を負う報酬の全額を支払っていること（上陸基準省令1号ハ（2）（ⅳ））の全ての要件を満たしている必要があります。

①、③及び④の要件は、上陸基準省令1号イ（1）ないし（3）の要件と同じですので、解釈については、上記（1）イを参照して下さい。

②の要件は、申請人たる外国人芸能人の出演に関する日程管理及び出演店における労働条件管理等を実効的に実行するための必要最小限の態勢とされています（出入国管理法令研究会『外国人の入国・在留資格案内』322頁〔福山宏執筆部分〕（日本加除出版、令和5年））。職員の常勤性については、賃金台帳、出勤状況、源泉徴収簿（又は源泉所得税納付書）、雇用保険・社会保険領収書の齟齬の有無等により確認されます。2か所以上から給与の支払いを受けており、主たる収入が別にあることから興行契約機関において賃金台帳が作成されていない場合は、常

勤職員とは認められません（審査要領）。

　（ウ）　興行契約の内容に係る要件（上陸基準省令1号ハ（2）本文括弧書）

　申請人と本邦の公私の機関（興行契約機関）との間で締結する契約（興行契約）が、当該機関が申請人に対して月額20万円以上の報酬を支払う義務を負うことが明示されていることが必要です（上陸基準省令1号ハ（2）本文括弧書）。申請人と本邦の機関との間に契約がなく、申請人が所属する本邦外の団体と本邦の機関との間に契約があるだけでは、この要件を満たしません。

　興行契約は、申請人と本邦の機関との間の契約であり、当該機関が月額20万円以上の報酬を支払う義務を負うことが明示されていれば、その名称の如何を問いません（審査要領）。

　報酬が外貨により支払われる場合は、申請時点の外国為替レートを参考にして日本円に換算して審査されます。外国人本人が我が国法令上直接に負担すべき所得税及び社会保険料は報酬額に含まれます。報酬が日割りで支払われる場合や公演期間が1月に満たない場合には、月額に換算して20万円以上となる額であれば要件を満たします（審査要領）。

　興行契約において、報酬から控除（天引き）する旨の規定がある場合には、具体的に食費等として控除される予定金額が別途明示されていなければなりません。また、いったん支払った報酬から別に徴収するという場合であっても、徴収される予定金額が明示されていなければなりません。いずれの場合においても、控除又は徴収される費用（特に食費や宿泊費）については社会通念に照らして妥当な金額の範囲内であり、かつ、実費の範囲内のものでなければなりません。このような控除又は徴収される費用がある場合には、これら費用の根拠及び明細（実費の範囲内であることの証明を含みます。）の提出が求められ、かつ、このことについて外国人芸能人が明確な形で了解していることを立証する必要があります（審査要領）。

　ウ　演劇等が行われる施設に係る要件（上陸基準省令1号ハ（3））

　上陸基準省令1号ハ（3）は、申請に係る演劇等が行われる施設が、次の①ないし⑥の全ての要件に適合することを求めています。

　即ち、①不特定かつ多数の客を対象として外国人の興行を行う施設であること（上陸基準省令1号ハ（3）（i））、②風営法2条1項1号に規定する営業を営む施設である場合は、i専ら客の接待に従事する従業員が5名以上いること及びii興行に係る活動に従事する「興行」の在留資格をもって在留する者が客の接待に従事するおそれがないと認められることのいずれの要件にも適合していること（上陸基準省令1号ハ（3）（ii））、③13平方メートル以上の舞台があること（上陸基準省令1号ハ（3）（iii））、④9平方メートル（出演者が5名を超える場合は、9平方メートルに5名を超える人数の1名につき1.6平方メートルを加えた面積）以上の出演者用の控室があること（上陸基準省令1号ハ（3）（iv））、⑤当該施設の従業員の数が5名以上であること（上陸基準省令1号ハ（3）（v））、⑥当該施設を運営する機関の経営者又は当該施設に係る業務に従事する常勤の職員が一定の欠格事由に該当しないこと（上陸基準省令1号ハ（3）（vi））の全ての要件に適合することを求めています。但し、興行に係る活動に従事する「興行」の在留

資格をもって在留する者が当該施設において申請人以外にいない場合は、①〜⑤の要件に適合することは求められず、⑥の要件に適合することのみで足ります（上陸基準省令1号ハ（3）但書）。

①は出演する施設が一般人に利用可能なものであることに係る要件、②は風営法2条1項1号に規定する営業を営む施設を出演先とする場合に加重される要件、③は出演施設の舞台面積に係る要件、④は出演施設の控室面積に係る要件、⑤は出演施設の従業員の人数に係る要件、⑥は出演施設を運営する機関（運営機関）の経営者及び出演施設に係る業務に従事する常勤職員の欠格事由に係る要件です。

（ア）　①不特定かつ多数の客を対象として外国人の興行を行う施設であること（上陸基準省令1号ハ（3）（ⅰ））

これは、出演する施設が一般人に利用可能なものであることを求める要件です（審査要領）。外国人芸能人については、原則として、公開興行に出演するものとして受け入れるという趣旨を明らかにするために設けられた要件です（平成10年版入管白書93〜94頁）。

「不特定かつ多数の客を対象」について、少数のメンバーに限定した排他的な会員しか入れない「会員制クラブ」等の施設は、この要件に適合しません。但し、企業が従業員やその家族又は顧客等に対するサービスとして一時的に企画するもの（例えば、企業内のレクリエーションの一環として、又は百貨店やクレジットカード会社による得意先・優待客向けサービスのために、一般的に施設において公演を実施しようとするもの）やホテル・旅館が宿泊客のみを対象としてそれらの施設（宴会場等）において実施するものは、この要件に適合します（審査要領）。

（イ）　②風営法2条1項1号に規定する営業を営む施設である場合は、ⅰ専ら客の接待に従事する従業員が5名以上いること及びⅱ興行に係る活動に従事する「興行」の在留資格をもって在留する者が客の接待に従事するおそれがないと認められることのいずれの要件にも適合していること（上陸基準省令1号ハ（3）（ⅱ））

これは、風営法2条1項1号に規定する営業を営む施設を出演先とする場合に加重される要件です。風営法2条1項1号が規定する営業は、キャバレー、待合、料理店、カフェーその他設備を設けて客の接待をして客に遊興又は飲食をさせる営業です。

「接待」は、風営法上の「接待」の概念と同一であり（審査要領）、歓楽的雰囲気を醸し出す方法により客をもてなすことをいいます（風営法2条3項）。風営法上の接待の定義、主体及び判断基準については、警察庁生活安全局が策定している「風俗営業等の規制及び業務の適正化等に関する法律等の解釈運用基準」のとおりです。

「専ら客の接待に従事する従業員」とは、一般に社交員、フロアレディ、ホステス、ホスト等と称される客の接待に専念する者をいい、キャッシャー、ウェイター、ウェイトレス等の業務に通常従事する者は含みません。また、個々の従業員は常勤である必要はありませんが、出演施設を運営する機関が直接に雇用するものであることを要します。なお、当該従業員は、日本国籍を有する者には限られませんが、外国籍の者の場合には、特別永住者又は入管法別表第2が規定する居住資格をもって在留する者であることを要します（審査要領）。

42 第1編 第2章 在留資格「興行」に係る上陸許可基準の改正

「5名以上いること」については、必ずしもその施設の営業時間中に常時出演先に勤務していることを求めるものではなく、客の入店状況により自宅等において待機している者がいる場合であっても、従業員として5名以上が確保されていればよいとされます（審査要領）。

「興行に係る活動に従事する「興行」の在留資格をもって在留する者が客の接待に従事するおそれがないと認められること」については、出演施設によって、入場客に対し、外国人芸能人の公演内容、公演日程（公演内容や日程が、客の入りによってその時々に決まるというようなものではなく、事前に明確に定められたものである必要があります。）及び外国人芸能人がホステス等として客の接待には従事しないことについて周知する方策がとられていることが求められます。周知の方法については問いませんが、例えば、出演施設の入口又は出演施設内部の見やすい場所に上記の内容が客の十分認識できるような形で掲示等により表示されており、写真等によりそのことが確認できる場合には、「周知する方策がとられている」として扱われます（審査要領）。

風営法2条1項1号に規定する営業を営む施設を出演先とする場合に求められる要件の適合性に疑義があるときは、風俗営業の許可を受ける際に公安委員会に提出した「許可申請書」及び「営業の方法」の様式における記載内容等との照合により、申請内容の信ぴょう性が確認されます。具体的には、①出演先の従業員名簿に「許可申請書」において「管理者」とされている者の記載があるか、②舞台とは別に「踊り場」が設けられているか（これが設けられていない場合は、風営法に抵触するおそれがあります。）、③「許可申請書」における「営業所の床面積」の記載と一致しているか、④「営業の方法」における「常時当該営業所に雇用されている者」欄の人数が社交員名簿と一致しているか、⑤「営業の方法」における「主たる派遣元」欄が興行契約機関になっていないか（興行契約機関である場合は、芸能人を派遣する可能性が高く、接客のおそれがあるとされます。）、⑥「営業の方法」における「遊興の内容」欄に外国人芸能人による公演を行う旨の記載がなされているかといった事項が確認されます（審査要領）。

（ウ）　③13平方メートル以上の舞台があること（上陸基準省令1号ハ（3）(ⅲ)）

これは、出演施設の舞台面積に係る要件です。

「舞台」と認められるためには、客席との間に段差を設けることまでは必要ないものの、公演が実際に行われる区域と客席とが明確に区分されている必要があります。出演施設等には興行が十分に行われ得るための舞台装置等が完備されていることが必要です。また、興行に当たっての振り付け、衣装、照明等の担当者があらかじめ決められているなど、演出的要素が必要であり、その日程・内容も、客の入りによってその時々に決まるというようなものではなく、事前に明確に決められていることが必要です（審査要領）。

（エ）　④9平方メートル（出演者が5名を超える場合は、9平方メートルに5名を超える人数の1名につき1.6平方メートルを加えた面積）以上の出演者用の控室があること（上陸基準省令1号ハ（3）(ⅳ)）

これは、出演施設の控室面積に係る要件です。

「出演者用の控室」とは、例えば、ロッカー、鏡、いす等の備品を備え、出演者が更衣や

休憩をするのにふさわしい機能を有するものをいいます。控室は出演施設内にあるのが原則ですが、例外として、同一建物内に控室が確保できない場合にあっては、適正な公演を実施できる範囲内において、近接する建物に控室を設置することができます。例えば、出演者が5名を超える場合において、近接する建物に設置しても差し支えなく、複数の部屋を使用してこれらの部屋の合計面積をもって控室の面積とすることも可能です。なお、追加して控室を設置する場合でも、当該控室は、原則として出演施設と同一建物内の外部の目にとまることなく舞台との間の移動ができる場所になければなりません。但し、「外部の者の目にとまることなく」とは、控室が近接した建物等に追加して設置されている場合において、そのことに合理性があれば、一切外部の目にとまることなく移動するという物理的に不可能なことまでも強いるものではありません（審査要領）。

（オ）　⑤当該施設の従業員の数が5名以上であること（上陸基準省令1号ハ（3）（v））

これは、出演施設の従業員の人数に係る要件です。

「当該施設の従業員の数が5名以上である」とは、出演施設の営業時間中に常時5名以上勤務していることをいいます。当該従業員は、出演施設を運営する機関（運営機関）が直接雇用するものであることを要します。日本国籍を有する者に限られませんが、外国籍の者の場合には、当該業務に従事することができる在留資格をもって在留する者であること又は特別永住者であることを要します。上記（イ）の風営法2条1項1号に規定する営業を営む施設における「専ら客の接待に従事する従業員」（上陸基準省令1号ハ（3）（ii）（a））も含まれます（審査要領）。

（カ）　⑥当該施設を運営する機関の経営者又は当該施設に係る業務に従事する常勤の職員が一定の欠格事由に該当しないこと（上陸基準省令1号ハ（3）（vi））

これは、出演施設を運営する機関（運営機関）の経営者及び出演施設に係る業務に従事する常勤職員の欠格事由に係る要件です。

「当該施設を運営する機関」とは、出演施設を運営する団体又は個人をいいます。例えば、出演施設が個人経営の場合は当該経営者が、ある法人がその事業活動の一環として運営している店舗の場合は当該法人がこれに当たります（審査要領）。

上陸基準省令1号ハ（3）（vi）（c）の「過去5年間に当該機関の事業活動に関し」とは、「当該出演施設を運営する機関の事業活動に関し」という意味であり、同一機関における行為が対象となります。従って、他の機関において該当行為が確認されたとしても、このことのみをもって基準不適合とはなりません。もっとも、同一機関であるかは実質的に判断され、形式的に別法人であっても、単なる社名変更にすぎないなど、実質的に事業の継続性、一体性の認められる範囲内であれば、同一機関での行為として扱われます（審査要領）。その他上陸基準省令1号ハ（3）（vi）（a）〜（e）の欠格事由に係る解釈については、上記（1）イ（イ）の上陸基準省令1号イ（2）の欠格事由に係る解釈を参照して下さい。

なお、運営機関の「直近の損益計算書」の売上高欄や売上原価欄により、当該運営機関が真に営業活動を行っていることを確認されます。この際、経営が赤字であることのみをもっ

て営業活動を行っていることに疑義があるものとは取り扱われません。しかし、外国人の出演施設が途中で閉鎖され、興行が行えなくなるようなことは望ましくないため、「その他の運営機関の概要を明らかにする資料」（例えば事業計画書等。入管法施行規則６条の２第２項本文、別表第３の興行の項の下欄１号ト（１））をもって安定した運営が行われているか否かを確認されます（審査要領）。

2　「演劇等の興行に係る活動以外の興行に係る活動」に従事しようとする場合（上陸基準省令2号）

<上陸基準省令の興行の項の下欄2号>
二　申請人が演劇等の興行に係る活動以外の興行に係る活動に従事しようとする場合は、日本人が従事する場合に受ける報酬と同等額以上の報酬を受けて従事すること。

　「興行に係る活動」のうち演劇等（上陸基準省令1号）を除くものであり、当該興行に係る活動により受ける報酬が日本人が従事する場合に受ける報酬と同等額以上であるものが、上陸基準省令2号に適合します。

　「演劇等の興行に係る活動以外の興行」には、①興行として行われるスポーツの試合、②興行として行われるその他の試合、ゲームの大会、各種のコンテスト（チェス大会、ダンス選手権等）、サーカス、ファッションショー等が該当します（審査要領、『入管関係法大全　第2巻〔第2版〕』150頁）。

　本人への報酬が入場料収入から支払われる者やプロ資格を有する者が演劇等の興行に係る活動以外の興行に係る活動に従事する場合が、上陸基準省令2号に該当します。本邦において行われる国際的な試合に参加するプロ選手が外国において受ける報酬も、以下の理由から、ここにいう「報酬」に含まれます（審査要領）。

　即ち、「報酬」は、日本国内で支払われることは必要でなく、本邦の公私の機関が支払うことも必要でありません。例えば、複数の国のチームが参加するプロリーグがあり、そのリーグ戦の一部の試合が日本で行われる場合に、当該日本において行われる試合に参加することに対する対価としての報酬が個別には支払われず、当該日本において行われる試合に参加することを含めて外国の所属チームから外国で報酬が支払われる場合であっても、当該報酬の額及び報酬の支払われる条件が日本人の参加者と同等以上であれば、上陸基準省令2号に適合します（『入管関係法大全　第2巻〔第2版〕』150～151頁）。

　また、報酬が上位の入賞者に対してのみ賞金として支払われる場合、競技会の勝者の方が敗者よりも多く報酬が支払われる場合及び報酬の額が定額ではなく入場料収入の額等によって変わる場合であっても、支払いを受ける条件が日本人と同等以上であれば、上陸基準省令2号に適合します（『入管関係法大全　第2巻〔第2版〕』151頁）。

3 「興行に係る活動以外の芸能活動」に従事しようとする場合（上陸基準省令3号）

<上陸基準省令の興行の項の下欄3号>
三　申請人が興行に係る活動以外の芸能活動に従事しようとする場合は、申請人が次のいずれか
　に該当する活動に従事し、かつ、日本人が従事する場合に受ける報酬と同等額以上の報酬を受
　けること。
　　イ　商品又は事業の宣伝に係る活動
　　ロ　放送番組（有線放送番組を含む。）又は映画の製作に係る活動
　　ハ　商業用写真の撮影に係る活動
　　ニ　商業用のレコード、ビデオテープその他の記録媒体に録音又は録画を行う活動

　上陸基準省令3号は、興行の形態で行われない芸能活動に係る上陸許可基準を定めたもの
です。①商品又は事業の宣伝に係る活動、②放送番組（有線放送番組を含みます。）又は映画
の製作に係る活動（番組や映画の出演又は製作等に係る活動）、③商業用写真の撮影に係る活
動、④商業用のレコード、ビデオテープその他の記録媒体に録音又は録画を行う活動（CD等
への録音・録画を行う活動）のいずれかの活動（重複する場合もあり得ます。）であって、当
該芸能活動により受ける報酬が日本人が従事する場合に受ける報酬と同等額以上であるもの
が適合します。

　上陸基準省令3号が規定する「興行に係る活動以外の芸能活動」についても、上陸基準省
令1号が規定する「演劇等の興行に係る活動」及び上陸基準省令2号が規定する「演劇等の
興行に係る活動以外の興行に係る活動」と同様に、外国人が芸能活動を行うに当たってその
存在が必要不可欠な者の活動が含まれます。また、ファッションショーにおけるデザイナー
や映画監督等のように、当該活動が独立して行い得るものであれば、それ自体「興行」の在
留資格に該当します（審査要領）。

　上陸基準省令3号は、申請人と本邦の公私の機関との契約関係の存在を必ずしも求めてい
ません。

　なお、モデルとしての活動には、来日後に仕事が確定する場合も少なくないところ、これ
は、本人を確認してから最終選考結果が決定される業界の特異性によるものであり、このよ
うな場合には、「予定表」の提出等により活動内容が確認されます（審査要領）。

（1）　商品又は事業の宣伝に係る活動（上陸基準省令3号イ）

　「商品又は事業の宣伝に係る活動」には、商品や事業の宣伝のために行われる催し（例え
ば、見本市や、興行として行われるものではないファッションショー）に係る活動、商品や
事業の宣伝のために使用する写真や動画の撮影に係る活動等があります。撮影された写真や
動画の日本国内での使用が予定されていない場合も含まれます（『入管関係法大全　第2巻〔第2
版〕』152頁）。

　興行として行われるものではないファッションショーに参加するファッションモデルや報
酬を受けて行うデザイナーとしての活動（芸能活動として行われるショー等を行う上で重要
な役割を担う者としての活動）等が該当します（審査要領）。

プロモーションビデオ撮影のために外国の歌手等が来日する場合、本邦の企業等から報酬を受け取らないものであっても、専属契約により本邦での活動により報酬が発生するのであれば、「短期滞在」の在留資格に該当せず、「興行」（上陸基準省令3号イ）に該当します（審査要領）。

展示会や物産展等において、外国の製品等の実演を行う活動は、「興行」（上陸基準省令3号イ）の在留資格に該当します（審査要領）。

プロの写真家や画家が写真又は絵画の展示会や即売会において宣伝を行う活動も、「興行」（上陸基準省令3号イ）の在留資格に該当します（審査要領）。

他方、映画の宣伝のために来日する者のセレモニーへの参加や舞台挨拶等の活動は、「興行」ではなく、「短期滞在」の在留資格に該当するとされます（審査要領）。

なお、上陸基準省令3号イの商品又は事業の宣伝に係る活動については、宣伝活動を行う媒体や方法について規定はされておらず、また、商品又は事業の宣伝をインターネット上で行うことは、現在においては、広く一般的に認められた手法であることから、商品又は事業の宣伝に係る活動がインターネット上でのみ行われるものであったとしても、上陸基準省令3号イに適合するものと判断されます（審査要領）。

（2）　放送番組（有線放送番組を含む。）又は映画の製作に係る活動（上陸基準省令3号ロ）

番組や映画の製作に従事する監督、製作者、脚本家、技術者等のみではなく、番組や映画に出演する芸能人、俳優及び歌手等としての活動も、「興行」（上陸基準省令3号ロ）に該当します（審査要領、『入管関係法大全　第2巻〔第2版〕』152頁）。他方、本邦で歌手等に師事したいとする者について、専らレッスンを行い公演が予定されていないような場合は、「興行」の在留資格に該当しません（審査要領）。

上陸基準省令3号ロの「映画」には、商品や事業の宣伝用の映画、映画館等で上映されるのではなくBDやDVD等に録画されて販売される映画、動画として配信される映画も含まれます。また、上陸基準省令3号ロの「放送番組」及び「映画」は、日本の放送局や映画会社が製作するものに限られず、日本国内での放送や上映が予定されているものにも限られません（『入管関係法大全　第2巻〔第2版〕』152頁）。

上陸基準省令3号ロの放送番組又は映画の製作に係る活動は、いわゆるテレビ番組として放送されるものを念頭に置いてはいるものの、文言上、「放送番組」と広く規定されており、現在においては、番組の提供方法は多様化し、インターネット上で配信することを目的として製作されることも少なくないことから、番組又は映画がインターネット上のみで配信される場合であっても、上陸基準省令3号ロの適合性は否定されません。他方で、個人的に本邦内で動画を製作し、インターネット上で配信を行うことにより広告収入を得ることを目的として入国を希望する場合については、当該収入は、「一定の役務の給付の対価として与えられる反対給付」とはいえず、報酬を受ける活動には該当しないため、「興行」の在留資格に該当する活動とは認められません（審査要領）。

放送番組の製作に係る活動であっても、芸能活動でなければ上陸基準省令3号ロの適用対

象とはなりません（入管法別表第1の2の表の興行の項の下欄、上陸基準省令の興行の項の下欄3号柱書）。よって、テレビ番組であってもニュース等の報道番組の製作に係る活動は、例えば申請人たるインタビュアーがタレント（芸能人）であるような場合を除き、通常は芸能活動ではないため、「興行」の在留資格には該当せず、上記第2　2（3）のとおり、「報道」の在留資格に該当する可能性があります。

（3）　商業用写真の撮影に係る活動（上陸基準省令3号ハ）

ファッション雑誌等のモデルとしての活動等が該当します（審査要領）。商業用ポスターに使用する写真や商業雑誌に掲載する写真の撮影に係る活動は、上陸基準省令3号ハの「商業用写真の撮影に係る活動」に該当しますが、撮影する写真が商品や事業の宣伝に使用するためのものである場合は、上陸基準省令3号イの「商品又は事業の宣伝に係る活動」にも該当します（『入管関係法大全　第2巻〔第2版〕』152頁）。

（4）　商業用のレコード、ビデオテープその他の記録媒体に録音又は録画を行う活動（上陸基準省令3号ニ）

歌唱や音楽のCD、BD、DVD等への録音・録画のみでなく、外国語によるCD等への録音（吹き込み）も含まれます（審査要領）。

第6　「興行」に係る提出資料

「興行」に係る在留資格認定証明書交付申請を行う場合に出入国在留管理局に提出する立証資料（入管法施行規則6条の2第2項、別表第3）については、入管庁HP「在留資格「興行」」（https://www.moj.go.jp/isa/applications/status/entertainer.html（2024. 7 .24））を参照して下さい。

第3章　収容・送還等に関する令和5年入管法改正（令和5年法律第56号）

Ⅰ　令和5年入管法改正の概要

第1節　改正の理由

　退去強制手続における送還・収容の現状に鑑み、退去強制手続を一層適切かつ実効的なものとするため、在留特別許可の申請手続の創設、収容に代わる監理措置の創設、難民認定手続中の送還停止に関する規定の見直し及び本邦からの退去を命ずる命令制度の創設等の措置を講ずるほか、難民に準じて保護すべき者（補完的保護対象者）に関する規定の整備その他所要の措置を講ずるため、出入国管理及び難民認定法及び日本国との平和条約に基づき日本の国籍を離脱した者等の出入国管理に関する特例法の一部を改正する法律（令和5年法律第56号）による入管法改正が行われました。

第2節　難民認定手続に係る改正

第1　難民認定等の申請をした外国人に対する適切な配慮

　難民調査官は、難民認定申請（入管法61条の2第1項）又は補完的保護対象者認定申請（入管法61条の2第2項）をした外国人に対し質問をするに当たっては、特に、その心身の状況、国籍又は市民権の属する国において置かれていた環境その他の状況に応じ、適切な配慮をするものとされました（入管法61条の2の17第4項）。

第2　難民認定等を適切に行うための措置

1　難民該当性に関する規範的要素の明確化等

　入管庁は、難民認定制度の運用の一層の適正化に向けた取組みの一環として、法改正事項そのものではありませんが、難民該当性を判断する際に考慮すべきポイントを整理するなどした「難民該当性判断の手引」を令和5年3月に策定しました。また、その後、令和5年法律第56号の一部施行により補完的保護対象者認定制度が開始されたことに伴い、令和5年12月に同手引を一部改訂しました。

2　難民の出身国情報等を充実するとともに、難民調査官の能力を向上させ、育成するための措置

　法務大臣は、難民認定及び補完的保護対象者認定を専門的知識に基づき適正に行うため、

国際情勢に関する情報の収集を行うとともに、難民調査官の育成に努めるものとされました（入管法61条の2の18第1項）。また、難民調査官には、外国人の人権に関する理解を深めさせ、並びに難民条約の趣旨及び内容、国際情勢に関する知識その他難民認定及び補完的保護対象者認定に関する事務を適正に行うために必要な知識及び技能を習得させ、及び向上させるために必要な研修を行うものとされました（入管法61条の2の18第2項）。

第3　仮滞在許可

仮滞在許可の要件（除外事由たる入管法61条の2の4第1項6号、7号ロの改正）、仮滞在許可を受けた外国人に禁止される活動（入管法61条の2の7第1項）、報酬を受ける活動の許可（入管法61条の2の7第2項）、仮滞在期間の終期の到来（入管法61条の2の4第5項）、仮滞在許可を受けた者の在留資格の取得（入管法61条の2の5第1項）及び仮滞在許可の取消し（入管法61条の2の6）について改正が行われました。

第4　難民認定手続と在留特別許可手続の分離

難民認定手続において在留特別許可を認める旨の改正前入管法61条の2の2第2項が削除され、難民認定手続と在留特別許可手続が分離されることになりました。

第5　難民旅行証明書

難民旅行証明書の有効期間及び難民旅行証明書の有効期間の延長について改正が行われました（入管法61条の2の15第3項、6項）。

第3節　補完的保護対象者認定手続に係る改正

難民に準じて保護すべき者を補完的保護対象者（入管法2条3号の2）として一層確実に保護するための規定を整備する改正が行われました（入管法61条の2第2項、3項等）。補完的保護対象者の認定制度は、難民条約の適用を受ける難民には該当しないものの、これと同様に人道上の配慮を要する者を保護するための制度です。

第4節　退去強制手続に係る改正

第1　出国命令

対象者の類型の追加（入管法24条の3第1号ロ）及び類型に応じた上陸拒否期間（入管法5条1項9号ホ、ヘ）に係る改正が行われました。

50 第1編 第3章 収容・送還等に関する令和5年入管法改正（令和5年法律第56号）

第2 監理措置

退去強制手続における収容に代わる選択肢として監理措置制度を創設し、当該外国人の逃亡のおそれの程度、収容により受ける不利益の程度等を考慮して相当な場合には、監理人による監理に付し、収容せずに手続を進めることとするとともに（入管法44条の2第1項、6項、52条の2第1項、5項）、収容する場合であっても、3箇月ごとに、監理措置に付すか否かを必要的に見直すことにより（入管法52条の8第3項ないし6項）、収容の長期化の防止を図る改正が行われました。

第3 仮放免

仮放免制度について、健康上、人道上その他これらに準ずる理由により収容を一時的に解除する制度と改めた上（入管法54条2項）、健康上の理由により仮放免請求に係る判断をするに当たっては、医師の意見を聞くなどして、その者の健康状態に十分配慮すること（入管法54条8項）などを法律上明記する改正が行われました。

第4 在留特別許可

本邦への在留を希望する外国人に、退去強制令書が発付されるまでの間に（入管法50条3項）在留特別許可の申請を行うことを可能にするとともに（入管法50条2項）、在留特別許可を行うか否かの判断に当たって考慮すべき事情を入管法上明示する改正が行われました（入管法50条5項）。

第5 送還停止効の例外（難民認定手続及び補完的保護対象者認定手続と退去強制手続との関係）

難民認定手続中は法律上一律に送還が停止されるという、いわゆる送還停止効（入管法61条の2の9第3項）に例外を設け、同手続中であっても一定の場合には送還を可能とする措置を講ずる改正が行われました（入管法61条の2の9第4項）。

第6 上陸拒否期間を1年とする旨の決定

退去強制令書の発付を受けた者の自発的な出国を促すため、素行等を考慮して相当と認められる者について、その申請により、速やかに自費出国をした場合には上陸拒否期間を短縮することができることとする制度を設ける改正が行われました（入管法52条5項）。

第7　退去のための計画

入国警備官による退去のための計画の策定（入管法52条の8第1項）、入国警備官から主任審査官への進捗状況の報告（入管法52条の8第2項）、監理措置決定の要否の検討（入管法52条の8第3項、4項）、収容が継続している者への監理措置決定の要否の検討（入管法52条の8第6項）及び旅券発給申請等命令（入管法52条12項）に係る改正が行われました。

第8　退去の命令

退去強制を受ける者のうち、退去強制令書の円滑な執行に協力しない国（イラン・イスラム共和国)が送還先である者及び送還を積極的に妨害する行為を行ったことがある者に対し、一定の要件の下で自ら本邦から退去することを義務づける命令制度を創設し（入管法55条の2第1項）、命令に違反した場合の罰則（入管法72条7号）を整備する改正が行われました。本人に本邦からの退去義務を課し、罰則により間接的に自ら本邦から退去することを促す手段として導入されました。

第5節　被収容者の処遇に係る改正

入国者収容所等における被収容者の処遇について、保健衛生及び医療、外部交通等に関する事項を明確化するため、具体的な規定を整備する改正が行われました（入管法5章の2）。

Ⅱ　令和5年入管法改正の詳解

第1節　改正の理由

退去強制手続における送還・収容の現状に鑑み、退去強制手続を一層適切かつ実効的なものとするため、在留特別許可の申請手続の創設、収容に代わる監理措置の創設、難民認定手続中の送還停止に関する規定の見直し及び本邦からの退去を命ずる命令制度の創設等の措置を講ずるほか、難民に準じて保護すべき者（補完的保護対象者）に関する規定の整備その他所要の措置を講ずるため、出入国管理及び難民認定法及び日本国との平和条約に基づき日本の国籍を離脱した者等の出入国管理に関する特例法の一部を改正する法律（令和5年法律第56号）による入管法改正が行われました。

齋藤健法務大臣は、改正の意義について、令和5年4月18日の衆議院法務委員会において、「入管制度全体を適正に機能させ、保護すべき者を確実に保護し、ルールに違反した者には厳正に対処できる制度とするためには、これらの現行法下の課題を一体的に解決する法整備を行うことが必要不可欠と考えています。そこで、今回の改正法案では、保護すべき者を確

実に保護した上で、在留が認められない者については迅速に送還可能とする。長期収容を解消し、収容する場合であっても適正な処遇を実施する。こういう考え方の下、様々な方策を組み合わせ、パッケージで課題を一体的に解決し、外国人の方の人権を尊重しつつ、適正な出入国在留管理を実現するバランスの取れた制度にしようとするものでございます。」と答弁しています。

また、西山卓爾入管庁次長（以下「西山政府参考人」といいます。）は、令和5年4月21日の衆議院法務委員会において、「送還忌避者の長期収容の解消、防止は、収容が長期化する前に迅速、確実に退去等をさせるとともに、収容しないで退去強制手続を進める監理措置によって実現することといたしました。加えて、今回の改正法案では、より実効的に長期収容を防止する観点から、新たに3か月ごとに収容の要否を見直す仕組みを導入しております。これらの仕組みによりまして、不必要な収容の回避、収容の長期化の防止は達成できる」と答弁しています。

第2節　難民認定手続に係る改正

第1　難民認定等の申請をした外国人に対する適切な配慮

難民調査官は、難民認定申請（入管法61条の2第1項）又は補完的保護対象者認定申請（入管法61条の2第2項）をした外国人に対し質問をするに当たっては、特に、その心身の状況、国籍又は市民権の属する国において置かれていた環境その他の状況に応じ、適切な配慮をするものとされます（入管法61条の2の17第4項）。

第2　難民認定等を適切に行うための措置

1　難民該当性に関する規範的要素の明確化等
（1）　難民の定義
　ア　入管法2条3号
入管法2条3号において、難民とは、難民の地位に関する条約（以下「難民条約」といいます。）1条の規定又は難民の地位に関する議定書（以下「議定書」といいます。）1条の規定により難民条約の適用を受ける難民をいうとされています。

よって、入管法上の難民とは、人種、宗教、国籍若しくは特定の社会的集団の構成員であること又は政治的意見を理由に迫害を受けるおそれがあるという十分に理由のある恐怖を有するために、国籍国（無国籍者にあっては常居所国）の外にいる者であって、その国籍国の保護を受けることができないもの又はそのような恐怖を有するためにその国籍国の保護を受けることを望まないもの（無国籍者にあっては常居所国に帰ることができないもの又はそのような恐怖を有するために当該常居所国に帰ることを望まないもの）（難民条約1条A(2)）と

定義されます（以下、国籍国と常居所国をあわせて「国籍国等」といいます。）。なお、難民条約に先立つ国際文書の条項の下で難民と考えられていた者（難民条約1条A（1））も、入管法上の難民と定義されます。

　　イ　難民条約等の構造

　難民条約1条は、難民の定義に関する規定であり、AからFまでの6項が規定されています。

　1条Aは、難民に該当するための要件を規定しています（該当条項）。なお、1条A（2）には、難民に該当するための時間的制限も規定されていますが（「1951年1月1日前に生じた事件の結果として」と規定）、議定書1条により、この制限は除かれています。

　1条Bは、締約国が、難民に該当するための地理的制限（「欧州において生じた事件」に限定）を付すか否かを選択する宣言を行うことを規定しています。我が国は、難民条約の加入に当たり、地理的制限を付さないことを宣言しています。

　これらにより、我が国における難民とは、上記アのとおり定義されますが、さらに、難民条約1条Cは、難民に該当する者について難民条約の適用が終止する場合を規定し（終止条項）、1条DからFまでは、1条Aに規定する要件に該当するものの難民条約の適用を受ける地位を認めない場合を規定しています（除外条項）。従って、難民条約1条CからFに該当する者は、結局、入管法上の難民（入管法2条3号）とは認められないこととなります。

（2）　入管庁による「難民該当性判断の手引」の策定

　入管庁は、難民認定制度の運用の一層の適正化に向けた取組みの一環として、難民該当性を判断する際に考慮すべきポイントを整理するなどした「難民該当性判断の手引」を令和5年3月に策定しました（その後、令和5年法律第56号の一部施行により補完的保護対象者認定制度が開始されたことに伴い、令和5年12月に同手引を一部改訂しました。）。

　齋藤健法務大臣は、令和5年入管法改正案の趣旨について、上記第1節のとおり、令和5年4月18日の衆議院法務委員会において、現行法下の課題を一体的に解決する法整備を行うことが必要不可欠であるとの認識のもと、保護すべき者を確実に保護した上で、在留が認められない者については迅速に送還可能とするため、様々な方策を組み合わせ、パッケージで課題を一体的に解決し、外国人の人権を尊重しつつ、適正な出入国在留管理を実現するバランスの取れた制度にしようとするものであると答弁しています。入管庁は、法改正事項ではないものの、「難民該当性判断の手引」の策定は、こうしたパッケージでの課題の一体的解決の一部をなすものと捉え、難民認定制度の運用を一層適切なものにするための措置であるとしています（入管庁HP「入管法改正案について」参照）。このように、難民該当性に関する規範的要素の明確化は、令和5年入管法改正と関連性が強いので、以下のとおり解説します。

　　ア　経　緯

　第6次出入国管理政策懇談会の下に置かれた「難民認定制度に関する専門部会」がとりまとめた「難民認定制度の見直しの方向性に関する検討結果（報告）」において、「難民認定制度の透明性を高め制度への信頼性を向上させるための取組として、難民該当性に関する判断

の規範的要素を可能な限り一般化・明確化することを追求すべき」との提言が盛り込まれました。

このことなどを踏まえ、入管庁において、難民認定制度の運用の一層の適正化に向けた取組みの一環として、UNHCR（国連難民高等弁務官事務所）の助言も得ながら「難民該当性に関する規範的要素の明確化」の取組みを進めてきたところ、令和５年３月、その成果として「難民該当性判断の手引」を策定しました。また、その後、令和５年法律第56号の一部施行により補完的保護対象者認定制度が開始されたことに伴い、令和５年12月に同手引を一部改訂し、「補完的保護対象者は「難民以外の者であって、難民条約の適用を受ける難民の要件のうち迫害を受けるおそれがある理由が難民条約第１条Ａ（２）に規定する理由であること以外の要件を満たすもの」とされていることから（出入国管理及び難民認定法第２条第３号の２）、本文書の内容は、「迫害を受けるおそれがあるという十分に理由のある恐怖」などに関して、補完的保護対象者該当性の判断にも活用され得る。」と加筆しました。

　イ　概　要

難民条約及び議定書に規定されている難民の定義には、「迫害を受けるおそれ」「十分に理由のある恐怖」といった文言で、そのままでは具体的意義が明らかではないもの（規範的要素）が含まれています。

そこで、「難民該当性判断の手引」においては、難民認定をめぐる我が国の実務上の先例や裁判例を踏まえ、UNHCRが発行する諸文書や、諸外国において公表されているガイドライン等も参考にした上で、こうした難民の定義に含まれる文言の意義をより具体的に説明するとともに、難民該当性を判断する際に考慮すべきポイントを整理し、明確化したとされています（入管庁HP「「難民該当性判断の手引」の策定について」）。

齋藤健法務大臣は、令和５年３月24日の閣議後記者会見において、「「難民該当性判断の手引」の策定によって難民該当性の基礎となる条約難民の定義そのものが変更されるものではありませんし、条約難民の範囲が広がるものでもありません。また、難民認定数を増加させることを目的として行っているものでもありません。」と述べています。もっとも、後記（３）の分析のとおり、一部については、これまでの行政見解を改めていると解され、供述の信憑性評価が適正に行われるのであれば、結果として、認定される条約難民の範囲が広がる可能性があります。阿部浩己「難民研究フォーラムクローズド研究会報告書　「難民該当性判断の手引」：国際難民法と実務の視点から」（https://refugeestudies.jp/wp/wp-content/uploads/2023/04/report_RSFseminar_230414.pdf（2024．7．24））（以下「阿部報告書」といいます。また、同報告における発表資料（https://refugeestudies.jp/wp/wp-content/uploads/2023/04/1_RSFseminar_230414.pdf（2024．7．24））を「阿部資料」といいます。）３頁も、「手引全体を見渡すと、①これまでの我が国の裁判例をそのまま書いてある部分と、②グローバルスタンダードを反映して、これまでの判例を踏み越えているところ、③これまでの実務の踏襲であるのか、それとも踏み越えている部分なのか、曖昧なところの３つに分かれる。」と述べています。

「難民該当性判断の手引の策定について（概要）」

難民該当性判断の手引の策定について（概要）

1．背景
○第6次出入国管理政策懇談会「難民認定制度に関する専門部会」から、難民認定手続の透明性を高め、制度への信頼性を向上させるべきであるとの提言（平成26年12月）

2．制度の透明性・信頼性向上のための取組～難民該当性に関する判断の規範的要素の明確化
○難民条約で規定されている難民の定義には、難民該当性の判断に当たって規範的となる要素が含まれる。こうした要素について、可能な限り意義を明確化し、判断に当たって考慮すべきポイントを整理することによって、難民認定制度の透明性・信頼性を向上させる。

- 我が国の実務及び裁判例、諸外国における実務、UNHCR（※）発行の諸文書等を踏まえて検討
- UNHCRと複数回にわたって意見交換を実施

※国連難民高等弁務官事務所

3．明確化した規範的要素
- 難民条約1条A（2）（該当条項）関係
  ・迫害　・迫害主体　・迫害を受けるおそれがあるという十分に理由のある恐怖
  ・迫害理由　・因果関係　・国籍国の保護　等
- 難民条約1条C（終止条項）関係
- 難民条約1条D～F（除外条項）関係

→「難民該当性判断の手引」を策定

4．期待される効果
- 我が国における難民該当性判断のポイントを体系的に整理・公表することにより
  我が国の難民認定制度の透明性・信頼性が向上
加えて
  ・職員が手引を参照することでより適切、効率的な審査を実現
  ・申立者サイドにおいても申立て内容を整理した上で申請することが可能

→難民認定制度の一層の適正化

難民該当性判断の手引の策定について（主な規範的要素）

難民の定義（難民条約1条A（2））
人種、宗教、国籍若しくは特定の社会的集団の構成員であること又は政治的意見を理由（①）に迫害（②）を受けるおそれがあるという十分に理由のある恐怖（③）を有するために、国籍国の外にいる者であって、その国籍国の保護を受けることができないもの又はそのような恐怖を有するためにその国籍国の保護を受けることを望まないもの（④）

① 迫害理由・因果関係
- 性的マイノリティ、ジェンダーに関連する迫害について記載　（「特定の社会的集団の構成員」関係）
- 迫害と迫害理由の因果関係について、非国家主体による迫害が条約上の迫害理由に基づかない場合でも、国籍国の保護の欠如が条約上の迫害理由によるものであれば成立する旨を記載

② 迫害
- 生命、身体又は自由の侵害又は抑圧及びその他の人権の重大な侵害を意味することを明記
- それ自体では迫害に当たらない措置や不利益等も、それら事情が合わさった結果として迫害となり得る旨を記載

③ 迫害を受けるおそれがあるという十分に理由のある恐怖
- 迫害を受ける現実的な危険が必要であり、個々の申請者の具体的な事情を踏まえて判断される旨を記載
- 申請者が迫害主体から個別的に認知（把握）されていることは、積極的な事情となり得るが、当該認知がないことのみをもって、直ちに迫害のおそれがないと判断されるものではない旨を明記

④ 国籍国の保護
- 迫害主体が非国家主体である場合で、国籍国が、効果的な保護を与えることを拒否しているときや効果的な保護を与えることができないときに、国籍国の保護があるとは言えない旨を明記
- 効果的な保護の判断要素として、迫害行為を処罰する刑罰法令の整備状況、法執行の意思と能力の有無、申請者が保護を求めることの可否、保護の持続性や差別性の有無を記載

（出入国在留管理庁HP　https://www.moj.go.jp/isa/content/001393171.pdf（2024.7.24））

（3）　「難民該当性判断の手引」の分析

　以下のとおり、該当条項（難民条約1条A（2））における要件ごとに、「難民該当性判断の手引」における記載及び当該要件に係る従前の行政見解を摘示した上で、それらに関する阿部浩己教授による指摘等を摘示することにより、「難民該当性判断の手引」において示された入管庁の解釈を分析します。従前の行政見解については、以下において摘示した、これまでの難民不認定処分取消請求訴訟における被告国の主張に加えて、入管庁が毎年HPにおいて発表している「難民と認定した事例等について」を参照して下さい。

　なお、国（入管庁）は、国連難民高等弁務官事務所（UNHCR）が発行した難民認定基準ハンドブックの位置付けについて、これまでの難民不認定処分取消請求訴訟において、「難民認定の手続や基準等については、難民条約に規定がなく、これらを締結した各国の立法政策に委ねられている上、ハンドブックは、難民条約の締結国に難民認定の手続に係る指針を与えることを目的とするものであって、それ自体に法的拘束力が認められるものではないから、難民条約上の難民該当性に係る解釈基準とはならない。また、難民条約1条に規定する「難民」の文言については、補足的な手段を用いるまでもなく解釈することが可能であるから、この意味においても、ハンドブックが難民条約上の難民該当性に係る解釈基準になり得るものではない。」と主張してきました（東京地裁令和4年3月25日判決（（令3（行ウ）159号）ウエストロー・ジャパン）の事案における被告国の主張）。しかし、「難民該当性判断の手引」のはしがきにおいては、上記（2）イのとおり、「本文書の策定に当たっては、国連難民高等弁務官事務所が発行する諸文書や、諸外国において公表されているガイドライン等も参考に」したと述べられています。

　　ア　迫　害
　　（ア）　「難民該当性判断の手引」における記載

> 　迫害について国際法上確立した定義は存在しないが、難民条約における「迫害」とは、生命、身体又は自由の侵害又は抑圧及びその他の人権の重大な侵害を意味し、主に、通常人において受忍し得ない苦痛をもたらす攻撃ないし圧迫であって、生命又は身体の自由の侵害又は抑圧をいうと考えられる。
> 　殺害や不当な拘禁などがその典型であるが、その他の人権の重大な侵害や差別的措置、例えば生活手段の剥奪や精神に対する暴力等についても、「迫害」を構成し得る。
> 　それ自体としては「迫害」に当たるとまではいえない措置や不利益等であっても、それらの事情が合わさった結果として、「迫害」を構成する場合がある。
> 　法の定める手続に従って行われる訴追や処罰は、通常、「迫害」に当たらないが、恣意的・差別的な訴追や処罰又は不当に重い処罰は「迫害」に当たり得る。
> ＜判断の視点＞
> ・「迫害」に当たるか否かを判断する際には、申請者が置かれた状況等も考慮する必要がある。
> 　例えば、社会的に脆弱な立場に置かれている者の場合、苦痛をより強く感じる場合があると考えられることから、申請者が受けるおそれがある苦痛が受忍し得ない程度のものと認められるかどうかは、通常人がそのような立場に置かれた場合を前提として判断を行う。

・それ自体としては「迫害」に当たるとまではいえない措置や不利益等の事情が合わさった結果として、全体として「迫害」を構成するかを判断するに当たっては、それらの事情が生じた<u>頻度、期間、申請者に及ぼす影響等</u>を考慮する。なお、それらの事情を加える<u>主体は、必ずしも同一である必要はない。</u>

＜徴兵・軍務に関連する迫害＞

・国際法上、軍事目的のために軍務を国民に義務付けることは禁止されていないことから、国家が国民を徴兵し、軍務を義務付けること自体は、迫害には該当しない。

　　しかし、軍務に就いた場合に、虐待を受けるおそれがある等、その<u>内容又は期間に照らして軍務が過酷であると</u>評価される場合に、当該軍務を義務付けることは、迫害に該当し得る。

・国家による、徴兵忌避又は軍務脱走を理由とする訴追や処罰は、それ自体ただちに迫害には該当しない。しかし、<u>恣意的・差別的な訴追や処罰又は不当に重い処罰</u>については、迫害に該当し得る。

　　なお、仮に当該訴追・処罰が迫害に該当する場合であっても、懲罰的でない代替役務の提供（社会奉仕活動など）又は現実的な額の免除料の支払により、徴兵又は軍務自体を回避できるときは、訴追・処罰等の迫害を回避する合理的手段が存在するといえることから、通常、迫害を受けるおそれがあるとはいえない。

・<u>非国家武装集団による徴兵</u>は、徴兵の態様（例えば、少年兵の動員、強制的な又は誘拐による徴兵等）や軍務の内容（例えば、命じられた者にとって生命の侵害又は抑圧に至ると認められるような軍務）、当該徴兵・軍務を拒否した場合に受ける取扱いの内容によっては、迫害に該当し得る。

※下線は筆者による。

　　（イ）　従前の行政見解（これまでの難民不認定処分取消請求訴訟における被告国の主張）

　「「迫害」とは、「通常人において受忍し得ない苦痛をもたらす攻撃ないし圧迫であって、生命又は身体の自由の侵害又は抑圧」を意味」する（東京地裁令和4年3月25日判決（（令3（行ウ）159号）ウエストロー・ジャパン）の事案における被告国の主張）。

　　（ウ）　阿部浩己教授による指摘

●2つの文章を「主に」で接合する構造を取っているところ、前半の部分では、迫害とは「生命」「身体」「自由」の3つの侵害又は抑圧と加えて「その他の人権の重大な侵害」であると定義されているが、後半の部分では（迫害の要件を満たす）侵害又は抑圧の対象としては、「生命」「身体」の2つのみが書かれている。後半の部分はこれまでの実務で入管庁が採用してきた定義である（阿部報告書4頁）。

●今回の手引は、「自由」と「その他の人権の重大な侵害」も迫害に含まれており、迫害の定義が拡大されたようにも読めるが、問題なのは「主に」という言葉であり、この「主に」が過度に重視されると、これまでとほとんど迫害の定義は変わらないことになりかねない（阿部報告書4頁）。

●問題は「自由の侵害・抑圧」、と「その他の人権の重大な侵害」について一言も記述がされていないことである。何が侵害される「自由」なのかや、「その他の重大な人権」が何を意

味するのかが定義されていないため、どのように解釈するべきなのかが分からず、運用にも問題が生じる（阿部報告書4〜5頁）。

●迫害のベンチマークとしてUNHCRや各国が用いている国際人権文書（世界人権宣言、国際人権規約、女性差別撤廃条約、子どもの権利条約、障害者権利条約など）への言及が全くない。国際人権規範を積極的に組み入れて、迫害の射程を国際標準に近づける解釈を実践することが求められる（阿部報告書4〜5頁）。

●累積的・総合的判断の必要については、これまでの実務にはなかった、新しく重要な視点である（阿部報告書6頁）。

●徴兵・軍務に関連する迫害については、（クルド人に対するものなど）これまでの実務を踏まえた内容である（阿部資料11頁）。国際人権法上、確立するに至っている「良心的兵役拒否権」という言葉の使用が意図的に避けられている。良心に基づく兵役拒否は軍務が過酷であるかどうかにかかわらず、国際人権法上、権利として認められるものであり、適切な代替役務や兵役免除の余地なく訴追処罰される場合には、迫害が認められるべきとされる。仮に、軍務が過酷でなくても、訴追処罰の内容が不当に重くなくても迫害が成立する（阿部報告書7頁）。

●今日の国際法に違反する武力行使や作戦行動への参加を拒否すること（選択的・部分的兵役拒否）によって訴追処罰される者についての記述が一切ない（阿部報告書7頁）。

●「武力紛争や戦争から逃れる人」に対し、どのように難民性を判断するかについての言及も全くない（阿部報告書7頁）。

●申請者が子どもである場合に対する処遇に対しても沈黙をしている（阿部報告書7頁）。

　　イ　迫害主体
　　（ア）　「難民該当性判断の手引」における記載

　迫害の主体は、通常、国家機関を指すものと考えられるが、非国家主体（政党関係者、反政府団体、宗教的共同体、民族的集団、犯罪組織、特定の地域を実効的に支配している集団、地域住民、家族の構成員又は個人等）であったとしても、迫害の主体となり得る。

※非国家主体が迫害主体であると主張する申請の場合に考慮が必要となる国籍国の保護については、「キ　国籍国の保護」の項目を参照。

※下線は筆者による。

　　（イ）　従前の行政見解（これまでの難民不認定処分取消請求訴訟における被告国の主張）
　後記キを参照
　　（ウ）　阿部浩己教授による指摘
　後記キを参照
　　ウ　迫害を受けるおそれがあるという十分に理由のある恐怖
　　（ア）　「難民該当性判断の手引」における記載

　「迫害を受けるおそれがあるという十分に理由のある恐怖」は、申請者本人において迫害を受

けるおそれがあるという恐怖を抱いているという主観的な事情だけではなく、これが十分に理由のあるものであること、すなわち、通常人が申請者本人の立場に置かれたならば迫害の恐怖を抱くような客観的な事情が存在することが必要である。

そのため、申請者が実際に迫害を受けていることまでは必要ではないが、迫害を受ける抽象的な危険があるだけでは足りず、迫害を受ける現実的な危険があることが必要である。そして、現実的な危険の有無は、個々の申請者に関する具体的な事情を踏まえて判断される。

なお、申請者の事情に照らして、迫害を回避するために取り得る合理的な手段が存在する場合には、迫害を受けるおそれがあるという十分に理由のある恐怖を有するとは認められない場合がある。もっとも、その手段が生得的若しくは不変の特性、宗教的信条、政治的信念、性的マイノリティであること等の変更又は強制結婚の受入れ等を伴う場合には、その手段は申請者が取り得る合理的な手段とはいえない。

迫害主体が非国家主体である場合は、国内避難可能性を検討する余地が生じる。迫害を受けるおそれが国籍国等の国内の一部の地域に限定されている場合であって、迫害を受けるおそれがない他の地域に、安全かつ合法的に避難でき、当該避難先で定住することが合理的に期待できるとき、すなわち国内避難可能性がある場合は、迫害を受けるおそれがあるという十分に理由のある恐怖を有するとはいえない。

＜総合的判断＞

・本要件の該当性の判断は、申請者に関する個別的事情及び国籍国等における一般的事情の一切を総合評価して判断すべきものである。

・個別的事情については、申請者の属性、活動や経歴、脆弱な立場におかれていないかなどといった事情のほか、申請者の属する地域コミュニティの構成員に関する状況など、申請者を取り巻く事情等も考慮の対象となる。

・なお、ある特定の属性を有することを理由として迫害を加えられる状況にあると認められるような場合（例えば、いわゆる民族浄化のような状況など、特定の民族を対象として、同民族に属することのみを理由として危害を加えられるような場合）には、個々の申請者に関する具体的な事情を踏まえた検討を要しないこともある。

＜具体的な判断の在り方＞

・何をもって迫害を受ける現実的な危険があるといえるかについては、個々の事案ごとに判断される。例えば、国籍国等においてある法令が存在し、これが適用されることにより迫害が生じ得るという抽象的な危険が認められる場合において、更に現実的な危険があるといえるかについては、当該法令の具体的な適用状況や、申請者と同様の立場に置かれた者が当該法令の適用によって実際に迫害を受けているかどうか等の事情を考慮して、申請者が当該法令の適用による迫害の現実的な危険にさらされる状況にあるかどうかを検討する。なお、実際に迫害を受けていることは要件ではないため、申請者に対する当該法令に基づく実際の訴追又は逮捕状の発付等は必ずしも必要とされない。

・申請者が、その属性や活動を理由として、迫害主体から個別的に認知（把握）されていると認められる場合、そのことは、本要件の該当性を判断する上で積極的な事情となり得るが、そのような事情が認められないことのみをもって、直ちに申請者が迫害を受けるおそれがないと判断されるものではない。

・反政府活動等を理由とする迫害を受けるおそれを評価する際には、反政府組織等の所属団体における申請者の地位、実質的な活動状況や過去の迫害事情の有無といった申請者に係る個別的

事情を前提として、そのような事情を有する者に対する迫害主体の対応等に関する出身国情報と照らし合わせて、総合的に判断する。

・一般的に、反政府活動等において指導的な立場にあったり、他者への強い影響力を有する人物は、そうでない者よりも迫害を受けるおそれが高いと考えられる。他方で、上記のとおり、迫害を受けるおそれの程度は、申請者の個別的事情のみならず、迫害主体の対応等にも左右されるため、指導的又は影響力の強い立場にない者であっても、同様に迫害を受けるおそれがある場合はある。したがって、指導的又は影響力の強い立場にないことのみをもって本要件の該当性が否定されるものではなく、反政府活動等においてそのような立場にあることは、飽くまで考慮要素の一つにすぎないことに留意する。

・申請者の家族について、難民条約上の迫害理由を原因として迫害を受けるおそれがあると認められる場合、申請者についても、その家族であることを理由として政治的意見等を共有しているとみなされ、迫害を受けるおそれが生じる場合があることに留意する。

・過去に迫害を受けたと認められる場合、その頻度や回数及び性質は、本要件の該当性判断において重要な考慮事情である。ただし、過去に迫害を受けたことがない、又は１回しか迫害を加えられていないからといって、直ちに本要件の該当性が否定されるものではない。

・武力紛争が発生している地域に居住していた申請者について、同人が帰国した場合に当該地域における紛争に巻き込まれるおそれがあるという事情は、申請者個人についての十分に理由のある恐怖を補強する場合もある。

＜申請者が庇護を求めるまでの行動に対する評価＞

・申請者について、例えば、迫害を受けるおそれがあるというにもかかわらず必要以上に国籍国等にとどまっていたという事実、国籍国等を出国した後に自発的に帰国しているという事実（帰国時期が本邦への入国前であるか入国後であるかは問わない。）、国籍国等を出国して本邦に到着するまでの間に庇護を受けることが可能な第三国を経由しているにもかかわらず、当該第三国において庇護を求めることなく同国を通過したという事実又は本邦に入国した後、速やかに庇護を求めていないといった事実がある場合、これらの事実は、一般的には、本要件の該当性の判断において、消極的な事情となり得る。ただし、これらの事実が存在することのみをもって本要件の該当性が否定されるものではなく、申請者が置かれた状況等も考慮してこれらの事実に係る合理的な理由の有無を検討する。

・本邦における不法就労及び国籍国等への送金の事実は、迫害を受けるおそれがあるという主観的な恐怖と必ずしも矛盾するものではない。ただし、申請者の本邦への入国目的が迫害からの避難ではなく、本邦における就労であることを推認させる事情（申請者が本邦入国後、庇護を求めることなく、長期間にわたって専ら就労にいそしんでいる、かかる就労の事実をあえて秘匿している、などの事情）が認められる場合には、本要件の該当性判断において消極的な事情となり得る。

・迫害主体が国籍国等の国家機関である場合において、自己名義旅券等の発給やその有効期間の更新を受けた事実や、正規の手続を受けて適法に国籍国等を出国した事実は、一般的には、国籍国等の国家機関が申請者に対し、迫害の対象として特段の関心を寄せていないこと及び申請者本人が国籍国等の国家機関と接触することに主観的な恐怖を抱いていないことをうかがわせ、本要件の該当性判断において消極的な事情となり得る。

　しかし、上記の事実が存在することのみをもって本要件の該当性が否定されるものではなく、飽くまで考慮要素の一つにすぎない（例えば、国情によっては、捜査・訴追機関と出入国審査機関との連携が十分でない場合もあり、逮捕状等が発付されていたとしても、正規に出国する

ことができる場合や、出入国審査機関の職員に対して賄賂等の不正手段を用いること等により、正規に出国できる場合もあり得る。また、迫害理由となるであろう自己の政治的意見を隠したままで、逃亡の手段として合法的な出国を選択する場合もあり得る。)。

＜証拠等に対する評価＞

・国籍国等に在住する申請者の家族や知人等が作成した、申請者が帰国すると危険である旨の内容等が記載された書面に対する評価に当たっては、家族や知人等は、申請者の供述内容に沿う供述をする動機があると考えられることに留意しつつ、当該書面における陳述内容の具体性や裏付け証拠の有無等を検討し、当該書面の記載内容の信用性を判断する必要がある。

＜国内避難可能性に関する検討＞

・迫害主体が国家機関である場合は、一般に、迫害を受けるおそれが国籍国等の全土にわたるので、特別の事情がない限り、迫害から逃れるための国内避難可能性について検討を要しない。

・迫害主体が非国家主体であっても、国籍国等の全土において、非国家主体の迫害行為が国家機関により助長又は放置・黙認されているなど、迫害を受けるおそれが国籍国等の全土にわたる可能性が高い場合には、国内避難可能性があるとして迫害を受けるおそれを否定することはできない。

・国内避難可能性の有無の判断に当たっては、迫害を受けるおそれがない他の地域に避難することにより当該迫害から逃れることができるか（迫害主体が国内避難先まで申請者を追跡する可能性はないか）、その地域に避難することにより国籍国の効果的な保護が受けられるか、国内避難先で新たに迫害を受けるおそれが生じることはないかという点を考慮する必要がある。

・ただし、当該避難先において迫害から逃れることができる又は国籍国の効果的な保護が受けられるとしても、それらの状況が持続的ではないと認められる場合や、客観的に合理性のある理由により、申請者が国内避難先においても国籍国の保護を望まない場合には、国内避難可能性があるとして迫害のおそれを否定することはできない。

・国内避難先への移動及び定住が申請者に過酷な結果（<u>生計を立てることや必要な医療を受けることが困難である等</u>）をもたらすと認められる場合、その地域への避難は合理的な選択肢であるとはいえず、国内避難可能性があるとして迫害のおそれを否定することはできない。他方、移動後の生活水準の低下又は経済状況の悪化のみをもって、当該地域への国内避難が合理的でないと評価することはできず、それが合理的でないというべき更なる追加的事情がなければ、国内避難可能性があると判断され得る。

・国内避難先への移動及び定住が合理的な選択肢であるかを判断するに当たっては、申請者の民族、文化及び宗教、更には家族関係、過去の居住歴及び過去に受けた迫害やその精神的影響等の個人的な事情を総合的に考慮する必要がある。

※下線は筆者による。

　（イ）　従前の行政見解（これまでの難民不認定処分取消請求訴訟における被告国の主張）

　「「迫害を受けるおそれがあるという十分に理由のある恐怖を有する」というためには、当該人が、迫害を受けるおそれがあるという恐怖を抱いているという主観的事情のほかに、通常人が当該人の立場に置かれた場合にも迫害の恐怖を抱くような客観的事情が存在していることが必要である。ここで、「迫害を受けるおそれがあるという十分に理由のある恐怖」とは、単に迫害を受けるおそれがあるという抽象的な可能性があるだけでは足りず、迫害を受ける

おそれがあるという恐怖を抱くような個別かつ具体的な事情が存することが必要である。すなわち、上記の客観的事情が存在しているといえるためには、ある国の政府によって民族浄化が図られていることが明らかであるような場合はともかく、そうでなければ、当該政府が特に当該人を迫害の対象としていることが明らかになるような個別的で具体的な事情があることを要するものと解される」（東京地裁令和4年3月25日判決（（令3（行ウ）159号）ウエストロー・ジャパン）の事案における被告国の主張）。

　　（ウ）　阿部浩己教授による指摘

●「十分に理由のある」恐怖とは、どの程度のものなのかを見極めるにあたり、「現実的な危険」という新しい用語を手引では用いている。「現実的な危険」という用語はこれまでの実務には馴染みがない（阿部報告書8頁）。

●考慮すべき要素は示されているが、それらの要素を考慮した結果、実際どのような場合に、「現実的な危険」があると判断できるのかが本手引では分からない。手引が示す「現実的な危険」の敷居はどの程度の高さなのか分からない（阿部報告書8〜9頁、阿部資料15頁）。

●法令そのものは抽象的な危険であるにすぎないと言うが、法令が適用される見込みが仮になくとも、申請者が法令に反する事情にあることより、社会的スティグマや非難を受け、私生活が困難な状況に陥るリスクがある場合には、法令の存在そのものによって迫害を受ける抽象的なリスクではなく、具体的な危険が生じているといえるのではないかと考えられる場合がある（阿部報告書8頁）。

●法務大臣が記者会見にて「個別把握はしない」と言い、この手引にも「個別的に認知（把握）されている…事情が認められないことのみをもって、直ちに申請者が迫害を受けるおそれがないと判断されるものではない」と記載がある（阿部報告書9頁）。そうであれば、これまでの実務の実質的な変更である（阿部資料17頁）。

●これまでの実務においては、反政府組織などに所属している場合、影響力が強い人ではないと、なかなか難民として認定されなかった。これは、個別把握の典型例である。個別把握をしないという当然の帰結として、影響力があまり強くない立場の人であっても、迫害を受ける可能性はあるのだと書いてある。これは全くその通りである。これまでの支配的な実務とは異なることが手引から読み取れる（阿部報告書9〜10頁）。

●国内避難可能性について、「国内避難先への移動及び定住が申請者に過酷な結果（生計を立てることや必要な医療を受けることが困難である等）をもたらすと認められる場合、その地域への避難は合理的な選択肢であるとはいえず、国内避難可能性があるとして迫害のおそれを否定することはできない」としているのは、手引の中でかなり良い部分と評価される。これまで国内避難可能性について、基準らしい基準が無かったため、今回明確化されたことはよかった。他の地域への避難が合理的選択と言えるかを考慮し、判断せよと書かれている。合理的な選択ができるかどうか、とは合理性のテストと言われている。UNHCRが強く打ち出してきた方針である。この部分は、UNHCRが言っていることをくみ入れて記載され、明確化された部分である（阿部報告書10頁）。

●しかし、注意しなければならないのは、「迫害は、国籍国の特定の地域で生じる危害（に対する国家の保護の欠如）について成立する。」というところである。まず、特定の地域で迫害の危険性かどうかを見極めることが、第一段階として必要である。最初から国内避難が出来るかどうかの可能性を考えるのは不適切である。国内避難の可能性を考えるときは、まず最初に、地域的に申請者の生活の拠点となっているところで迫害が起きているのかをきちんと見極める必要がある。それ以外の地域を同時に考慮すると「迫害がない」という結論が導かれてしまうことがあるので、注意しなければならない（阿部報告書10〜11頁）。

●「迫害」は、国籍国の特定の地域で生じる危害（に対する国家の保護の欠如）について成立する。当該国の他の地域でも同様の迫害を受けるおそれがあるかどうかまで申請者は立証する必要はない。申請者が生活してきた地域で迫害のおそれがあると認められた場合に、他の地域に避難できることを示す責任は判断権者にある（阿部資料20頁）。

　エ　迫害理由
　　（ア）　「難民該当性判断の手引」における記載
　　　ⅰ　人　種

> 　迫害理由としての「人種」には、皮膚の色、髪の形状等身体の生物学的諸特徴を共有するとされている人々の集団に加え、通常「民族」として区分される文化、言語及び宗教等の諸要素により特徴づけられる集団も含まれる。
> 　民族を理由とする迫害は、「人種」と「国籍」など、難民条約上の複数の迫害理由に当たり得る。
> ・人種差別は、最も著しい人権侵害の一つであり、特定の行為が「迫害」に当たるかを判断する上で重要な要素となり得る。

　　　ⅱ　宗　教

> 　迫害理由としての「宗教」には、キリスト教、イスラム教、仏教等の宗教のほか、同一宗教内におけるそれぞれの宗派、無宗教及び無神論も含まれる。なお、伝統的な宗教のように、組織化されたものや制度的に確立された宗教活動の内容を有するものに限られるものではない。
> 　例として、①特定の宗教的共同体に属すること又は属するとみなされること、②公的又は私的な宗教的行為を行うこと、③宗教的指導若しくは教育を行うこと、④特定の宗教を放棄したこと又は別の宗教に改宗したこと、⑤特定の宗教を信仰しないこと等を理由とした迫害が挙げられる。
> 　迫害理由としての「宗教」は、「特定の社会的集団の構成員であること」等、他の迫害理由と重なり合いが生じ得る。
> ・宗教的信念や信仰又はそれに基づく生活様式は、人格や自己同一性と密接に関連していると考えられるため、特定の宗教の信仰を理由として迫害を受けるおそれのある者が、信仰する宗教の変更、否定又は容認されている別の宗教を信仰しているように装うことによって迫害を免れ得るとしても、それによって迫害を受けるおそれを否定してはならない。
> ・国籍国等を出国した後に生じた事情（例えば、信仰する宗教や信仰の在り方・宗教活動の内容の変化、国籍国等における当該宗教に対する迫害の内容及び程度の変化等の事情）についても、帰国後に迫害を受けるおそれがあるか否かの判断において、考慮の対象となる。
> ・改宗後の宗教を理由として迫害を受けるおそれがあるとの主張に対して判断するに当たっては、過去の信仰の実践状況から、帰国後も、信仰を外面に表出させるような積極的な信仰活動

が見込まれるかどうかなど、申請者の個別的事情に加え、そのような事情を有する者に対する迫害主体の対応等に関する出身国情報と照らし合わせて、総合的に評価する必要がある。

ⅲ 国 籍

迫害理由としての「国籍」には、民族的集団や言語的集団も含まれ得る。

前記ⅰのとおり、「国籍」と「人種（民族）」は、重なり合いが生じ得る迫害理由である。また、民族的集団間や言語的集団間の紛争が政治的運動と結合していることもあり、「国籍」と「政治的意見」も、重なり合いが生じ得る。

「国籍」を理由とする迫害は、常居所を有する国において無国籍であることを理由に迫害を受けるような場合を含む。

ⅳ 特定の社会的集団の構成員であること

ある特定の人々の集団が「特定の社会的集団」に該当するというためには、当該集団に属する者らが、①生得的かつ不変的な特性、②難民条約上の他の迫害理由（人種、宗教、国籍又は政治的意見）の場合と同程度に人格や自己同一性と密接に関連しているために、その帰属の変更が不可能若しくは著しく困難な特性、③人間の尊厳の根源を成すもので、その放棄が要求されるべきでない特性又は④歴史事実が消えないことにより変更不可能な過去の一時的・自発的な地位、のいずれかを共有しており、かつ、これによって、一つの集団として認識されている又はその他の人々から区別されている必要がある。

申請者が属する集団の構成員が、お互いに面識を持ち、１つの集団として結束している必要はない。また、集団の規模や構成員の人数は、該当性の判断とは関連しない。

「特定の社会的集団の構成員であること」を理由として迫害を受けるおそれがあるという十分に理由のある恐怖を有するというために、当該集団に属する者の全員について迫害を受ける現実的な危険があることまでは必要ない。

迫害理由としての「特定の社会的集団の構成員であること」は、他の迫害理由である、「人種」、「宗教」、「国籍」又は「政治的意見」と重なり合いが生じ得る。

（「特定の社会的集団の構成員」の該当性が認められた例）

以下は、これまでに該当性が認められた例であるが、「特定の社会的集団の構成員」はこれに限られるものではない。

（家族・血縁に関する特性）

・出身国の政権と敵対する有力な一族に属している者

・反政府武装組織へ対抗する勢力に属した者の家族

・過激派組織から標的とされる地域の有力者の子

・脱走兵の家族に対して拷問や恣意的な逮捕を行う国における脱走兵の家族

・民主化運動支持者として政治活動を行った父母による扶養を受ける未成年の子

（過去の行動に関する特性）

・女児を対象とする教育支援活動に従事した者

・反政府武装組織から身柄拘束や尋問等の妨害行為を受ける人道支援活動団体のメンバーである者

（ジェンダー等に関する特性）

・同性愛行為に対する処罰法令が存在する国における同性愛者

・女性器切除（Female Genital Mutilation、以下「FGM」という。）を受け入れるほかない境遇にある女性

・強制結婚による生活を受け入れるほかない境遇にある女性

（ⅰ）　性的マイノリティであることに関連する迫害

　　性的マイノリティは、難民条約上の迫害理由にいう「特定の社会的集団の構成員」に該当し得る。

＜判断において必要な視点＞

・性的マイノリティが全員、固定観念的な概念に沿った外見を有していたり、振る舞いをしたりするわけではなく、また、自らのアイデンティティを強固に形成しているとは限らない。性的マイノリティは一定の外見や振る舞いをするといった固定観念や臆測に依拠し、それに相当しない外見や立ち居振る舞いをしていることのみをもって、性的マイノリティではないと判断するべきではない。

・性的マイノリティであることを理由とする迫害を受けるおそれを理由として難民認定申請をした者であっても、自らの事情を公然と明らかにすることについて羞恥心や恐怖を抱いていることがあり得る。したがって、難民認定申請手続の初期段階において、自らの事情を明らかにしなかったり、これを理由とした迫害を受けるおそれについて主張していなかったとしても、通常、そのことのみをもって申請者の有する事情や迫害を受けるおそれに係る申立ての信ぴょう性を否定することは適当ではない。

＜具体的な判断の在り方＞

・国籍国等において性的マイノリティとしての特定の行為を処罰することを目的とする法令が存在する場合、単に当該法令が存在するという抽象的な危険が認められるだけでは足りず、当該法令の具体的な適用状況や、申請者と同様の事情を有する者が、当該法令の適用によって実際に処罰等の迫害を受けているかどうか等の具体的事情に鑑みて、申請者が当該法令の適用による処罰を受ける等の迫害を受ける現実的な危険があると認められる必要がある。

・性的マイノリティであるという事情は、人間の尊厳にとって根源的なものであり、申請者が自らの事情を公然と明らかにしているか否かに関わらず、変更又は放棄を強要されるべきではない。したがって、性的マイノリティであること及び性的マイノリティとしての日常的な活動（例えば、同様の事情を有する者との交流、パートナーとの交際及びパートナーとの共同生活、服装を含む生活上の振る舞い等）について、仮にそれを抑制又は秘匿することで迫害を回避できる可能性が認められる場合であっても、抑制・秘匿することを申請者に求めるべきではない。申請者について、これらの活動を原因として迫害が生じるという現実的な危険がある場合は、迫害を受けるおそれがあるという十分に理由のある恐怖を有すると評価し得る。

・国籍国等において、性的マイノリティを取り巻く状況が、都市部等の一部の地域では社会的・政治的に変化するなど、当該事情を有する者が迫害又は差別的な取扱いの対象とされない状況にあると認められ、かつ、申請者について、そのような地域への避難が合理的に期待できるときには、国内避難可能性が認められる余地があり、迫害を受けるおそれがあるという十分に理由のある恐怖の判断において消極的な事情となり得る。

・性的マイノリティであることに関連する迫害は、国籍国等における社会的・文化的規範に反することを理由とする面もあるため、「特定の社会的集団の構成員であること」以外の迫害理由（「宗教」又は「政治的意見」）に基づく場合もあり得る。例えば、性的マイノリティの権利向上等を求める意見表明を行った結果として人権擁護活動家とみなされたこと等を理由とする迫害については、性的マイノリティであることを理由とする迫害とはいえない場合であっても、

事案の内容によっては、「政治的意見」を理由とする迫害と評価し得る。

・性的マイノリティであることを理由として非国家主体から迫害が加えられる場合に、当該国籍国において、性的マイノリティとしての特定の行為を処罰することを目的とする法令が存在するときは、一般的に、国籍国の保護が受けられないことを推認させる事情となり得る。なお、当該法令が廃止されたり、性的マイノリティの権利を保護するような積極的措置がとられたりした場合でも、そのことから直ちに国籍国の保護があると認められるものではなく、申請者に係る迫害を受けるおそれにどのような影響が生じるかは、個々の事情を踏まえて判断する必要がある。

（ii）　ジェンダーによる差別的取扱いに関連する迫害

国籍国等において、ジェンダーを理由として、伝統的・文化的な規範又は慣行に基づき、生命、身体又は自由の侵害又は抑圧及びその他の人権の重大な侵害（例えば、FGM等の身体に対する侵害・暴力）を受けるおそれがある集団に属する者は、特定の社会的集団の構成員であることを理由に迫害を受けるおそれがあるという十分に理由のある恐怖を有する者に該当し得る。

・FGMは、生命又は身体の侵害そのものであり、迫害に該当する。

・ジェンダーによる差別的取扱いには様々なものがあり、特定の行為そのものが迫害には当たらない場合であっても、国籍国等の伝統的・文化的な規範又は慣行の実施状況によっては、迫害の契機となることがある。

・国籍国等の伝統的・文化的な規範又は慣行の実施状況は各地域においてばらつきがある可能性がある。そのため、迫害を受けるおそれがない国籍国等の他の地域への避難が合理的に期待できるか否かを検討するに当たっては、特定のジェンダーに関する特有の事情（例えば、申請者が単身の女性である場合、そのような背景を有する者が当該国内避難先において生活することが可能であるか等）も考慮する必要がある。

・ジェンダーに関連する迫害は、国籍国等における社会的・文化的規範に反することを理由とする面があり、申請者の行為が迫害主体から容認されない宗教的信念や政治的意見を有しているとみなされることもある。そのため、特定のジェンダーを原因とする迫害とはいえない場合であっても、事案の内容によっては、当該迫害が「特定の社会的集団の構成員であること」以外の迫害理由（「宗教」又は「政治的意見」）に基づく場合もあり得る。

・ジェンダーを理由として伝統的・文化的な規範又は慣行に基づいて加えられる迫害について、これを禁止する法令が存在する場合であっても、国籍国の当局に法執行の意思及び能力が備わっておらず、非国家主体が行うこれらの迫害を国籍国が実質的に停止させることができない場合は、国籍国の保護がないと認め得る。

※下線は筆者による。

v　政治的意見

迫害理由としての「政治的意見」は、政治的意見として代表的な、国籍国等の政権の交代や政治体制の変革を求める意見に限らず、国家、政府、社会の体制が関連する問題についての意見も含まれる。また、必ずしも政党や何らかの集団に所属した上で有する政治的意見である必要はなく、個人として有するにすぎないものも含まれる。

政治的意見を理由として迫害を受けるおそれがあるというためには、通常、申請者が政治的意見を有していることを迫害主体によって認知され、又は申請者が実際には政治的意見を有していないにもかかわらず迫害主体によって何らかの政治的意見を有しているとみなされている必要が

あり、迫害主体の視点が重要である。

　政治的意見は必ずしも公然と表明されている必要はなく、迫害主体に対して中立的な又は無関心な立場を取るといった申請者の行動から、政治的意見を有していることを認知され、又は有しているとみなされる場合もある。

　迫害理由としての「政治的意見」は、他の迫害理由である「人種」、「宗教」、「国籍」又は「特定の社会的集団の構成員であること」と重なり合いが生じ得る。

・迫害主体から、政治的意見を有しているとみなされているか否かを判断するに当たっては、自身の政治的意見やそれに基づいた行動や活動についての申請者の供述のみならず、その裏付けとなる客観的な証拠、出身国情報等と照らし合わせながら、申請者を取り巻く客観的事情も踏まえて判断する必要がある。

・申請者は、帰国後に迫害を受けるおそれがあると主張するに当たり、国籍国等を出国する前に当局に自身の政治的意見が把握されていたことを示す必要はない。これは、申請者が国籍国等において生活する上で、政治的意見を表明することが危険だと感じて、その意見を秘匿していたが、国籍国等を離れた後に、迫害主体によって申請者が当該政治的意見を有していることを認知され、又は有しているとみなされる場合があり得るためである。

・国籍国等を出国した後に生じた事情（例えば、申請者の政治的意見及びそれに基づく行動や活動の在り方、申請者の政治的意見に対する迫害主体の評価等に変化が生じた等の事情）であっても、帰国後に政治的意見を理由として迫害を受けるおそれがあるか否かの判断において、考慮の対象となる。

　　（イ）　上記（ア）ⅳの「特定の社会的集団の構成員であること」に係る従前の行政見解
　　　　　（これまでの難民不認定処分取消請求訴訟における被告国の主張）

　　　　ア　FGM

「FGMが、ナイジェリアにおいて、女性一般に向けられた一般的迫害行為としての性質のものであるということはできず、原告が主張するFGMは、そもそも特定の社会的集団の構成員であることを理由とする迫害には当たらない。」（東京地裁令和2年8月20日判決（（平29（行ウ）158号）ウエストロー・ジャパン）の事案における被告国の主張）

　　　　イ　同性愛者

「同性愛者が「特定の社会的集団」に直ちに該当するとはいえない。難民の保護にはできるだけ多くの国が難民条約に加盟することが必要であるのであって、その内容は、文化や社会慣習の異なる多数の国に受け入れられるものでなければならない。したがって、難民条約が締約国に課す義務が広範であるほど難民の保護に資するというものではなく、難民条約が、非人道的な状況に直面して国外に流出する者のうち、戦争や天災地変などによって国外に流出した者は対象とせず、同条約1条A（2）に列挙された5つの迫害事由に基づく者のみを保護の対象としたのも、これ以外の者の保護は、各国の領土主権に基づく権限の自由な行使に委ねるのが適当であると判断されたからにほかならず、同性愛者が「特定の社会的集団」に、難民条約の解釈上当然に含まれるものとはいえない。」（東京地裁令和2年8月20日判決（（平29（行ウ）158号）ウエストロー・ジャパン）の事案における被告国の主張）

ウ　土地所有者

「原告は、自身が「土地所有者」という特定の社会的集団に該当する旨を主張する。しかし、難民の定義の一部を成す「特定の社会的集団」は、多義的であって、これを一義的に表すことは困難であるところ、人種、宗教、国籍及び政治的意見と同程度に人格や自己同一性と密接に関連しているため、その帰属を変更することが不可能であるか又は著しく困難であるといえるような社会的集団の構成員であることを指すものと解するのが相当である。本件については、「土地所有者」とは、ミャンマー国内の土地を所有している者を指すものと解され、単に土地を所有しているという事実に基づく地位が、難民条約にいう「人種、宗教、国籍若しくは政治的意見」と同程度に人格や自己同一性と密接に関わるようなものではないことは、上記の社会的集団の意味からも、土地所有者の性質からも、明らかである上、土地所有者という地位の帰属を変更することが不可能でも、著しく困難でもないことも明らかであるから、「土地所有者」であることをもって国家の迫害の対象となるような集団の構成員であるとは評価し得ない。したがって、「土地所有者」が、難民条約にいう「特定の社会的集団」に該当するとはいえない。」（東京地裁令和元年12月6日判決（（平30（行ウ）317号）ウエストロー・ジャパン）の事案における被告国の主張）

エ　ウクライナ出身の親族を有すること

「ウクライナ出身の親族を有することは、人種、宗教、国籍及び政治的意見と同程度に、人格や自己同一性と密接に関連しているため、その帰属を変更することが不可能であるか又は著しく困難なものとみることも困難であるから、上記事情は、原告が特定の社会的集団の構成員に該当する事情とはいえない。」（東京地裁令和3年2月24日判決（（令元（行ウ）465号）ウエストロー・ジャパン）の事案における被告国の主張）

（ウ）　上記（ア）ivの「特定の社会的集団の構成員であること」に係る記載についての阿部浩己教授による指摘

●①〜④の「保護される特性アプローチ」は、アメリカ合衆国で開発された特定の集団に属する構成員を見極めるアプローチである。かつ以下の「社会認知アプローチ」は、オーストラリアで開発されたアプローチである。①〜④は生まれながら持っていて変えることが難しい特性を記している。人間の尊厳の根源を成すもので、その放棄が要求されるべきではない特性。労働組合に属している場合もここに含まれる（阿部報告書11頁）。

●①〜④が満たされていることに加えて、それらが社会的に認識されていることが「かつ」という言葉で結び付けられている。UNHCRは特定の社会的集団を構成するかどうかを見極めるにあたり、「保護される特性アプローチ」か「社会認知アプローチ」のいずれかのアプローチの基準を満たせばよいと述べる（UNHCR「国際的保護に関するガイドライン2号」11）が、ここでは、両方を満たすことが求められている（阿部報告書11〜12頁）。

●両方の充足は、EUの資格指令（2011年）を通じて欧州内に浸透し、「保護される特性アプローチ」を生み出した米国でも広がりつつある。国際的な流れが動いていて、日本の手引もそのことを踏まえた内容になっている（阿部報告書12頁）。

●（ⅰ）性的マイノリティであることに関連する迫害に関し、「仮にそれを抑制又は秘匿することで迫害を回避できる可能性が認められる場合であっても、抑制・秘匿することを申請者に求めるべきではない」との記述は、重要な内容であり、性的マイノリティであることを隠せば迫害されないという場合でも、それを理由に迫害とみなさない運用はおかしいとされる（阿部報告書12頁）。

　　オ　因果関係
　　（ア）　「難民該当性判断の手引」における記載

> 　迫害理由である「人種、宗教、国籍若しくは特定の社会的集団の構成員であること又は政治的意見」のうち１つ以上を理由として、「迫害を受けるおそれがある」という因果関係が必要である。
> 　迫害主体が非国家主体である場合において、非国家主体による迫害行為それ自体が難民条約上の迫害理由に基づかない場合であっても、迫害理由のうちの１つ以上を理由として国籍国の保護がなされないという関係が認められる場合は、そのような迫害理由と国籍国の保護の欠如との間の因果関係をもって、上記の因果関係の要件を満たすと認め得る。この場合、国籍国が申請者に対して保護を与える意思を有していないことが客観的に示される必要があり、単に迫害を防ぐための国籍国の能力が欠如していることのみでは、迫害理由と国籍国の保護の欠如との間の因果関係は認められない。
> 　「人種、宗教、国籍若しくは特定の社会的集団の構成員であること又は政治的意見」のうち１つ以上を理由として迫害を受けるおそれがあるのであれば、他の理由が付随していても、因果関係は認められ得る。
> 　※下線は筆者による。

　　（イ）　阿部浩己教授による指摘
●今回の手引の重要な指摘の一つ。迫害を加える国家・非国家を想定しており、どちらかの行為が条約上の迫害理由と結びついていれば良いとされており、一定の先進性が認められる。ただし、因果関係の成立に、非国家主体か国家いずれかの迫害の「意図」を求めており、いずれかに意図がなければ因果関係が成立しないとされており、問題である。例えば、「反政府勢力からの協力を宗教的な理由で拒んだ。反政府勢力は協力を拒んだことを理由に危害を加えようとしている。政府にはこれを防ぐ能力がない」場合、反政府勢力が危害を加える動機が５つの理由のどれでもなく、政府にはそもそも保護を与える能力がないことから、因果関係の成立に「意図」を必要とする場合、「条約の迫害理由と因果関係がない」として不認定になってしまう。これは非常に危ない認否の仕方である。この場合は危害を加えられる側の事情に５つの理由があればよい（阿部報告書13頁、阿部資料25～26頁）。
●危害を加える者がどのような動機を持っているのかに関わらず、危害を加えられる者が、５つの理由のどれかを理由に危害を加えられるのであれば、難民として認定されなければならない。なぜなら、難民条約は迫害を受ける理由に焦点を当てているからだ。迫害を加える理由を問題にしているわけではない。つまり、迫害を加える動機に焦点を絞り込んだこの手引は、不正確である（阿部報告書13頁）。
●「他の理由が付随していても、因果関係は認められ得る」の意味がはっきりしない。この

場合、5つの理由がメインであり、そのメインに付随していれば良いということであれば、難民条約の解釈として不適切。どれがメインの理由であるかの判断を行うのは、複数の理由が絡み合っている場合にはとりわけ困難である。「複合化した理由の中の一つが条約上の迫害理由であれば因果関係は成立する」というUNHCRの解釈に従うべき（阿部報告書14頁）。

　　カ　国籍国等の外にいること

「難民該当性判断の手引」における記載

　国籍国等の外にいる場合とは、迫害を受けるおそれがあるために国籍国等から逃れた場合が典型的であるが、国籍国等を離れた後に、当該国籍国等における情勢の変化又は申請者自身に係る事情（例えば、政治的意見の表明や信仰する宗教の変更等）によって、迫害を受けるおそれが生じた場合も含まれる。

・国籍国等を出国した後に生じた事情が、申請者によって作出されたものであった場合は、それが難民の地位を得ることを目的としていると考える余地があることから、当該事情が迫害主体の知るところとなったか又はなり得るか（申請者の行為が迫害主体からどのように見られるか）を考慮しつつ、帰国した場合に実際に迫害を受けるおそれがあるか否かという観点から注意深く判断することが重要となる。

・申請者が、難民としての保護を申請するために必要な条件を作り出すことを唯一又は主たる目的として当該事情を作出した場合において、そのような目的であることが明らかで、申請者が帰国したとしても重大な悪影響をもたらさない場合、一般には、迫害を受けるおそれは認められないが、国籍国等への帰国がもたらす結果を慎重に検討し、迫害を受けるおそれがあるか否か判断しなければならない。

　　キ　国籍国の保護

　　　（ア）　「難民該当性判断の手引」における記載

　申請者は、「その国籍国の保護を受けることができないもの」又は「（迫害を受けるおそれがあるという十分に理由のある）恐怖を有するためにその国籍国の保護を受けることを望まないもの」である必要がある。

　迫害主体が国籍国の国家機関である場合は、国籍国の保護を受けることができないことが通常である。

　一方、迫害主体が非国家主体である場合は、国籍国が当該迫害を受ける者に対し効果的な保護を与えることを拒否しているとき（当該迫害を助長、放置、黙認しているときを含む。）や効果的な保護を与えることができないときに、この要件に該当すると認められる。

　申請者が無国籍者である場合は、「常居所を有していた国に帰ることができないもの」又は「（迫害を受けるおそれがあるという十分に理由のある）恐怖を有するために当該常居所を有していた国に帰ることを望まないもの」である必要がある。この点、無国籍者である申請者に対する常居所を有していた国からの保護の有無について、難民条約の条文上、特段の規定はない。これは、無国籍者である申請者については、通常、常居所を有していた国からは保護が受けられないと考えられるためである。

＜一般的な行政措置としての国籍国の保護＞

・身体や財産の保護等について国籍国の大使館や領事館の援助を受けること、旅券や各種証明書

等の発給若しくは有効期間の延長を受けること又は本国領域への入国が許可されること等は、一般的な行政措置としての国籍国の保護の一例であるが、これらの事情が認められるからといって、直ちに本要件に該当しないというわけではない。

※「ウ　迫害を受けるおそれがあるという十分に理由のある恐怖」の項目を参照。

＜迫害主体が非国家主体である場合における国籍国の効果的な保護＞

　国籍国が効果的な保護を与えることを拒否している状態か否か、又は効果的な保護を与えることができない状態であるか否かを判断するに当たっては、以下の点に留意する必要がある。

・国籍国において非国家主体による迫害を罰する刑罰法令が整備されていない、国籍国に法執行（捜査、訴追及び処罰等）の意思と能力が備わっていない、あるいは申請者が保護を求めることができないと認められる場合には、国籍国の効果的な保護がないと判断し得る。

　　ただし、国籍国が、非国家主体からの国民に対するあらゆる迫害の可能性を排除する措置を講じることは現実的ではなく、そのような網羅的な措置が執られていないことをもって効果的な保護がないとは認められない。

・例えば、申請者が反政府武装組織に敵対する者とみなされた結果、同組織から迫害を受けるおそれがある場合において、同組織が本国のほぼ全域で活動しているなど本国情勢が不安定であって、本国政府の統治能力が著しく低下していると認められるときは、国籍国の効果的な保護がないと判断し得る。

・保護が持続的ではない場合や、差別的である場合（例えば、特定の民族に対してのみ保護を与えないような場合）は、国籍国の効果的な保護がないと判断し得る。

・国籍国の効果的な保護が期待できるにもかかわらず保護を求めない（又は保護を望まない）場合で、その行動に客観的な合理性が認められない場合には、国籍国の効果的な保護がないとは認められない。

＜複数の国籍を有する者の場合における国籍国の保護＞

・一般に、自国民の保護は国籍国の責務であるところ、複数の国籍を有する者の場合は保護の主体となるべき国籍国も複数である。したがって、いずれか一つの国籍国において迫害を受けるおそれがあるという十分に理由のある恐怖を有することにより、当該国籍国の保護を受けることができないとしても、その余の国籍国による保護の有無を検討しなければならない。

※下線は筆者による。

　（イ）　従前の行政見解（これまでの難民不認定処分取消請求訴訟における被告国の主張）

　「難民条約１条Ａ（２）が規定する「国籍国の保護を受ける」とは、国籍国の外交的又は領事的な保護等、国籍国の国家機関の何らかの保護又は援助を受けることを意味しており、具体的には、身体や財産の保護等について難民認定申請者の国籍国の大使館や領事館の援助を受けること、又は大使館や領事館で旅券、各種証明書等の発給、有効期間の延長の手続を受けることなどをいうものと解され、「国籍国の保護を受けることができないもの」とは、国籍国が上記のような保護を拒絶している場合をいうものと解される。したがって、上記の「国籍国の保護を受けることができないもの」という要件は、迫害の主体が国籍国の政府自身である場合を想定していることは明らかであり、難民認定申請者が主張する迫害の主体が国籍国の政府ではない場合には、当該政府が当該迫害を知りつつ放置又は助長しているような特

別な事情がある場合は別として、通常は国籍国の政府の保護を受けることができるといえるから、難民には該当しないというべきである。」（東京地裁令和4年3月25日判決（（令3（行ウ）159号）ウエストロー・ジャパン）の事案における被告国の主張）

（ウ）　阿部浩己教授による指摘

●これまでの実務を根本から転換させていく記述である。これまでは、放置・助長論という、国家が迫害するか、あるいは、国家が迫害していることを知っていて放置していることがしっかり示されなければ対象にならなかった。「放置・助長論」から国際標準の「効果的保護」への転換を明記している（阿部報告書14頁、阿部資料28頁）。

●しかし、問題は、国家が国民全員に迫害の可能性を排除することを求めるのは酷であるから、「あらゆる迫害の可能性が排除された場合」を持って判断する必要はないとされていることだ。それは申請者の立場に立った見方ではない。網羅的な措置がとられていない結果として、迫害を受ける危険性があればその人は難民であると認定されなければならない。あらゆる迫害の可能性が排除できない結果として危害を被るのであれば、その人は効果的な保護を受けられないため、難民として認定される、と解すべきなのだが、手引ではそのようには記されておらず、問題含みの記述だと考える（阿部報告書14頁）。

●「効果的な保護」の水準を、国際法上の国家責任の文脈で用いられる「国家の相当の注意義務due diligence」と等視している。難民条約は迫害国の責任を問うものではなく、迫害を逃れる者を保護するための条約である。「そのような網羅的な措置が執られていない」のであれば、「効果的な保護がない」と認めるべき。「効果的な保護」があるかどうかは、申請者の有する迫害のおそれが「十分に理由のある」ものであるかどうかによって判断すべき（国家が全力で頑張っても迫害のおそれを除去できないのであれば、効果的な保護はなく、他の条件が具備されていれば、当人は難民条約の難民と認定されなくてはならない。）（阿部資料29頁）。

ク　供述の信憑性評価
（ア）　「難民該当性判断の手引」における記載
言及がありません。

（イ）　阿部浩己教授による指摘

●今回の手引では、供述の信ぴょう性をいかに評価するのかについては明記されていない。もし、これまでと同じように、供述をなかなか信じないという運用が続けば、定義が拡充されても、その定義に当てはまる事実が認定されないことになるため、絵に描いた餅になってしまう（阿部報告書15頁）。

（ウ）　全国難民弁護団連絡会議監修、渡邉彰悟・杉本大輔編集代表『難民勝訴判決20選』における指摘

全国難民弁護団連絡会議監修、渡邉彰悟・杉本大輔編集代表『難民勝訴判決20選』11～12頁（信山社、平成27年）は、「特に行政判断において、周辺事実における矛盾を理由に信憑性がないとの判断を下す案件が散見されることに鑑みても、申請者が述べる事実の中でどの供述が

中核でどの供述が周辺事実であるかの識別が信憑性判断においては必須であることは言うまでもなかろう。この識別がないと、難民事由の中核を議論する前に申請者が申し立てる難民事由に直接関わらない事実における矛盾のみを理由として不認定にするという事態を引き起こすことにつながりかねない。これに比べて裁判所の信憑性に関する判断は、中核部分を中心になされており、申請者の申し立ての中核部分について具体的に議論しているという意味において、一定の水準に到達している」と指摘しています。

（エ）　入管庁「難民認定事務取扱要領」（令和５年12月１日付改正）における記載（第３章「難民認定等事務」第２節「調査」第１「調査における事実認定に係る留意事項」）

第１　調査における事実認定に係る留意事項

１　はじめに
　難民認定手続及び補完的保護対象者認定手続に係る調査においては、申請者が主張するところの難民該当性及び補完的保護対象者該当性を基礎づける事実（申立事実）が認められるか否かを、その提出資料、供述、出身国情報等に基づいて判断（事実認定）し、これを基礎として難民該当性及び補完的保護対象者該当性の判断を行う。
　難民又は補完的保護対象者であることの立証責任は申請者が負うものと考えられるところ、命からがら出身国から逃れてきた申請者が自身の申立てを裏付ける資料を提出できるとは限らず、当該資料の提出がないからといって、そのことのみをもって申立事実が認められないと判断してはならない。
　そのため、難民認定手続及び補完的保護対象者認定手続に係る調査においては、申請者の提出した資料のほか、難民調査官による事情聴取における申請者の供述について、出身国情報を活用しつつ、その信ぴょう性を的確に評価することが重要である。
　こうした難民認定手続及び補完的保護対象者認定手続の特性を踏まえて、申請者の申立事実を認定する上で留意すべき事項は以下２及び３のとおりである。

２　申請者の供述の信ぴょう性
　（１）　供述の一貫性・変遷
　　ア　中核的事実
　供述に一貫性があることはその信ぴょう性を推認させるものとなる。しかしながら、供述に一貫性がないからといって、直ちに疑いの目で見てはならない。
　供述の変遷により信ぴょう性を疑う必要があるのは、変遷するはずのない中核的事実について、記憶の変容では済まされない変遷がある場合である。
　　イ　途中から始めた供述
　以前していなかった供述を途中から始めたという場合にこれを変遷とみるかが問題となることがある。単に聞かれなかったから答えなかったということはよくあることで、これを変遷とみるためには、聞かれなくても当然申し立てていなければならないような内容について供述しなかったという前提となる事情がなければならない。
　　ウ　難民調査官に対する不信感
　申請者は、出身国における自身の経験等から、事情聴取を行う難民調査官のことを出身国の政

府機関と通じている人物であると考えることもあるかもしれない。その場合、当初の供述内容は、出身国を刺激してはいけないとの心配から控え目にとどめる可能性もある。

これらを踏まえ、難民調査官とは難民の認定等に関する事実の調査等を行うものであるということを、申請者に理解してもらえるように努めなければならない。

また、事情聴取において、難民調査官との信頼関係が醸成されるとともに、申請者の供述が具体化することもあり得るところ、これら供述の具体化を、供述の変遷と短絡的に考えるのではなく、まず、変遷の理由をしっかりと確かめ、これに合理的な理由があるときには、信ぴょう性を否定してはならない。

（2）　供述内容の具体性・詳細性

真に体験した事実を述べる場合には、その場面の光景や話のやり取りの詳細が記憶にある限り、真実に沿った詳細な事実を具体的に述べることができる。申請者において真に迫害のおそれがあるときは、迫害の恐怖を抱くに至る背景事情、関連人物の言動、自己が受けた脅迫等の危害、それに対する自己の行動等の詳細が記憶にあるはずである。したがって、難民調査官が迫害について簡単な質問をするだけで、申請者は延々とこれらを供述することができる場合が多い。

これに対し、例えば、申請者が自ら経験していない事柄を自らの経験として述べるときは、抽象的な供述にとどまることが多く、詳細を尋ねられると答えに窮しがちである。

なお、申請者が自ら経験した事柄であっても、それが過酷なものであるがために思い出すことができず、詳細について答えられない場合もあることに留意しなければならない。

（3）　出身国情報の重要性

難民認定手続及び補完的保護対象者認定手続においては、申請者に十分な資料の提出を期待できない場合が多い。そこで、難民調査官は、あらかじめ信用するに足りる出身国情報の収集・調査をした上で、申請者に対する事情聴取を行うところ、その後も、必要に応じて出身国情報を収集し、申請者の供述と出身国情報との間に整合性があるか否かを調査した上で、供述の信ぴょう性を検討する。

このように、出身国情報は供述の信ぴょう性を検討する際に重要な要素となる。

3　供述の一部に疑義がある場合の考え方

申請者の供述の信ぴょう性を判断するに当たり、重要なのは、立証責任が申請者にあるからといって安易に難民の認定又は補完的保護対象者の認定をしないとの結論に至ることなく、判断に必要となる出身国情報の収集等を適切に行った上で、当該情報に基づき公正かつ慎重にその真偽を判断すべきということである。

申請者に課せられた立証責任に関しては、申立事実について、合理的な疑いを容れない程度の証明がなされなければならないと解されるところ、難民認定手続及び補完的保護対象者認定手続という特性上、申請者の供述の一部に疑義があるとしても、申請者の供述が全体として上記の程度に信ぴょう性があるものと認められるときは、申請者の申立事実を認定すべきである。

ケ　立証の責任・程度

（ア）　「難民該当性判断の手引」における記載

言及がありません。

なお、入管庁「難民認定事務取扱要領」（令和5年12月1日付改正）において、上記ク（エ）のとおり、「申請者に課せられた立証責任に関しては、申立事実について、合理的な疑いを容れない程度の証明がなされなければならないと解される」と記載されています。

（イ）　従前の行政見解（これまでの難民不認定処分取消請求訴訟における被告国の主張）

i　難民該当性に関する立証責任

「いかなる手続を経て難民認定の手続がされるべきかについては、難民条約及び難民議定書に規定がなく、これらを締結した各国の立法政策に委ねられているところ、入管法61条の2第1項は、法務大臣は、本邦にある外国人から法務省令で定める手続により申請があったときは、その提出した資料に基づき、その者が難民である旨の認定を行うことができる旨定め、難民認定申請者に対し申請資料として「難民に該当することを証する資料」の提出を求めている（出入国管理及び難民認定法施行規則55条1項）。また、法務大臣により難民認定を受けていることが、他の利益的取扱いを受けるための法律上の要件となっており、難民認定をする処分は、それ自体が難民認定申請者に対して直ちに何らかの権利を付与するものではないものの、授益処分とみるべきであるところ、授益処分については一般に申請者側に処分の基礎となる資料の提出義務と立証責任があると解されている。さらに、難民該当性を基礎付ける諸事情は、事柄の性質上、外国でしかも秘密裡にされたものであることが多く、そのような事情の有無及びその内容等は、それを直接体験した難民認定申請者こそが最もよく知ることができ、これを正確に申告することは容易であって、しかも、これらの事情は、難民認定を受けるための積極的な根拠事実であって、難民認定申請者に有利な事実である。これらの事情に鑑みれば、難民認定申請者である原告が、自らが難民に該当することについて立証責任を負うことは明らかである。」（東京地裁令和4年3月25日判決（（令3（行ウ）159号）ウエストロー・ジャパン）の事案における被告国の主張）

ii　難民認定を受けるための立証の程度

「我が国の入管法には、難民認定の手続やその後の訴訟手続について立証責任を緩和する規定が存しない以上、難民認定を受けるための立証の程度については、難民認定の手続においても、その後の訴訟手続においても、通常の民事訴訟における一般原則に従うべきであり、難民認定申請者は、自己が難民であることについて、「合理的な疑いをいれない程度の証明」をしなければならない。」（東京地裁令和3年4月23日判決（（令元（行ウ）364号）ウエストロー・ジャパン）の事案における被告国の主張）

「ハンドブックは、難民条約の締結国に対して難民認定の手続における指針を示す目的のものであり、それ自体には法的拘束力はなく、我が国の難民認定の手続における難民該当性の有無の判断に係る基準とはなり得ない。」とした上で、「ハンドブックにおける灰色の利益の原則は、供述の信ぴょう性を評価するための原則ではなく、難民認定申請者について、無条件に立証責任や立証の程度を緩和する趣旨のものではない。」（東京地裁令和3年4月23日判決（（令元（行ウ）364号）ウエストロー・ジャパン）の事案における被告国の主張）

（4）　実務上の対応

今後の難民認定申請及び補完的保護対象者認定申請においては、入管庁「難民該当性判断の手引」における有利な記載を引用しつつ、同手引の記載が不適切又は不十分である箇所に

ついては、国連難民高等弁務官事務所（UNHCR）「難民認定基準ハンドブック―難民の地位の認定の基準及び手続に関する手引き―（改訂版）」、同「国際的保護に関するガイドライン」、日本弁護士連合会HP「国際人権文書（条約及び基準規則等）」に掲載されている人権規約や条約に関する一般的意見や一般勧告等の各種国際人権文書及び難民不認定処分取消請求訴訟に係る勝訴判決（全国難民弁護団連絡会議監修、渡邉彰悟・杉本大輔編集代表『難民勝訴判決20選』（信山社、平成27年）参照）等を引用して主張立証することになります。国連難民高等弁務官事務所（UNHCR）「難民認定基準ハンドブック」等の各国の裁判例における法的な位置付けについては、同書32〜35頁を参照して下さい。

また、出身国情報については、①入管庁HPに掲載されている米国国務省報告、英国内務省報告及び豪州外務貿易省報告のほか、②全国難民弁護団連絡会議の会員専用ページに掲載されている出身国情報データベース、③難民研究フォーラムHPに掲載されている出身国情報及びクエリーサービス・回答レポート等を活用します。

2　難民の出身国情報等を充実するとともに、難民調査官の能力を向上させ、育成するための措置

法務大臣は、難民認定及び補完的保護対象者認定を専門的知識に基づき適正に行うため、国際情勢に関する情報の収集を行うとともに、難民調査官の育成に努めるものとされます（入管法61条の２の18第１項）。

また、難民調査官には、外国人の人権に関する理解を深めさせ、並びに難民条約の趣旨及び内容、国際情勢に関する知識その他難民認定及び補完的保護対象者認定に関する事務を適正に行うために必要な知識及び技能を習得させ、及び向上させるために必要な研修を行うものとされます（入管法61条の２の18第２項）。

なお、難民不認定処分に係る判断理由において、どの出身国情報をもとにどのような評価がなされたかについて根拠を明確に示すことが求められます。これは確立した難民認定制度を有している他国では通例となっているとされ、難民認定に透明性をもたらす上で重要です。難民認定の公正さを確保する上で、「情報へのアクセスに関する武器の対等」という出身国情報に関する原則と密接に関連します（全国難民弁護団連絡会議監修、渡邉彰悟・杉本大輔編集代表『難民勝訴判決20選』10頁（信山社、平成27年））。

第３　仮滞在許可

1　仮滞在許可の要件

法務大臣は、在留資格未取得外国人（在留資格をもって在留する者、一時庇護上陸許可を受けた者で当該許可に係る期間を経過していない者及び特別永住者以外の外国人。入管法61条の２の２第１項柱書括弧書）から難民認定申請（入管法61条の２第１項）又は後記第３節第２　１の補完的保護対象者認定申請（入管法61条の２第２項）があったときは、当該在留資格未取

得外国人が次の①ないし⑩のいずれかの除外事由に該当する場合を除き、仮に本邦に滞在すること（仮滞在）を覊束的に許可します（入管法61条の2の4第1項）。⑥及び⑦以外の除外事由については、改正による変更はありません。なお、仮滞在許可の判断は、難民認定申請又は補完的保護対象者認定申請において提出された書面により行われますので、別途、仮滞在許可のための申請を行う必要はありません。

① 仮上陸の許可を受けているとき（入管法61条の2の4第1項1号）

② 寄港地上陸許可、船舶観光上陸許可、通過上陸許可、乗員上陸許可、緊急上陸許可又は遭難上陸許可を受け、旅券又は当該許可書に記載された期間を経過していないとき（入管法61条の2の4第1項2号）

③ 入管法22条の2第1項により本邦に在留（経過滞在）することができるとき（入管法61条の2の4第1項3号）

④ 本邦に入った時に、上陸拒否事由を規定する入管法5条1項4号から14号までに掲げる者のいずれかに該当していたとき（入管法61条の2の4第1項4号）

⑤ 退去強制事由を規定する入管法24条3号から3号の5まで又は4号ハからヨまでに掲げる者のいずれかに該当すると疑うに足りる相当の理由があるとき（入管法61条の2の4第1項5号）

⑥ やむを得ない事情があるときを除き、本邦に上陸した日（本邦にある間に難民又は補完的保護対象者となる事由が生じた者にあっては、その事実を知った日）から6月を経過した後に難民認定申請又は補完的保護対象者認定申請を行ったものであることが明らかであるとき（入管法61条の2の4第1項6号）

⑦ 次のi又はiiのいずれにも該当しないことが明らかであるとき（入管法61条の2の4第1項7号）

i 本邦にある間に難民となる事由が生じた場合を除き、その者の生命、身体又は身体の自由が難民条約1条Aに規定する理由によって害されるおそれのあった領域から直接本邦に入ったものであるとき（入管法61条の2の4第1項7号イ）

ii 本邦にある間に補完的保護対象者となる事由が生じた場合を除き、その者が迫害を受けるおそれのあった領域から直接本邦に入ったものであるとき（入管法61条の2の4第1項7号ロ）

⑧ 本邦に入った後に、刑法2編12章、16章から19章まで、23章、26章、27章、31章、33章、36章、37章若しくは39章の罪、暴力行為等処罰に関する法律1条、1条ノ2若しくは1条ノ3（刑法222条又は261条に係る部分を除きます。）の罪、盗犯等の防止及び処分に関する法律の罪、特殊開錠用具の所持の禁止等に関する法律15条若しくは16条の罪又は自動車の運転により人を死傷させる行為等の処罰に関する法律2条若しくは6条1項の罪により懲役又は禁錮に処せられたものであるとき（入管法61条の2の4第1項8号）

⑨ 退去強制令書の発付を受けているとき（入管法61条の2の4第1項9号）

⑩ 逃亡するおそれがあると疑うに足りる相当の理由があるとき（入管法61条の2の4第1項10号）

2　仮滞在許可を受けた外国人に禁止される活動

　仮滞在許可を受けた外国人は、報酬を受ける活動について後記3の許可を受けて行う場合を除き（入管法61条の2の7第1項但書）、収入を伴う事業を運営する活動又は報酬を受ける活動を行ってはなりません（入管法61条の2の7第1項本文）。これに違反する活動を行ったことが判明したときは、仮滞在の許可を取り消され得ます（入管法61条の2の6第6号、入管法施行規則56条の4）。また、入管法61条の2の7第1項に違反して収入を伴う事業を運営する活動又は報酬を受ける活動を行った場合は、刑事罰（1年以下の拘禁刑若しくは200万円以下の罰金又はその併科）が科されます（入管法73条2号）。

3　報酬を受ける活動の許可
（1）　意　義

　仮滞在許可を受けた外国人は、上記2のとおり、原則として、収入を伴う事業を運営する活動又は報酬を受ける活動を行ってはなりませんが（入管法61条の2の7第1項本文）、法務大臣は、仮滞在許可を受けた外国人が生計を維持するために必要な範囲で行う報酬を受ける活動について、その者の申請があった場合に、相当と認めるときは、これを行うことを許可することができ（入管法61条の2の7第2項前段）、当該許可に必要な条件を付することができます（入管法61条の2の7第2項後段）。

　この報酬を受ける活動の許可を申請しようとする外国人は、入管法施行規則別記第76号の8様式による申請書（報酬を受ける活動許可申請書（仮滞在））並びに当該活動に従事することが自らの生計を維持するために必要かつ相当であること及び当該活動により受ける報酬の額が自らの生計の維持に必要な範囲内であることを証する資料各1通を地方出入国在留管理局に出頭して提出しなければなりません（入管法施行規則56条の5第1項）。具体的には、①報酬を受ける活動許可申請書（仮滞在）、②労働基準法15条1項及び労働基準法施行規則5条に基づき、労働者に交付される労働条件を明示する文書、③就業予定機関について、本邦内に本店又は事業所等があることを疎明する資料（パンフレット、登記事項証明書等）、④就業予定機関の直近3か月分の給与所得・退職所得等の所得税徴収高計算書の写し、⑤申請者の収入又は資産を疎明する資料、⑥申請者と生計を一にする同居者等がいる場合にあっては、同居者等の収入又は資産を疎明する資料、⑦賃貸借契約を締結している場合にあっては、住居の賃貸借契約書の写し、⑧各種団体や個人からの金銭援助を受けている場合にあっては、各種団体や個人からの金銭援助を受けていること及び援助の内容を疎明する資料（難民・補完的保護対象者認定申請者の保護事業により保護費を受けている場合は、保護費支給状況証明書）、⑨写真（提出の日前6か月以内に撮影された4cm×3cmの無帽、正面上半身のもので裏面に氏名及び生年月日が記載されているもの）を提出する必要があります（入管庁HP「報酬を受ける活動許可申請（仮滞在）」）。

　なお、この報酬を受ける活動の許可を受けていることは、労働施策総合推進法28条1項に基づく外国人雇用状況の届出の対象となります（労働施策総合推進法28条1項括弧書）。

収入を伴う事業を運営する活動は許可の対象ではありませんので、報酬を受ける活動の許可（入管法61条の2の7第2項）を受けたとしても、報酬を伴う事業運営活動（事業主として、営利活動として事業を行うこと）を行ってはなりません（監理措置における報酬を受ける活動の許可（入管法44条の5第1項）に係る令和5年4月19日の衆議院法務委員会における西山政府参考人答弁参照）。

（2）　仮滞在許可書への記載

法務大臣は、上記（1）の許可をしたときは、仮滞在許可書（入管法61条の2の4第2項）にその旨及び当該許可に付された条件を記載します（入管法61条の2の7第3項、入管法施行規則56条の5第2項）。

（3）　報酬を受ける活動の許可の取消し

法務大臣は、上記（1）の許可を受けた外国人が付された条件に違反した場合その他当該外国人に引き続き当該許可を与えておくことが適当でないと認める場合には、当該許可を取り消すことができます（入管法61条の2の7第4項、入管法施行規則56条の5第3項）。

（4）　活動の状況の届出

上記（1）の許可を受けた外国人は、当該許可を受けた日又は直近の届出の日から6月を超えない範囲内で地方出入国在留管理局長の定める日までに、入管法施行規則別記第76号の10様式による届出書（報酬を受ける活動の状況に関する届出書（仮滞在））及び活動の状況を明らかにする資料各1通を地方出入国在留管理局に提出することにより（入管法施行規則56条の6第1項）、当該許可を受けて行った活動の状況、自らの生計の維持に必要な範囲の変動の有無・その内容及びその他参考となるべき事項（入管法施行規則56条の6第2項）を入管庁長官に届け出なければなりません（入管法61条の2の8）。

4　仮滞在期間の終期の到来

仮滞在許可を受けた外国人が次の①ないし⑤のいずれかの事由に該当することとなったときは、当該外国人に係る仮滞在期間は、当該事由に該当することとなった時に、その終期が到来したものとされます（入管法61条の2の4第5項）。

① 　難民不認定処分又は補完的保護対象者不認定処分について審査請求期間内に審査請求しなかったこと（入管法61条の2の4第5項1号）

② 　難民不認定処分又は補完的保護対象者不認定処分について審査請求が取り下げられ、又はこれを却下し若しくは棄却する裁決があったこと（入管法61条の2の4第5項2号）

③ 　難民認定又は補完的保護対象者認定がされた場合において、入管法61条の2の2第1項による在留資格に係る許可をしない処分があったこと（入管法61条の2の4第5項3号）

④ 　入管法61条の2の6により仮滞在許可が取り消されたこと（入管法61条の2の4第5項4号）

⑤ 　難民認定申請又は補完的保護対象者認定申請が取り下げられたこと（入管法61条の2の4第5項5号）

5 仮滞在許可を受けた在留資格未取得外国人の在留資格の取得

（1） 要 件

ア 原則的要件

法務大臣は、仮滞在許可を受けた在留資格未取得外国人に対し、当該外国人が次の①から③までのいずれかに該当するときは、在留資格の取得を許可することができます（入管法61条の2の5第1項本文、入管法施行規則56条の3）。

① かつて日本国民として本邦に本籍を有したことがあるとき（入管法61条の2の5第1項1号）

② 人身取引等により他人の支配下に置かれて本邦に在留するものであるとき（入管法61条の2の5第1項2号）

③ その他法務大臣が在留資格の取得を許可すべき事情があると認めるとき（入管法61条の2の5第1項3号）

イ 加重要件

仮滞在許可を受けた在留資格未取得外国人が、①無期又は1年を超える拘禁刑に処せられた者（刑の全部の執行猶予の言渡しを受けた者及び刑の一部の執行猶予の言渡しを受けた者であってその刑のうち執行が猶予されなかった部分の期間が1年以下のものを除きます。）又は②入管法24条3号の2、3号の3若しくは4号ハ若しくはオからヨまでのいずれかに該当すると疑うに足りる相当の理由がある者である場合については、在留資格の取得を許可される要件が加重され、当該外国人に対し、在留資格の取得を許可しないことが人道上の配慮に欠けると認められる特別の事情があると認めるときに限られます（入管法61条の2の5第1項但書）。

（2） 考慮事情

法務大臣は、仮滞在許可を受けた外国人に対して、上記（1）の在留資格の取得の許可をするかどうかの判断に当たっては、当該外国人について、在留を希望する理由、家族関係、素行、本邦に入国することとなった経緯、本邦に在留している期間、その間の法的地位、在留資格未取得外国人となった経緯及び人道上の配慮の必要性を考慮するほか、内外の諸情勢及び本邦における不法滞在者に与える影響その他の事情を考慮します（入管法61条の2の5第2項）。

（3） 退去強制手続との関係

仮滞在許可を受けた在留資格未取得外国人が、入管法61条の2の5第1項により在留資格の取得を許可された場合は、当該許可を受けた時に退去強制事由（入管法24条各号）のいずれかに該当していたことを理由としては、退去強制の手続は行われません（入管法61条の2の9第1項）。

6　仮滞在許可の取消し

　法務大臣は、仮滞在許可を受けた外国人について、次の①ないし⑥のいずれかの事実が判明したときは、当該許可を取り消すことができます（入管法61条の2の6、入管法施行規則56条の4）。

① 　仮滞在許可を受けた当時入管法61条の2の4第1項4号から9号までのいずれかの除外事由に該当していたこと（入管法61条の2の6第1号）

② 　仮滞在許可を受けた後に入管法61条の2の4第1項5号又は8号の除外事由に該当することとなったこと（入管法61条の2の6第2号）

③ 　仮滞在許可に付された条件（入管法61条の2の4第3項）に違反したこと（入管法61条の2の6第3号）

④ 　不正に難民認定又は補完的保護対象者認定を受ける目的で、偽造若しくは変造された資料若しくは虚偽の資料を提出し、又は虚偽の陳述をし、若しくは関係人に虚偽の陳述をさせたこと（入管法61条の2の6第4号）

⑤ 　出国の確認（入管法25条）を受けるための手続をしたこと（入管法61条の2の6第5号）

⑥ 　報酬を受ける活動の許可（入管法61条の2の7第2項）を受けずに、収入を伴う事業を運営する活動又は報酬を受ける活動を行ったこと（入管法61条の2の6第6号）

第4　難民認定手続と在留特別許可手続の分離

　難民認定手続において在留特別許可を認める旨の改正前入管法61条の2の2第2項が削除され、難民認定手続と在留特別許可手続が分離されることになりました。

第5　難民旅行証明書

1　難民旅行証明書の有効期間

　入管庁長官は、本邦に在留する外国人で難民の認定を受けているものが出国しようとするときは、その者の申請に基づき、難民旅行証明書を交付します（入管法61条の2の15第1項本文）。難民旅行証明書は、入管法上旅券として扱われます（入管法2条5号イ）。また、難民旅行証明書の交付を受けている者は、当該証明書の有効期間内は、再入国許可（入管法26条1項）を要さずに本邦に入国し、及び出国することができます（入管法61条の2の15第4項）。

　難民旅行証明書の有効期間は、1年以上5年を超えない範囲内において入管庁長官が定めます（入管法61条の2の15第3項）。改正前は、1年とされていました。

2　難民旅行証明書の有効期間の延長

　入管庁長官は、難民旅行証明書の交付を受けて出国した者について、当該証明書の有効期間内に入国することができない相当の理由があると認めるときは、その者の申請に基づき、1年を超えない範囲内で、当該証明書の有効期間を延長することができます（入管法61条の2の15第6項）。改正前は、6月を超えない範囲内でした。なお、有効期間の延長は、難民旅行証明書にその旨を記載して行い、その事務は、日本国領事官等に委任します（入管法61条の2の15第7項）。

82 第1編 第3章 収容・送還等に関する令和5年入管法改正（令和5年法律
第56号）

第3節　補完的保護対象者認定手続に係る改正

　難民に準じて保護すべき者を補完的保護対象者として一層確実に保護するための規定を整備する改正が行われました。補完的保護対象者の認定制度は、難民条約の適用を受ける難民には該当しないものの、これと同様に人道上の配慮を要する者を保護するための制度です。

第1　補完的保護対象者

1　定　義

　入管法2条3号の2は、補完的保護対象者を、「難民以外の者であって、難民条約の適用を受ける難民の要件のうち迫害を受けるおそれがある理由が難民条約第1条A（2）に規定する理由であること以外の要件を満たすもの」と定義しています。難民条約第1条A（2）に規定する理由とは、人種、宗教、国籍、特定の社会的集団の構成員であること又は政治的意見です。

2　補完的保護対象者の該当性

　齋藤健法務大臣は、令和5年4月25日の衆議院法務委員会において、「補完的保護対象者の該当性はあくまでも個別の事情を考慮して判断されることになりますが、一般論としては、本国が内戦状態にあるなど本国に帰国すれば紛争に巻き込まれ命を落とすおそれがある者など、あるいは帰国した場合に死刑に処されることが恣意的、差別的な処罰又は不当に重い処罰に当たる場合、あるいは拷問又は残虐な若しくは非人道的な刑罰を受けるおそれがある場合などは迫害を受けるおそれがあると認められ、その理由が難民条約上の5つの理由以外であれば補完的保護対象者と認定することになると考えています。加えて、あえて申し上げますと、諸外国における補完的保護対象者の例で、品位を傷つける取扱いとして整理している例につきましても、我が国における個別の審査の結果、迫害に当たれば、法務大臣は補完的保護対象者として認定することになる」と答弁しています。西山政府参考人も、令和5年5月16日の参議院法務委員会において、「紛争や無差別暴力による危険のある者、拷問等禁止条約や自由権規約が禁止する拷問や残虐な刑罰等を受けるおそれがある者、それから強制失踪の対象とされるおそれがある者などにつきましては、個別審査の結果、補完的保護対象者と認定し得る」と答弁しています。

　西山卓爾政府参考人は、令和5年4月18日の衆議院法務委員会において、「難民該当性判断の手引におきましても、申請者が迫害主体から個別的に認知、把握されていると認められる場合には、迫害を受けるおそれを判断する積極的な事情となり得るが、そのような事情が認められないことのみをもって、直ちに申請者が迫害を受けるおそれがないと判断されるもの

ではない旨を示して明確にしたところであり、この点は、補完的保護対象者における迫害を受けるおそれに係る判断についても同様」であり、「一般論として、今般のロシア連邦によるウクライナ侵略のように、戦争等に巻き込まれて命を落とすおそれがある者等は、迫害主体から個別に把握されていなくとも、補完的保護対象者として保護することを想定いたしております。」と答弁しています。

令和5年11月21日付出入国在留管理庁出入国管理部出入国管理課難民認定室補佐官事務連絡「補完的保護対象者の認定制度の開始に伴う審査に係る留意事項について」は、「「迫害を受けるおそれ」については、従前の難民該当性の判断において、出身国情報に基づく一般的事情と申請者が主張する個別的事情を総合的に考慮して評価を行ってきたものであり、補完的保護対象者該当性の判断にあってもこれと同様である」、「補完的保護対象者の該当性は、難民の該当性と同様に個別の事情を考慮して判断されるものであるが、その多くは本国での内戦・紛争等により、不特定多数の者に対する無差別かつ無分別な暴力がはびこり、本国の統治が国民を保護できていない状況に置かれた者であることに留意すべきである。このほか、拷問等禁止条約の対象者も含まれ得る。例えば、本国が内戦状態にあるなど、本国に帰国すれば紛争に巻き込まれ、命を落とすおそれがある場合や、拷問又は残虐な若しくは非人道的な刑罰等を受けるおそれがある場合は、迫害を受けるおそれがあると認められ、その理由が難民条約上の5つの理由に当てはまらない場合には、補完的保護対象者と認定することになる。」と記載しています。

3 改正前入管法に基づく難民認定手続における人道配慮による在留特別許可との関係（改正前より人道配慮による在留許可の範囲が狭まるかについて）

補完的保護対象者認定手続ができたことによって在留特別許可の範囲が狭くなるのではないかという懸念に対して、齋藤健法務大臣は、令和5年4月25日の衆議院法務委員会において、「現行法下で人道的配慮による在留特別許可を受けていた者に対して、補完的保護対象者と認定されれば、制度的かつ安定的に保護、支援を行うことが可能となる。また、改正法下では、補完的保護対象者と認められない者であっても、退去強制手続において、申請により在留特別許可の判断を受けることが可能になっているということでありますので、したがって、現行法下で人道配慮による在留特別許可を行って保護されていたものに比べて範囲が狭くなるということはない」と答弁しています。

また、西山政府参考人も、令和5年5月16日の参議院法務委員会において、「難民認定申請中の在留資格未取得外国人で難民又は補完的保護対象者と認定されなかった者などについては、第50条第1項に基づき、退去強制手続において、申請により又は職権で在留特別許可の判断をすることとなります。なお、どのような場合に人道配慮による在留特別許可の対象となるかにつきましては、個々の事案に応じて判断することとなりますため、一概に申し上げることは困難でございますが、例えば、本国情勢の悪化などにより人道上の配慮が必要と認

84 第1編 第3章 収容・送還等に関する令和5年入管法改正（令和5年法律第56号）

められる者には我が国への在留を認めることになろうかと思っております。」と答弁しています。

4 行政手続法の適用除外

補完的保護対象者認定に関する行政処分及び行政指導は、難民認定に関する行政処分及び行政指導と同様に、行政手続法2章から4章の2までの規定が適用されません（行政手続法3条1項10号）。

第2 補完的保護対象者の認定

1 補完的保護対象者認定申請（2項申請）による場合

法務大臣は、本邦にある外国人から補完的保護対象者である旨の認定の申請があったときは、その提出した資料に基づき、その者が補完的保護対象者である旨の認定を行うことができます（入管法61条の2第2項）。

補完的保護対象者認定申請をしようとする外国人は、入管法施行規則別記第74号様式（難民不認定処分又は補完的保護対象者不認定処分を受けたことがある外国人にあっては、別記第74号の2様式）による申請書及び補完的保護対象者に該当することを証する資料各1通並びに写真2葉（在留資格未取得外国人については3葉）を地方出入国在留管理局に出頭して提出しなければなりません（入管法施行規則55条2項）。無筆、身体の故障その他申請書を作成することができない特別の事情がある者にあっては、申請書の提出に代えて申請書に記載すべき事項を陳述することができます（入管法施行規則55条4項）。また、16歳未満であるとき又は疾病その他の事由により自ら出頭することができないときは、当該外国人の父若しくは母、配偶者、子又は親族がその者に代わって申請を行うことができます（入管法施行規則55条5項）。

難民調査官は、補完的保護対象者認定申請をした外国人に対し質問をするに当たっては、特に、その心身の状況、国籍又は市民権の属する国において置かれていた環境その他の状況に応じ、適切な配慮をするものとされます（入管法61条の2の17第4項）。

2 難民認定申請（1項申請）による場合

法務大臣は、難民認定申請（入管法61条の2第1項）をした外国人について難民の認定をしない処分をする場合において、当該外国人が補完的保護対象者に該当すると認めるときは、補完的保護対象者の認定を行うことができます（入管法61条の2第3項）。

この趣旨について、西山政府参考人は、令和5年5月16日の参議院法務委員会において、補完的保護対象者は、難民の定義と重なり合いがあるため、難民認定申請をした者について、難民該当性の審査の中で補完的保護対象者の該当性が認められれば、補完的保護対象者として認定することが申請者の利益にかなうからであると答弁しています。

法務大臣が、難民認定申請をした外国人について難民の認定をしない処分をする場合において、補完的保護対象者の認定を行う場合は、難民不認定通知書（入管法施行規則別記第76号様式）及び補完的保護対象者認定証明書（入管法施行規則別記第76号の2様式）を交付します。それに対し、難民認定も補完的保護対象者認定もしない場合は、空白部分に「難民及び補完的保護対象者の認定」と記載した難民不認定通知書（入管法施行規則別記第76号様式）のみを交付します（令和5年11月21日付出入国在留管理庁出入国管理部出入国管理課難民認定室補佐官事務連絡「補完的保護対象者の認定制度の開始に伴う審査に係る留意事項について」）。

令和5年11月21日付出入国在留管理庁出入国管理部出入国管理課難民認定室補佐官事務連絡「補完的保護対象者の認定制度の開始に伴う審査に係る留意事項について」は、「1項申請の場合、一つの申請に対して、難民該当性の判断に加え、補完的保護対象者該当性の判断を行うが、補完的保護対象者の要件は、難民の要件の一部であるから、難民該当性を判断するためのインタビューと補完的保護対象者該当性を判断するためのインタビューを分けて実施することはしない。」と記載しています。

第3 補完的保護対象者認定証明書の交付

法務大臣は、難民認定申請（入管法61条の2第1項）又は補完的保護対象者認定申請（入管法61条の2第2項）をした外国人について、補完的保護対象者の認定をしたときは、当該外国人に対し、補完的保護対象者認定証明書（入管法施行規則55条9項、別記第76号の2様式）を交付します（入管法61条の2第5項）。

第4 補完的保護対象者認定申請に対し不認定とした場合の理由提示

法務大臣は、補完的保護対象者認定申請に対してその認定をしない処分をしたときは、当該外国人に対し、理由を付した書面（入管法施行規則55条10項、別記第76号の2の2様式による通知書）をもって、その旨を通知します（入管法61条の2第5項）。

第5 難民に関する取扱いに準じた取扱い

後記1ないし17のとおり、補完的保護対象者について、難民に関する取扱いに準じた取扱いをすることとなっています。もっとも、補完的保護対象者は難民条約上の難民ではないことから、難民条約において難民に対して発給すると規定されている難民旅行証明書（入管法61条の2の15第1項参照）の交付の対象とはされていません。他方で、補完的保護対象者は、再入国許可書の交付を受けることはでき（入管法26条2項）、再入国許可書は、当該再入国許可書に係る再入国の許可に基づき本邦に入国する場合に限り、旅券とみなされます（入管法26条8項）。

86 第1編 第3章 収容・送還等に関する令和5年入管法改正（令和5年法律第56号）

1 在留資格の取消し

補完的保護対象者認定を受けている者は、難民認定を受けている者と同様に、入管法22条の4第1項に基づく在留資格の取消しの対象となりません（入管法22条の4第1項柱書括弧書）。

2 退去強制事由

補完的保護対象者認定（入管法61条の2第2項）を受け、在留特別許可（入管法50条1項）又は在留資格に係る許可（入管法61条の2の2第1項、61条の2の3）を受けて在留する者で、入管法61条の2の10第2項1号（偽りその他不正の手段により補完的保護対象者の認定を受けたこと）又は3号（補完的保護対象者の認定を受けた後に、難民条約1条F（a）又は（c）に掲げる行為を行ったこと）により補完的保護対象者認定を取り消されたものは、難民認定（入管法61条の2第1項）を受け、在留特別許可（入管法50条1項）又は在留資格に係る許可（入管法61条の2の2第1項、61条の2の3）を受けて在留する者で、入管法61条の2の10第1項1号（偽りその他不正の手段により難民の認定を受けたこと）又は3号（難民の認定を受けた後に、難民条約1条F（a）又は（c）に掲げる行為を行ったこと）により難民認定を取り消されたものと同様に、退去強制事由に該当します（入管法24条10号）。

3 在留資格「定住者」に係る羈束的許可

法務大臣は、補完的保護対象者認定をする場合において、その者が在留資格未取得外国人（在留資格をもって在留する者、一時庇護上陸許可を受けた者で当該許可に係る期間を経過していないもの及び特別永住者以外の外国人。入管法61条の2の2第1項柱書括弧書）であるときは、難民認定をする場合と同様に、当該在留資格未取得外国人が次の①又は②に該当する場合を除き、羈束的に「定住者」の在留資格の取得を許可します（入管法61条の2の2第1項）。この場合は、当該許可を受けた時に退去強制事由（入管法24条各号）のいずれかに該当していたことを理由としては、退去強制の手続は行われません（入管法61条の2の9第1項）。

① 入管法24条3号から3号の5まで又は4号ハからヨまでに掲げる者のいずれかに該当するとき（入管法61条の2の2第1項1号）

② 本邦に入った後に、刑法2編12章、16章から19章まで、23章、26章、27章、31章、33章、36章、37章若しくは39章の罪、暴力行為等処罰に関する法律1条、1条ノ2若しくは1条ノ3（刑法222条又は261条に係る部分を除きます。）の罪、盗犯等の防止及び処分に関する法律の罪、特殊開錠用具の所持の禁止等に関する法律15条若しくは16条の罪又は自動車の運転により人を死傷させる行為等の処罰に関する法律2条若しくは6条1項の罪により懲役又は禁錮に処せられたものであるとき（入管法61条の2の2第1項2号）

なお、「やむを得ない事情がある場合を除き、本邦に上陸した日（本邦にある間に難民となる事由が生じた者にあっては、その事実を知った日）から6月を経過した後難民認定申請を行ったものであるとき」（改正前入管法61条の2の2第1項1号）及び「本邦にある間に難民となる事由が生じた場合を除き、その者の生命、身体又は身体の自由が難民条約1条A（2）に規定する理由によって害されるおそれのあった領域から直接本邦に入ったものでないとき」（改正前入管法61条の2の2第1項2号）は、法務大臣が難民認定をする場合における在留資格「定住

者」に係る羈束的許可の除外事由とされていましたが、改正により除外事由から削除されました（入管法61条の2の2第1項）。

4 「定住者」への在留資格変更又は在留資格取得に係る羈束的許可

　法務大臣は、補完的保護対象者認定を受けている外国人（補完的保護対象者認定に引き続く退去強制の手続において在留特別許可により在留資格を取得した者を除きます。）から、「定住者」の在留資格への変更の申請（入管法20条2項）があったとき又は「定住者」の在留資格の取得の申請（入管法22条の2第2項）があったときは、難民認定を受けている外国人と同様に、羈束的に許可します（入管法61条の2の3）。

　なお、「やむを得ない事情がある場合を除き、本邦に上陸した日（本邦にある間に難民となる事由が生じた者にあっては、その事実を知った日）から6月を経過した後難民認定申請を行ったものであるとき」（改正前入管法61条の2の2第1項1号）は、難民認定を受けている外国人についての「定住者」への在留資格変更又は在留資格取得に係る羈束的許可の除外事由とされていましたが、改正により除外事由から削除されました（入管法61条の2の3）。

5 仮滞在許可

　補完的保護対象者認定申請（入管法61条の2第2項）を行った者も、難民認定申請（入管法61条の2第1項）を行った者と同様に、上記第2節第3の仮滞在許可の対象となります（入管法61条の2の4第1項）。

6 退去強制手続との関係

　（1）　仮滞在期間が経過するまでの間の退去強制手続の停止

　補完的保護対象者認定申請（入管法61条の2第2項）をした在留資格未取得外国人で仮滞在許可（入管法61条の2の4第1項）を受けたものについては、難民認定申請をした在留資格未取得外国人で仮滞在許可を受けたものと同様に、仮滞在期間が経過するまでの間は、退去強制手続が停止されます（入管法61条の2の9第2項）。

　（2）　仮滞在許可を受けていない者及び仮滞在期間が経過することになった者に係る退去
　　　　強制令書に基づく送還の停止

　補完的保護対象者認定申請をした在留資格未取得外国人で、仮滞在許可を受けていないもの又は仮滞在期間が経過することになったものについて、退去強制手続を行う場合には、次の①から③のいずれかの事由（入管法61条の2の4第5項1号ないし3号）に該当することとなるまでの間は、難民認定申請をした在留資格未取得外国人と同様に、原則として、退去強制令書に基づく送還（入管法52条3項）が停止（送還停止効）されます（入管法61条の2の9第3項）。但し、後記第4節第5　2のとおり、入管法61条の2の9第4項は、送還停止効の例外として入管法61条の2の9第3項が適用されない場合を規定しています。

①　補完的保護対象者不認定処分について審査請求期間内に審査請求しなかったこと（入管法61条の2の4第5項1号）

② 補完的保護対象者不認定処分について審査請求が取り下げられ、又はこれを却下し若しくは棄却する裁決があったこと（入管法61条の2の4第5項2号）

③ 補完的保護対象者認定がされた場合において、入管法61条の2の2第1項の規定による在留資格に係る許可をしない処分があったこと（入管法61条の2の4第5項3号）

7 不正に認定を受けたこと等による補完的保護対象者認定の取消し

法務大臣は、本邦に在留する外国人で補完的保護対象者認定を受けているものについて、次の①から③のいずれかの事実が判明したときは、難民認定の取消しに準じて、当該補完的保護対象者認定を取り消します（入管法61条の2の10第2項）。

法務大臣は、補完的保護対象者認定を取り消す場合には、当該外国人に対し、理由を付した書面（入管法施行規則57条2項、別記第77号の2様式による補完的保護対象者認定取消通知書）をもって、その旨を通知します（入管法61条の2の10第3項）。補完的保護対象者認定の取消しの通知を受けたときは、速やかに入管庁長官に補完的保護対象者認定証明書を返納しなければなりません（入管法61条の2の10第4項）。速やかに返納しない場合は、刑事罰（1年以下の拘禁刑若しくは20万円以下の罰金又はその併科）が科されます（入管法72条10号）。

① 偽りその他不正の手段により補完的保護対象者の認定を受けたこと（入管法61条の2の10第2項1号）

② 難民条約1条C（1）から（4）までに掲げる場合のいずれかに該当することとなったこと、補完的保護対象者であると認められる根拠となった事由が消滅したため、その者の国籍の属する国の保護を受けることを拒むことができなくなったこと又はその者が国籍を有しない場合において、補完的保護対象者であると認められる根拠となった事由が消滅したため、常居所を有していた国に戻ることができることとなったこと（入管法61条の2の10第2項2号）

③ 補完的保護対象者の認定を受けた後に、難民条約1条F（a）又は（c）に掲げる行為を行ったこと（入管法61条の2の10第2項3号）

8 補完的保護対象者認定を受けた者の在留資格の取消し

法務大臣は、在留資格をもって本邦に在留する外国人で補完的保護対象者認定を受けているものについて、偽りその他不正の手段により入管法61条の2の2第1項各号のいずれにも該当しないものとして同項による在留資格「定住者」に係る許可を受けたことが判明したときは、在留資格をもって本邦に在留する外国人で難民認定を受けているものと同様に、当該外国人が現に有する在留資格を取り消すことができます（入管法61条の2の11第1項、入管法施行規則57条の2、25条の2ないし25条の14）。

9 審査請求

①補完的保護対象者不認定処分（難民認定を受けていない場合に限ります。）、②補完的保

護対象者認定申請に係る不作為、③補完的保護対象者認定の取消し（入管法61条の2の10第2項）については、難民不認定処分等と同様に、審査請求の対象となります（入管法61条の2の12第1項4号、5号、6号）。

10　永住許可要件の緩和
（1）　補完的保護対象者の認定を受けている者
　外国人が永住許可されるためには、原則として、①素行善良要件（入管法22条2項1号）、②独立生計要件（入管法22条2項2号）、③国益適合要件（入管法22条2項柱書本文）の全てを満たさなければならないところ、補完的保護対象者の認定を受けている者は、難民認定を受けている者と同様に、②独立生計要件が免除されます（入管法61条の2の14）。
（2）　国際連合難民高等弁務官事務所その他の国際機関が保護の必要性を認めた者
　国際連合難民高等弁務官事務所その他の国際機関が保護の必要性を認めた者で入管法施行規則22条4項で定める要件に該当するものについても、②独立生計要件が免除されます（入管法22条2項柱書但書）。

11　退去強制令書の発付に伴う補完的保護対象者認定証明書の返納
　本邦に在留する外国人で補完的保護対象者認定を受けているものが、退去強制令書の発付を受けたときは、難民認定を受けている者が退去強制令書の発付を受けたときの難民認定証明書及び難民旅行証明書の返納と同様に、速やかに入管庁長官に対して、所持する補完的保護対象者認定証明書を返納しなければなりません（入管法61条の2の16）。速やかに返納しない場合は、刑事罰（1年以下の拘禁刑若しくは20万円以下の罰金又はその併科）が科されます（入管法72条10号）。

12　送還先からの除外
　①難民条約33条1項に規定する領域の属する国のほか、②その者が迫害を受けるおそれのある領域の属する国を送還先に含まないものとされました（入管法53条3項1号本文）。但し、①及び②ともに、法務大臣が日本国の利益又は公安を著しく害すると認める場合を除きます（入管法53条3項1号括弧書）。

13　一時庇護上陸許可の対象者の追加
　一時庇護上陸許可の対象者として、従来からの①難民条約1条A（2）に規定する理由その他これに準ずる理由により、その生命、身体又は身体の自由を害されるおそれのあった領域から逃れて、本邦に入った者であって一時的に上陸させることが相当であるもの（入管法18条の2第1項1号イ、2号）のほか、②迫害を受けるおそれのあった領域から逃れて、本邦に入った者であって一時的に上陸させることが相当であるもの（入管法18条の2第1項1号ロ、2号）が加わりました。

90　第1編　第3章　収容・送還等に関する令和5年入管法改正（令和5年法律
第56号）

14　刑事罰（補完的保護対象者認定不正取得罪）

　偽りその他不正の手段により補完的保護対象者認定を受けた者は、偽りその他不正の手段
により難民認定を受けた者と同様に、刑事罰（3年以下の拘禁刑若しくは300万円以下の罰金
又はその併科）が科されます（入管法70条1項11号）。

15　認定を適切に行うための措置

　法務大臣は、難民認定及び補完的保護対象者認定を専門的知識に基づき適正に行うため、
国際情勢に関する情報の収集を行うとともに、難民調査官の育成に努めるものとされます（入
管法61条の2の18第1項）。また、難民調査官には、外国人の人権に関する理解を深めさせ、並び
に難民条約の趣旨及び内容、国際情勢に関する知識その他難民認定及び補完的保護対象者認
定に関する事務を適正に行うために必要な知識及び技能を習得させ、及び向上させるために
必要な研修を行うものとされます（入管法61条の2の18第2項）。

16　日本語教育

　国は、補完的保護対象者認定を受けている外国人及びその家族について、難民認定を受け
ている外国人及びその家族と同様に、国内における定住のために必要とされる基礎的な日本
語を習得することができるよう、学習の機会の提供その他の必要な施策を講じます（日本語教
育の推進に関する法律15条）。

　なお、補完的保護対象者に対する保護及び支援について、西山政府参考人は、令和5年5
月16日の参議院法務委員会において、「補完的保護対象者と条約難民とは、条約、難民条約上
の5つの理由があるか否かのみでございまして、要保護性は変わらないと考えております。
そのため、補完的保護対象者に対しては難民と同様の保護を与えることが相当であると考え
ております。補完的保護対象者に対する支援につきまして、支援につきましては、生活費や
医療費の支給などを含め、難民認定申請者への保護措置や難民認定を受けた者への定住支援
と同程度の内容とする方向で関係省庁と調整中でございます。」と答弁しています。補完的
保護対象者への支援（補完的保護対象者定住支援プログラム）の具体的内容については、入
管庁HP「補完的保護対象者等への支援について」を参照して下さい。

17　みなし再入国許可の適用除外

　①補完的保護対象者認定申請（入管法61条の2第2項）又は②補完的保護対象者不認定処分、
補完的保護対象者認定申請に係る不作為又は補完的保護対象者認定の取消しについての審査
請求（入管法61条の2の12第1項4号ないし6号）を行っていることを理由とする「特定活動」（告
示外特定活動）をもって在留する者は、難民認定申請等を行っていることを理由とする「特
定活動」（告示外特定活動）をもって在留する者と同様に、出入国の公正な管理のため通常再
入国許可（入管法26条1項）を要する者にあたるとして、みなし再入国許可の対象となりません
（入管法26条の2第1項但書、入管法施行規則29条の4第1項4号）。

第4節　退去強制手続に係る改正

●退去強制手続の流れ

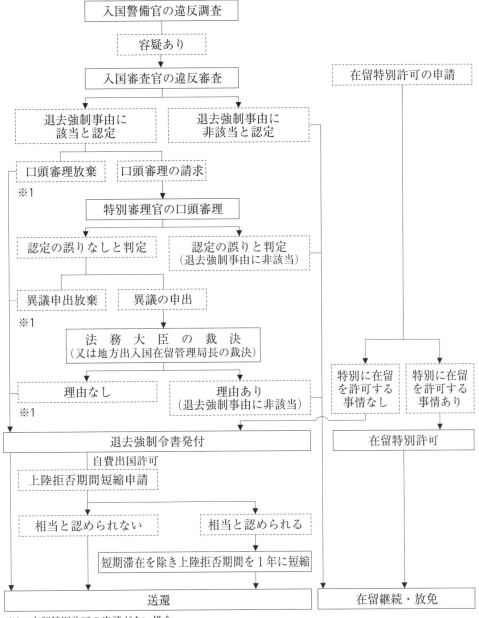

※1　在留特別許可の申請がない場合
※2　違反調査、違反審査、口頭審理及び法務大臣の裁決の各段階において、出国命令対象者に該当すると判断された場合は、出国命令により出国することとなる。

(違反審判要領別記第8号様式「退去強制手続の流れ」を加工)

92 第1編 第3章 収容・送還等に関する令和5年入管法改正（令和5年法律第56号）

第1 出国命令

1 対象者の類型の追加

出国命令（入管法55条の85）は、速やかに本邦から出国する意思を持つ者で、一定の重大な前科がないなどの要件を満たす者について、収容せずに簡易な手続で出国することを可能とし、退去強制された場合と比較して、その際の上陸拒否期間を短縮する制度です。

出国命令の対象者の類型として、従来からの①「違反調査の開始前に」、速やかに本邦から出国する意思をもって自ら出入国在留管理官署に出頭した者（入管法24条の3第1号イ）のほか、②「違反調査の開始後、入国審査官から退去強制対象者に該当する旨の通知（入管法47条3項）を受ける前に」、入国審査官又は入国警備官に対して速やかに本邦から出国する意思がある旨を表明した者（入管法24条の3第1号ロ）が加わりました。つまり、出国意思をもって自ら出頭した場合に加え、入国審査官から退去強制対象者に該当すると認定される前に自ら出国意思を表明した場合にも出国命令を発出できるよう、出国命令対象者の要件を拡大しました。当該改正により、摘発等をされた者であっても、早期に出国意思を表明した場合には出国命令の対象となり、上陸拒否期間が短縮されるという利益を受け得ることから、自発的な出国を一層強く促すことができるとされています。なお、この②に該当する者に対しては、入管法施行規則別記第71号の2の2様式による出国意思確認書が交付されます（入管法施行規則50条の51）。

上記の出国命令に係る対象者の類型の追加とは別に、後記第6のとおり、退去強制令書の発付を受けた者であっても、その者が自らの負担で自ら本邦から退去しようとし、主任審査官等がこれを許可したときは、法務大臣がその者の素行や退去強制の理由となった事実等を考慮して、上陸拒否期間を1年とすることができるとされました（入管法52条5項）。これらの法改正により、自発的な出国や退去が促進されるものとされています。

2 類型に応じた上陸拒否期間

（1） 違反調査の開始前に、速やかに本邦から出国する意思をもって自ら出入国在留管理官署に出頭し、出国命令により出国した者

上陸拒否期間は、在留資格「短期滞在」に係る活動を行おうとする場合を含め、出国した日から1年となります（入管法5条1項9号ホ）。

（2） 違反調査の開始後、入国審査官から退去強制対象者に該当する旨の通知を受ける前に、速やかに本邦から出国する意思がある旨を表明し、出国命令により出国した者

上陸拒否期間は、在留資格「短期滞在」に係る活動を行おうとする場合は出国した日から5年となり（入管法5条1項9号ヘ）、それ以外の在留資格に係る活動を行おうとする場合は出国した日から1年となります（入管法5条1項9号ホ）。

●上陸拒否期間短縮の類型

類　型		要　件	上陸拒否期間
出国命令	違反調査の開始前に、速やかに本邦から出国する意思をもって自ら出入国在留管理官署に出頭し、出国命令により出国した者	①　不法残留（入管法24条2号の4、4号ロ、6号、7号）であること ②　一定の退去強制事由（入管法24条3号ないし3号の5、4号ハないしヨ、8号、9号）に該当しないこと	「短期滞在」に係る活動を行おうとする場合を含め1年
	違反調査の開始後、入国審査官から退去強制対象者に該当する旨の通知を受ける前に、速やかに本邦から出国する意思がある旨を表明し、出国命令により出国した者	③　本邦に入った後に、入管法24条の3第3号が掲げる犯罪により拘禁刑に処せられたものでないこと ④　過去に本邦からの退去を強制されたこと又は出国命令により出国したことがないこと	「短期滞在」に係る活動を行おうとする場合は5年、それ以外の在留資格に係る活動を行おうとする場合は1年
上陸拒否期間を1年とする旨の決定	退去強制令書発付処分後、自費出国の許可を受け、申請に基づき相当と認められ、上陸拒否期間を1年とする旨の決定を受け、主任審査官が定める日までに自ら本邦を退去した者	①　自費出国の許可を受けたこと ②　過去に本邦からの退去を強制されたこと又は出国命令により出国したことがないこと ③　その者の素行、退去強制の理由となった事実その他の事情を考慮して法務大臣が相当と認めること	「短期滞在」に係る活動を行おうとする場合は5年、それ以外の在留資格に係る活動を行おうとする場合は1年

第2　監理措置

　退去強制手続における収容に代わる選択肢として監理措置制度を創設し、当該外国人の逃亡のおそれの程度、収容により受ける不利益の程度等を考慮して相当な場合には、監理人による監理に付し、収容せずに手続を進めることとするとともに（入管法44条の2第1項、6項、52条の2第1項、5項）、収容する場合であっても、3箇月ごとに、監理措置に付すか否かを必要的に見直すことにより（入管法52条の8第3項ないし6項）、収容の長期化の防止を図る改正が行われました。

監理措置は、後記1の退去強制令書の発付前の収容に代わる監理措置（収令監理措置）と、後記2の退去強制令書の発付後の収容に代わる監理措置（退令監理措置）に大別することができます。

●監理措置の類型

監理措置			
退去強制令書の発付前の収容に代わる監理措置（収令監理措置） ※報酬を受ける活動の許可を受けうる。		退去強制令書の発付後の収容に代わる監理措置（退令監理措置） ※報酬を受ける活動の許可なし	
収容令書の発付に代わる監理措置の決定 【職権のみ】	収容令書を発付された容疑者等に対する監理措置の決定 【請求又は職権】	収容されている者又は仮放免されている者以外の者に対する監理措置の決定 【職権のみ】	収容されている者又は仮放免されている者に対する監理措置の決定 【請求又は職権】

1 退去強制令書の発付前の収容に代わる監理措置（収令監理措置）

（1）入国警備官から主任審査官に対する通知

入国警備官は、違反調査の結果、容疑者が退去強制事由（入管法24条）のいずれかに該当すると疑うに足りる相当の理由があると認めるときは、要急事件において収容令書の発付を待たずに収容した場合（入管法43条1項）を除き、主任審査官に対し、その旨を通知します（入管法39条1項）。

（2）主任審査官による審査

上記（1）の通知を受けた主任審査官は、容疑者が退去強制事由のいずれかに該当すると疑うに足りる相当の理由があると認めるときは、後記（3）アのとおり、監理措置（入管法44条の2第1項）に付すか収容するかを審査します（入管法39条2項）。

主任審査官は、この審査において容疑者を収容する旨の判断をしたときは、収容令書を発付し、入国警備官に交付します（入管法39条の2第1項）。入国警備官は、収容令書の交付を受けたときは、収容令書により、容疑者を収容します（入管法39条の2第2項）。

（3）監理措置の決定

ア 収容令書の発付に代わる監理措置の決定

（ア）監理人による監理に付する措置の決定、監理措置条件

主任審査官は、容疑者が退去強制事由のいずれかに該当すると疑うに足りる相当の理由がある場合であって、容疑者が逃亡し、又は証拠を隠滅するおそれの程度、収容により容疑者が受ける不利益の程度その他の事情を考慮し、容疑者を収容しないで退去強制の手続を行う

ことが相当と認めるときは、監理措置（監理人による監理に付する措置）に付する旨の決定をします（入管法44条の2第1項前段）。「収容により容疑者が受ける不利益」とは、収容されることによりその者が受ける健康上や社会生活上の不利益等を考慮するものであり、例えば、心身の健康状態に与える影響、家族関係に与える影響、対象者が未成年である場合にあっては、健全な育成や就学に与える影響等を考慮するものであるとされます（令和5年5月18日の参議院法務委員会における西山政府参考人による答弁）。相当性の有無は、①容疑者の性格、年齢、資産、住居の状況、素行及び健康状態、②容疑者の親族が本邦に居住しているときは、その状況（容疑者との続柄、同居の有無、在留状況等）、③違反事件の端緒の形態、④容疑事実、⑤容疑事実を証明する資料（証人その他関係者からの供述を含みます。）、⑥監理人になろうとする者の監理人としての任務遂行能力（監理人になろうとする者の年齢、職業、収入、資産及び素行等、監理人になろうとする者と容疑者の関係、容疑者が監理人として選定される者に金銭を支払うこととしているときはその額の相当性）、⑦送還具備の状況（旅券の有無、送還便の確保状況等）、⑧出入国在留管理関係の処分等に関する行政訴訟の状況、⑨難民認定申請若しくは補完的保護対象者認定申請又はそれぞれに対する審査請求を行っているときは、その状況（申請回数や進捗状況等）、⑩容疑者の出身国・地域の政府又は大使館・領事館等との間の送還手続に係る調整の状況、⑪日本国の利益又は公安に及ぼす影響、⑫人身取引等の被害の有無、⑬その他参考事項に留意して審査されます（監理措置取扱要領）。

　監理措置に付する旨の決定をする場合において、主任審査官は、監理措置に付される容疑者に対し、住居及び行動範囲の制限、呼出しに対する出頭の義務その他逃亡及び証拠の隠滅を防止するために必要と認める条件（監理措置条件）を付します（入管法44条の2第1項後段、入管法施行規則36条の2第1項）。行動範囲は、原則として、被監理者の指定住居の属する都道府県の区域内及び被監理者に係る事務取扱官署までの経路に制限されます（入管法施行規則36条の2第1項2号）。但し、被監理者が未成年者又は高等学校等（学校教育法1条に定める高等学校、中等教育学校、特別支援学校又は高等専門学校の第3年次まで（監理措置取扱要領）。以下同じ。）に在学している者であって、通学状況が明らかであると認められる場合には、「主任審査官が特別の事由があると認めて別に定めた場合」（入管法施行規則36条の2第1項2号）として、行動範囲が制限されないことがあります（入管庁「監理措置に関するQ&A」、監理措置取扱要領）。被監理者は、指定された住居を変更する必要が生じたときは、監理人と連名による指定住居変更許可申請書のほか、変更後の住居を疎明する資料及び住居変更の必要性を疎明するに足りる添付資料を、被監理者の事務を担当している地方出入国在留管理官署の窓口に出頭して提出します。また、被監理者は、指定された行動範囲外の場所に赴く必要が生じたときは、監理人と連名による行動範囲拡大の許可申請書のほか、行動範囲を拡大する目的、必要性、期間、予定、交通手段、同行者及び行動範囲拡大中の連絡手段を疎明するに足りる添付資料を、被監理者の事務を担当している地方出入国在留管理官署の窓口に出頭して提出します（入管庁HP「監理措置に関する各種申請」）。

　監理措置決定された場合は、期限を設けず、後記（7）ア、イの法律上規定された取消事由

に該当しない限り収容されないこととなります。

（イ）　保証金の納付

主任審査官は、上記（ア）の監理措置に付する決定をする場合において、監理措置に付される者による逃亡又は証拠の隠滅を防止するために必要と認めるときは、300万円を超えない範囲内で入管法施行規則36条の2第4項で定める額（未成年者にあっては150万円以下）の保証金を、監理措置に付された日の翌日から起算して3日以内で主任審査官が指定する日までに（入管法施行規則36条の2第6項）納付することを条件とすることができます（入管法44条の2第2項）。

保証金の納付の必要性について、具体的にどのように判断するのかについて、西山政府参考人は、令和5年4月18日の衆議院法務委員会において、「あくまでも一般論として申し上げますが、保証金の納付を条件とするかについては、個々の事案におきまして、住居、資産、家族の状況、退去強制事由の内容、自ら出頭してきた者か摘発された者か、逃亡歴の有無などその者の素行、年齢、健康状態、支援者の有無、監理人の任務遂行能力などの事情を総合的に考慮し、逃亡等を防止するために保証金を納付させる必要があるか否かを判断することとなります。」と答弁しています。

イ　収容令書を発付された容疑者等に対する監理措置の決定

主任審査官は、収容された容疑者（入管法44条の2第4項括弧書により、仮放免された容疑者を含みます。）からの請求（入管法44条の2第4項）により又は職権で、当該容疑者が逃亡し、又は証拠を隠滅するおそれの程度、収容により当該容疑者が受ける不利益の程度その他の事情を考慮し、当該容疑者を放免して退去強制の手続を行うことが相当と認めるときは、その者を放免して監理措置に付する旨の決定をします（入管法44条の2第6項前段）。監理措置に付することを請求しようとする者は、監理措置決定申請書（入管法施行規則別記第51号の3様式）その他参考となるべき資料各1通を地方出入国在留管理官署に出頭して提出しなければなりません（入管法施行規則36条の2第8項）。具体的には、①監理措置決定申請書、②監理人承諾書兼誓約書、③監理人になろうとする者の身分等を証明する資料（運転免許証や在留カード等の身分証明書。監理人になろうとする者が法人その他の団体であるときは、本店又は主たる事務所の所在地及び連絡先のほか、代表者の氏名等を証明する資料）、④監理措置決定を受けようとする者の収入や資産を疎明する資料（通帳の写しや住民税の課税・納税証明書等）、⑤監理措置決定を受けようとする者が住む予定の住居を明らかにする資料（賃貸借契約書の写し等）、⑥監理措置決定を受けようとする者が監理人として選定される者に金銭を支払うこととしているときは、その額及びその額の相当性を疎明する資料（額が低額である場合は、当該額の相当性を疎明する資料の提出は省略可）、⑦監理措置決定を受けようとする者が未成年者又は高等学校等に在学する者であるときは、その通学状況を疎明する資料、⑧その他監理措置決定の申請をする理由を疎明する資料等の監理措置に係る審査において参考となる資料を提出することが必要です（入管庁HP「監理措置に関する各種申請」、監理措置取扱要領）。

第1編　第3章　収容・送還等に関する令和5年入管法改正（令和5年法律第56号）

主任審査官は、当該決定をする場合において、上記アの収容令書の発付に代わる監理措置の決定と同様に、監理措置条件を付します（入管法44条の2第6項後段、入管法施行規則36条の2第1項）。指定住居変更許可申請及び行動範囲拡大の許可申請についても、上記アの収容令書の発付に代わる監理措置の決定の場合と同様です。また、主任審査官は、その者による逃亡又は証拠の隠滅を防止するために必要と認めるときは、300万円を超えない範囲内で入管法施行規則36条の2第4項で定める額（未成年者にあっては150万円以下）の保証金を納付させることができます（入管法44条の2第6項後段）。監理措置決定された場合は、期限を設けず、後記（7）ア、イの法律上規定された取消事由に該当しない限り収容されないこととなります。

主任審査官は、収容された容疑者からの請求（入管法44条の2第4項）に対して、監理措置決定をしないときは、理由を付した書面（入管法施行規則36条の2第10項、別記第51号の5様式）をもってその旨を通知します（入管法44条の2第9項）。この場合において、理由を容疑者が的確に認識することができるように記載する等、手続の透明性の確保に努めるものとされます（改正入管法附則1条の2）。よって、いかなる事実関係についてどの条項が適用されたのかを請求者が知り得るような理由の提示が必要であると解されます（最高裁平成4年12月10日判決（判時1453号116頁））。

　　ウ　被監理者に対する不法残留罪及び不法在留罪の適用関係

退去強制令書の発付前の収容に代わる監理措置に付された被監理者に対する入管法70条の適用については、監理措置に付されている間は、被監理者は、残留する者又は出国しない者（入管法70条1項3号ないし3号の3、5号、7号ないし8号の4）に該当せず、不法に在留すること（入管法70条2項）にも該当しないものとみなされます（入管法44条の2第10項）。そのため、監理措置に付されている間は、不法残留罪（入管法70条1項）及び不法在留罪（入管法70条2項）が成立しないことになります。

　　エ　被監理者の不法就労罪

在留資格を有さずに（入管法70条1項9号括弧書）、退去強制令書の発付前の収容に代わる監理措置決定（入管法44条の2第7項）を受けた者で、後記（5）の報酬を受ける活動の許可（入管法44条の5第1項）を受けないで報酬を受ける活動又は収入を伴う事業を運営する活動を行ったものは、刑事罰（3年以下の拘禁刑若しくは300万円以下の罰金又はその併科）が科されます（入管法70条1項9号）。

　　オ　被監理者の逃亡罪

被監理者が、上記ア（ア）、イの監理措置条件（入管法44条の2第1項、6項）に違反して、逃亡した場合又は正当な理由がなくて呼出しに応じない場合は、刑事罰（1年以下の拘禁刑若しくは20万円以下の罰金、又はその併科）が科されます（入管法72条3号）。

　　カ　入国警備官から入国審査官への違反事件の引継ぎ

入国警備官は、監理措置決定（入管法44条の2第1項、6項）がされたときは、入管法44条に基づく容疑者の引渡しが既になされている場合を除き（入管法44条の7括弧書）、速やかに違反調査を終え、調書及び証拠物とともに、当該容疑者に係る違反事件を入国審査官に引き継がな

ければなりません（入管法44条の7）。

　なお、入国警備官は、容疑者を収容（入管法39条の2第2項、43条1項）したときは、収容令書を発付された容疑者等に対する監理措置決定（入管法44条の2第6項）がなされた場合を除き、容疑者の身体を拘束した時から48時間以内に、調書及び証拠物とともに、当該容疑者を入国審査官に引き渡さなければなりません（入管法44条）。

　入国審査官は、上記の入管法44条による容疑者の引渡し又は入管法44条の7による違反事件の引継ぎを受けたときは、容疑者が退去強制対象者（入管法24条各号のいずれかに該当し、かつ、出国命令対象者に該当しない外国人）に該当するかどうかを速やかに審査しなければなりません（入管法45条）。

　（4）　監理人

　ア　監理人の責務

　監理人の責務は、後記（ア）ないし（エ）のとおりです（入管法44条の3第1項）。入管庁長官は、監理措置の適正な実施のため、監理人からの相談に応じ、必要な情報の提供、助言その他の援助を行うものとされています（入管法44条の3第8項）。仮放免制度における身元保証人は、仮放免取扱要領において、請求による仮放免の場合に運用上求めているものであり、法令に基づくものではなく、法令に基づく責務や義務を負っていない（令和5年5月16日の参議院法務委員会における西山政府参考人による答弁）のと異なります。

　なお、監理人がその責務の対価として報酬を受けることについて、西山政府参考人は、令和5年4月19日の衆議院法務委員会において、「監理人になるに当たり不当に高額な報酬等を要求している者を把握した場合には、そのような者を監理人として選定することはございません。」と答弁しているものの、同月21日の衆議院法務委員会において、「非営利であることは条件とはいたしておりません」と答弁しており、入管法上、監理人が適切な額の報酬を受けることが禁じられているわけではありません。

　　（ア）　被監理者の生活状況の把握及び指導・監督

　監理人は、自己が監理する被監理者による出頭の確保その他監理措置条件又は報酬を受ける活動の許可（入管法44条の5第1項）に付された条件（以下「監理措置条件等」といいます。）の遵守の確保のために必要な範囲内において、当該被監理者の生活状況の把握並びに当該被監理者に対する指導及び監督を行わなければなりません（入管法44条の3第2項）。

　　（イ）　被監理者からの相談に応じ、住居の維持に係る支援、必要な情報の提供、助言
　　　　　その他の援助を行うこと

　監理人は、自己が監理する被監理者による出頭の確保その他監理措置条件等の遵守の確保に資するため、当該被監理者からの相談に応じ、住居の維持に係る支援、必要な情報の提供、助言その他の援助を行うように努めなければなりません（入管法44条の3第3項）。

　　（ウ）　主任審査官に対する届出義務

　監理人は、①被監理者が後記（7）イの監理措置決定の裁量的取消事由（入管法44条の4第2項1号ないし5号）のいずれかに該当することを知ったとき、②被監理者が死亡したとき、③監

理措置を継続することに支障が生ずる場合として入管法施行規則36条の3第4項で定める場合に該当するときは、届出事由が生じた日（被監理者の死亡にあっては当該事実を知った日）から7日以内（届出期間）に（入管法施行規則36条の3第1項）、主任審査官に対し、その旨、届出に係る事実、当該事実の発生年月日及び当該事実を知った経緯（入管法施行規則36条の3第3項）を届け出なければなりません（入管法44条の3第4項）。届出は郵送でも可能です（入管庁「監理措置に関するQ&A」）。届出期間を経過して届出した場合は、届出が遅れた理由を記載した理由書を提出しなければなりません（監理措置取扱要領）。

監理措置を継続することに支障が生ずる場合として入管法施行規則36条の3第4項は、ⅰ監理人の氏名（法人その他の団体にあっては、その名称、本店若しくは主たる事務所の所在地又は代表者の氏名）又は電話番号その他の連絡手段となり得る情報を変更したとき（1号）、ⅱ監理人と被監理者との間に親族関係（事実上の婚姻関係を含みます。）がある場合において、当該親族関係が終了したとき（2号）、ⅲ監理人と被監理者との間に雇用関係がある場合において、当該雇用関係が終了したとき（3号）、ⅳそのほか、監理人又は被監理者に関する事項について、主任審査官が監理措置を継続することに支障が生ずるものとして届出を求めることとしたとき（4号）を規定しています。

監理人が上記の届出をせず、又は虚偽の届出をした場合は、10万円以下の過料に処せられます（入管法77条の2第2号）。

なお、日本弁護士連合会は、弁護士が監理人に就任した場合、対応いかんによっては守秘義務違反（弁護士法23条、弁護士職務基本規程23条）等の弁護士倫理上の問題が生じ得る場面が想定されるとして、会員たる弁護士に対し、令和6年6月14日付で、「改正入管法による監理人への就任の弁護士倫理上の留意点について」と題する文書を発出し、注意喚起しています。

（エ）　主任審査官に対する報告義務

主任審査官は、被監理者による出頭の確保その他監理措置条件等の遵守の確保のために必要があるときは、監理人に対し、当該被監理者の生活状況、監理措置条件等の遵守状況、報酬を受ける活動の許可を受けて行った活動の状況、被監理者に対する指導及び監督の状況、被監理者に対する情報の提供、助言その他の援助の状況、そのほか、被監理者による出頭の確保その他監理措置条件又は報酬を受ける活動の許可に付された条件（入管法44条の5第1項後段）の遵守の確保のために主任審査官が必要と認める事項の報告を、報告期限等を明示して（入管法施行規則36条の4第1項）求めることができます（入管法44条の3第5項前段、入管法施行規則36条の4第2項）。監理人は、主任審査官が別に定める場合を除き、報告すべき事項を記載した書面を主任審査官に提出することにより（入管法施行規則36条の4第3項）当該報告をしなければなりません（入管法44条の3第5項後段）。監理人がこの報告をせず、又は虚偽の報告をした場合は、10万円以下の過料に処せられます（入管法77条の2第3号）。報告期限を経過して報告した場合は、報告が遅れた理由を記載した理由書を提出しなければなりません（監理措置取扱要領）。

主任審査官が監理人に対して報告を求めるのはどのような場合なのかについて、西山政府

参考人は、令和5年4月18日の衆議院法務委員会において、「被監理者の逃亡や監理措置条件不遵守のおそれの高さに応じた監理を行うとする監理措置制度の趣旨に鑑みまして、例えば、被監理者からの届出内容の信憑性を吟味するために報告を求める場合、あるいは逃亡や不法就労活動の疑いが生じた場合などを想定」していると答弁しています。

　イ　監理人の選定、辞任

　監理人は、上記アの監理人の責務（入管法44条の3第2項ないし5項）を理解し、当該被監理者の監理人となることを承諾している者であって、その任務遂行の能力を考慮して適当と認められる者の中から、監理措置決定（上記(3)アの収容令書の発付に代わる監理措置決定又は上記(3)イの収容令書を発付された容疑者等に対する監理措置決定）をする主任審査官が選定します（入管法44条の3第1項）。

　監理人は、監理人を辞任する場合は、あらかじめ、被監理者の氏名、辞任する理由及び辞任する年月日を主任審査官に届け出なければなりません（入管法44条の3第7項、入管法施行規則36条の5第1項）。監理人を辞任しようとする場合に届け出る時期について、入管法施行規則36条の5第2項は、辞任する日の30日前までに届け出るよう努めなければならないと規定しています。

　監理人が上記の届出をせず、又は虚偽の届出をした場合は、10万円以下の過料に処せられます（入管法77条の2第4号）。

　監理人から上記の辞任届出書が提出されたときは、監理措置事務を担当する入国審査官（以下「監理措置担当審査官」といいます。）は、被監理者に対し、新たな監理人を選定できない場合は監理措置決定を取り消す旨を通知した上で、呼出状を交付し、上記(3)イの資料（④、⑤、⑦を除きます。）を持参の上で、当該呼出状に記載された出頭日（監理人が辞任する日が記載されます。）に新たな監理人になろうとする者とともに出頭するよう指示します。監理措置担当審査官は、この出頭日に被監理者が監理人になろうとする者とともに出頭しなかったときは、入管法44条の4第1項2号により、監理措置決定の取消手続をとります（監理措置取扱要領）。

　ウ　監理人の選定取消し

　主任審査官は、監理人が任務を遂行することが困難になったときその他監理人にその任務を継続させることが相当でないと認めるときは、上記イの監理人の選定を取り消すことができます（入管法44条の3第6項）。

　(5)　報酬を受ける活動の許可

　ア　許可の要件

　主任審査官は、被監理者の生計を維持するために必要であって、相当と認めるときは、監理人の同意があることを前提に、被監理者の申請により、その生計の維持に必要な範囲内で、監理人による監理の下に、主任審査官が指定する本邦の公私の機関との雇用に関する契約に基づいて行う報酬を受ける活動として相当であるものを行うことを許可することができます（入管法44条の5第1項）。収入を伴う事業を運営する活動を行うことは、「雇用に関する契約に

基づいて行う報酬を受ける活動」にあたりませんので、許可の対象となりません。

この報酬を受ける活動の許可の申請をしようとする被監理者は、入管法施行規則別記第51号の8様式による申請書並びに当該活動に従事することが自らの生計を維持するために必要かつ相当であること及び当該活動により受ける報酬の額が自らの生計の維持に必要な範囲内であることを証する資料各1通を地方出入国在留管理局に出頭して提出しなければなりません（入管法施行規則36条の7第1項）。具体的には、①報酬を受ける活動の許可申請書、②労働基準法15条1項及び労働基準法施行規則5条に基づき、労働者に交付される労働条件を明示する文書、③就業予定機関について、本店又は事業所等が本邦内にあることを疎明する資料（パンフレット、登記事項証明書等）、④就業予定機関の直近3月分の給与所得・退職所得等の所得税徴収高計算書の写し（領収日付印があるものに限ります。）又は給与所得支払事務所等の開設届出書の写し、⑤被監理者の収入又は資産を疎明する資料、⑥被監理者と生計を一にする親族等の収入又は資産を疎明する資料、⑦監理人その他の者からの援助の有無及びその額を疎明する資料、⑧賃貸借契約を締結している場合にあっては、住居の賃貸借契約書の写し、⑨その他参考となる資料の提出が必要です（入管庁HP「監理措置に関する各種申請」、監理措置取扱要領）。

「相当と認める」（入管法44条の5第1項）か否かについては、監理措置に付された者や同一の世帯に属する者の資力及び収支の状況のはか、監理人等の第三者による援助の見込み等諸般の事情を考慮して、生計の維持のために必要であるかを判断した上で、容疑事実の内容、在留を希望する理由、素行、具体的な仕事の内容等諸般の事情を考慮して、報酬を受ける活動を行うことを許可することが相当であるかを判断することとなるとされます（令和5年5月18日の参議院法務委員会における西山政府参考人による答弁）。どのような活動が「報酬を受ける活動として相当である」かは、個別の事案ごとに判断されますが、例えば、次の①〜③に該当する場合には、「報酬を受ける活動として相当」でないと判断されます。即ち、①従事しようとする活動が、法令（刑事・民事を問いません。）に違反すると認められる場合、②従事しようとする活動が、風俗営業若しくは店舗型性風俗特殊営業が営まれている営業所において行う活動又は無店舗型性風俗特殊営業、映像送信型性風俗特殊営業、店舗型電話異性紹介営業若しくは無店舗型電話異性紹介事業に従事して行う活動である場合、③勤務先が、源泉徴収義務を適切に履行していると認められない場合は、「報酬を受ける活動として相当」でないと判断されます（入管庁「監理措置に関するQ&A」）。

主任審査官は、報酬を受ける活動の許可をしたときは、監理措置決定通知書に、許可年月日、活動の内容、主任審査官が指定する本邦の公私の機関の名称その他必要な事項を記載します（入管法44条の5第2項、入管法施行規則36条の7第2項）。

なお、就労可能な在留資格を有している被監理者が、当該在留資格により認められる就労活動（入管法19条1項違反とならない就労活動）を行う場合には、報酬を受ける活動の許可申請（入管法44条の5第1項）を行う必要はありません（入管庁「監理措置に関するQ&A」）。

イ　許可に付される条件

　主任審査官は、報酬を受ける活動の許可に必要な条件を付することができます（入管法44条の5第1項後段）。西山政府参考人は、令和5年5月18日の参議院法務委員会において、「監理措置に付された者の報酬を受ける活動の許可に付する条件としては、例えば報酬を受ける活動の状況について監理人に報告することなどを検討しているところでございます。他方、就労の許可は、元々有する在留資格等により報酬を受ける活動等を行うことが許容されていない者に対して、生計維持に必要な範囲で、就労先を指定するなど、一定の厳格な要件の下で例外的に許可されるものでありまして、就労時間に制限を設けることもあり得る」と答弁しています。報酬を受ける活動が許可されたときは、条件として、①勤務先、②活動の内容、③報酬額の上限（入管庁「監理措置に関するQ&A」）が監理措置決定通知書に記載されます（入管法44条の5第2項）。報酬を受ける活動は、生計の維持に必要な範囲内で許可することができるとされているところ（入管法44条の5第1項）、報酬額の上限は、生活保護における生活扶助及び住宅扶助の水準を参考にしつつ、被監理者や被監理者と生計を一にする者等の資産及び収入、監理人等の第三者による援助の見込み等を考慮して、個別の事案ごとに判断されます（入管庁「監理措置に関するQ&A」）。被監理者が新たな機関での勤務や資産の変動により報酬額の上限の変更を希望するなど、報酬を受ける活動の許可の内容の変更を希望する場合は、許可内容変更申請書（監理措置取扱要領別記第12号様式）を提出します（監理措置取扱要領）。

　報酬を受ける活動の許可は、退去強制令書の発付前に監理措置に付された者については、退去強制事由に該当する疑いはあるものの、我が国から退去すべきことがいまだ確定していない立場にあることを考慮し、生計の維持に必要な範囲内で、就労先を指定するなど、一定の厳格な要件の下で例外的に就労を認めることとしたものです（令和5年5月18日の参議院法務委員会における西山政府参考人による答弁）。

ウ　労働施策総合推進法に基づく外国人雇用状況の届出

　上記アの報酬を受ける活動の許可を受けていることは、労働施策総合推進法28条1項に基づく外国人雇用状況の届出の対象となります（労働施策総合推進法28条1項括弧書）。

エ　許可の取消し

　主任審査官は、被監理者が上記イの条件に違反した場合その他当該被監理者に引き続きの許可を与えておくことが適当でないと認める場合には、当該許可を取り消すことができます（入管法44条の5第4項）。

　主任審査官が、報酬を受ける活動の許可を取り消したときは、取消通知書（入管法施行規則別記第51条の9様式）により被監理者に通知します（入管法施行規則36条の7第4項前段）。この場合においては、報酬を受ける活動の許可に関して監理措置決定通知書に記載した事項（入管法44条の5第2項）を抹消し、当該監理措置決定通知書に当該許可を取り消した旨を記載します（入管法施行規則36条の7第4項後段）。また、監理人に対し、当該許可を取り消した旨を通知します（入管法施行規則36条の7第5項）。

オ　被監理者の不法就労罪

在留資格を有さずに（入管法70条1項9号括弧書）、退去強制令書の発付前の収容に代わる監理措置決定（入管法44条の2第7項）を受けた者で、上記アの報酬を受ける活動の許可を受けないで報酬を受ける活動を行ったもの又は収入を伴う事業を運営する活動を行ったものは、刑事罰（3年以下の拘禁刑若しくは300万円以下の罰金又はその併科）が科されます（入管法70条1項9号）。

（6）　被監理者の義務等

ア　監理措置決定通知書の常時携帯及び提示義務

被監理者（入管法44条の2第7項）は、入管法23条2項により在留カードを携帯する場合でない限り（入管法23条1項但書）、常に監理措置決定通知書（入管法44条の2第7項、入管法施行規則36条の2第9項、別記第51号の4様式）を携帯していなければなりません（入管法23条1項8号）。また、被監理者は、入国審査官、入国警備官又は警察官等から、その職務の執行に当たり、監理措置決定通知書の提示を求められたときは、これを提示しなければなりません（入管法23条3項、1項本文括弧書）。拒んだときは、刑事罰が科されます（入管法76条2号、23条1項本文括弧書）。

なお、特別放免（入管法52条10項）された者は特別放免許可書を、仮放免された者は仮放免許可書をそれぞれ常に携帯しなければならず（入管法23条1項10号、11号）、入国審査官、入国警備官又は警察官等から、その職務の執行に当たり、提示を求められたときは、提示しなければなりません（入管法23条3項、1項本文括弧書）。拒んだときは、刑事罰が科されます（入管法76条2号、23条1項本文括弧書）。

イ　届出義務

被監理者は、監理措置条件の遵守状況、上記（5）の報酬を受ける活動の許可（入管法44条の5第1項）を受けて行った活動の状況、生活状況、監理人との連絡状況、そのほか監理人又は被監理者に関する必要な事項として主任審査官がその届出を求めることとした事項を主任審査官に対して届け出なければなりません（入管法44条の6、入管法施行規則36条の8第2項）。この届出は、被監理者が監理措置に付された日又は直近の届出の日から3月を超えない範囲内で主任審査官が定める日までに、書面その他主任審査官が適当と認める方法によって行わなければなりません（入管法施行規則36条の8第1項）。郵送による届出は受け付けられていないので、届出をしようとする被監理者本人が、地方出入国在留管理官署の窓口に出頭して届出をする必要があります。

被監理者が上記の届出をせず、又は虚偽の届出をした場合は、刑事罰（20万円以下の罰金）が科されます（入管法71条の5第4号）。届出日指定書に記載された届出日を経過して届出したときは、届出が遅れた理由を記載した理由書を提出しなければなりません（監理措置取扱要領）。

ウ　みなし再入国許可の適用除外

上記（3）アの収容令書の発付に代わる監理措置の決定（入管法44条の2第1項）又は上記（3）イの収容令書を発付された容疑者等に対する監理措置の決定（入管法44条の2第6項）を受けた被監理者は、在留資格を有していたとしても、みなし再入国許可の対象となりません（入管法

26条の２第１項但書、入管法施行規則29条の４第１項４号）。

（7）　監理措置決定の取消し

　ア　監理措置決定の必要的取消し

　主任審査官は、①収容令書の発付に代わる監理措置決定により保証金を納付することが条件とされた場合（入管法44条の２第２項）において、被監理者が、期限までに保証金を納付しなかったとき（入管法44条の４第１項１号）、②監理人の選定が取り消された場合（入管法44条の３第６項）、監理人が辞任した場合（入管法44条の３第７項）又は監理人が死亡した場合において、新たに監理人として選定される者がいないとき（入管法44条の４第１項２号）のいずれかに該当するときは、監理措置決定を取り消さなければなりません（入管法44条の４第１項）。主任審査官は、当該監理措置決定を取り消された者が所持する監理措置決定通知書を返納させるとともに、監理人であった者に対し、当該監理措置決定を取り消した旨を通知します（入管法施行規則36条の６第１項）。

　イ　監理措置決定の裁量的取消し

　主任審査官は、次の①ないし⑤のいずれかに該当するときは、監理措置決定を取り消すことができます（入管法44条の４第２項）。監理措置決定を取り消したときは、主任審査官は、当該監理措置決定を取り消された者が所持する監理措置決定通知書を返納させるとともに、監理人であった者に対し、当該監理措置決定を取り消した旨を通知します（入管法施行規則36条の６第１項）。

①　被監理者が逃亡し、又は逃亡すると疑うに足りる相当の理由があるとき（入管法44条の４第２項１号）

②　被監理者が証拠を隠滅し、又は隠滅すると疑うに足りる相当の理由があるとき（入管法44条の４第２項２号）

③　被監理者が監理措置条件に違反したとき（入管法44条の４第２項３号）

④　在留資格を有する被監理者にあっては入管法19条１項に違反する活動（在留資格該当性のない就労活動）を行ったとき、在留資格を有しない被監理者にあっては報酬を受ける活動の許可（入管法44条の５第１項）を受けないで就労活動（報酬を受ける活動又は収入を伴う事業を運営する活動）を行ったとき（入管法44条の４第２項４号）

⑤　被監理者が入管法44条の６に基づく被監理者による届出をせず、又は虚偽の届出をしたとき（入管法44条の４第２項５号）

　ウ　監理措置決定を取り消した場合の収容等の手続

　（ア）　収容令書の発付

　監理措置決定を取り消した場合には、主任審査官は、監理措置決定取消書を作成するとともに、収容令書を発付し、入国警備官にこれらを交付します（入管法44条の４第３項）。

　（イ）　収容令書の執行

　入国警備官は、監理措置決定が取り消された者に監理措置決定取消書及び収容令書を示して、その者を収容します（入管法44条の４第６項）。

（ウ）　保証金の没取

主任審査官は、監理措置決定（収容令書の発付に代わる監理措置決定又は収容令書を発付された容疑者等に対する監理措置決定）における条件（入管法44条の2第2項、6項）として保証金が納付された場合において、当該監理措置決定の裁量的取消し（入管法44条の4第2項）を行ったときは、保証金の全部又は一部を没取します（入管法44条の4第5項）。

（8）　監理措置決定の失効

監理措置決定は、次の①ないし④のいずれかに該当することとなったときは、効力を失います。この場合は、主任審査官は、被監理者及び監理人に対し、その旨を通知します（入管法44条の8）。

①　容疑者が退去強制事由のいずれにも該当しない旨の入国審査官の認定（入管法47条1項）、特別審理官の判定（入管法48条1項）又は法務大臣の裁決（入管法49条3項）があったとき（入管法44条の8第1号ないし3号）

②　法務大臣が在留特別許可（入管法50条1項）をしたとき（入管法44条の8第4号）

③　主任審査官が出国命令（入管法55条の85第1項）をしたとき（入管法44条の8第5号）

④　主任審査官が退去強制令書を発付したとき（入管法44条の8第6号）

2　退去強制令書の発付後の収容に代わる監理措置（退令監理措置）

（1）　入国警備官から主任審査官に対する通知

入国警備官は、退去強制令書を執行する場合において、退去強制を受ける者を直ちに本邦外に送還することができないときは、その旨を主任審査官に通知します（入管法52条7項）。

（2）　主任審査官による審査

上記（1）の通知を受けた主任審査官は、退去強制を受ける者を後記（3）アの監理措置に付すか収容するかを審査し、収容する旨の判断をしたときは、送還可能のときまで、その者を入国者収容所等その他出入国在留管理庁長官又はその委任を受けた主任審査官が指定する場所に収容することができる旨を入国警備官に通知します（入管法52条8項）。この通知を受けた入国警備官は、送還可能のときまで、退去強制を受ける者を入国者収容所等その他出入国在留管理庁長官又はその委任を受けた主任審査官が指定する場所に収容します（入管法52条9項）。西山政府参考人は、退去強制令書に基づく収容期間に上限を設けなかった理由について、令和5年4月18日の衆議院法務委員会において、「収容期間に上限を設けた場合、その上限まで送還を忌避し続ければ、逃亡のおそれが多い者も含め全員の収容を解かざるを得ず、確実、迅速な送還の実施が不可能となるため、収容期間に上限を設けることは相当ではないと判断した」と答弁しています。

なお、後記第7　5のとおり、主任審査官は、退去強制令書の発付を受けた者を送還するために必要がある場合には、その者に対し、相当の期間を定めて、旅券の発給の申請その他送還するために必要な行為として入管法施行規則48条の2で定める行為をすべきことを命ずることができます（入管法52条12項）。主任審査官は、必要がある場合には、相当の期間を定め

て、上記の定められた期間を延長することができます（入管法52条13項）。

（3）　監理措置の決定

　　ア　収容されている者又は仮放免されている者以外の者に対する監理措置の決定

　　　（ア）　監理人による監理に付する措置の決定、監理措置条件

　主任審査官は、収容されている者又は仮放免されている者を除き、退去強制令書を発付された退去強制を受ける者が逃亡し、又は不法就労活動をするおそれの程度、収容によりその者が受ける不利益の程度その他の事情を考慮し、送還可能のときまでその者を収容しないことが相当と認めるときは、その者を監理措置（監理人による監理に付する措置）に付する旨の決定をします（入管法52条の2第1項前段）。相当性の有無は、①被退去強制者の性格、年齢、資産、住居の状況、素行及び健康状態、②被退去強制者の親族が本邦に居住しているときは、その状況（被退去強制者との続柄、同居の有無、在留状況等）、③違反事件の端緒の形態、④退去強制事由、⑤監理人になろうとする者の監理人としての任務遂行能力（監理人になろうとする者の年齢、職業、収入、資産及び素行等、監理人になろうとする者と被退去強制者の関係、被退去強制者が監理人として選定される者に金銭を支払うこととしているときはその額の相当性）、⑥親族又は知人等から受けられる援助の見込み、⑦送還具備の状況（旅券の有無、送還便の確保状況等）、⑧出入国在留管理関係の処分等に関する行政訴訟の状況、⑨難民認定申請若しくは補完的保護対象者認定申請又はそれぞれに対する審査請求を行っているときは、その状況（申請回数や進捗状況等）、⑩被退去強制者の出身国・地域の政府又は大使館・領事館等との間の送還手続に係る調整の状況、⑪日本国の利益又は公安に及ぼす影響、⑫人身取引等の被害の有無、⑬その他参考事項に留意して審査されます（監理措置取扱要領）。

　監理措置に付する旨の決定をする場合において、主任審査官は、監理措置に付される者に対し、住居及び行動範囲の制限、呼出しに対する出頭の義務その他逃亡及び不法就労活動を防止するために必要と認める条件（監理措置条件）を付します（入管法52条の2第1項後段、入管法施行規則36条の2第2項）。行動範囲の制限に係る原則と例外（入管法施行規則36条の2第2項2号）並びに指定住居変更許可申請及び行動範囲拡大の許可申請については、上記1の退去強制令書の発付前の収容に代わる監理措置の決定の場合と同様です。監理措置決定された場合は、期限を設けず、後記（6）ア、イの法律上規定された取消事由に該当しない限り収容されないこととなります。

　　　（イ）　保証金の納付

　主任審査官は、上記（ア）の監理措置決定をする場合において、監理措置に付される者による逃亡又は不法就労活動を防止するために必要と認めるときは、300万円を超えない範囲内で入管法施行規則36条の2第5項で定める額（未成年者にあっては150万円以下）の保証金を、監理措置に付された日の翌日から起算して3日以内で主任審査官が指定する日までに（入管法施行規則36条の2第6項）納付することを条件とすることができます（入管法52条の2第2項）。

　　イ　収容されている者又は仮放免されている者に対する監理措置の決定

　主任審査官は、退去強制令書発付処分を受け退去強制を受ける者のうち、収容されている者又は仮放免されている者からの請求（入管法52条の2第4項）により又は職権で、退去強制を

受ける者が逃亡し、又は不法就労活動をするおそれの程度、収容によりその者が受ける不利益の程度その他の事情を考慮し、送還可能のときまでその者を放免することが相当と認めるときは、その者を放免して監理措置に付する旨の決定をします（入管法52条の2第5項前段）。監理措置に付することを請求しようとする者は、監理措置決定申請書（入管法施行規則別記第51号の3様式）その他参考となるべき資料各1通を地方出入国在留管理官署に出頭して提出しなければなりません（入管法施行規則36条の2第8項）。具体的には、①監理措置決定申請書、②監理人承諾書兼誓約書、③監理人になろうとする者の身分等を証明する資料（運転免許証や在留カード等の身分証明書。監理人になろうとする者が法人その他の団体であるときは、本店又は主たる事務所の所在地及び連絡先のほか、代表者の氏名等を証明する資料）、④監理措置決定を受けようとする者の収入や資産を疎明する資料（通帳の写しや住民税の課税・納税証明書等）、⑤監理措置決定を受けようとする者が住む予定の住居を明らかにする資料（賃貸借契約書の写し等）、⑥監理措置決定を受けようとする者が監理人として選定される者に金銭を支払うこととしているときは、その額及びその額の相当性を疎明する資料（額が低額である場合は、当該額の相当性を疎明する資料の提出は省略可）、⑦監理措置決定を受けようとする者が未成年者又は高等学校等に在学する者であるときは、その通学状況を疎明する資料、⑧その他監理措置決定の申請をする理由を疎明する資料等の監理措置に係る審査において参考となる資料を提出することが必要です（入管庁HP「監理措置に関する各種申請」、監理措置取扱要領）。

　主任審査官は、当該決定をする場合において、上記アの収容されている者又は仮放免されている者以外の者に対する監理措置の決定と同様に、監理措置に付される者に対し、監理措置条件を付します（入管法52条の2第5項後段、入管法施行規則36条の2第2項）。指定住居変更許可申請及び行動範囲拡大の許可申請についても、上記アの収容されている者又は仮放免されている者以外の者に対する監理措置の決定の場合と同様です。また、主任審査官は、その者による逃亡又は不法就労活動を防止するために必要と認めるときは、300万円を超えない範囲内で入管法施行規則36条の2第5項で定める額（未成年者にあっては150万円以下）の保証金を納付させることができます（入管法52条の2第5項後段）。監理措置決定された場合は、期限を設けず、後記（6）ア、イの法律上規定された取消事由に該当しない限り収容されないこととなります。

　主任審査官は、収容されている者又は仮放免されている者からの請求（入管法52条の2第4項）に対して、監理措置決定をしないときは、理由を付した書面（入管法施行規則36条の2第10項、別記第51号の5様式）をもってその旨を通知します（入管法52条の2第7項、44条の2第9項）。この場合において、理由を容疑者が的確に認識することができるように記載する等、手続の透明性の確保に努めるものとされます（改正入管法附則1条の2）。よって、いかなる事実関係についてどの条項が適用されたのかを請求者が知り得るような理由の提示が必要であると解されます（最高裁平成4年12月10日判決（判時1453号116頁））。

　　ウ　被監理者に対する不法残留罪及び不法在留罪の適用関係
　退去強制令書の発付後の収容に代わる監理措置に付された被監理者に対する入管法70条の

適用については、上記1（3）ウの退去強制令書の発付前の収容に代わる監理措置に付された被監理者と同様に、監理措置に付されている間は、被監理者は、残留する者又は出国しない者（入管法70条1項3号ないし3号の3、5号、7号ないし8号の4）に該当せず、不法に在留すること（入管法70条2項）にも該当しないものとみなされます（入管法52条の2第8項）。そのため、監理措置に付されている間は、不法残留罪（入管法70条1項）及び不法在留罪（入管法70条2項）が成立しないことになります。

エ　被監理者の不法就労罪

退去強制令書の発付後の収容に代わる監理措置においては、退去強制令書の発付前に監理措置に付された者と異なり（入管法44条の5第1項参照）、報酬を受ける活動は許可されません。この理由について、退去強制令書が発付された者は、退去強制手続において在留特別許可の許否判断を経るとともに、難民該当性を主張する場合には難民認定手続を経た上で、難民に該当せず、かつ在留を特別に許可する事情も認められないため、我が国から退去すべきことが行政手続として確定した者であり、このような慎重な手続を経てもなお庇護、在留を認められない者である以上、我が国からは速やかに退去すべき立場にあり、我が国で就労を認めることは在留資格制度とも相入れないので相当ではないからであるとされます（令和5年5月18日の参議院法務委員会における西山政府参考人による答弁）。

退去強制令書の発付後の収容に代わる監理措置決定（入管法52条の2第1項、5項）を受けた者で、収入を伴う事業を運営する活動又は報酬を受ける活動を行ったものは、刑事罰（3年以下の拘禁刑若しくは300万円以下の罰金又はその併科）が科されます（入管法70条1項10号）。

オ　被監理者の逃亡罪

被監理者が、上記ア（ア）、イの監理措置条件（入管法52条の2第1項後段、5項後段）に違反して、逃亡した場合又は正当な理由がなくて呼出しに応じない場合は、刑事罰（1年以下の拘禁刑若しくは20万円以下の罰金又はその併科）が科されます（入管法72条3号）。

カ　被監理者の国民健康保険の適用関係

本田顕子厚生労働大臣政務官は、令和5年4月18日の衆議院法務委員会において、日本国内に住所を有する者に適用することとしている国民健康保険の要件は、国民健康保険が被保険者全体の相互扶助により成り立っており、公費や保険料により支えられる仕組みであることから、保険者である都道府県、市町村、当該都道府県、市町村の区域内で安定した生活を継続的に営む蓋然性が高いことを確認するために求めているとした上で、「仮放免の方や今般の改正法案により新設される監理措置対象者につきましては、適正な在留資格を有さず、住民票もないことから、その区域内で安定した生活を継続的に営む蓋然性が高いと認められるとは言えず、国民健康保険の適用対象とすることは困難である」と答弁しています。

（4）　監理人

ア　監理人の責務

退去強制令書の発付後の収容に代わる監理措置に係る監理人の責務は、後記（ア）ないし（エ）のとおりです（入管法52条の3第1項）。なお、入管庁長官は、退去強制令書の発付前の収

容に代わる監理措置におけるのと同様に、監理措置の適正な実施のため、監理人からの相談に応じ、必要な情報の提供、助言その他の援助を行うものとされています（入管法52条の3第6項、44条の3第8項）。

　　　（ア）　被監理者の生活状況の把握及び指導・監督

　監理人は、自己が監理する被監理者による出頭の確保その他監理措置条件の遵守の確保のために必要な範囲内において、当該被監理者の生活状況の把握並びに当該被監理者に対する指導及び監督を行わなければなりません（入管法52条の3第2項）。これは、退去強制令書の発付前の収容に代わる監理措置に係る監理人の責務から、報酬を受ける活動の許可（入管法44条の5第1項）に付された条件の遵守の確保を除いたものです。退去強制令書の発付後の収容に代わる監理措置においては、報酬を受ける活動の許可がされる余地がないためです。

　　　（イ）　被監理者からの相談に応じ、住居の維持に係る支援、必要な情報の提供、助言その他の援助を行うこと

　監理人は、自己が監理する被監理者による出頭の確保その他監理措置条件の遵守の確保に資するため、当該被監理者からの相談に応じ、住居の維持に係る支援、必要な情報の提供、助言その他の援助を行うように努めなければなりません（入管法52条の3第3項）。

　　　（ウ）　主任審査官に対する届出義務

　監理人は、①被監理者が後記（6）イの入管法52条の4第2項2号ないし5号の監理措置決定の裁量的取消事由のいずれかに該当することを知ったとき、②被監理者が死亡したとき、③監理措置を継続することに支障が生ずる場合として入管法施行規則36条の3第4項で定める場合に該当するときは、届出事由が生じた日（被監理者の死亡にあっては当該事実を知った日）から7日以内（届出期間）に（入管法施行規則36条の3第2項、1項）、主任審査官に対し、その旨、届出に係る事実、当該事実の発生年月日及び当該事実を知った経緯（入管法施行規則36条の3第3項）を届け出なければなりません（入管法44条の3第4項）。届出は郵送でも可能です（入管庁「監理措置に関するQ&A」）。届出期間を経過して届出した場合は、届出が遅れた理由を記載した理由書を提出しなければなりません（監理措置取扱要領）。

　監理措置を継続することに支障が生ずる場合として入管法施行規則36条の3第4項は、ⅰ監理人の氏名（法人その他の団体にあっては、その名称、本店若しくは主たる事務所の所在地又は代表者の氏名）又は電話番号その他の連絡手段となり得る情報を変更したとき（1号）、ⅱ監理人と被監理者との間に親族関係（事実上の婚姻関係を含みます。）がある場合において、当該親族関係が終了したとき（2号）、ⅲ監理人と被監理者との間に雇用関係がある場合において、当該雇用関係が終了したとき（3号）、ⅳそのほか、監理人又は被監理者に関する事項について、主任審査官が監理措置を継続することに支障が生ずるものとして届出を求めることとしたとき（4号）を規定しています。

　監理人が上記の届出をせず、又は虚偽の届出をした場合は、10万円以下の過料に処せられます（入管法77条の2第5号）。

（エ）　主任審査官に対する報告義務

　主任審査官は、被監理者による出頭の確保その他監理措置条件の遵守の確保のために必要があるときは、監理人に対し、当該被監理者の生活状況、監理措置条件の遵守状況、被監理者に対する指導及び監督の状況、被監理者に対する情報の提供、助言その他の援助の状況、そのほか、被監理者による出頭の確保その他監理措置条件の遵守の確保のために主任審査官が必要と認める事項の報告を、報告期限等を明示して（入管法施行規則36条の4第1項）求めることができます（入管法52条の3第5項前段、入管法施行規則36条の4第2項）。監理人は、主任審査官が別に定める場合を除き、報告すべき事項を記載した書面を主任審査官に提出することにより（入管法施行規則36条の4第3項）当該報告をしなければなりません（入管法52条の3第5項後段）。監理人がこの報告をせず、又は虚偽の報告をした場合は、10万円以下の過料に処せられます（入管法77条の2第6号）。報告期限を経過して報告した場合は、報告が遅れた理由を記載した理由書を提出しなければなりません（監理措置取扱要領）。

　イ　監理人の選定、辞任

　監理人は、上記アの監理人の責務（入管法52条の3第2項ないし5項）を理解し、当該被監理者の監理人となることを承諾している者であって、その任務遂行の能力を考慮して適当と認められる者の中から、監理措置決定（上記（3）アの収容されている者又は仮放免されている者以外の者に対する監理措置決定又は上記（3）イの収容されている者又は仮放免されている者に対する監理措置の決定）をする主任審査官が選定します（入管法52条の3第1項）。

　監理人は、監理人を辞任する場合は、あらかじめ、被監理者の氏名、辞任する理由及び辞任する年月日を主任審査官に届け出なければなりません（入管法52条の3第6項、44条の3第7項、入管法施行規則36条の5第1項）。監理人を辞任しようとする場合に届け出る時期について、入管法施行規則36条の5第2項は、辞任する日の30日前までに届け出るよう努めなければならないと規定しています。

　監理人が上記の届出をせず、又は虚偽の届出をした場合は、10万円以下の過料に処せられます（入管法77条の2第4号）。

　監理人から上記の辞任届出書が提出されたときは、監理措置担当審査官は、被監理者に対し、新たな監理人を選定できない場合は監理措置決定を取り消す旨を通知した上で、呼出状を交付し、上記（3）イの資料（④、⑤、⑦を除きます。）を持参の上で、当該呼出状に記載された出頭日（監理人が辞任する日が記載されます。）に新たな監理人になろうとする者とともに出頭するよう指示します。監理措置担当審査官は、この出頭日に被監理者が監理人になろうとする者とともに出頭しなかったときは、入管法52条の4第1項2号により、監理措置決定の取消手続をとります（監理措置取扱要領）。

　ウ　監理人の選定取消し

　主任審査官は、監理人が任務を遂行することが困難になったときその他監理人にその任務を継続させることが相当でないと認めるときは、上記イの監理人の選定を取り消すことができます（入管法52条の3第6項、44条の3第6項）。

（5）　被監理者の義務

ア　監理措置決定通知書の常時携帯及び提示義務

被監理者（入管法52条の2第6項）は、常に監理措置決定通知書（入管法52条の2第6項、入管法施行規則36条の2第9項、別記第51号の4様式）を携帯していなければなりません（入管法23条1項9号）。また、被監理者は、入国審査官、入国警備官又は警察官等から、その職務の執行に当たり、監理措置決定通知書の提示を求められたときは、これを提示しなければなりません（入管法23条3項、1項本文括弧書）。拒んだときは、刑事罰が科されます（入管法76条2号、23条1項本文括弧書）。

なお、特別放免（入管法52条10項）された者は特別放免許可書を、仮放免された者は仮放免許可書をそれぞれ常に携帯しなければならず（入管法23条1項10号、11号）、入国審査官、入国警備官又は警察官等から、その職務の執行に当たり、提示を求められたときは、提示しなければなりません（入管法23条3項、1項本文括弧書）。拒んだときは、刑事罰が科されます（入管法76条2号、23条1項本文括弧書）。

イ　届出義務

被監理者は、監理措置条件の遵守状況、生活状況、監理人との連絡状況、そのほか監理人又は被監理者に関する必要な事項として主任審査官がその届出を求めることとした事項を主任審査官に対して届け出なければなりません（入管法52条の5、入管法施行規則36条の8第2項）。この届出は、被監理者が監理措置に付された日又は直近の届出の日から3月を超えない範囲内で主任審査官が定める日までに、書面その他主任審査官が適当と認める方法によって行わなければなりません（入管法施行規則36条の8第1項）。郵送による届出は受け付けられていないので、届出をしようとする被監理者本人が、地方出入国在留管理官署の窓口に出頭して届出をする必要があります。

被監理者が上記の届出をせず、又は虚偽の届出をした場合は、刑事罰（20万円以下の罰金）が科されます（入管法71条の5第4号）。届出日指定書に記載された届出日を経過して届出したときは、届出が遅れた理由を記載した理由書を提出しなければなりません（監理措置取扱要領）。

（6）　監理措置決定の取消し

ア　監理措置決定の必要的取消し

主任審査官は、①収容されている者又は仮放免されている者以外の者に対する監理措置決定により保証金を納付することが条件とされた場合（入管法52条の2第2項）において、被監理者が、期限までに保証金を納付しなかったとき（入管法52条の4第1項1号）、②監理人の選定が取り消された場合（入管法52条の3第6項、44条の3第6項）、監理人が辞任した場合（入管法52条の3第6項、44条の3第7項）又は監理人が死亡した場合において、新たに監理人として選定される者がいないとき（入管法52条の4第1項2号）のいずれかに該当するときは、監理措置決定を取り消さなければなりません（入管法52条の4第1項）。主任審査官は、当該監理措置決定を取り消された者が所持する監理措置決定通知書を返納させるとともに、監理人であった者に対し、当該監理措置決定を取り消した旨を通知します（入管法施行規則36条の6第1項）。

イ　監理措置決定の裁量的取消し

主任審査官は、次の①ないし⑤のいずれかに該当するときは、監理措置決定を取り消すことができます（入管法52条の4第2項）。監理措置決定を取り消したときは、主任審査官は、当該監理措置決定を取り消された者が所持する監理措置決定通知書を返納させるとともに、監理人であった者に対し、当該監理措置決定を取り消した旨を通知します（入管法施行規則36条の6第1項）。

①　送還を実施するために被監理者を収容する必要が生じたとき（入管法52条の4第2項1号）

②　被監理者が逃亡し、又は逃亡すると疑うに足りる相当の理由があるとき（入管法52条の4第2項2号）

③　被監理者が収入を伴う事業を運営する活動若しくは報酬を受ける活動を行い、又はこれらの活動を行うと疑うに足りる相当の理由があるとき（入管法52条の4第2項3号）

④　被監理者が監理措置条件に違反したとき（入管法52条の4第2項4号）

⑤　被監理者が入管法52条の5に基づく被監理者による届出をせず、又は虚偽の届出をしたとき（入管法52条の4第2項5号）

ウ　監理措置決定を取り消した場合の収容等の手続

（ア）　監理措置決定取消書の作成

監理措置決定を取り消した場合には、主任審査官は、監理措置決定取消書を作成し、これを退去強制令書とともに、入国警備官に交付します（入管法52条の4第3項）。

（イ）　退去強制令書の執行

入国警備官は、監理措置決定が取り消された者に監理措置決定取消書及び退去強制令書を示して、その者を収容します（入管法52条の4第5項）。

（ウ）　保証金の没取

主任審査官は、監理措置決定（収容されている者又は仮放免されている者以外の者に対する監理措置決定又は収容されている者又は仮放免されている者に対する監理措置決定）における条件（入管法52条の2第2項、5項）として保証金が納付された場合において、当該監理措置決定の裁量的取消し（入管法52条の4第2項）を行ったときは、保証金の全部又は一部を没取します（入管法52条の4第4項）。但し、入管法52条の4第2項2号ないし5号に該当せず、1号（送還を実施するために被監理者を収容する必要が生じたとき）のみに該当するとして裁量的取消しを行った場合を除きます（入管法52条の4第4項括弧書）。

（7）　監理措置決定の失効

監理措置決定は、被監理者に対する退去強制令書が効力を失ったときは、効力を失います（入管法52条の6）。

3　監理措置制度と全件収容主義との関係

上記1及び2の監理措置制度を設けても結局入管当局の裁量によって監理措置の判断がされるため、全件収容主義から脱却できないのではないかという指摘について、西山政府参考

人は、令和5年5月16日の参議院法務委員会において、次のように答弁しています。

即ち、「現行入管法におきましては、退去強制手続において、原則として違反調査から送還に至るまで容疑者を収容することを前提としており、これがいわゆる全件収容主義と呼ばれているものと承知しております。もっとも、実務の運用におきましては、個別の事情に基づいて逃亡のおそれ等を考慮し、収容の必要性が認められない者については実際に収容することなく手続を進めているところ、その割合も7割に及んでいるなど人権にも配慮した柔軟な対応を行っており、実務上、全件収容主義と呼ばれる状態にはありません。他方、本法案におきましては、収容自体を回避し、又はその長期化を解消するために監理措置制度を創設したところです。これにより、当該外国人の逃亡等のおそれの程度、収容により受ける不利益の程度その他の事情を考慮して、収容しないで退去強制の手続を行うことが相当な場合には、収容せずに監理人による監理に付して退去強制手続を進めなければならないこととしており、制度上も全件収容主義が改められることとなります。その上で、本法案では、監理措置に付す場合の考慮事情、すなわち逃亡等のおそれの程度、収容による本人が受ける不利益の程度等、及び要件、すなわち収容しないことが相当、これを法律上明記し、監理措置請求に対して監理措置決定をしない場合には書面で理由を告知することとしており、理由のない収容判断を抑止する上、判断に不服があれば事後的に行政訴訟を提起して的確に争うことが可能となるので、判断の公正、適正が一層確保されるものと考えております。こうした仕組みにより恣意的な判断は排されますので、全件収容主義から脱却できないとの御指摘は当たらない」と答弁しています。

法改正により「全件収容主義」からの脱却は実現されるものの、「原則収容主義」となるか否かは、監理措置決定に係る要件である「相当と認めるとき」（入管法44条の2第1項前段、第6項前段、52条の2第1項前段、第5項前段）の解釈、運用いかんにかかっているといえます。

第3　仮放免

仮放免制度について、健康上、人道上その他これらに準ずる理由により収容を一時的に解除する制度と改めた上（入管法54条2項）、健康上の理由により仮放免請求に係る判断をするに当たっては、医師の意見を聞くなどして、その者の健康状態に十分配慮すること（入管法54条8項）などを法律上明記する改正が行われました。

1　仮放免の要件

入国者収容所長又は主任審査官は、収容令書若しくは退去強制令書の発付を受けて収容されている者若しくはその代理人等の請求（入管法54条1項）により又は職権で、その収容されている者について、健康上、人道上その他これらに準ずる理由によりその収容を一時的に解除することを相当と認めるときは、期間（入管法施行規則49条2項により、3月を超えない範囲内で入国者収容所長又は主任審査官が定めます。）を定めて、かつ、住居及び行動範囲の制

限、呼出しに対する出頭の義務その他必要と認める条件を付して（入管法施行規則49条3項、48条1項）、その者を仮放免することができます（入管法54条2項）。仮放免許可のためには、被収容者の収容を解除するための原則的な手段が監理措置であることを前提としてもなお、監理措置によることなく収容を一時的に解除することが相当と認められる程度の健康上、人道上その他これらに準ずる理由が認められる必要があるとされます（入管庁HP「仮放免制度について」）。仮放免取扱要領は、①被収容者の健康状態及びその証拠、②被収容者の性格、年齢、資産及び素行、③被収容者の家族状況、④被収容者の収容期間及び収容中の行状、⑤逃亡し、又は仮放免に付す条件に違反するおそれの有無、⑥日本国の利益又は公安に及ぼす影響、⑦人身取引等の被害の有無、⑧その他特別の事情に留意して判断するとしています。

仮放免許可の理由の例として、西山政府参考人は、令和5年4月21日の衆議院法務委員会において、「健康上の理由の場合は、被収容者が心身の健康を害し、収容の継続が相当でなくなった場合、人道上その他これらに準ずる理由は、実父母の葬式に参列する場合など、収容を解く必要性が高い場合ということを想定」しているとし、健康上の理由について、「現行法下の仮放免におきましても、入管施設、収容施設での診療では十分でないということで、外部の病院にかかる必要がある、特に入院が必要になるといった場合に仮放免を許可するということをやっておりましたが、この改正法案の下でもそういった形の利用は考えている」と答弁しています。

仮放免は、健康上、人道上その他これらに準ずる理由がある場合に限り、一時的に収容を解除する措置であることを踏まえ、仮放免の許可に際し、保証金を納付することを要しないこととされています。

指定された住居を変更する必要が生じたときは、身元保証人と連名による指定住居変更許可申請書のほか、変更後の住居の所在地及び住居変更の必要性を疎明するに足りる資料を添付して、変更前の住居を管轄する地方出入国在留管理官署の窓口に出頭して提出します。また、指定された行動範囲外の場所に赴く必要が生じたときは、身元保証人と連名による行動範囲拡大の許可申請書のほか、行動範囲を拡大する目的、必要性、期間、予定、交通手段、同行者及び行動範囲拡大中の連絡手段を疎明するに足りる資料を添付して、当該被仮放免者の事務を担当している地方出入国在留管理官署の窓口に出頭して提出します（入管庁HP「仮放免制度について」、仮放免取扱要領）。

2　仮放免許可書の交付、常時携帯・提示義務

（1）　仮放免許可書の交付

入国者収容所長又は主任審査官は、仮放免する場合には、仮放免される者に対し、仮放免の期間及び仮放免に付された条件を記載した仮放免許可書（入管法施行規則49条5項に基づく別記第67号様式）を交付します（入管法54条3項）。

（2）　仮放免許可書の常時携帯・提示義務

仮放免された者は仮放免許可書を常に携帯しなければならず（入管法23条1項11号）、入国審

査官、入国警備官又は警察官等から、その職務の執行に当たり、提示を求められたときは、提示しなければなりません（入管法23条3項、1項本文括弧書）。拒んだときは、刑事罰が科されます（入管法76条2号、23条1項本文括弧書）。

3　仮放免の不許可理由の通知

　入国者収容所長又は主任審査官は、仮放免の請求（入管法54条1項）があった場合において仮放免を不許可としたときは、当該請求をした者に対し、理由を付した書面（入管法施行規則49条6項に基づく別記第68号様式による通知書）をもって、その旨を通知しなければなりません（入管法54条4項）。この場合において、理由を的確に認識することができるように記載する等、手続の透明性の確保に努めるものとされます（改正入管法附則1条の2）。

　西山政府参考人は、令和5年4月19日の衆議院法務委員会において、この不許可理由の告知の義務付けの趣旨について、「不許可理由の告知を義務づけることにより、合理的な理由のない不許可を抑止できることとなる上、判断に不服がある場合には行政訴訟を提起して的確に争うことが容易となるのであって、入管当局における判断の公平、適正さが一層確保される仕組みになって」いるとした上で、どの程度詳細な理由が告知されるのかについて、「入管の判断の透明性を高めるという理由告知の趣旨に鑑みまして、当局の不許可処分の合理性を判断できる程度には具体的である必要がある」と答弁しています。しかし、この程度の具体性では足りず、いかなる事実関係についてどの条項が適用されたのかを請求者が知り得るような理由の提示が必要であると解されます（最高裁平成4年12月10日判決（判時1453号116頁））。

4　仮放免期間の延長

　仮放免された者又はその代理人等は、入国者収容所長又は主任審査官に対し、仮放免期間（入管法54条2項）の延長を請求することができます（入管法54条5項）。仮放免期間の延長の請求をしようとする者は、仮放免の期間の満了日までに、入管法施行規則別記第69号様式による仮放免期間延長許可申請書及び仮放免の期間の延長を必要とする事由を証する資料各1通を提出しなければなりません（入管法施行規則49条7項）。

　入国者収容所長又は主任審査官は、当該請求により又は職権で、引き続き収容を一時的に解除することを相当と認めるときは、仮放免の期間を延長することができます（入管法54条6項）。仮放免の期間の延長を許可する場合には、仮放免許可書に新たな仮放免の期間を記載します（入管法施行規則49条8項）。新たな仮放免の期間は、3月を超えない範囲内で入国者収容所長又は主任審査官が定めます（入管法施行規則49条9項、2項）。

　入国者収容所長又は主任審査官は、仮放免期間の延長請求（入管法54条5項）があった場合において仮放免期間の延長を不許可としたときは、当該請求をした者に対し、理由を付した書面（入管法施行規則49条10項に基づき、別記第69号の2様式による通知書）をもって、その旨を通知しなければなりません（入管法54条7項、4項）。この場合において、理由を的確に認識すること

ができるように記載する等、手続の透明性の確保に努めるものとされます（改正入管法附則1条の2）。

5 健康状態の配慮

入国者収容所長又は主任審査官は、仮放免の請求（入管法54条1項）の理由が健康上の理由である場合には、医師の意見を聴くなどして、収容されている者の治療の必要性その他その者の健康状態に十分配慮して仮放免に係る判断をするように努めなければなりません（入管法54条8項）。

6 被仮放免者逃亡罪

仮放免された者が、上記1の条件（入管法54条2項）に違反して、逃亡し、又は正当な理由がなくて呼出しに応じない場合は、刑事罰（1年以下の拘禁刑若しくは20万円以下の罰金又はその併科）が科されます（入管法72条6号）。

第4 在留特別許可

本邦への在留を希望する外国人に、退去強制令書が発付されるまでの間に（入管法50条3項）在留特別許可の申請を行うことを可能にするとともに（入管法50条2項）、在留特別許可を行うか否かの判断に当たって考慮すべき事情を入管法上明示する改正が行われました（入管法50条5項）。

1 在留特別許可の意義

在留特別許可は、法務大臣が、退去強制対象者（入管法24条各号が定める退去強制事由のいずれかに該当し、かつ、出国命令対象者に該当しない外国人）に対して、後記2の要件に該当するときに、当該外国人からの申請により又は職権で、在留を特別に許可する処分であり、これにより非正規在留が終局的・確定的に正規化されます。在留特別許可は、当該外国人が入管法47条3項の入国審査官による認定若しくは入管法48条8項の特別審理官による判定に服し、又は法務大臣が入管法49条3項により異議の申出が理由がないと裁決した後でなければすることができません（入管法50条4項）。つまり、退去強制事由該当性の判断に係る行政手続段階での確定が先行するということです。

法務大臣は、在留特別許可をするかどうかの判断をしたときは、その結果を主任審査官に通知しなければならず（入管法50条8項）、主任審査官は、法務大臣から在留特別許可をする旨の通知を受けたときは、その者が被監理者であるときを除き、直ちに当該外国人を放免しなければなりません（入管法50条9項）。

2 在留特別許可の要件

（1） 原則的要件

法務大臣は、外国人が退去強制対象者（入管法24条各号が定める退去強制事由のいずれかに該当し、かつ、出国命令対象者に該当しない外国人）に該当する場合であっても、次の①から⑤までのいずれかに該当するときは、当該外国人からの申請により又は職権で、当該外国人の在留を特別に許可することができます（入管法50条1項本文、入管法施行規則44条1項、5項、6項）。

① 永住許可を受けているとき（入管法50条1項1号）

② かつて日本国民として本邦に本籍を有したことがあるとき（入管法50条1項2号）

③ 人身取引等により他人の支配下に置かれて本邦に在留するものであるとき（入管法50条1項3号）

④ 難民認定又は補完的保護対象者認定を受けているとき（入管法50条1項4号）

⑤ その他法務大臣が特別に在留を許可すべき事情があると認めるとき（入管法50条1項5号）

（2） 加重要件

外国人が無期若しくは1年を超える拘禁刑に処せられた者（刑の全部の執行猶予の言渡しを受けた者及び刑の一部の執行猶予の言渡しを受けた者であってその刑のうち執行が猶予されなかった部分の期間が1年以下のものを除きます。）又は入管法24条3号の2、3号の3若しくは4号ハ若しくはオからヨまでのいずれかに該当する者である場合は、在留特別許可されるのは、本邦への在留を許可しないことが人道上の配慮に欠けると認められる特別の事情があると認めるときに限られます（入管法50条1項但書）。

この「本邦への在留を許可しないことが人道上の配慮に欠けると認められる特別の事情」（入管法50条1項但書）について、西山政府参考人は、令和5年4月18日の衆議院法務委員会において、「たとえ、原則として在留特別許可をしないこととされている一定の前科又は退去強制事由に該当する者であっても、その者に対し在留を許可しないことが人道的見地から酷に過ぎると認められる事情であり、例えば、本邦で家族とともに生活するという子供の利益の保護の必要性等積極的に評価すべき事情が消極的に評価すべき事情を明らかに上回るとき、あるいは、難病や重篤な疾患に罹患し、本国における治療が困難であり、本邦の医療機関において治療を受けることを必要とするときなどを想定して」いると答弁しています。

（3） 法務大臣が考慮しなければならない事由

法務大臣は、在留特別許可をするかどうかの判断に当たっては、当該外国人について、在留を希望する理由、家族関係、素行、本邦に入国することとなった経緯、本邦に在留している期間、その間の法的地位、退去強制の理由となった事実及び人道上の配慮の必要性を考慮するほか、内外の諸情勢及び本邦における不法滞在者に与える影響その他の事情を考慮しなければなりません（入管法50条5項）。

118　第1編　第3章　収容・送還等に関する令和5年入管法改正（令和5年法律第56号）

3　在留特別許可に係るガイドラインの見直し

　入管庁は、令和5年法律第56号及び同改正法に係る参議院における附帯決議を踏まえ、在留特別許可に係るガイドラインを改定しました。

●入管庁「在留特別許可に係るガイドライン」

平成18年10月策定
平成21年7月改定
令和6年3月改定

第1　ガイドラインの位置付け等

1　改正法における在留特別許可に係る規定について

　令和5年入管法等改正法（以下「改正法」といいます。）により、在留特別許可の申請手続が創設され、その考慮事情が法律上明示されました。

　改正法により、法務大臣は、外国人が退去強制対象者に該当する場合であっても、（1）永住許可を受けているとき、（2）かつて日本国民として本邦に本籍を有したことがあるとき、（3）人身取引等により他人の支配下に置かれて本邦に在留するものであるとき、（4）難民の認定又は補完的保護対象者の認定を受けているとき、（5）その他法務大臣が特別に在留を許可すべき事情があると認めるときは、当該外国人からの申請により又は職権で、当該外国人の在留を特別に許可することができることとされました（出入国管理及び難民認定法（以下「入管法」といいます。）第50条第1項）。

　ただし、当該外国人が、無期若しくは一年を超える拘禁刑（実刑）に処せられるなど一定の前科を有する者又は一定の退去強制事由に該当する者である場合は、在留特別許可をしないことが人道上の配慮に欠けると認められる「特別の事情」（注1）がない限り、在留特別許可はされません（同条第1項ただし書）。

　そして、在留特別許可の許否判断に当たっては、在留を希望する理由、家族関係、素行、本邦に入国することとなった経緯、本邦に在留している期間、その間の法的地位、退去強制の理由となった事実及び人道上の配慮の必要性を考慮するほか、内外の諸情勢及び本邦における不法滞在者に与える影響その他の事情を考慮することが明示されました（同条第5項）。

（注1）　入管法第50条第1項ただし書に該当する者は、その反社会性の高さに鑑みれば、類型的に、我が国での在留を例外的・恩恵的に認めることが好ましくない者です。「特別の事情」とは、このような者であっても、例えば、当該外国人が、本邦で疾病の治療を受けている者で、相当期間本邦で治療を受けなければ生命に危険が及ぶ具体的なおそれがあることなど、在留を許可しないことが人道的見地から酷に過ぎると認められる事情をいいます。

2　在留特別許可の性質について

　在留特別許可は、従前から、本邦からの退去を強制されるべき外国人に対して例外的・恩恵的に行われる措置であり、その判断は、法務大臣の極めて広範な裁量に委ねられており、在留特別許可をするかどうかについては、個々の事案ごとに諸般の事情を総合的に考慮した上で判断されるものとされていました。

　改正法によっても、このような在留特別許可の性質は、変わりません。

第1編　第3章　収容・送還等に関する令和5年入管法改正（令和5年法律第56号）　119

3　ガイドラインの位置付けについて

　出入国在留管理庁は、在留特別許可の判断の透明性を高めるため、在留特別許可に係るガイドラインを策定・改定し、考慮する事項を例示的に示してきたところです。

　今般、改正法の施行により、前記1のとおり、申請手続の創設に併せて考慮事情を法律で明確に示し、当該各考慮事情について当事者に十分に主張し得る機会を保障することとしたことに併せ、在留特別許可に係るガイドラインも改定し、当該各考慮事情の評価に関する考え方を示すこととしました。

　本改定は、在留特別許可に関する従来の判断の在り方を変えるものではありませんが、特に、我が国に不法に在留している期間が長いことについては、出入国在留管理秩序を侵害しているという観点から消極的に評価されることを明確にしました。他方で、本邦で家族とともに生活をするという子の利益の保護の必要性を積極的に評価すること、また、その間の生活の中で構築された日本人の地域社会（学校、自治会等。以下「地域社会」といいます。）との関係も積極的に評価することなどを明確にしました。

第2　入管法第50条第5項に掲げる考慮事情の評価に関する考え方

1　在留を希望する理由

　当該外国人が我が国での在留を希望する理由は、在留特別許可をするかどうかの判断において基本となるものですが、単に在留を希望する理由があるだけではなく、後記2から9までに掲げる事情とどのように関連するのかという観点から考慮されます。

2　家族関係

　家族関係は、在留特別許可をするかどうかの判断において、重要な要素となり得るものであり、中でも、家族とともに生活をするという子の利益の保護の必要性は、積極要素として考慮されます。

　その上で、特に考慮する積極要素として、以下のもの（ただし、家族関係に加え、後記3の「素行」として分類される当該外国人やその家族と、日本人や地域社会との結び付きについても併せて考慮されているものです。）が挙げられます。
（1）日本人又は特別永住者との家族関係
　ア　当該外国人が、日本人又は特別永住者との間に出生した実子（嫡出子又は父から認知を受けた非嫡出子をいう。以下同じ。）であること
　イ　当該外国人が、日本人又は特別永住者との間に出生した実子を扶養している場合であって、次のいずれにも該当すること
　　（ア）当該実子が未成年かつ未婚であること、又は成年であるものの身体的若しくは精神的障害により監護を要すること
　　（イ）当該実子と現に相当期間同居し、当該実子を監護及び養育していること
　ウ　当該外国人が、日本人又は特別永住者と法的に婚姻している場合（退去強制を免れるために、婚姻を偽装し、又は形式的な婚姻届を提出した場合を除く。）であって、夫婦として相当期間共同生活をし、相互に協力して扶助しており、かつ、夫婦の間に子がいるなど婚姻が安定かつ成熟していること
（2）入管法別表第二に掲げる在留資格で在留する者との家族関係

ア 当該外国人が、入管法別表第二に掲げる在留資格で在留している者の扶養を受けている未成年かつ未婚の実子であること

イ 当該外国人が、入管法別表第二に掲げる在留資格で在留している実子を扶養している場合であって、前記（1）イ（ア）及び（イ）のいずれにも該当すること

ウ 当該外国人が、入管法別表第二に掲げる在留資格で在留している者と法的に婚姻している場合（退去強制を免れるために、婚姻を偽装し、又は形式的な婚姻届を提出した場合を除く。）であって、夫婦として相当期間共同生活をし、相互に協力して扶助しており、かつ、夫婦の間に子がいるなど婚姻が安定かつ成熟していること

（3） 前記（1）及び（2）以外の家族関係

ア 当該外国人が、本邦の初等中等教育機関（母国語による教育を行っている教育機関を除く。以下同じ。）で相当期間教育を受けており、かつ、本国で初等中等教育を受けることが困難な事情等が認められる場合であって、地域社会で一定の役割を果たすなど相当程度に地域社会に溶け込んでいる者と同居しており、かつ、当該者の監護及び養育を受けている実子であること

イ 当該外国人が、本邦の初等中等教育機関で相当期間教育を受けており、かつ、本国で初等中等教育を受けることが困難な事情等が認められる実子と同居しており、かつ、当該実子を監護及び養育している場合であって、地域社会で一定の役割を果たすなど相当程度に地域社会に溶け込んでいる者であること

3 素 行

在留特別許可をするかどうかの判断において、当該外国人の素行が善良であること、すなわち法令を遵守し、社会的に非難されることのない生活を送ることは当然の前提であるため、積極要素とはなりません。

しかし、当該外国人が地域社会において相当程度活動したり、本邦の初等中等教育機関で相当期間教育を受けているなどの事情により、現に相当程度に地域社会との関係が構築されていると認められること、当該外国人に対する将来の雇用主等の第三者による支援の内容が十分なものであることなど、地域社会に溶け込み、貢献しているなどの事情が認められる場合には、その程度に応じて、積極要素として考慮されます。その中でも、当該外国人が、社会、経済、文化等の各分野において、本邦に貢献し不可欠な役割を担っていると認められることは、特に考慮する積極要素となります。

これに対し、当該外国人が、過去に退去強制手続又は出国命令手続をとられたことがあること、入管法第50条第1項ただし書に該当する以外の刑罰法令違反に及んだことがあること、仮放免又は監理措置中に逃亡又は条件に違反したこと、これまで本邦で就労していたにもかかわらず、適正に納税義務を果たしていないこと、現に生活する地域のルールを守らない、迷惑行為を繰り返すなどしており、地域社会との関係に問題が認められることなど、当該外国人の素行が善良ではない場合には、その反社会性の程度に応じて消極要素として考慮されます。その中でも、特に考慮する消極要素として、以下のものが挙げられます。

（1） 当該外国人が、以下に掲げるような出入国在留管理行政の根幹に関わる違反又は反社会性の高い違反に及んだことがあること

ア 集団密航への関与や、他の外国人の不法入国を容易にする行為等を行ったことがあること

イ 他の外国人の不法就労や、在留資格の偽装に関わる行為等を行ったことがあること

ウ　在留カード等公的書類の偽変造や不正受交付、偽変造された在留カード等の行使、所持等を行ったことがあること

エ　自ら売春を行い、あるいは他人に売春を行わせるなど、本邦の社会秩序を著しく乱す行為又は人権を著しく侵害する行為を行ったことがあること

（2）　当該外国人が、反社会的勢力であること

4　本邦に入国することとなった経緯

当該外国人が適法に入国したことは当然の前提であるため、積極要素とはなりませんが、本邦に入国することとなった経緯に人道上の配慮の必要性等が認められる場合には、その程度に応じて積極要素として考慮され、当該外国人が、インドシナ難民、第三国定住難民、中国残留邦人であることは、特に考慮する積極要素となります。

これに対し、当該外国人が、船舶による密航、若しくは偽造旅券等を使用し又は在留資格を偽装するなどして不正に入国したことや、入管法第10条第7項若しくは第11項又は第11条第6項の規定により退去を命ぜられた者で、遅滞なく本邦から退去しなかったことなど、不法又は不正に入国した場合には、その経緯に認められる帰責性の程度に応じて消極要素として考慮されます。

5　本邦に在留している期間、その間の法的地位

本邦に在留している期間、その間の法的地位については、当該外国人が我が国に適法に滞在していることは当然の前提であるため、積極要素とはなりませんが、入管法別表第一の一の表又は二の表若しくは入管法別表第二の表に掲げる在留資格に基づく活動又は身分若しくは地位を有するものとしての活動を行っていた場合には、そのような期間が長期であることなどは、積極要素として考慮されます。

これに対し、当該外国人が不法残留している場合又は不法入国後に不法に在留を続けている場合には、不法に滞在する期間が長期であることなどは、在留管理秩序を侵害する程度が大きいといえ、消極要素として考慮されます（注2）（注3）。

なお、外国人が認知されて日本国籍を取得した後にその認知が事実に反することが明らかとなった場合には、国籍取得が当初から無効となるため、当該外国人に日本国籍が認められなくなりますが、認知を受けたことについて当該外国人に帰責性のない場合には、それまで日本人として生活していた実態等は、後記9「その他の事情」の積極要素として考慮されます。

この場合において、認知を受けた外国人が本邦の初等中等教育機関で相当期間教育を受けているなどの事情が認められるときは、これについても、特に考慮する積極要素となります。

（注2）　ただし、不法滞在していた場合であっても、その間の生活の中で日本人や地域社会との関係を構築している場合は、前記3同様に我が国との結び付きを示すものとして、積極要素として考慮される場合があります。

（注3）　この場合、在留特別許可の許否判断において考慮する不法滞在期間の終期は、出入国在留管理庁が不法滞在の事実を認知した時点となります。

6　退去強制の理由となった事実

退去強制の対象となる外国人は入管法第24条各号に掲げる退去強制事由のいずれかに該当しているところ、その理由となった事実は、その反社会性の程度に応じて消極要素として考慮されます。

7　人道上の配慮の必要性

　人道上の配慮の必要性は、その程度に応じて積極要素として考慮されます。その中でも、特に考慮する積極要素として、以下のものが挙げられます。

（1）　当該外国人が、難病等により本邦での治療を必要としていること、又はこのような治療を要する親族を看護することが必要と認められる者であること

（2）　当該外国人が、難民の認定又は補完的保護対象者の認定を受けていなくとも、その本国における情勢不安に照らし、当該外国人が帰国困難な状況があることが客観的に明らかであること

（3）　当該外国人が、いずれの国籍又は市民権も有しておらず、入管法第53条第2項各号に掲げる国のいずれにも送還できない者であること

8　内外の諸情勢、本邦における不法滞在者に与える影響

　内外の諸情勢、本邦における不法滞在者に与える影響としては、具体的には、国内の治安や善良な風俗の維持、労働市場の安定等の政治、社会等の諸情勢、当該外国人の本国情勢、本邦における不法滞在者に与える影響等が考慮されます。

9　その他の事情

　在留特別許可の許否の判断においては、諸般の事情を総合的に考慮するものであり、考慮される事情は、前記1から8までに挙げたものに限られません。

　例えば、当該外国人が、不法滞在を申告するため、自ら地方出入国在留管理官署に出頭したこと、入管法別表第一の一の表又は二の表に掲げる在留資格のいずれかの資格該当性を有し、在留特別許可とされた場合に当該在留資格に基づく活動を行うと認められることは、積極要素として考慮されます。

　これに対し、当該外国人が、退去強制手続又は在留諸申請等において、虚偽の内容の申告を行ったことや、当該外国人と本国との結び付きが顕著なことは、消極要素として考慮されます。

第3　積極要素及び消極要素の考慮の在り方等

　在留特別許可の許否の判断においては、個々の事案ごとに当該外国人の申立て内容だけでなく、具体的な根拠の有無や客観的な状況も考慮した結果、各考慮事情に認められる積極要素及び消極要素を総合的に勘案し、積極要素として考慮すべき事情が消極要素として考慮すべき事情を明らかに上回る場合には、在留特別許可をする方向で検討することとなります。

　したがって、特に考慮する積極要素が存在するからといって、必ず在留特別許可がされるというものではなく、逆に、特に考慮する消極要素が存在するからといって、一切在留特別許可がされないというものでもありません（注4）。

（注4）　在留が認められず退去強制令書を発付された外国人は、速やかに本邦から退去することが原則となるため、退去強制令書が発付された後の事情変更等は原則として考慮されません。

4　申請権の保障

（1）　手　続

上記2の在留特別許可の申請は、収容令書により収容された外国人又は監理措置決定を受けた外国人が、法務大臣に対して行うことができます（入管法50条2項）。

在留特別許可を申請しようとする外国人は、入管法施行規則別記第61号の4様式による申請書及び上記2（1）の入管法50条1項各号のいずれかに該当することを証する資料各1通を、地方出入国在留管理局に出頭して提出しなければなりません（入管法施行規則44条2項）。また、この申請に当たっては、入管法施行規則44条3項各号に掲げる書類（中長期在留者にあっては旅券及び在留カード、監理措置に付された者にあっては監理措置決定通知書、仮放免の許可を受けた者にあっては仮放免許可書）を提示しなければなりません（入管法施行規則44条3項）。

なお、外国人が16歳に満たない者であるとき又は疾病その他の事由により自ら申請することができないときは、当該外国人の父若しくは母、配偶者、子又は親族がその者に代わって申請を行うことができます（入管法施行規則44条4項）。

在留特別許可の申請は、当該外国人に対して退去強制令書が発付された後は、することができません（入管法50条3項）。この理由について、西山政府参考人は、令和5年4月18日の衆議院法務委員会において、「退去強制令書の発付後も在留特別許可の申請を可能とすると、迅速な送還に支障を来しかねない」からであるとしつつ、「改正法下において退去強制令書の発付後に在留特別許可をすべき事情が生じた場合には、退去のための計画を策定する過程におきまして、本人の意向聴取を行うなどして当該事情を適切に把握した上で、職権で在留特別許可を行うことが可能で」あると答弁しています。齋藤健法務大臣も、令和5年5月16日の参議院法務委員会において、「退去強制令書の発付後に在留特別許可をすべき新たな事情が生じるように、例外的な場合もあり得ると思います。そこで、本法案でも、このような事情が生じた場合には法務大臣等が職権により在留を特別に許可することができることとしている」と答弁しています。

（2）　申請権の教示

入国審査官、特別審理官又は主任審査官は、次の①から③までのいずれかに該当するときは、速やかに、容疑者に対し、在留特別許可の申請をすることができる旨を知らせなければなりません（入管法47条4項、48条8項、49条6項）。

① 　入国審査官が、審査の結果、容疑者に対し、退去強制対象者に該当するとの認定をした旨の通知をするとき（入管法47条4項）

② 　特別審理官が、口頭審理の結果、上記①の認定が誤りがないと判定したとき（入管法48条8項）

③ 　主任審査官が、法務大臣から異議の申出が理由がないと裁決した旨の通知を受けたとき（入管法49条6項）

（3）　在留特別許可申請をしない場合等における退去強制令書の発付

主任審査官は、容疑者が入管法47条3項の入国審査官による認定若しくは入管法48条8項

の特別審理官の判定に服した場合又は主任審査官から法務大臣が異議の申出が理由がないと裁決した旨の通知を受けた場合（入管法49条6項）において、当該容疑者が在留特別許可申請をしない場合等は、速やかに入管法51条による退去強制令書を発付します（入管法47条5項後段、48条10項、49条7項）。

即ち、①容疑者が在留特別許可申請しない旨を記載した文書（入管法施行規則37条4項に基づく別記第54号の2様式による「在留特別許可申請放棄書」）に署名したとき（入管法47条5項1号）、②容疑者が入管法47条3項の入国審査官による認定に服した日、入管法48条8項の特別審理官による判定に服した日又は主任審査官から法務大臣が異議の申出が理由がないと裁決した旨の通知を受けた日から3日以内に在留特別許可申請をしなかったとき（入管法47条5項2号）、③容疑者が在留特別許可申請を取り下げ、又は在留特別許可をしない処分を受けたとき（入管法47条5項3号）は、主任審査官は、速やかに入管法51条による退去強制令書を発付します。

（4）　不許可の場合の理由提示

法務大臣は、在留特別許可の申請があった場合において在留特別許可をしない処分をするときは、速やかに理由を付した書面（入管法施行規則別記第62号の3様式による通知書）をもって、当該申請をした外国人にその旨を知らせなければなりません（入管法50条10項、入管法施行規則44条8項）。

西山政府参考人は、この不許可理由の告知の義務付けの趣旨について、令和5年4月19日の衆議院法務委員会において、「不許可理由の告知を義務づけることにより、合理的な理由のない不許可を抑止できることとなる上、判断に不服がある場合には行政訴訟を提起して的確に争うことが容易となるのであって、入管当局における判断の公平、適正さが一層確保される仕組みになって」いると答弁しています。この立法趣旨からすれば、いかなる事実関係についてどの条項が適用されたのかを請求者が知り得るような理由の提示が必要であると解されます（最高裁平成4年12月10日判決（判時1453号116頁））。

第5　送還停止効の例外（難民認定手続及び補完的保護対象者認定手続と退去強制手続との関係）

難民認定手続中は法律上一律に送還が停止されるという、いわゆる送還停止効（入管法61条の2の9第3項）に例外を設け、同手続中であっても一定の場合には送還を可能とする措置を講ずる改正が行われました（入管法61条の2の9第4項）。

1　送還停止効

難民認定の手続と退去強制の手続との関係について定めた規定である入管法61条の2の9（改正前入管法61条の2の6。なお、改正後は、補完的保護対象者認定手続と退去強制手続との関係についても同様の扱いとなっています。）は、難民認定申請をした在留資格未取得外

国人のうち、①仮滞在許可（入管法61条の2の4第1項）を受けたものについては、退去強制事由に該当すると疑うに足りる相当な理由がある場合であっても、仮滞在期間が経過するまでの間は退去強制の手続それ自体を停止する旨を定めています（入管法61条の2の9第2項）。

　一方、難民認定申請をした在留資格未取得外国人のうち、②仮滞在許可を受けていないもの又は仮滞在期間が経過することとなったもの（入管法61条の2の4第5項1号から3号まで及び5号に該当するものを除きます。）については、「退去強制の手続を行う場合」には、同項1号から3号までに掲げるいずれかの事由（解除事由）に該当することとなるまでの間は、改正により新設された後記2の入管法61条の2の9第4項の例外的場合を除き、入管法52条3項による送還を停止する旨を定めています（入管法61条の2の9第3項）。これが、いわゆる難民認定申請による送還停止効です。

　入管法61条の2の4第5項1号から3号までに掲げる事由が、送還停止効の解除事由であり、以下のとおりです。即ち、ⅰ難民不認定処分について審査請求期間内に審査請求しなかったこと（入管法61条の2の4第5項1号）、ⅱ難民不認定処分について審査請求が取り下げられ、又はこれを却下し若しくは棄却する裁決があったこと（入管法61条の2の4第5項2号）、ⅲ難民認定がされた場合において、入管法61条の2の2第1項の規定による在留資格に係る許可をしない処分があったこと（入管法61条の2の4第5項3号）です。つまり、送還が（後記2の入管法61条の2の9第4項の例外的場合を除き）停止されるのは、難民認定をしない処分が確定し（上記ⅰ又はⅱに該当した場合）又は難民として認定した上で入管法61条の2の2第1項による在留資格に係る許可をしない処分が行われる（上記ⅲに該当した場合）までの間です。

　なお、難民認定申請をした在留資格未取得外国人のうち、上記②「仮滞在許可を受けていないもの又は仮滞在期間が経過することとなったもの」に該当するものに係る退去強制の手続においては、難民認定の手続が係属している間においても、法務大臣等が入管法49条1項に基づく異議の申出には理由がない旨の裁決をすること及び主任審査官が退去強制令書を発付することは、当然に許容されており、それが難民条約33条1項に定めるいわゆるノン・ルフールマン原則に反しないことは、その文言に照らして明らかとされています（東京地裁平成23年3月10日判決（（平22（行ウ）461号）ウエストロー・ジャパン））。

2　送還停止効が発生しない例外的場合（要件）

　難民認定手続中は法律上一律に送還が停止されるという、上記1のいわゆる送還停止効に例外を設け、同手続中であっても一定の場合には送還を可能とする措置を講ずる改正が、以下のとおり行われました。

　即ち、難民認定申請又は補完的保護対象者認定申請をした在留資格未取得外国人の送還の停止に係る入管法61条の2の9第3項は、在留資格未取得外国人が次の①ないし③のいずれかに該当するときは適用しないとされました（入管法61条の2の9第4項）。当該改正は、送還停止効は難民認定申請中の者の法的地位（本邦における在留に係る状態）の安定を図るために設けられたものであるところ（東京地裁令和3年1月27日判決（（平30（行ウ）463号・平30（行ウ）470

号・平30（行ウ）471号・平30（行ウ）472号・平30（行ウ）473号）ウエストロー・ジャパン））、法的地位の安定を図る必要がないとされる3回目以降の難民等認定申請者等をその例外としたものです（令和5年4月19日の衆議院法務委員会における齋藤健法務大臣答弁）。

① 難民認定申請又は補完的保護対象者認定申請前に当該在留資格未取得外国人が本邦にある間に二度にわたりこれらの申請を行い、いずれの申請についても入管法61条の2の4第5項1号（難民不認定処分又は補完的保護対象者不認定処分について審査請求期間内に審査請求しなかったこと）又は同項2号（難民不認定処分又は補完的保護対象者不認定処分について審査請求が取り下げられ、又はこれを却下し若しくは棄却する裁決があったこと）のいずれかに該当することとなったことがある者（難民認定申請又は補完的保護対象者認定申請に際し、難民認定又は補完的保護対象者認定を行うべき相当の理由がある資料を提出した者を除きます。）（入管法61条の2の9第4項1号）

② 無期若しくは3年以上の拘禁刑に処せられた者（刑の全部の執行猶予の言渡しを受けた者又は刑の一部の執行猶予の言渡しを受けた者を除きます。）（入管法61条の2の9第4項2号）

③ 入管法24条3号の2、3号の3若しくは4号オからカまでのいずれかに該当する者若しくはこれらのいずれかに該当すると疑うに足りる相当の理由がある者（入管法61条の2の9第4項2号）

3　送還が停止される「相当の理由がある資料を提出した者」の意義

　送還停止効の例外とはされずに、入管法61条の2の9第3項の原則通り送還が停止される、上記2①の「相当の理由がある資料を提出した者」（入管法61条の2の9第4項1号括弧書）について、西山政府参考人は、衆議院法務委員会において、「例えば、本国情勢の変化等の前回処分後に生じた事情変更を示す資料などが考えられる」（令和5年4月19日答弁）、「難民認定申請書の記載によっても、相当な理由、例えばですが、当方で把握している本国の、出身国情報、これと整合して一応の外見上の真実らしさなどが認められるようでありましたら、それは申述のみであっても相当な理由のある資料ということで、送還停止効はなお停止されない」（令和5年4月19日答弁）、「相当の理由がある資料に該当するか否かについては、提出された資料の内容に、外観上真実らしく、その事実によれば難民等認定をするべき事情が含まれているかどうかを個別に検討した上で判断することになろう」（令和5年4月21日答弁）と答弁し、参議院法務委員会において、「過去の難民認定手続時における事情に関するもので、そのときには提出できなかった資料あるいはできなかった供述であっても、この提出あるいは供述できなかったことに合理的な理由が認められる場合でございますれば、相当の理由がある資料に該当し得る」（令和5年5月18日答弁）と答弁しています。

　また、齋藤健法務大臣は、同年4月18日の衆議院法務委員会において、「相当の理由がある資料につきましては、資料の形態や形式に制限はなく、申請者の陳述や申請書自体もこれに該当し得ると考えています。すなわち、3回目以降の難民認定申請者が申請に際し客観的な資料を提出できない場合であっても、そのことのみをもって一律に送還停止効の例外となる

ものではなく、例えば申請者の陳述が当庁が把握している出身国情報とも整合している場合などには、申請者の陳述のみをもって相当の理由がある資料を提出したものとして送還停止効の適用を受けられることもあり得ると考えています。」と答弁しています。

4 「相当の理由がある資料」にあたるか否かを判断する主体

上記2①の「相当の理由がある資料」（入管法61条の2の9第4項1号括弧書）にあたるか否かを判断する主体について、西山政府参考人は、衆議院法務委員会において、「関係部門併せて、言ってみれば、地方局全体で判断していくことになる」（令和5年4月19日答弁）、「送還手続につきましては警備部門になりますけれども、それに当たっての、ここの問題になります相当の理由のある資料という関係では審査部門ということになりますので、双方が連携をしてやる」（令和5年4月19日答弁）、「相当の理由がある資料の提出の有無については、その送還の可否を検討するに当たりまして、地方局の送還担当部門と難民等調査部門とが連携しながら、地方局全体で判断することとなるというふうに考えております。また、当該判断につきましては、入管庁本庁とも協議の上、当該事案を担当する地方局全体で判断する運用とする」（令和5年4月21日答弁）と答弁しています。また、申請者が意見を述べる機会について、法律上は、そのような機会を設ける規定はないとしつつ、「ただ、このような取扱いをしたとしても、難民等認定申請書に自らの主張を記載して提出することが可能であり、また、提出に際して口頭で補足することなどにより、難民等認定申請者が送還停止効の例外の対象となることについて意見を述べることは可能ではある」と答弁しています。

5 送還停止効の例外に該当するか否かの判断それ自体について、行政訴訟等により争うことができる仕組みを設けていない理由

上記2の送還停止効の例外の該当性判断それ自体について、入管法上、行政処分性（行政不服審査法1条2項、行政事件訴訟法3条2項）を組み込んでいません。そのため、行政不服審査法又は入管法による行政上の不服申立ても行政訴訟の提起もできない仕組みとなっています。

送還停止効の例外に該当するか否かの判断それ自体について、行政訴訟等により争うことができる仕組みを設けていない理由について、西山政府参考人は、令和5年4月18日の衆議院法務委員会において、「送還停止効の例外は、難民認定申請中であっても送還可能となる類型を設けるもので、送還停止効の例外に該当するか否かにつき行政訴訟等を認めても難民と認定されることにはならず、難民認定を求める外国人にとっては根本的な問題の解決とはならない」と述べています。

上記2の①の類型に該当する者（入管法61条の2の9第4項1号）が、3回目の難民認定申請において、2回目の難民不認定処分後に新たに生じた事由をもって難民該当性を主張する場合において、その判断を受ける前の送還を避けるためには、違法判断の基準時が処分時となる難民不認定処分（既に受けた不認定処分）の取消請求訴訟では対応できないことから、退去強制令書発付処分のうちの（少なくとも）送還先指定部分（東京高裁令和2年1月29日判決（判タ

1479号28頁)、大阪高裁平成27年11月27日判決（判時2298号17頁）参照）の非申請型撤回義務付け（退去強制令書がいまだ発付されていない場合にあっては差止め）請求訴訟を提起し、仮の撤回義務付け（退去強制令書がいまだ発付されていない場合にあっては仮の差止め）を求めることになると解されます。

　名古屋高裁平成18年6月21日判決（（平16（行コ）32）裁判所HP）は、退去強制手続における送還先は、主任審査官によって難民該当性についての実質的判断がなされた上で指定される手続になっていると解した上で、難民該当性は主任審査官による退去強制令書発付処分の違法事由となるとしています。また、東京地裁令和2年3月10日判決（（平29（行ウ）166号）ウエストロー・ジャパン）は、当該外国人が難民であるにもかかわらず、その者を迫害のおそれのある国に向けて送還する退去強制令書発付処分は、入管法53条3項、難民条約33条1項、拷問等禁止条約3条1項に反し違法であり、かつ、その瑕疵が入管法の根幹に関わる重大な過誤であることにより無効であると判示しています。東京地裁令和4年7月21日判決（（令3（行ウ）368号）ウエストロー・ジャパン）は、「一般に、いわゆる不利益処分の撤回については、当初瑕疵なく成立した処分であっても、その後の新たな事情の発生等により、当該処分に係る公益上の必要性が消滅し、又は当該処分の効果を存続させることが不適当となったなど、当初の判断を見直す必要性が認められる場合には、処分行政庁は撤回の権限に係る明文の根拠規定がなくても当該処分を撤回することができるものと解される。」とした上で、「主任審査官が行う退去強制令書発付処分についても、例えば、退去強制令書に記載された送還先につき、当該処分後に入管法53条3項各号に掲げる国となった場合などには、当該処分の効果を存続させることが不適当となったものと認め得るのであるから、主任審査官がいかなる場合にも退去強制令書発付処分を撤回する権限を一切有しないものとまでは解し難い。」と判示しています。また、同判決は、「入管法上、法務大臣等から異議の申出が理由がないとの裁決がされた旨の通知を受けた場合に、主任審査官は速やかに退去強制令書を発付すべきものとされ、これを差し控えることは予定されていない（49条6項）が、このことによって直ちに、退去強制令書発付処分後の事情の変化による当該処分の撤回義務付けの訴えに係る訴訟要件が充足される余地がなくなるというものではない。上記裁決の通知を受けた主任審査官が退去強制令書を発付しないことが入管法上予定されていないことは、上記訴えの本案要件充足性（行訴法37条の2第5項）の判断において考慮されるべき事柄にすぎないものというべきである。」と判示しています。

6　送還停止効の例外規定と人権諸条約との関係

　上記2の送還停止効の例外規定と人権諸条約との関係について、齋藤健法務大臣は、令和5年4月19日の衆議院法務委員会において、送還停止効は、難民認定申請中の者の法的地位の安定を図るために設けられたものであって、難民条約33条1項に定めるいわゆるノン・ルフールマン原則を担保するものではない（同原則を担保しているのは、難民と認定された者に限らず退去強制を受ける者について、難民条約33条1項に規定する領域の属する国等への

第1編　第3章　収容・送還等に関する令和5年入管法改正（令和5年法律第56号）　129

送還を禁じる入管法53条3項である）ことから、難民認定申請中であっても、法的地位の安定を図る必要がない者を送還停止効の例外の対象とすることは許容され得ると答弁し、今福孝男外務省大臣官房参事官（政府参考人）も、同日の衆議院法務委員会において、「送還停止効は、難民認定申請中の者の法的地位の安定を図るために設けられたものと承知しており、また、その送還先につきましては、送還停止効の例外に該当する者であっても、入管法第53条3項において、我が国が締約国となっている難民条約等に規定されている国への送還を禁じているため、難民条約やその他の我が国が締約国となっている人権諸条約に違反するものではない」と答弁しています。

　また、西山政府参考人は、令和5年4月25日の衆議院法務委員会において、「難民条約第33条2において、難民であっても、特に重大な犯罪について有罪の判決が確定し締約国の社会にとって危険な存在となった者は、ノン・ルフールマン原則が適用されない旨規定されております。この、特に重大な犯罪について有罪の判決が確定し締約国の社会にとって危険な存在となった者とは、当該犯罪を犯した者を社会にとって危険な存在と言い得るような犯罪、すなわち、無期又は1年を超える懲役又は禁錮の実刑に処せられた者など、現行入管法第24条4号ト、チ、リに該当する者を念頭に置いているものと承知しております。したがいまして、3年以上の実刑に処せられた者は、難民条約に言う特に重大な犯罪について有罪の判決が確定し締約国の社会にとって危険な存在となった者に該当すると考えられ、これを送還したとしても難民条約上のノン・ルフールマン原則に反しないと考えています。本法案におきまして、送還停止効の例外対象を1年以上の実刑に処せられた者とすることも考えられましたが、迅速な送還と人権保障のバランスを図る観点からより慎重に決することとして、3年以上の実刑に処せられた者を送還停止効の例外といたしました。」と答弁しています。

　つまり、政府としては、送還停止効を規定する入管法61条の2の9第3項は、難民認定申請中の者の法的地位の安定を図る（難民認定申請中は送還を行わないということを法律上明記することにより、難民認定申請者が送還を恐れることなく自身の難民性に係る主張を十分に尽くすための機会を保障する）ために設けられたものにすぎず、どこに送還するかという送還先を規律している難民条約上のノン・ルフールマン原則を担保するためのものではないから、送還停止効の例外を規定した入管法61条の2の9第4項は、難民条約に反しないと解しています（注）。また、同原則を担保している入管法53条3項の適用上、入管法61条の2の9第4項2号（無期若しくは3年以上の実刑拘禁刑に処せられた者）及び3号（入管法24条3号の2、3号の3若しくは4号オからカまでのいずれかに該当する者若しくはこれらのいずれかに該当すると疑うに足りる相当の理由がある者）に該当する者（上記2の②及び③）は、そもそも難民条約33条2項においてノン・ルフールマン原則が適用されないとされている者（締約国の安全にとって危険であると認めるに足りる相当な理由がある者又は特に重大な犯罪について有罪の判決が確定し当該締約国の社会にとって危険な存在となった者）に該当するため、仮にその者が難民であり送還したとしても難民条約に反しないと解しています。

西山政府参考人は、令和5年6月1日の参議院法務委員会において、入管法53条3項1号括弧書について、難民条約33条2項の規定を我が国として担保したものであるとした上で、「法務大臣が日本国の利益又は公安を著しく害すると認める場合」に該当する者とは、「我が国でテロ行為等を行うおそれがある者、我が国の政治的基本組織を暴力で破壊しようとする者及び当該犯罪を犯した者を社会にとって危険な存在と言い得るような犯罪、すなわち無期又は1年を超える懲役又は禁錮の実刑に処せられた者などを指」すと答弁しています。そして、難民条約33条の文言上、比例性の観点から適用の有無を審査する、あるいは当該個人が将来にわたり国又は社会に対して及ぼす危険が当該個人の直面する危険を上回るかどうかという観点からの判断をするというようなことなどは明文では規定されていないため、入管法53条3項1号括弧書の適用について、比例性についての解釈をすべき理由はないと答弁しています。

（注） これに対し、阿部浩己参考人（明治学院大学国際学部教授）は、令和5年5月23日の参議院法務委員会において、「難民を難民と適正に認定できる体制がないままに難民申請者の退去強制を可能にすることは、難民保護の要というべきノン・ルフールマン原則を踏みにじる重大な危険性を制度的に生み出すものと言わなくてはなりません。退去強制手続の下で送還先指定を制約する入管法第53条3項にこの重大なノン・ルフールマン原則の確保を託すのでは、余りにも制度的に不十分です。」と述べています。小尾尚子参考人（国際基督教大学人道アクションネットワーク（NOHA）プログラムコーディネーター）も、同日の参議院法務委員会において、「難民認定の結果が出されていない方、ましてや難民該当性の審査のために一度も面接もされていない方が送還され得るということは、難民条約第33条2項との整合性に問題が生じ、それに抵触する可能性がある」、「53条3項2号に規定の拷問禁止条約、3号の強制失踪条約、そして入管法に規定されてはいないものの、自由権規約の第6条と7条はそれぞれノン・ルフールマン原則を規定するものですが、そこに難民条約のような国家の安全を理由とする例外はありません。出身国で拷問や強制失踪などに直面する場合は、国の安全への問題があるとして53条3項1号の括弧書きに該当しても、結局のところ送り返すことは禁止されているのです。だからこそ、例えば3年以上の実刑を受けているからといって自動的に送還停止効を外して難民認定審査の結果も出さないということは、これらの人権条約の適用性も判断なされないまま送還される可能性をも高めます。」と述べています。また、安藤由香里『ノン・ルフルマン原則と外国人の退去強制』（信山社、令和4年）も、（難民認定制度が機能していない現状においては、）「ノン・ルフルマン原則に抵触し得る」（9頁）、「国際社会の実行から逸脱する」（229頁）と述べています。

7 入管法53条3項1号との関係（入管法53条3項該当性の判断プロセス）

上記2の送還停止効の例外に該当する場合であっても、入管法53条3項1号により、迫害を受けるおそれのある領域の属する国に送還してはならない（送還停止効の例外に該当する

者であっても、ノン・ルフールマン原則に反する送還が行われることはない）とされていることとの関係で、同号に該当するか否かはどのように判断されるのかについて、西山政府参考人は、令和５年４月18日の衆議院法務委員会において、「送還先国は、主任審査官が退去強制令書を発付するに当たり、関係者の聴取結果等を踏まえ、違反審査部門において必要に応じて関係部門に照会するなどして検討し、第53条第３項の該当性を適切に検討した上で指定することとなります。また、退去強制令書の発付後は、そのまま当該送還先国に送還するのが原則ではございますが、本国情勢が悪化するなど送還先国を見直すべき事情変更が生じた場合には、同様に、関係部門に照会するなどして検討した上で、主任審査官が適切に送還先国を見直すこととなっております。さらに、本法案の下では、退去強制令書の発付後、当該外国人の意向の聴取等を行い、直ちに送還することができない原因となっている事情を把握して、退去のための計画を定めることとしており、送還先の見直しの要否は、当該計画の作成過程においても、適切に事情を把握の上で検討されることになります。」と答弁しています。

入管法53条３項に該当するかの判断に第三者が関与する手続となっていない理由について、齋藤健法務大臣は、令和５年４月19日の衆議院法務委員会において、「送還停止効の例外に該当する者は、難民等認定申請中であってもその法的地位の安定を図る必要がない者であるから、その該当性については速やかに判断した上で迅速な送還を実現することが必要なため、第三者が関与する形にはなっていない」と答弁しています。

第６　上陸拒否期間を１年とする旨の決定

退去強制令書の発付を受けた者の自発的な出国を促すため、素行等を考慮して相当と認められる者について、その申請により、速やかに自費出国をした場合には、退去を強制されたことを理由とする上陸拒否期間（入管法５条１項９号ハ）を短縮することができることとする制度を設ける改正が行われました（入管法52条５項）。

1　決定の内容

法務大臣は、自費出国の許可（入管法52条４項）を受けた者に対し、その者の素行、退去強制の理由となった事実その他の事情を考慮して相当と認めるときは、その者の申請に基づき、自費出国の許可に係る出国予定日から７日を超えない範囲で主任審査官が定める日までに（入管法施行規則47条の３第３項）自ら本邦を退去する場合に限り、在留資格「短期滞在」に係る活動を行おうとする場合を除き、退去を強制されたことを理由とする上陸拒否期間（入管法５条１項９号ハ）を１年（入管法５条１項９号ロ）とする旨の決定をすることができるものとされました（入管法52条５項）。但し、過去に本邦からの退去を強制されたこと又は出国命令により出国したことがある者は、対象者から除かれます（入管法52条５項括弧書）。

上記の上陸拒否期間を１年とする旨の決定の申請をしようとする外国人は、入管法施行規則別記第64号の３様式による申請書及びその他参考となるべき資料各１通を、地方出入国在留管理局に出頭して提出しなければなりません（入管法施行規則47条の３第１項）。外国人が16歳

に満たない者であるとき又は疾病その他の事由により自ら申請することができないときは、当該外国人の父若しくは母、配偶者、子又は親族がその者に代わって申請を行うことができます（入管法施行規則47条の3第2項）。

2　書面による通知

　法務大臣は、上記1の上陸拒否期間を1年とする旨の決定をしたときは、自費出国の許可を受けた者に対し、その旨を入管法施行規則別記第64号の4様式による通知書によって通知します（入管法52条6項、入管法施行規則47条の3第4項）。

●上陸拒否期間短縮の類型（再掲）

類　　型		要　　件	上陸拒否期間
出国命令	違反調査の開始前に、速やかに本邦から出国する意思をもって自ら出入国在留管理官署に出頭し、出国命令により出国した者	①　不法残留（入管法24条2号の4、4号ロ、6号、7号）であること ②　一定の退去強制事由（入管法24条3号ないし3号の5、4号ハないしヨ、8号、9号）に該当しないこと ③　本邦に入った後に、入管法24条の3第3号が掲げる犯罪により拘禁刑に処せられたものでないこと ④　過去に本邦からの退去を強制されたこと又は出国命令により出国したことがないこと	「短期滞在」に係る活動を行おうとする場合を含め1年
	違反調査の開始後、入国審査官から退去強制対象者に該当する旨の通知を受ける前に、速やかに本邦から出国する意思がある旨を表明し、出国命令により出国した者		「短期滞在」に係る活動を行おうとする場合は5年、それ以外の在留資格に係る活動を行おうとする場合は1年
上陸拒否期間を1年とする旨の決定	退去強制令書発付処分後、自費出国の許可を受け、申請に基づき相当と認められ、上陸拒否期間を1年とする旨の決定を受け、主任審査官が定める日までに自ら本邦を退去した者	①　自費出国の許可を受けたこと ②　過去に本邦からの退去を強制されたこと又は出国命令により出国したことがないこと ③　その者の素行、退去強制の理由となった事実その他の事情を考慮して法務大臣が相当と認めること	「短期滞在」に係る活動を行おうとする場合は5年、それ以外の在留資格に係る活動を行おうとする場合は1年

第1編　第3章　収容・送還等に関する令和5年入管法改正（令和5年法律第56号）　133

第7　退去のための計画

1　入国警備官による退去のための計画の策定

　入国警備官は、①退去強制令書の発付を受けた者を収容（入管法52条9項）したとき（入管法52条の8第1項1号）又は②退去強制令書の発付を受けた者に対し監理措置決定（入管法52条の2第1項、5項）がされたとき（入管法52条の8第1項2号）は、その者の意向の聴取その他の方法により、その者を直ちに本邦外に送還することができない原因となっている事情を把握した上で、退去のための計画を定めなければなりません（入管法52条の8第1項）。この退去のための計画には、①本邦外に送還することができない原因となっている事情、②退去強制令書の発付を受けた者の意向の聴取の結果、③本邦外に送還することができない原因となっている事情が解消する予定時期を記載します（入管法施行規則48条の4）。

　送還停止効の例外となる旨や送還時期等の計画を告知するかについて、西山政府参考人は、令和5年4月21日の衆議院法務委員会において、個々の事案において必要に応じて行うものであるため、一概にいえないとしつつ、「退去のための計画の作成、変更に当たり、意向を聴取することとなれば、例えば、送還停止効の適用等といった送還を妨げる事情がなくなった場合には、改めて意向を確認する中で、送還され得る立場にあることや、送還予定時期を認識できるような説明をすることになる」と答弁しています。執行要領は、退去のための計画を定めるときの意向聴取の機会等において行う送還予定時期に関する説明について、被退去強制者が速やかな出国を希望している場合を除き、被退去強制者の裁判を受ける権利に配慮し、送還予定時期は、それを説明する日から1か月後以降とするとしています。

2　入国警備官から主任審査官への進捗状況の報告

　入国警備官は、上記1の退去のための計画の対象である退去強制を受ける者が退去強制令書の発付を受けて収容されている期間が継続して3月に達したときは、速やかに、主任審査官に対し、当該計画を提出するとともに、その進捗状況を報告しなければなりません（入管法52条の8第2項）。

3　監理措置決定の要否の検討

（1）　主任審査官による検討

　入国警備官から上記2の提出及び報告を受けた主任審査官は、監理措置決定（入管法52条の2第5項）をしたにもかかわらず保証金が納付されていないため放免していないときを除き、監理措置決定の要否を検討しなければならず（入管法52条の8第3項前段）、当該決定をしないときは、その旨及び理由を入管庁長官に報告しなければなりません（入管法52条の8第3項後段）。

（2）　入管庁長官による検討

　主任審査官から上記（1）の報告を受けた入管庁長官は、その者を放免して監理措置に付することが相当と認めるときは、監理措置決定（入管法52条の2第5項）をすべきことを主任審査

官に命じなければなりません（入管法52条の8第4項）。入管庁長官から、監理措置決定をすべきことを命じられた主任審査官は、速やかに、職権で、当該決定をしなければならず（入管法52条の8第5項前段）、当該決定をする場合において、監理措置に付される者に対し、保証金を納付（入管法52条の2第5項後段）させることができます（入管法52条の8第5項後段）。

（3）　検討結果に係る本人に対する告知

上記（1）及び（2）のとおり、本人から請求がない場合であっても、主任審査官が、3か月ごとに職権で収容の要否を検討し、監理措置に付さない場合には、その旨及び理由を入管庁長官に報告し、入管庁長官が更に収容の要否を吟味するという仕組みになっています。このように、入管庁長官又は主任審査官が職権により要否を検討するものであり、検討の結果、監理措置決定をしない場合に、その旨を本人に告知することにはなっていません。それに対し、被収容者から自己を監理措置決定に付する旨の請求があった場合において、監理措置決定をしないときは、上記第2　2（3）イのとおり、理由を付した書面をもってその旨を通知することとしているため、本人がその決定しない理由を認知できることになっています（入管法52条の2第7項、44条の2第9項）。

4　収容が継続している者への監理措置決定の要否の検討

入国警備官は、退去強制を受ける者が退去強制令書の発付を受けて収容されている期間が3月を超えて継続しているときは、当該超えて継続する期間が3月を経過するごとに、速やかに、上記1の退去のための計画の進捗状況を主任審査官に報告しなければなりません（入管法52条の8第6項前段）。この場合においては、上記3と同様に、監理措置決定の要否が検討されます（入管法52条の8第6項後段）。

5　旅券発給申請等命令

（1）　命令の対象者、命令の内容

主任審査官は、退去強制令書の発付を受けた者を送還するために必要がある場合には、その者に対し、相当の期間を定めて、旅券の発給の申請その他送還するために必要な行為として入管法施行規則48条の2で定める行為をすべきことを命ずることができます（入管法52条12項）。この命令は、入管法施行規則別記第65号の2様式による旅券発給申請等命令書によって行います（入管法施行規則48条の3第1項）。

入管法施行規則48条の2は、「その他送還するために必要な行為」として、次の各行為を掲げています。即ち、①旅券の発給の申請に必要な書類（電磁的記録を含みます。）を作成し、又は取得すること（1号）、②旅券の発給の申請に必要な書類及び個人識別情報（指紋、写真その他の個人を識別することができる情報）を大使館等（本邦にある外国の大使館、公使館、領事館その他これらに準ずる機関）又は入国審査官若しくは入国警備官に提出し、又は提供すること（2号）、③大使館等の構成員等から出頭又は面接を求められたときは、これに応じること（3号）、④有効な旅券を入国審査官又は入国警備官に提供すること（4号）、⑤日本国政

府の承認した外国政府若しくは入管法2条5号ロに規定する地域の権限のある機関(以下「外国政府等」といいます。)又は航空会社若しくは船舶会社(以下「航空会社等」といいます。)の求めに応じて、関税の納付に関する申告書その他送還に必要な書類を作成し、又は取得すること(5号)、⑥外国政府等又は航空会社等の求めに応じて、関税の納付に関する申告書その他送還に必要な書類を、外国政府等若しくは航空会社等又は入国審査官若しくは入国警備官に提出し、又は提供することその他送還に必要な手続を行うこと(6号)、⑦旅券その他送還に必要な書類を保管し、又は保存すること(7号)、⑧入国審査官又は入国警備官の求めに応じて①ないし⑦に掲げる行為の状況を入国審査官又は入国警備官に報告すること(8号)を掲げています。

主任審査官は、必要がある場合には、相当の期間を定めて、上記の定められた期間を延長することができます(入管法52条13項)。

旅券発給申請等命令の対象者には難民認定申請者で手続中の者も含まれます(西山政府参考人による令和5年5月18日の参議院法務委員会における答弁)。

（2） 旅券発給申請等命令の創設の趣旨

上記(1)の旅券発給申請等命令を改正により創設した趣旨について、西山政府参考人は、令和5年4月25日の衆議院法務委員会において、「送還困難国の中には、被退去強制者本人が有効な旅券を所持していれば当該外国人の意思にかかわらず護送官付送還による受入れに応じるものの、当該外国人本人が旅券の発給を申請しなければ旅券の発給に長期間を要する国や、そもそも旅券発給に応じない国が存在しております。この場合、本人が旅券の発給の申請を拒否すると、職権により旅券が発給されるまでの間送還を行うことができず、このことが収容の長期化の要因になっております。そのため、職権による旅券の発給に長期間を要する国を送還先とする場合には、外国人本人に旅券発給申請等を義務づけて、罰則による間接強制の効果により自ら旅券発給申請等をさせ、迅速かつ円滑に退去強制令書の執行による送還を実施できるようにする必要があるということでございまして、旅券発給申請等の命令制度を創設することとしたところでございます。」と答弁しています。

（3） 旅券発給申請等命令の運用

旅券発給申請等命令の運用について、西山政府参考人は、令和5年5月18日の参議院法務委員会において、退去強制令書の発付後、当該外国人の意向の聴取等を行い、直ちに送還することができない原因となっている事情を把握して、退去のための計画を定めるところ(入管法52条の8第1項)、この計画の作成又は変更の過程において、必要に応じて対象となる外国人から事情を聴取することにより、適切かつ慎重に旅券発給申請等命令の要否を検討すると答弁しています。執行要領が、旅券発給申請等命令までの対応及び同命令発出後の対応の詳細について規定しています。

（4） 罰 則

旅券発給申請等命令に違反して命じられた行為をしなかった場合は、刑事罰(1年以下の懲役若しくは20万円以下の罰金又はその併科)が科されます(入管法72条5号)。

136　第1編　第3章　収容・送還等に関する令和5年入管法改正（令和5年法律第56号）

第8　退去の命令

　退去強制を受ける者のうち、退去強制令書の円滑な執行に協力しない国（イラン・イスラム共和国）が送還先である者及び送還を積極的に妨害する行為を行ったことがある者に対し、一定の要件の下で自ら本邦から退去することを義務づける命令制度を創設し（入管法55条の2第1項）、命令に違反した場合の罰則（入管法72条7号）を整備する改正が行われました。本人に本邦からの退去義務を課し、罰則により間接的に自ら本邦から退去することを促す手段として導入されました（令和5年4月18日の衆議院法務委員会における西山政府参考人による答弁）。執行要領が、退去の命令発出までの対応及び同命令発出後の対応の詳細について規定しています。

1　退去の命令の発出

（1）　発出要件

　主任審査官は、次の①又は②の事由のいずれかにより退去強制を受ける者を入管法53条に規定する送還先に送還することが困難である場合において、その者の意見を聴いた上で（入管法55条の2第1項柱書後段）、相当と認めるときは、その者に対し、相当の期間を定めて、本邦からの退去を命ずることができます（入管法55条の2第1項柱書前段）。主任審査官は、必要がある場合には、相当の期間を定めて、上記の期間を延長することができます（入管法55条の2第4項）。

①　その者が自ら本邦を退去する意思がない旨を表明している場合において、その者の入管法53条に規定する送還先が退去強制令書の円滑な執行に協力しない国として法務大臣が告示（出入国管理及び難民認定法第55条の2第1項第1号の規定に基づき退去強制令書の円滑な執行に協力しない国以外の国を定める件）で定める国（イラン・イスラム共和国）であること（入管法55条の2第1項1号）

②　その者が偽計又は威力を用いて送還を妨害したことがあり、再び送還に際して同様の行為に及ぶおそれがあること（入管法55条の2第1項2号）

（2）　退去の命令書の交付

　主任審査官は、退去の命令（入管法55条の2第1項）を発出する場合には、その理由及び期間を記載した文書（入管法施行規則50条の2第1項に基づき、別記第70号の2様式による退去の命令書）を交付します（入管法55条の2第3項）。

2　退去の命令の効力停止

　退去の命令を受けた者が次の①から③までに掲げる事由のいずれかに該当するに至ったときは、当該事由に該当しなくなるまでの間、当該命令は、効力を停止します（入管法55条の2第2項）。

① 入管法61条の2の9第3項の規定により送還が停止（難民認定申請又は補完的保護対象者認定申請に基づく送還停止）されたこと（入管法55条の2第2項1号）
② 退去強制の処分の効力に関する訴訟が係属し、かつ、行政事件訴訟法の規定による執行停止の決定がされたこと（入管法55条の2第2項2号）
③ 出国の制限を受けたこと（入管法55条の2第2項3号）

3　入管法52条3項による送還との関係

退去の命令は、入国警備官がその期間（延長された場合は、当該延長された期間を含みます（入管法55条の2第5項括弧書）。）内に退去強制令書の発付を受けた者を入管法52条3項により送還することを妨げないとされます（入管法55条の2第5項）。

4　退去の命令により退去させられた者の取扱い

退去の命令により本邦から退去させられた者は、入管法の規定の適用については、退去強制令書により退去を強制されたものとみなされます（入管法55条の2第6項）。

5　退去の命令違反罪

退去の命令を受けた者が、命令に違反して本邦から退去しない場合は、刑事罰（1年以下の拘禁刑若しくは20万円以下の罰金又はその併科）が科されます（入管法72条7号）。

第9　刑事訴訟法上の出国制限制度との関係

刑事訴訟法等の一部を改正する法律（令和5年5月17日法律第28号）により、後記1及び2のとおり、刑事訴訟法において出国制限制度が創設されました。これに伴い、入管法が後記3ないし8のとおり改正されました。この刑事訴訟法改正及び入管法改正は、いずれも令和7年5月16日までに施行されます。

なお、収容令書又は退去強制令書によって身柄を拘束されている者で逃走したものは、改正前入管法72条1号により1年以下の懲役若しくは20万円以下の罰金に処し、又はこれを併科するとされていました。この収容令書又は退去強制令書によって身柄を拘束されている者は、刑事訴訟法等の一部を改正する法律（令和5年5月17日法律第28号）により、「法令により拘禁された者」として、改正後刑法97条の逃走罪（3年以下の拘禁刑）及び改正後刑法98条の加重逃走罪（3月以上5年以下の拘禁刑）の主体とされたため、改正前入管法72条1号は削除されました（この改正は令和5年6月6日から施行されています。）。仮放免（入管法54条2項）された者は、一時的に収容を停止され、仮に身柄の拘束を解かれた者であり、「法令により拘禁された者」には当たらないため、改正後刑法97条及び98条の適用対象とはなりません（松下裕子法務省刑事局長（以下「松下政府参考人」といいます。）による令和5年4月12日の衆議院法務委員会における答弁）。仮放免された者が、仮放免許可に付された条件（入管法54条2項）に違反し

て、逃亡し、又は正当な理由がなくて呼出しに応じない場合は、入管法違反として、刑事罰（1年以下の拘禁刑若しくは20万円以下の罰金又はその併科）が科されます（入管法72条6号）。

1 拘禁刑以上の刑に処する判決の宣告を受けた者に係る出国制限制度

（1） 出国制限制度

公判期日等への出頭及び裁判の執行を確保するために、拘禁刑以上の刑に処する判決（改正後刑事訴訟法96条4項括弧書により、拘禁刑の全部の執行猶予の言渡しをしないものに限ります。以下同じ。）の宣告を受けた者は、裁判所の許可（一時出国許可）を受けなければ本邦から出国してはならないこととされました（改正後刑事訴訟法342条の2）。

（2） 一時出国許可

ア 請 求

拘禁刑以上の刑に処する判決の宣告を受けた者又はその弁護人、法定代理人、保佐人、配偶者、直系の親族若しくは兄弟姉妹は、上記（1）の一時出国許可の請求をすることができます（改正後刑事訴訟法342条の3）。

イ 許 可

（ア） 要 件

裁判所は、上記アの一時出国許可の請求（改正後刑事訴訟法342条の3）があった場合において、本邦から出国することを許すべき特別の事情があると認めるときは、決定で、国外にいることができる期間（指定期間）を指定して、許可をすることができます（改正後刑事訴訟法342条の4第1項本文）。但し、収容令書（入管法40条）又は退去強制令書（入管法51条）の発付を受けている者については、この限りでありません（改正後刑事訴訟法342条の4第1項但書）。つまり、収容令書又は退去強制令書の発付を受けている外国人は、一時出国許可の対象となりません。

裁判所は、必要と認めるときは、一時出国許可に係る指定期間を延長することができます（改正後刑事訴訟法342条の4第4項）。また、裁判所は、一時出国許可を受けた者について、指定期間の終期まで国外にいる必要がなくなったと認めるときは、当該指定期間を短縮することができます（改正後刑事訴訟法342条の4第5項）。

（イ） 考慮事情

裁判所は、上記（ア）の特別の事情（改正後刑事訴訟法342条の4第1項本文）の有無を判断するに当たっては、許可がされた場合に拘禁刑以上の刑に処する判決の宣告を受けた者が指定期間内に本邦に帰国せず又は上陸しないこととなるおそれの程度のほか、本邦から出国することができないことによりその者が受ける不利益の程度その他の事情を考慮するものとされます（改正後刑事訴訟法342条の4第2項）。松下政府参考人は、令和5年4月7日の衆議院法務委員会において、「特定の外国でしか受けられない手術であり、それを受けないと生命に危険が及ぶおそれがある一方、手術終了後は我が国に戻ることが確実であると認められるときなどにおいては、特別の事情が認められ得る」と答弁しています。

裁判所は、一時出国許可の請求（改正後刑事訴訟法342条の3）について決定をするときは、検

察官の意見を聴かなければなりません（改正後刑事訴訟法342条の4第3項）。

　　　（ウ）　帰国等保証金

　裁判所は、一時出国許可（改正後刑事訴訟法342条の2）をする場合には、帰国等保証金額を定めなければなりません（改正後刑事訴訟法342条の5第1項本文）。但し、保釈を許す決定を受けた被告人について、許可をするときは、この限りでありません（改正後刑事訴訟法342条の5第1項但書）。一時出国許可は、帰国等保証金額が定められたときは、帰国等保証金の納付があった時にその効力を生じます（改正後刑事訴訟法342条の6第1項）。

　上記の帰国等保証金額は、宣告された判決に係る刑名及び刑期、当該判決の宣告を受けた者の性格、生活の本拠及び資産、その者が外国人である場合にあってはその在留資格の内容その他の事情を考慮して、その者が指定期間内に本邦に帰国し又は上陸することを保証するに足りる相当な金額でなければなりません（改正後刑事訴訟法342条の5第2項）。

　　　（エ）　条　件

　裁判所は、一時出国許可（改正後刑事訴訟法342条の2）をする場合には、その許可を受ける者の渡航先を制限し、その他適当と認める条件を付することができます（改正後刑事訴訟法342条の5第3項）。

　（3）　一時出国許可の取消し

　　ア　必要的取消し

　裁判所は、一時出国許可（改正後刑事訴訟法342条の2）を受けた者が、収容令書（入管法40条）又は退去強制令書（入管法51条）の発付を受けたときは、決定で、当該許可を取り消さなければなりません（改正後刑事訴訟法342条の7第1項）。

　　イ　任意的取消し

　裁判所は、次の①又は②のいずれかに該当すると認めるときは、検察官の請求により、又は職権で、決定で、一時出国許可（改正後刑事訴訟法342条の2）を取り消すことができます（改正後刑事訴訟法342条の7第2項）。これにより一時出国許可を取り消す場合には、裁判所は、決定で、帰国等保証金（保証金が納付されている場合にあっては当該保証金）の全部又は一部を没取することができます（改正後刑事訴訟法342条の7第3項）。また、一時出国許可を受けた者が、正当な理由がなく、指定期間内に本邦に帰国せず又は上陸しなかったときも、裁判所は、検察官の請求により、又は職権で、決定で、帰国等保証金（保証金が納付されている場合にあっては当該保証金）の全部又は一部を没取することができます（改正後刑事訴訟法342条の7第4項）。

①　一時出国許可を受けた者が、正当な理由がなく、指定期間内に本邦に帰国せず又は上陸しないと疑うに足りる相当な理由があるとき（改正後刑事訴訟法342条の7第2項1号）

②　一時出国許可を受けた者が渡航先の制限その他裁判所の定めた条件に違反したとき（改正後刑事訴訟法342条の7第2項2号）

　（4）　無許可出国、一時出国許可の取消し、指定期間内不帰国の場合の措置

　裁判所は、拘禁刑以上の刑に処する判決の宣告を受けた被告人が一時出国許可（改正後刑事

訴訟法342条の2）を受けないで本邦から出国し若しくは出国しようとしたとき、被告人の一時出国許可が上記（3）イの任意的取消し（改正後刑事訴訟法342条の7第2項）されたとき、又は一時出国許可を受けた被告人が正当な理由がなく指定期間内に本邦に帰国せず若しくは上陸しなかったときは、検察官の請求により、又は職権で、次の①ないし③に掲げる場合の区分に応じ、各区分の決定をすることができます（改正後刑事訴訟法342条の8第1項）。②により保釈を取り消す場合には、裁判所は、決定で、保証金の全部又は一部を没取することができます（改正後刑事訴訟法342条の8第2項）。

① 当該被告人について勾留状が発せられていない場合　勾留する決定（改正後刑事訴訟法342条の8第1項1号）

② 当該被告人が保釈されている場合　保釈を取り消す決定（改正後刑事訴訟法342条の8第1項2号）

③ 当該被告人が勾留の執行停止をされている場合　勾留の執行停止を取り消す決定（改正後刑事訴訟法342条の8第1項3号）

2　罰金の裁判の告知を受けた被告人及び罰金の裁判が確定した者に係る出国制限制度

（1）　出国禁止命令

裁判所は、罰金の裁判（その刑の執行猶予の言渡しをしないものに限ります。以下同じ。）の告知を受けた被告人について当該裁判の確定後に罰金を完納することができないこととなるおそれがあると認めるときにおいては、勾留状を発する場合を除き、決定で、裁判所の許可（一時出国許可）を受けなければ本邦から出国してはならないことを命じます（改正後刑事訴訟法345条の2第1項）。また、罰金の裁判の告知を受けた被告人について、保釈を許し、又は勾留の執行停止をする場合において、罰金の裁判の確定後に罰金を完納することができないこととなるおそれがあると認めるときも同様です（改正後刑事訴訟法345条の2第2項）。

（2）　一時出国許可等

上記（1）の一時出国許可等について、上記1の拘禁刑以上の刑に処する判決の宣告を受けた者に係る出国制限制度における帰国等保証金、一時出国許可の取消し及び出国制限に違反して出国した場合等の措置に相当する規定が設けられています（改正後刑事訴訟法345条の3等）。

（3）　罰金の裁判が確定した者の拘置

上記（1）の出国禁止命令の決定をした裁判所は、罰金の裁判が確定した者で、当該決定を受け、かつ、一時出国許可を受けないで本邦から出国したもの等について、罰金を完納することができないこととなるおそれがあると認めるときは、検察官の請求により、当該裁判が確定した後30日を経過するまでの間、その者を刑事施設に拘置することができます（改正後刑事訴訟法494条の5）。

第1編　第3章　収容・送還等に関する令和5年入管法改正（令和5年法律第56号）　141

3　出国確認の留保

　入国審査官は、上記1（1）の拘禁刑以上の刑に処する判決の宣告による出国制限（改正後刑事訴訟法342条の2）又は上記2（1）の罰金の裁判の告知を受けた被告人及び罰金の裁判が確定した者に係る出国禁止命令（改正後刑事訴訟法345条の2）による出国の制限を受けている外国人又は日本人のうち、一時出国許可を受けていないものについて、出国の確認を留保することができることとされました（外国人について入管法25条の2第1項1号、日本人について入管法60条の2第1項1号）。

4　退去強制令書の執行停止

　上記1（1）の拘禁刑以上の刑に処する判決の宣告による出国制限（改正後刑事訴訟法342条の2）又は上記2（1）の罰金の裁判の告知を受けた被告人及び罰金の裁判が確定した者に係る出国禁止命令（改正後刑事訴訟法345条の2）による出国の制限を受けている外国人に係る退去強制令書は、当該出国の制限を受けている間は、その執行を停止します（入管法63条3項）。

5　出国制限対象者条件指定書の携帯及び提示

　主任審査官は、上記4により退去強制令書の執行を停止され（入管法63条3項）、かつ刑事訴訟法により身体を拘束されていない者（以下「出国制限対象者」といいます。）に対し、住居及び行動範囲の制限、呼出しに対する出頭の義務その他必要と認める条件を付すとともに、出国制限対象者条件指定書を交付します（入管法63条の2第1項）。この条件に違反して、逃亡し、又は正当な理由がなくて呼出しに応じない者は、刑事罰（1年以下の拘禁刑若しくは20万円以下の罰金又はその併科）が科されます（入管法72条12号）。

　出国制限対象者（入管法63条の2第1項）は、常に出国制限対象者条件指定書を携帯していなければなりません（入管法23条1項13号）。また、入国審査官、入国警備官、警察官、海上保安官、税関職員、公安調査官、麻薬取締官、外国人住民に係る住民票に係る住民基本台帳に関する事務に従事する市町村の職員又は公共職業安定所の職員（入管法施行規則26条）が、その職務の執行に当たり、出国制限対象者条件指定書の提示を求めたときは、提示しなければなりません（入管法23条3項）。これに違反して出国制限対象者条件指定書の提示を拒んだ者は、刑事罰（10万円以下の罰金）が科されます（入管法76条2号）。

6　条件の遵守状況等の届出

　出国制限対象者（入管法63条の2第1項）は、法務省令で定めるところにより、生活状況、上記5により付された条件の遵守状況その他法務省令で定める事項を主任審査官に対して届け出なければなりません（入管法63条の2第2項）。この届出をせず、又は虚偽の届出をした者は、刑事罰（20万円以下の罰金）が科されます（入管法71条の5第5号）。

142　第1編　第3章　収容・送還等に関する令和5年入管法改正（令和5年法律第56号）

7　出国制限対象者に対する不法残留罪及び不法在留罪の適用関係

　出国制限対象者（入管法63条の2第1項）に対する入管法70条の適用については、上記1（1）の拘禁刑以上の刑に処する判決の宣告による出国制限（改正後刑事訴訟法342条の2）又は上記2（1）の罰金の裁判の告知を受けた被告人及び罰金の裁判が確定した者に係る出国禁止命令（改正後刑事訴訟法345条の2）による出国の制限を受けている間は、残留する者又は出国しない者（入管法70条1項3号ないし3号の3、5号、7号ないし8号の4）に該当せず、不法に在留すること（入管法70条2項）にも該当しないものとみなされます（入管法63条の2第3項）。そのため、上記の出国の制限を受けている間は、不法残留罪（入管法70条1項）及び不法在留罪（入管法70条2項）が成立しないことになります。

8　出国制限対象者の不法就労罪

　出国制限対象者が、収入を伴う事業を運営する活動又は報酬を受ける活動を行った場合は、刑事罰（3年以下の拘禁刑若しくは300万円以下の罰金又はその併科）が科されます（入管法70条1項12号）。

第5節　被収容者の処遇に係る改正

　入国者収容所又は地方出入国在留管理局に設けられる収容場（以下「入国者収容所等」といいます。入管法2条16号）における被収容者の処遇について、保健衛生及び医療、外部交通等に関する事項を明確化するため、具体的な規定を整備する改正が行われました（入管法5章の2）。

　西山政府参考人は、令和5年4月18日の衆議院法務委員会において、「被収容者の処遇を一層適正化するため、被収容者の人権を尊重しつつ施設内の適正な規律、秩序を維持するという観点で、刑事収容施設及び被収容者の処遇に関する法律をも参考にしつつ、被収容者の権利義務に関わるものなど法律で定めることが適切と考えられる事項を入管法で規定した」と答弁しています。

　なお、以下の被収容者の処遇に係る各規定に関して、改正前入管法や被収容者処遇規則との対比（実質的な内容の変更の有無等）及び刑事収容施設処遇法における同趣旨の条文の指摘等については、児玉晃一『2023年改定入管法解説』82頁～140頁（現代人文社、令和6年）が有益ですので、参照して下さい。

第1　総　則

1　処遇の原則

　被収容者（入国者収容所等に収容されている者）の処遇は、被収容者の人権を尊重しつつ適正に行わなければなりません（入管法55条の4第1項）。また、被収容者には、入国者収容所等の保安上支障がない範囲内においてできる限りの自由が与えられなければなりません（入管法55条の4第2項）。

2 被収容者に対する活動の援助

入国者収容所長又は地方出入国在留管理局長（以下「入国者収容所長等」といいます。入管法55条の５第１項）は、被収容者に対し、知的、教育的及び娯楽的活動その他の活動について、援助を与えるように努めなければなりません（入管法55条の５第１項、入管法施行規則50条の３）。

3 宗教上の行為

被収容者が一人で行う礼拝その他の宗教上の行為は、入国者収容所等の規律及び秩序の維持その他管理運営上支障を生ずるおそれがある場合を除き（入管法55条の６但書）、禁止し、又は制限してはなりません（入管法55条の６本文）。

4 実地監査

入管庁長官は、法務大臣の定めるところにより、その職員のうちから監査官を指名し、各入国者収容所等について、毎年１回以上、実地監査を行わせなければなりません（入管法55条の９）。

5 入国者収容所等視察委員会

入管法施行規則50条の４に基づく別表第６で定める出入国在留管理官署に、入国者収容所等視察委員会を置き（入管法55条の10第１項）、同委員会は、入国者収容所等の適正な運営に資するため、同別表第６で定める担当区域内にある入国者収容所等を視察し、その運営に関し、入国者収容所長等に対して意見を述べます（入管法55条の10第２項）。

第2 保健衛生及び医療

1 保健衛生及び医療の原則

入国者収容所等においては、被収容者の心身の状況を把握することに努め、被収容者の健康及び入国者収容所等内の衛生を保持するため、社会一般の保健衛生及び医療の水準に照らし適切な保健衛生上及び医療上の措置を講ずるものとされます（入管法55条の37）。

2 健康診断等

（１） 収容の開始の際の事情聴取

入国者収容所長等は、入国警備官に、被収容者から、収容の開始に際し、疾病、外傷等の有無その他の健康状態につき事情を聴取させなければなりません（入管法55条の41第１項）。

（２） 健康診断の実施

入国者収容所長等は、被収容者に対し、３月に１回以上定期的に、入管法施行規則50条の21が定める事項について、医師による健康診断を受けさせなければならず（入管法55条の41第２

項前段）、入国者収容所等における保健衛生上必要があるときも、同様とするものとされます（入管法55条の41第2項後段）。

被収容者は、上記の健康診断を受けなければならず（入管法55条の41第3項前段）、当該健康診断の実施のため必要な限度内における採血、エックス線撮影その他の医学的処置を拒むことはできません（入管法55条の41第3項後段）。

3　診療等

入国者収容所長等は、被収容者が次の①又は②のいずれかに該当する場合には、速やかに、医師又は歯科医師による診療を行い、その他必要な医療上の措置をとるものとされます（入管法55条の42第1項）。

①　負傷し、若しくは疾病にかかっているとき、又はこれらの疑いがあるとき（その者の心身に著しい障害が生ずるおそれ又は他人にその疾病を感染させるおそれがないときは、その者の意思に反しない場合に限ります。）（入管法55条の42第1項1号、柱書但書）

②　飲食物を摂取しない場合において、その心身に著しい障害が生ずるおそれがあるとき（入管法55条の42第1項2号）

第3　規律及び秩序の維持

1　規律及び秩序を維持するための措置の限度

入国者収容所等の規律及び秩序は、適正に維持されなければならず（入管法55条の47第1項）、これを達成するためとる措置は、被収容者の収容を確保し、並びにその処遇のための適切な環境及びその安全かつ平穏な共同生活を維持するため必要な限度を超えてはならないとされます（入管法55条の47第2項）。

2　遵守事項、生活及び行動についての指示

入国者収容所長等は、被収容者が遵守すべき事項（入管法55条の48第2項）を定めます（入管法55条の48第1項）。このほか、入国者収容所長等又はその指定する職員は、入国者収容所等の規律及び秩序を維持するため必要がある場合には、被収容者に対し、その生活及び行動について指示することができます（入管法55条の48第3項）。

3　被収容者の隔離

入国者収容所長等は、①被収容者が他の被収容者と接触することにより入国者収容所等の規律及び秩序を害するおそれがあるとき（入管法55条の50第1項1号）又は②他の被収容者から危害を加えられるおそれがあり、これを避けるために他に方法がないとき（入管法55条の50第1項2号）には、その者を他の被収容者から隔離することができます（入管法55条の50第1項）。隔離の期間は1月です（入管法55条の50第2項本文）。但し、特に継続の必要がある場合には、10日

第1編　第3章　収容・送還等に関する令和5年入管法改正（令和5年法律第56号）　145

ごとに更新することができます（入管法55条の50第2項但書）。入国者収容所長等は、上記の期間中であっても、隔離の必要がなくなったときは、直ちにその隔離を中止しなければなりません（入管法55条の50第3項）。

4　入国警備官による制止等の措置
（1）　被収容者に対する措置
　入国警備官は、被収容者が自身を傷つけ若しくは他人に危害を加え、逃走し、入国者収容所等の職員の職務の執行を妨げ、その他入国者収容所等の規律及び秩序を著しく害する行為をし、又はこれらの行為をしようとする場合には、合理的に必要と判断される限度で、その行為を制止し、その被収容者を拘束し、その他その行為を抑止するため必要な措置をとることができます（入管法55条の51第1項）。
（2）　被収容者以外の者に対する措置
　入国警備官は、被収容者以外の者が①入国者収容所等に侵入し、その設備を損壊し、入国者収容所等の職員の職務の執行を妨げ、又はこれらの行為を正にしようとするとき（入管法55条の51第2項1号）、②入国警備官の要求を受けたのに入国者収容所又は地方出入国在留管理局から退去しないとき（入管法55条の51第2項2号）、③被収容者の逃走又は入国者収容所等の職員の職務執行の妨害を、現場で、援助し、あおり、又は唆すとき（入管法55条の51第2項3号）、④被収容者に危害を加え、又は正に加えようとするとき（入管法55条の51第2項4号）には、合理的に必要と判断される限度で、その行為を制止し、その行為をする者を拘束し、その他その行為を抑止するため必要な措置をとることができます（入管法55条の51第2項）。

5　捕縄及び手錠の使用
　入国警備官は、被収容者を護送する場合又は被収容者が次の①ないし③のいずれかに該当する行為をするおそれがある場合には、捕縄又は手錠を使用することができます（入管法55条の52第1項、入管法施行規則50条の27、50条の28）。被収容者に捕縄を使用する場合には、血液の循環を著しく妨げることとならないよう留意しなければなりません（入管法施行規則50条の27第2項）。
① 　逃走すること（入管法55条の52第1項1号）
② 　自身を傷つけ、又は他人に危害を加えること（入管法55条の52第1項2号）
③ 　入国者収容所等の設備、器具その他の物を損壊すること（入管法55条の52第1項3号）

6　保護室又は単独室への収容
（1）　収容要件
　入国警備官は、被収容者が次の①又は②のいずれかに該当する場合には、入国者収容所長等の命令により（入国者収容所長等の命令を待ついとまがないときは、その命令を待たないで（入管法55条の53第2項））、その者を保護室又は法務大臣が定める基準を満たす単独室（以下

「保護室等」といいます。）に収容することができます（入管法55条の53第1項）。

① 自身を傷つけるおそれがあるとき（入管法55条の53第1項1号）

② 次のイからハまでのいずれかに該当する場合において、入国者収容所等の規律及び秩序を維持するため特に必要があるとき（入管法55条の53第1項2号）

　イ　入国警備官の制止に従わず、大声又は騒音を発するとき

　ロ　他人に危害を加えるおそれがあるとき

　ハ　入国者収容所等の設備、器具その他の物を損壊し、又は汚損するおそれがあるとき

（2）収容期間

　保護室等への収容の期間は、24時間以内とされます（入管法55条の53第3項本文）。但し、特に継続の必要がある場合には、入国者収容所長等は、24時間ごとにこれを更新することができます（入管法55条の53第3項但書）。入国者収容所長等は、上記の期間中であっても、保護室等への収容の必要がなくなったときは、直ちにその収容を中止させなければなりません（入管法55条の53第4項）。

（3）医師等の意見聴取

　被収容者を保護室等に収容し、又はその収容の期間を更新した場合には、入国者収容所長等は、速やかに、その被収容者の健康状態について、医師等の意見を聴かなければなりません（入管法55条の53第5項）。

7　外部交通

（1）面　会

　ア　面会の相手方

　入国者収容所長等は、被収容者に対し、他の者から面会の申出があったときは、入国者収容所等の規律及び秩序を維持し、又は衛生を保持するため必要があると認めるときを除き、これを許さなければなりません（入管法55条の55）。

　イ　面会の立会い等

　（ア）　領事官、訴訟代理人弁護士又は弁護人弁護士との面会

　入国者収容所長等は、被収容者と①被収容者の国籍又は市民権の属する国の領事官、②被収容者の訴訟代理人又は弁護人である弁護士（依頼によりこれらの者になろうとする弁護士を含みます。）（以下①及び②をあわせて「領事官等」といいます。）との面会については、職員に立ち会わせ、又はその面会の状況を録音させ、若しくは録画させること（以下、立会い、録音及び録画をあわせて「立会い等」といいます。）はできません（入管法55条の56第1項）。

　（イ）　領事官等以外の者との面会

　　i　自己が受けた処遇に関する国・地方公共団体の職員又は弁護士との面会

　入国者収容所長等は、被収容者と次の①又は②に掲げる者との面会については、入国者収容所等の規律及び秩序を害する結果を生ずるおそれがあると認めるべき特別の事情がある場合を除き、立会い等をさせてはなりません（入管法55条の56第2項）。

① 自己に対する入国者収容所長等の措置その他自己が受けた処遇に関し調査を行う国又は地方公共団体の機関の職員（入管法55条の56第2項1号）
② 自己に対する入国者収容所長等の措置その他自己が受けた処遇に関し弁護士法3条1項に規定する職務を遂行する弁護士（入管法55条の56第2項2号）

　　　　ⅱ　一般面会

　入国者収容所長等は、上記ⅰの自己が受けた処遇に関する国・地方公共団体の職員又は弁護士との面会を除き、その指名する職員に、被収容者と領事官等以外の者との面会に立ち会わせ、又はその面会の状況を録音させ、若しくは録画させます（入管法55条の56第1項本文）。但し、入国者収容所等の規律及び秩序を維持し、又は衛生を保持するため必要がないと認める場合には、その立会い並びに録音及び録画（以下「立会い等」といいます。）をさせないことができます（入管法55条の56第1項但書）。

　　　ウ　面会の一時停止及び終了

　　　（ア）　面会の一時停止等

　入国者収容所等の職員は、次の①又は②のいずれか（領事官等との面会にあっては、①ロ又はハに限ります。）に該当する場合には、その行為若しくは発言を制止し、又はその面会を一時停止させることができます。この場合においては、面会の一時停止のため、被収容者又は面会の相手方に対し面会の場所からの退出を命じ、その他必要な措置をとることができます（入管法55条の57第1項）。

① 被収容者又は面会の相手方が次のイからハまでのいずれかに該当する行為をするとき（入管法55条の57第1項1号）
　　イ　面会に関する制限（入管法55条の58第1項）に違反する行為
　　ロ　入国者収容所等の規律及び秩序を害する行為
　　ハ　衛生上の支障がある行為
② 被収容者又は面会の相手方が次のイからハまでのいずれかに該当する内容の発言をするとき（入管法55条の57第1項2号）
　　イ　暗号の使用その他の理由によって、入国者収容所等の職員が理解できないもの
　　ロ　犯罪の実行を共謀し、あおり、又は唆すもの
　　ハ　入国者収容所等の規律及び秩序を害する結果を生ずるおそれのあるもの

　　　（イ）　面会の終了

　入国者収容所長等は、上記（ア）により面会が一時停止された場合において、面会を継続させることが相当でないと認めるときは、その面会を終わらせることができます（入管法55条の57第2項）。

　　　エ　面会に関する制限

　入国者収容所長等は、被収容者の面会に関し、入管法施行規則50条の33ないし50条の38で定めるところにより、面会の相手方の人数、面会の場所、日及び時間帯、面会の時間及び回数その他面会の態様について、入国者収容所等の規律及び秩序の維持、衛生の保持その他管

理運営上必要な制限をすることができます（入管法55条の58第1項）。面会の回数について制限をするときは、その回数は、面会の相手方1人ごとに1日につき1回を下回ってはなりません（入管法55条の58第2項）。

（2） 信　書

ア　発受を許す信書

入国者収容所長等は、被収容者に対し、後記ウにより差し止める場合（入管法55条の61）を除き、他の者との間で信書を発受することを許さなければなりません（入管法55条の59）。

イ　信書の検査

入国者収容所長等は、入国者収容所等の規律及び秩序の維持その他の理由により必要があると認める場合には、その指名する職員に、被収容者が発受する信書について、検査を行わせることができます（入管法55条の60第1項）。

次の①ないし④の信書の検査は、これらの信書に該当することを確認するために必要な限度において行うものとされます（入管法55条の60第2項柱書本文）。但し、④の信書について、入国者収容所等の規律及び秩序を害する結果を生ずるおそれがあると認めるべき特別の事情がある場合は、この限りでありません（入管法55条の60第2項柱書但書）。

なお、入国者収容所長等は、被収容者が、自身が作成した、信書以外の文書図画を他の者に交付することを申請した場合には、その交付につき、被収容者が発する信書に準じて検査その他の措置をとることができます（入管法55条の65）。

① 領事官等から受ける信書（入管法55条の60第2項1号）

② 被収容者が国又は地方公共団体の機関から受ける信書（入管法55条の60第2項2号）

③ 被収容者が自己に対する入国者収容所長等の措置その他自己が受けた処遇に関し調査を行う国又は地方公共団体の機関に対して発する信書（入管法55条の60第2項3号）

④ 被収容者が自己に対する入国者収容所長等の措置その他自己が受けた処遇に関し弁護士法3条1項に規定する職務を遂行する弁護士（弁護士法人又は弁護士・外国法事務弁護士共同法人を含みます。）との間で発受する信書（入管法55条の60第2項4号）

ウ　信書の内容による差止め等

入国者収容所長等は、上記イの検査（入管法55条の60）の結果、被収容者が発受する信書について、その全部又は一部が次の①ないし⑤のいずれかに該当する場合には、その発受を差し止め、又はその該当箇所を削除し、若しくは抹消することができます（入管法55条の61第1項柱書前段）。上記イの①ないし④の信書（入管法55条の60第2項1号ないし4号）について、これらの信書に該当することを確認する過程においてその全部又は一部が次の①ないし⑤のいずれかに該当することが判明した場合も、同様です（入管法55条の61第1項柱書後段）。但し、被収容者が国又は地方公共団体の機関との間で発受する信書であってその機関の権限に属する事項を含むもの及び被収容者が弁護士との間で発受する信書であってその被収容者に係る弁護士法3条1項に規定する弁護士の職務に属する事項を含むものについては、その発受の差止め又はその事項に係る部分の削除若しくは抹消は、その部分の全部又は一部が①ないし③のいず

れかに該当する場合に限り、行うことができます（入管法55条の61第2項）。

① 暗号の使用その他の理由によって、入国者収容所等の職員が理解できない内容のものであるとき（入管法55条の61第1項1号）

② 発受によって、刑罰法令に触れることとなり、又は刑罰法令に触れる結果を生ずるおそれがあるとき（入管法55条の61第1項2号）

③ 発受によって、入国者収容所等の規律及び秩序を害する結果を生ずるおそれがあるとき（入管法55条の61第1項3号）

④ 威迫にわたる記述又は明らかな虚偽の記述があるため、受信者を著しく不安にさせ、又は受信者に損害を被らせるおそれがあるとき（入管法55条の61第1項4号）

⑤ 受信者を著しく侮辱する記述があるとき（入管法55条の61第1項5号）

（3）　電話等による通信

入国者収容所長等は、被収容者に対し、相当と認めるときは、電話その他政令で定める電気通信の方法による通信を行うことを許すことができます（入管法55条の66第1項）。入国者収容所長等は、入国者収容所等の規律及び秩序の維持その他の理由により必要があると認める場合には、その指名する職員に、電話等による通信の内容を確認するため、その通信を受けさせ、又はその内容を記録させることができます（入管法55条の67第1項）。電話等による通信は、上記（1）ウの面会と同様に、一時停止等及び終了の措置がとられることがあります（入管法55条の67第2項）。

8　不服申立て

（1）　審査の申請

ア　対象となる措置

入国者収容所長等による次の①ないし⑧の措置に不服がある者は、書面で、入管庁長官に対し、審査の申請をすることができます（入管法55条の68第1項）。この審査の申請は、これを行う者が自らしなければなりません（入管法55条の68第2項）。

① 宗教上の行為の禁止又は制限（入管法55条の6）

② 書籍等の閲覧の禁止（入管法55条の7第2項）

③ 自弁の物品の使用又は摂取を許さない処分（入管法55条の22）

④ 保管私物、自ら保管する現金又は領置されている物品の交付を許さない処分（入管法55条の31）

⑤ 診療を受けることを許さない処分（入管法55条の43第1項）又は診療の中止（入管法55条の43第4項）

⑥ 隔離（入管法55条の50第1項）

⑦ 信書の発受又は文書図画の交付の差止め又は制限（入管法55条の61、55条の62、55条の65）

⑧ 発受差止信書等の引渡しをしない処分（入管法55条の64第5項前段、3項）

イ　審査の申請期間

審査の申請は、上記アの措置の告知があった日の翌日から起算して30日以内にしなければなりません（入管法55条の69第1項）。

ウ　裁　決

入管庁長官は、職権で、審査の申請に関して必要な調査をした上で（入管法55条の71第1項）、できる限り90日以内に裁決をするよう努めるものとされます（入管法55条の72第1項）。

エ　再審査の申請

審査の申請の裁決に不服がある者は、書面で、法務大臣に対し、再審査の申請をすることができます（入管法55条の73第1項）。再審査の申請は、これを行う者が自らしなければなりません（入管法55条の73第3項前段、55条の68第2項）。また、再審査の申請は、審査の申請についての裁決の告知があった日の翌日から起算して30日以内にしなければなりません（入管法55条の73第2項）。

オ　行政不服審査法の準用

審査の申請、再審査の申請及びそれらの裁決については、行政不服審査法が技術的読替えの上で準用されます（入管法55条の70、55条の72第2項、55条の73第3項）。

カ　秘密申立て

入国者収容所長等は、被収容者が審査の申請又は再審査の申請をするに当たり、その内容を入国者収容所又は地方出入国在留管理局の職員に秘密にすることができるように、必要な措置を講じなければなりません（入管法55条の80第1項）。

キ　不利益取扱いの禁止

入国者収容所又は地方出入国在留管理局の職員は、被収容者が審査の申請又は再審査の申請をしたことを理由として、その者に対し、不利益な取扱いをしてはなりません（入管法55条の81）。

（2）　事実の申告

ア　入管庁長官に対する事実の申告

（ア）　対象となる事実、申告期間

被収容者は、自己に対する入国者収容所等の職員による行為であって、次の①ないし③の事実があったときは、政令で定めるところにより、書面で、入管庁長官に対し、その事実を申告することができます（入管法55条の74第1項）。この事実の申告は、これを行う者が自らしなければなりません（入管法55条の74第3項前段、55条の68第2項）。また、この事実の申告は、その申告に係る事実があった日の翌日から起算して30日以内にしなければなりません（入管法55条の74第2項）。

①　身体に対する違法な有形力の行使（入管法55条の74第1項1号）

②　違法又は不当な捕縄又は手錠の使用（入管法55条の74第1項2号）

③　違法又は不当な保護室等への収容（入管法55条の74第1項3号）

（イ）　通知、再発防止のため必要な措置

上記（ア）の事実の申告が適法であるときは、入管庁長官は、その申告に係る事実の有無に

ついて確認し、その結果をその申告をした者に通知します（入管法55条の75第1項本文）。他方、申告が法定の期間経過後にされたものであるとき、その他不適法であるときは、入管庁長官は、その旨をその申告をした者に通知します（入管法55条の75第2項）。

入管庁長官は、上記(ア)の事実（入管法55条の74第1項1号ないし3号）があったことを確認した場合において、必要があると認めるときは、同様の行為の再発の防止のため必要な措置その他の措置をとらなければなりません（入管法55条の75第4項）。

　　　（ウ）　行政不服審査法の準用

上記(ア)の事実の申告及び上記(イ)の通知については、行政不服審査法が技術的読替えの上で準用されます（入管法55条の74第3項、55条の75第3項）。

　　イ　法務大臣に対する事実の申告

被収容者は、上記ア(イ)の通知を受けた場合において、その内容に不服があるときは、政令で定めるところにより、書面で、法務大臣に対し、上記ア(ア)の事実（入管法55条の74第1項1号ないし3号）を申告することができます（入管法55条の76第1項）。この法務大臣に対する申告は、これを行う者が自らしなければなりません（入管法55条の76第3項前段、55条の68第2項）。また、法務大臣に対する事実の申告は、通知を受けた日の翌日から起算して30日以内にしなければなりません（入管法55条の76第2項）。

法務大臣に対する事実の申告については、行政不服審査法が技術的読替えの上で準用されます（入管法55条の76第3項）。

　　ウ　秘密申立て

入国者収容所長等は、被収容者が入管庁長官に対する事実の申告又は法務大臣に対する事実の申告をするに当たり、その内容を入国者収容所又は地方出入国在留管理局の職員に秘密にすることができるように、必要な措置を講じなければなりません（入管法55条の80第1項）。

　　エ　不利益取扱いの禁止

入国者収容所又は地方出入国在留管理局の職員は、被収容者が入管庁長官に対する事実の申告又は法務大臣に対する事実の申告をしたことを理由として、その者に対し、不利益な取扱いをしてはなりません（入管法55条の81）。

（3）　苦情の申出

　　ア　法務大臣に対する苦情の申出

被収容者は、自己に対する入国者収容所長等の措置その他自己が受けた処遇について、書面で、法務大臣に対し、苦情の申出をすることができます（入管法55条の77第1項）。この法務大臣に対する苦情の申出は、これを行う者が自らしなければなりません（入管法55条の77第2項、55条の68第2項）。法務大臣は、この苦情の申出を受けたときは、これを誠実に処理し、処理の結果を当該苦情の申出をした者に通知しなければなりません（入管法55条の77第3項本文）。

　　イ　監査官に対する苦情の申出

被収容者は、自己に対する入国者収容所長等の措置その他自己が受けた処遇について、口頭又は書面で、実地監査（入管法55条の9）を行う監査官に対し、苦情の申出をすることができ

ます（入管法55条の78第1項）。この監査官に対する苦情の申出は、これを行う者が自らしなければなりません（入管法55条の78第2項、55条の68第2項）。監査官は、口頭による申出を受けるに当たっては、入国者収容所等の職員を立ち会わせてはなりません（入管法55条の78第3項）。監査官は、苦情の申出を受けたときは、これを誠実に処理し、処理の結果を当該苦情の申出をした者に通知しなければなりません（入管法55条の78第4項、55条の77第3項本文）。

　　ウ　入国者収容所等に対する苦情の申出

　被収容者は、自己に対する入国者収容所長等の措置その他自己が受けた処遇について、口頭又は書面で、入国者収容所長等に対し、苦情の申出をすることができます（入管法55条の79第1項）。この入国者収容所長等に対する苦情の申出は、これを行う者が自らしなければなりません（入管法55条の79第2項、55条の68第2項）。入国者収容所長等は、苦情の申出を受けたときは、これを誠実に処理し、処理の結果を当該苦情の申出をした者に通知しなければなりません（入管法55条の79第4項、55条の77第3項本文）。

　　エ　秘密申立て

　入国者収容所長等は、被収容者が法務大臣に対する苦情の申出又は監査官に対する苦情の申出をするに当たり、その内容を入国者収容所又は地方出入国在留管理局の職員に秘密にすることができるように、必要な措置を講じなければなりません（入管法55条の80第1項）。

　　オ　不利益取扱いの禁止

　入国者収容所又は地方出入国在留管理局の職員は、被収容者が法務大臣に対する苦情の申出、監査官に対する苦情の申出又は入国者収容所長に対する苦情の申出をしたことを理由として、その者に対し、不利益な取扱いをしてはなりません（入管法55条の81）。

第4章　日系4世の受入要件に係る特定活動告示の改正及び「定住者」への在留資格変更に係る運用の変更

第1節　日系4世の受入要件に係る特定活動告示の改正

　平成30年7月から日系4世受入制度が開始されたところ、同制度のさらなる利用促進を図るため、令和5年12月に、後記第1の年齢制限要件及び後記第2の日系4世受入れサポーター要件について、特定活動告示及び日系4世在留指針告示が改正されました。

<特定活動告示>
四十三　別表第10に掲げる要件のいずれにも該当する者が、本邦において通算して5年を超えない期間、特定の個人又は団体から本号に規定する活動の円滑な遂行に必要な支援を無償で受けることができる環境の下で（ただし、本号に掲げる活動を指定されて本邦に在留する期間が通算して3年を超えた日以後は、当該環境下にあることを要しない。）、日本文化及び日本国における一般的な生活様式の理解を目的とする活動（日本語を習得する活動を含む。）並びにこれらの活動を行うために必要な資金を補うため必要な範囲内の報酬を受ける活動（風俗営業活動を除く。）

別表第10
一　次のイ又はロのいずれかに該当すること。
　イ　日本人の子として出生した者の実子の実子（日本人の子として出生した者でかつて日本国民として本邦に本籍を有したことがあるものの実子の実子を除く。）
　ロ　日本人の子として出生した者でかつて日本国民として本邦に本籍を有したことがあるものの実子の実子の実子（イに該当する者を除く。）
二　申請時の年齢が18歳以上35歳以下であること。
三　帰国のための旅行切符又は当該切符を購入するための十分な資金を所持していること。
四　申請の時点において、本邦における滞在中、独立の生計を営むことができると見込まれること。
五　健康であること。
六　素行が善良であること。
七　本邦における滞在中に死亡し、負傷し、又は疾病に罹患した場合における保険に加入していること。
八　次のいずれかに該当していること。ただし、申請人が本則第43号に掲げる活動を指定されて、通算して3年を超えて本邦に在留することとなる場合は、日常的な場面で使われる日本語をある程度理解することができる能力を有していることを試験により証明され、かつ、当該活動を指定されて本邦に在留していたときの活動を通じて日本文化及び日本国における一般的な生活様式の理解が十分に深められていること。
　イ　申請時の年齢が18歳以上30歳以下である者が本則第43号に掲げる活動を指定されて、通算して1年を超えて本邦に在留することとなる場合は、基本的な日本語を理解することができ

る能力を有していることを試験その他の方法により証明されていること。

ロ　イに規定する場合を除き、申請時の年齢が18歳以上30歳以下である者については、基本的な日本語をある程度理解することができる能力を有していることを試験により証明されていること。

ハ　申請時の年齢が31歳以上35歳以下である者については、日常的な場面で使われる日本語をある程度理解することができる能力を有していることを試験により証明されていること。

九　法第７条の２第１項の申請をした日が、本則第43号に掲げる活動を指定されて交付された在留資格認定証明書の総数（当該申請のあった日の属する年の１月１日から12月31日までの間における総数をいう。）が地域社会への影響等の観点から法務大臣が関係行政機関の長と協議して相当と認める数を超えたと認められる日の翌日までであること。

第１　年齢制限要件

改正前の制度では、18歳から30歳までの日系４世を対象としていたところ、「日常的な場面で使われる日本語をある程度理解することができる能力を有していることを試験により証明された者」（日本語能力試験Ｎ３相当以上、Ｊ．ＴＥＳＴ実用日本語検定のＤ－Ｅレベル試験500点以上又は日本語NAT-TESTの３級以上（入管庁「日系四世の方への手引き」））については、上限を35歳まで引き上げました（特定活動告示43号、別表第10　２号、８号ハ。日系４世在留指針告示第二　三　２「特定活動告示別表第十の第八号イ又はロに該当するとして入国した場合にあっては」参照）。

第２　日系４世受入れサポーター要件

改正前の制度では、日系４世が本制度を活用して入国・在留するに当たっては、その支援を行う日系４世受入れサポーターによる支援を受けることができる環境の下にあることが必須であったところ、日系４世が本制度の目的に則った活動を適切に行って、本邦に在留している期間が３年を超えた場合には、それ以降は、日系４世受入れサポーターによる支援を受けることができる環境の下にあることを必須としないこととしました（特定活動告示43号括弧書。日系４世在留指針告示第二　三　１但書参照）。

第２節　日系４世の「定住者」への在留資格変更に係る運用の変更

第１　「定住者」への在留資格変更許可に係る要件

上記第１節の年齢制限要件及び日系４世受入れサポーター要件の緩和に加え、「特定活動」（日系４世）として通算５年間在留し、Ｎ２相当の日本語能力を有するに至った一定の要件

を満たす日系4世について、「定住者」（告示外定住）への在留資格変更許可を認める運用が、令和5年12月に開始されました。

　即ち、「特定活動」（日系4世）として通算5年間在留した日系4世について、以下の①〜⑤の要件の全てを満たす場合には、「定住者」（告示外定住）の在留資格への変更許可を受けて、日本に引き続き在留することが可能となりました（入管庁「日系四世の方への手引き」）。

① 　特定活動告示43号の日系4世受入制度を使って日本文化等を習得する活動を適切に通算5年間行ったこと
② 　日常的な場面で使われる日本語の理解に加え、より幅広い場面で使われる日本語をある程度理解することができることを試験により証明されていること（日本語能力試験N2以上又はBJTビジネス日本語能力テスト400点以上）
③ 　素行が善良であること
④ 　独立の生計を営むに足りる資産又は技能を有すること
⑤ 　公的義務（納税や入管法に定める届出の義務）を適正に履行していること

第2　「定住者」への在留資格変更許可申請における添付資料

　上記第1の「定住者」への在留資格変更許可申請にあたっては、①日本文化等習得状況報告書（所定様式）、②日本語能力試験に係る証明書（N2相当）、③預貯金残高証明書、在職証明書又は雇用契約書、④住民税の課税（又は非課税）証明書及び納税証明書（1年間の総所得及び納税額が記載されたもの）、⑤健康保険証の写しが必要となります（入管庁「日系四世の方への手引き」）。

第5章　本邦大学等卒業者（特定活動告示46号）の対象者追加

第1節　本邦大学等卒業者（特定活動告示46号）の制度趣旨

＜特定活動告示＞

四十六　別表第11に掲げる要件のいずれにも該当する者が、法務大臣が指定する本邦の公私の機関との契約に基づいて、当該機関の常勤の職員として行う当該機関の業務に従事する活動（日本語を用いた円滑な意思疎通を要する業務に従事するものを含み、風俗営業活動及び法律上資格を有する者が行うこととされている業務に従事するものを除く。）

別表第11

一　次のいずれかに該当していること。

　イ　本邦の大学（短期大学を除く。以下同じ。）を卒業して学位を授与されたこと。

　ロ　本邦の大学院の課程を修了して学位を授与されたこと。

　ハ　本邦の短期大学（専門職大学の前期課程を含む。）又は高等専門学校を卒業した者（専門職大学の前期課程にあっては、修了した者）で、大学設置基準（昭和31年文部省令第28号）第31条第1項の規定による単位等大学における一定の単位の修得又は短期大学若しくは高等専門学校に置かれる専攻科のうち独立行政法人大学改革支援・学位授与機構が定める要件を満たすものにおける一定の学修その他学位規則（昭和28年文部省令第9号）第6条第1項に規定する文部科学大臣の定める学修を行い、かつ、独立行政法人大学改革支援・学位授与機構が行う審査に合格して、学士の学位を授与されたこと。

　ニ　本邦の専修学校の専門課程の学科（専修学校の専門課程における外国人留学生キャリア形成促進プログラムの認定に関する規程（令和5年文部科学省告示第53号）第2条第1項の規定により文部科学大臣の認定を受けたものに限る。）を修了し、専修学校の専門課程の修了者に対する専門士及び高度専門士の称号の付与に関する規程（平成6年文部省告示第84号）第3条の規定により、高度専門士と称することができること。

二　日本人が従事する場合に受ける報酬と同等額以上の報酬を受けること。

三　日常的な場面で使われる日本語に加え、論理的にやや複雑な日本語を含む幅広い場面で使われる日本語を理解することができる能力を有していることを試験その他の方法により証明されていること。

四　本邦の大学、大学院、短期大学、高等専門学校、第1号ハに規定する短期大学等の専攻科又は同号ニに規定する専修学校の専門課程の学科において修得した学修の成果等を活用するものと認められること

　特定活動告示46号は、本邦大学等卒業者が本邦の公私の機関において、本邦の大学等において修得した広い知識、応用的能力等のほか、留学生としての経験を通じて得た高い日本語能力を活用することを要件として、幅広い業務に従事する活動を認めるものです。「技術・人文知識・国際業務」の在留資格においては、一般的なサービス業務や製造業務等が主たる活

動となるものは認められませんが、本制度においては、上記諸要件が満たされれば、これらの活動も可能です。但し、法律上資格を有する者のみが行うこととされている業務（いわゆる業務独占資格が必要なもの）及び風俗関係業務に従事することは認められません（特定活動告示46号括弧書）。

第2節　本邦大学等卒業者（特定活動告示46号）の対象者の追加

第1　特定活動告示改正前の対象者

　令和6年2月に特定活動告示別表第11が改正されるまでは、特定活動告示46号の対象者は、日本の4年制大学を卒業し又は日本の大学院の課程を修了して学位を授与され、日本語能力試験N1相当の日本語能力を持つ外国人に限られていました（改正前特定活動告示別表第11第1号、4号）。

第2　特定活動告示改正後の対象者

　外国人留学生のキャリア形成の機会の拡大を図るため、専修学校の専門課程の学科であって、質の高い教育を行うとともに、外国人留学生のキャリア形成促進を目的として日本社会の理解の促進に資する教育を行うものを文部科学大臣が認定する新たな制度が、令和5年6月に創設されました。

　当該制度による文部科学大臣の認定を受けた専修学校の専門課程修了者で高度専門士の称号を得たもの等を日本の4年制大学卒業者と同等のものとして扱い、特定活動告示46号の対象に加えることにより、専修学校等を卒業又は修了した外国人材に一層の活躍の機会を提供し、高度外国人材の定着率向上を図ることとしました。

　具体的には、令和6年2月に、特定活動告示別表第11を改正し、①文部科学大臣から「外国人留学生キャリア形成促進プログラムの認定」を受けた専門学校を修了し、高度専門士の称号を受け、日本語能力試験N1相当の日本語能力を持つ外国人（特定活動告示別表第11第1号ニ）及び②日本の短期大学又は高等専門学校を卒業等した者で、大学における一定の単位の修得等を行い、独立行政法人大学改革支援・学位授与機構の行う審査に合格し学士の学位を授与され、日本語能力試験N1相当の日本語能力を持つ外国人（特定活動告示別表第11第1号ハ）も、「本邦大学等卒業者」（特定活動告示46号）の対象に含め、受入企業における幅広い業務（修得した学修の成果及び高い日本語能力を活用する業務が一部に含まれていれば、専門性の高くない現業的業務に主として従事することも認められます。）への従事を認めることとしました。

第6章 外国人留学生キャリア形成促進プログラムとして認定を受けた学科を修了した専門士についての「技術・人文知識・国際業務」に係る関連性審査の緩和

第1節 「技術・人文知識・国際業務」に係る上陸許可基準としての関連性要件

「技術・人文知識・国際業務」の在留資格該当性のある活動のうち、「技術」類型と「人文知識」カテゴリー（この類型とカテゴリー分けについて、山脇康嗣『詳説　入管法と外国人労務管理・監査の実務〔第3版〕』219～221頁（新日本法規、令和4年）参照）については、上陸許可基準として、「従事しようとする業務に必要となる技術又は知識」と、「卒業した大学又は日本の専修学校（専門学校）における専攻科目」との間に関連性が求められます（上陸基準省令の技術・人文知識・国際業務の項の下欄1号イ、ロ）。

後記第2節のとおり令和6年2月に運用（審査実務）が変更されるまでは、大学における専攻科目と従事しようとする業務の関連性については柔軟に判断されていたのに対し、専修学校における専攻科目と従事しようとする業務については、例外なく、相当程度の関連性が必要とされていました（改定前の入管庁「「技術・人文知識・国際業務」の在留資格の明確化等について」、山脇康嗣『詳説　入管法と外国人労務管理・監査の実務〔第3版〕』250頁（新日本法規、令和4年））。

第2節 外国人留学生キャリア形成促進プログラムとして認定を受けた学科を修了した専門士についての関連性審査の緩和

「未来を創造する若者の留学促進イニシアティブ（第二次提言）」（令和5年4月27日教育未来創造会議）等を踏まえ、高度外国人材の定着率向上や専修学校等を卒業又は修了した外国人材に一層の活躍の機会を提供することを目的として、令和5年6月、専修学校の専門課程の学科であって、質の高い教育を行うとともに、外国人留学生のキャリア形成促進を目的として日本社会の理解の促進に資する教育を行うものを文部科学大臣が認定する新たな制度が創設されました。

これを受けて、令和6年2月、上記の認定を受けた専修学校の専門課程の学科（以下「認定専修学校専門課程」といいます。）を修了した専門士について、運用により、在留資格「技術・人文知識・国際業務」への在留資格変更時における専攻科目と従事しようとする業務と

の関連性を、（大学卒業者と同様に）柔軟に判断することとし、入管庁「「技術・人文知識・国際業務」の在留資格の明確化等について」が改められました。認定専修学校専門課程を修了した者は、在留資格「技術・人文知識・国際業務」に係る申請の際に「認定学科修了証明書」を提出することとされています。

第7章　デジタルノマドに係る在留資格「特定活動」の創設

第1節　創設趣旨

　本邦において6月を超えない期間滞在して国際的なリモートワーク等を行う者（デジタルノマド）及びその帯同家族（デジタルノマドの扶養を受ける配偶者又は子）を新たに受け入れるために、令和6年3月、特定活動告示を改正し、新たにデジタルノマドに係る在留資格「特定活動」（特定活動告示53号、54号）を創設しました。

第2節　デジタルノマド本体者に認められる活動

＜特定活動告示＞

五十三　次のいずれにも該当する者が、外国の法令に準拠して設立された法人その他の外国の団体との雇用契約に基づいて、本邦において情報通信技術を用いて当該団体の外国にある事業所における業務に従事する活動又は外国にある者に対し、情報通信技術を用いて役務を有償で提供し、若しくは物品等を販売等する活動（本邦に入国しなければ提供又は販売等できないものを除く。）

　イ　本邦に上陸する年の1月1日から12月31日までのいずれかの日において開始し、又は終了する12月の期間の全てにおいて、本邦での本号に規定する活動を指定されて滞在する期間が6か月を超えないこと。

　ロ　我が国が租税条約（租税条約等の実施に伴う所得税法、法人税法及び地方税法の特例等に関する法律（昭和44年法律第46号）第2条第1号に規定する租税条約をいう。）を締結している締約国若しくは締約者又は外国居住者等の所得に対する相互主義による所得税等の非課税等に関する法律施行令（昭和37年政令第227号）第2条において指定する外国であり、かつ、短期滞在査証免除国のうち、別表第14に掲げるものの国籍者等であること。

　ハ　申請の時点において、年収が1,000万円以上であること。

　ニ　本邦における滞在中に死亡し、負傷し、又は疾病に罹患した場合における保険に加入していること。

五十四　短期滞在査証免除国のうち、別表第15に掲げるものの国籍者等であって、前号ニに該当するものが、前号に掲げる活動を指定されて在留する者の扶養を受ける配偶者又は子として行う日常的な活動

別表第14

アイスランド共和国、アイルランド、アメリカ合衆国、アラブ首長国連邦、イスラエル国、イタリア共和国、インドネシア共和国、ウルグアイ東方共和国、エストニア共和国、オーストラリア連邦、オーストリア共和国、オランダ王国、カタール国、カナダ、グレートブリテン及び北アイルランド連合王国、クロアチア共和国、シンガポール共和国、スイス連邦、スウェーデン王国、スペイン王国、スロバキア共和国、スロベニア共和国、セルビア共和国、タイ王国、大韓民国、

チェコ共和国、チリ共和国、デンマーク王国、ドイツ連邦共和国、トルコ共和国、ニュージーランド、ノルウェー王国、ハンガリー、フィンランド共和国、ブラジル連邦共和国、フランス共和国、ブルガリア共和国、ブルネイ・ダルサラーム国、ベルギー王国、ポーランド共和国、ポルトガル共和国、マレーシア、メキシコ合衆国、ラトビア共和国、リトアニア共和国、ルーマニア、ルクセンブルク大公国、台湾、香港

別表第15
アイスランド共和国、アイルランド、アメリカ合衆国、アラブ首長国連邦、アルゼンチン共和国、アンドラ公国、イスラエル国、イタリア共和国、インドネシア共和国、ウルグアイ東方共和国、エストニア共和国、エルサルバドル共和国、オーストラリア連邦、オーストリア共和国、オランダ王国、カタール国、カナダ、北マケドニア共和国、キプロス共和国、ギリシャ共和国、グアテマラ共和国、グレートブリテン及び北アイルランド連合王国、クロアチア共和国、コスタリカ共和国、サンマリノ共和国、シンガポール共和国、スイス連邦、スウェーデン王国、スペイン王国、スリナム共和国、スロバキア共和国、スロベニア共和国、セルビア共和国、タイ王国、大韓民国、チェコ共和国、チュニジア共和国、チリ共和国、デンマーク王国、ドイツ連邦共和国、ドミニカ共和国、トルコ共和国、ニュージーランド、ノルウェー王国、バハマ国、バルバドス、ハンガリー、フィンランド共和国、ブラジル連邦共和国、フランス共和国、ブルガリア共和国、ブルネイ・ダルサラーム国、ベルギー王国、ポーランド共和国、ポルトガル共和国、ホンジュラス共和国、マルタ共和国、マレーシア、メキシコ合衆国、モーリシャス共和国、モナコ公国、ラトビア共和国、リトアニア共和国、リヒテンシュタイン公国、ルーマニア、ルクセンブルク大公国、レソト王国、台湾、香港、マカオ

　本邦において「特定活動」(特定活動告示53号)を指定されて滞在する期間が1年のうち6か月を超えない範囲で(特定活動告示53号イ)、①外国の法令に準拠して設立された法人その他の外国の団体との雇用契約に基づいて、本邦において情報通信技術を用いて当該団体の外国にある事業所における業務に従事する活動又は②外国にある者に対し、情報通信技術を用いて役務を有償で提供し、若しくは物品等を販売等する活動が該当します(特定活動告示53号柱書)。但し、②の活動には、本邦に入国しなければ提供又は販売等できないものは除かれます(特定活動告示53号柱書括弧書)。

　①の例として、海外のコンサルティング会社に勤める従業員が挙げられ、②の例として、海外のコンサルティング会社の役員や海外企業からの広告収入を得るユーチューバーが挙げられます。②の外国にある「者」について、法人を排除し自然人に限定する文言はありません。また、「役務」を特定の内容に限定する文言はありません(役務提供の基礎となる契約関係を特に限定する文言もありません。)。従って、海外法人の役員が、当該海外法人に対し、情報通信技術を用いて(ZOOM等のオンラインツールを用いて)、役員としての役務(重要な意思決定や業務執行等に係る判断を行う役務)を有償で(役員報酬を受領して)提供する活動も、②の活動に含まれます。

　本邦の公私の機関との雇用契約等に基づく就労活動は認められません。また、「特定活動」(特定活動告示53号)をもって在留するデジタルノマド本体者について、資格外活動許可(入管法19条2項)は、原則として認められません(入管庁HP「在留資格「特定活動」(デジタルノマド(国際

的なリモートワーク等を目的として本邦に滞在する者）及びその配偶者・子）」）。

第3節　デジタルノマド本体者の要件

次の①ないし④のいずれにも該当する必要があります（特定活動告示53号）。

① 本邦においてデジタルノマド向け「特定活動」（特定活動告示53号）を指定されて滞在する期間が1年のうち6か月を超えないこと（特定活動告示53号イ）

② 租税条約の締約国等かつ査証免除国・地域の国籍者等（特定活動告示別表第14に掲げる国籍者等）であること（特定活動告示53号ロ）

※具体的には、後掲の対象国・地域一覧の通り

③ 申請の時点で、申請人個人の年収が1,000万円以上であること（特定活動告示53号ハ）

④ 死亡、負傷及び疾病に係る海外旅行傷害保険等の医療保険（滞在予定期間をカバーするもの）に加入していること（特定活動告示53号ニ）

※傷害疾病への治療費用補償額は1,000万円以上が必要（入管庁HP「在留資格「特定活動」（デジタルノマド（国際的なリモートワーク等を目的として本邦に滞在する者）及びその配偶者・子）」）

●対象国・地域一覧

特定活動53号 （デジタルノマド）	特定活動54号 （デジタルノマドの扶養する配偶者・子）
アイスランド	アイスランド
アイルランド	アイルランド
アメリカ	アメリカ
アラブ首長国連邦	アラブ首長国連邦
イギリス	アルゼンチン
イスラエル	アンドラ
イタリア	イギリス
インドネシア	イスラエル
ウルグアイ	イタリア
エストニア	インドネシア
オーストラリア	ウルグアイ
オーストリア	エストニア
オランダ	エルサルバドル
カタール	オーストラリア
カナダ	オーストリア
クロアチア	オランダ
シンガポール	カタール

スイス	カナダ
スウェーデン	キプロス
スペイン	ギリシャ
スロバキア	グアテマラ
スロベニア	クロアチア
セルビア	コスタリカ
タイ	サンマリノ
チェコ	シンガポール
チリ	スイス
デンマーク	スウェーデン
ドイツ	スペイン
トルコ	スリナム
ニュージーランド	スロバキア
ノルウェー	スロベニア
ハンガリー	セルビア
フィンランド	タイ
フランス	チェコ
ブラジル	チュニジア
ブルガリア	チリ
ブルネイ	デンマーク
ベルギー	ドイツ
ポーランド	ドミニカ共和国
ポルトガル	トルコ
マレーシア	ニュージーランド
メキシコ	ノルウェー
ラトビア	バハマ
リトアニア	バルバドス
ルーマニア	ハンガリー
ルクセンブルク	フィンランド
韓国	フランス
香港	ブラジル
台湾	ブルガリア
	ブルネイ
	ベルギー
	ポーランド
	ポルトガル

ホンジュラス
マカオ
マルタ
マレーシア
メキシコ
モーリシャス
モナコ
ラトビア
リトアニア
リヒテンシュタイン
ルーマニア
ルクセンブルク
レソト
韓国
香港
台湾
北マケドニア

第4節　デジタルノマド本体者に付与される在留資格及び在留期間

　デジタルノマド本体者に対しては、在留資格「特定活動」（6月）が付与され、在留期間の更新は認められません。本制度の再度の利用（「特定活動」(特定活動告示53号)をもっての再度の在留）は、出国後6か月以降に可能となります（入管庁HP「在留資格「特定活動」(デジタルノマド（国際的なリモートワーク等を目的として本邦に滞在する者）及びその配偶者・子)」)。なお、「特定活動」(特定活動告示53号)については、在留資格認定証明書交付申請に係る入管法上の代理人（入管法7条の2第2項、入管法施行規則6条の2第3項、別表第4の特定活動の項の下欄）となる「本人が所属して法務大臣が指定した活動を行うこととなる機関の職員」も「本人を雇用する者」も日本に存在しません。そのため、「特定活動」(特定活動告示53号)の在留資格を得るためには、基本的には、①在留資格認定証明書を添付しないで、特定査証（特定活動（デジタルノマド））に係る査証発給申請を行い査証を受けた上で上陸許可時に「特定活動」(特定活動告示53号)を付与されるか、②「短期滞在」をもって在留中に「特定活動」(特定活動告示53号)に係る在留資格認定証明書交付申請を自身で行い、在留期間中に交付されれば、当該交付された在留資格認定証明書を添付して「特定活動」(特定活動告示53号)への在留資格変更許可申請を行うことになります。

また、デジタルノマド本体者は、入管法上の中長期在留者にはあたらず、在留カードの交付対象外（入管法19条の3第4号、入管法施行規則19条の5第3号）、住民票の作成対象外（住民基本台帳法30条の45）です。連絡先等は別途把握されます。デジタルノマドの帯同家族についても同様です（入管法19条の3第4号、入管法施行規則19条の5第4号、住民基本台帳法30条の45）。

第5節　デジタルノマドの帯同家族の要件

次の①及び②のいずれにも該当する必要があります（特定活動告示54号）。なお、デジタルノマドの帯同家族には、「特定活動」（6月以内）が付与され、「デジタルノマド本体者の扶養を受ける配偶者又は子として行う日常的な活動」が活動内容として指定されます（特定活動告示54号）。デジタルノマドの帯同家族については、資格外活動許可（入管法19条2項）は原則として認められません（入管庁HP「在留資格「特定活動」（デジタルノマド（国際的なリモートワーク等を目的として本邦に滞在する者）及びその配偶者・子）」）。

① 査証免除国・地域の国籍者等（特定活動告示別表第15に掲げる国籍者等）であること

② 本邦滞在中に死亡、負傷又は疾病に罹患した場合における保険に加入していること

　※傷害疾病への治療費用補償額は1,000万円以上が必要（入管庁HP「在留資格「特定活動」（デジタルノマド（国際的なリモートワーク等を目的として本邦に滞在する者）及びその配偶者・子）」）

第8章　在留カードとマイナンバーカードの一体化、「育成就労」及び「企業内転勤2号」の創設、特定技能制度の見直し、永住許可制度の適正化等に関する令和6年入管法改正（令和6年法律第59号、法律第60号）

第1節　在留カードとマイナンバーカードの一体化（令和6年法律第59号）

　本邦に適法に在留する外国人の利便性の向上及び行政運営の効率化を図るため、在留カード及び特別永住者証明書とマイナンバーカード（個人番号カード）の一体化並びに一体化したカード（特定在留カード）に係る地方出入国在留管理局又は市町村における手続の一元的処理を可能とするとともに、在留カード及び特別永住者証明書の記載事項等を見直すほか、出入国及び在留の公正な管理に係る電磁的記録の取扱いに関し必要な事項を定める等の措置を講ずるため、入管法、入管特例法、番号利用法及び公的個人認証法（電子署名等に係る地方公共団体情報システム機構の認証業務に関する法律）が改正されました。令和6年法律第59号は、公布の日から起算して2年を超えない範囲内において政令で定める日から施行されます（令和6年法律第59号附則1条）。

第1　在留カードの券面記載事項の変更

　在留カードの記載事項のうち、即時視認の必要が高い項目のみを券面に記載し（入管法19条の4第1項）、その他の項目はICチップ（在留カードの電磁的記録）に記録します（入管法19条の4第5項）。①在留期間、②許可の種類及び年月日、③在留カードの交付年月日は、在留カードの券面に記載されず、ICチップに記録（入管法19条の13第1項括弧書により、在留カード電磁的記録といいます。）されることとなりました（入管法19条の4第5項1号、2号、3号）。

第2　「永住者」又は「高度専門職2号」をもって在留する者の在留カードの有効期間の変更

　「永住者」又は「高度専門職2号」をもって在留する者の在留カードの有効期間が、後記1及び2のとおりマイナンバーカード等と同様に変更されました。

1 「永住者」(在留カード交付日に18歳に満たない者を除く。)又は「高度専門職2号」をもって在留する者

「永住者」(在留カード交付日に18歳に満たない者を除きます。)又は「高度専門職2号」をもって在留する者の在留カードの有効期間は、在留カードの交付日後の10回目の誕生日までとされました(入管法19条の5第1項1号)。

2 在留カード交付日に18歳に満たない「永住者」をもって在留する者

在留カード交付日に18歳に満たない「永住者」をもって在留する者の在留カードの有効期間は、在留カードの交付日後の5回目の誕生日までとされました(入管法19条の5第1項2号)。

第3 特定在留カードの交付申請及び交付に係る手続

住民基本台帳に記録されている中長期在留者が、入管法上の届出や申請に併せて特定在留カード(マイナンバーカードとしての機能が付加された在留カード)を交付申請できることとされました(入管法19条の15の2第1項、2項)。丸山秀治入管庁次長は、令和6年5月10日の衆議院法務委員会厚生労働委員会連合審査会において、「今般の一体化につきましては、既存の在留カードとマイナンバーカードを一枚のカードに搭載するもので、両者の法律上の性質を変えるものではございません。したがいまして、番号利用法上、マイナンバーカードは申請主義とされていることから、今般、外国人に一体化したカードの取得を義務づけることはしておりません。」と答弁しています。

なお、岸田文雄内閣総理大臣は、令和6年4月16日の衆議院本会議において、「外国人が特定在留カードを紛失した場合には、出入国在留管理庁において通常の在留カードを即時に交付することとしており、特定在留カードを紛失し、再発行手続中の場合であっても、外国人の在留カードの常時携帯義務等の履行を担保することとして」いると答弁しています。

1 特定在留カードの定義

特定在留カードとは、番号利用法18条の5の規定に定める手続により個人番号カード(番号利用法2条7項に規定する個人番号カード)としての機能を付加するための措置が講じられた在留カードをいいます(入管法19条の15の2第1項柱書)。

2 特定在留カードの交付申請
(1) 在留手続(地方出入国在留管理局での手続)

住民基本台帳に記録されている中長期在留者は、次の①及び②に掲げる届出又は申請を行う場合には、当該届出又は申請に併せて、入管庁長官に対し、当該届出又は申請に係る在留カードの交付を、特定在留カードの交付により行うことを求める旨の申請をすることができます(入管法19条の15の2第1項)。

① 住居地以外の記載事項の変更届出（入管法19条の10第1項）、在留カードの有効期間の更新申請（入管法19条の11第1項）、汚損等による在留カードの再交付申請（入管法19条の13第1項、3項）

② 在留資格変更許可申請（引き続き中長期在留者に該当する在留資格の変更に係る申請に限る。）（入管法20条2項）、在留期間更新許可申請（入管法21条2項）、永住許可申請（入管法22条1項）

（2）　住居地届出（市町村の窓口での手続）

中長期在留者は、在留カードを提出して行う新規上陸後の住居地届出（入管法19条の7第3項）、在留資格変更等に伴う住居地届出（入管法19条の8第3項）、住居地の変更届出（入管法19条の9第3項）により、新たに住民基本台帳に記録される場合又は一の市町村の区域内において住所を変更する場合には、当該届出に併せて、住所地市町村長を経由して入管庁長官に対し、当該住所地市町村長を経由した特定在留カードの交付を求める旨の申請をすることができます（入管法19条の15の2第2項）。

なお、この申請を行う者（当該申請の際に当該住所地市町村長により番号利用法18条の5第6項に規定する措置がとられた者に限ります。）のうち特定在留カードの交付を速やかに受ける必要がある者として政令で定めるものに該当する者は、当該申請に併せて、（当該住所地市町村長を経由するのではなく、直接）入管庁長官から特定在留カードの送付を受けることを希望する旨の申出をすることができます（入管法19条の15の2第3項）。

3　特定在留カードの作成

入管庁長官は、上記2の特定在留カードの交付申請があった場合（上記2（1）②の申請にあっては、当該申請の許可をすることとした場合に限ります。）は、当該中長期在留者に係る特定在留カードを作成します（入管法19条の15の2第4項）。

地方公共団体情報システム機構（J-LIS）は、入管庁長官が作成する特定在留カード及び特定特別永住者証明書について、個人番号の記載及びその電磁的方法による記録その他個人番号カードとしての機能を付加するための措置として主務省令で定める措置を講じます（番号利用法18条の5第2項）。そして、後記4及び5のとおり入管法又は入管特例法により交付された特定在留カード及び特定特別永住者証明書は、番号利用法の規定及び当該規定に基づく命令の規定並びに個人番号カードの利用に関する他の法令の規定の適用については、番号利用法17条1項により交付された個人番号カードとみなされます（番号利用法18条の5第9項）。

4　特定在留カードの交付

（1）　在留手続（地方出入国在留管理局での手続）

入管庁長官は、上記2（1）の特定在留カードの交付申請があった場合においては、在留カードの交付は、上記3により作成した特定在留カードを入国審査官に交付させることによって行います（入管法19条の15の2第5項）。

（2）　住居地届出（市町村の窓口での手続）

入管庁長官は、上記２（2）の特定在留カードの交付申請があった場合においては、上記３により作成した特定在留カードを住所地市町村長を経由して交付します（入管法19条の15の２第６項）。

但し、特定在留カードの交付申請に併せて市町村長を経由するのではなく、直接入管庁長官から特定在留カードの送付を受けることを希望する旨の申出（入管法19条の15の２第３項）の申出があつた場合においては、入管庁長官が、当該中長期在留者に対し、特定在留カードを送付することにより行います（入管法19条の15の２第７項）。

5　特別永住者の特定特別永住者証明書

住民基本台帳に記録されている特別永住者は、入管特例法上の一定の届出（住居地以外の記載事項の変更届出、特別永住者証明書を提出して行う住居地の届出）又は申請（特別永住者証明書の有効期間の更新申請、紛失等による特別永住者証明書の再交付申請、汚損等による特別永住者証明書の再交付申請）を、市町村の窓口において行う場合には、当該届出又は申請に併せて、住所地市町村長を経由して入管庁長官に対し、当該届出又は申請に係る特別永住者証明書の交付を、特定特別永住者証明書（個人番号カードとしての機能を付加するための措置が講じられた特別永住者証明書）の交付により行うことを求める旨の申請をすることができます（入管特例法16条の２第１項、２項）。

入管庁長官は、上記の特定特別永住者証明書の交付申請があった場合は、特定特別永住者証明書を作成し（入管特例法16条の２第５項）、住所地市町村長を経由して交付します（入管特例法16条の２第６項、７項）。

なお、住民基本台帳に記録されている平和条約国籍離脱者又は平和条約国籍離脱者の子孫で入管法別表第２の在留資格（「永住者」の在留資格を除きます。）をもって在留するものは、特別永住許可申請（入管特例法５条２項）を行う場合に限り、当該申請に併せて、入管庁長官に対し、特別永住者証明書の交付を、特定特別永住者証明書の交付により行うことを求める旨の申請をすることができ（入管特例法16条の２第３項）、入管庁長官が、特別永住許可（入管特例法５条１項）をすることとした場合は、特定特別永住者証明書を作成し（入管特例法16条の２第５項）、入国審査官に交付させます（入管特例法16条の２第８項）。

第４　特定在留カード・特定特別永住者証明書の失効及び返納

在留カードには常時携帯義務があるため（入管法23条２項）、特定在留カードが個人番号カード（マイナンバーカード）としては失効した後も、在留カードとしては有効です（入管法19条の15の４第１項）。失効した特定在留カードの返納先は、入管庁長官です（入管法19条の15の４第２項）。そして、当該特定在留カードを返納する者が引き続き中長期在留者に該当するとき

は、入管庁長官は、当該返納の際に、入国審査官に、新たな在留カードを交付させます（入管法19条の15の4第3項）。

　同様に、特別永住者証明書には提示義務があるため（入管特例法17条2項）、特定特別永住者証明書が個人番号カード（マイナンバーカード）としては失効した後も、特別永住者証明書としては有効です（入管特例法16条の3第1項）。失効した特定特別永住者証明書の返納先は、入管庁長官です（入管特例法16条の3第2項）。そして、当該特定特別永住者証明書を返納する者が引き続き特別永住者に該当するときは、入管庁長官は、当該返納の際に、入国審査官に、新たな特別永住者証明書を交付させます（入管特例法16条の3第3項）。

　なお、特定在留カード又は特定特別永住者証明書が入管法19条の14又は入管特例法15条によりその効力を失った場合には、個人番号カードとしても、その効力を失います（番号利用法18条の5第10項）。

第5　入管法における電磁的記録の取扱いの明確化

　各種入管手続のデジタル化や上記第1の在留カードの券面記載事項の一部電磁的記録化に伴い、入管法における電磁的記録の取扱いが、以下のとおり明確化されました。

1　電磁的記録に係る定義

　入管法2条17号は、電磁的記録の定義について、電磁的方式（電子的方式、磁気的方式その他人の知覚によっては認識することができない方式）で作られる記録であって、電子計算機による情報処理の用に供されるものをいうと規定しました。

　なお、在留カードのICチップに記録されるものを在留カード電磁的記録といいます（入管法19条の13第1項括弧書）。

2　在留カードの提示義務に含まれる内容の明確化

　中長期在留者たる外国人は、入国審査官、入国警備官、警察官、海上保安官、税関職員、公安調査官、麻薬取締官、外国人住民に係る住民票に係る住民基本台帳に関する事務に従事する市町村の職員又は公共職業安定所の職員が、その職務の執行に当たり、在留カードの提示を求めたときは、これを提示しなければならないところ（入管法23条3項、入管法施行規則26条）、この「提示」に、在留カード電磁的記録の内容を確認するために必要な措置を受けることが含まれることが明確化されました（入管法23条3項括弧書）。

3　事実の調査権限に含まれる内容の明確化

　入国審査官又は入国警備官は、事実の調査（入管法59条の2第1項）のため必要があるときは、外国人その他の関係人に対し出頭を求め、質問をし、又は文書の提示を求めることができる

ほか、電磁的記録の提示を求めることができることが明確化されました（入管法59条の2第2項）。

第2節　在留資格「育成就労」及び「企業内転勤2号」の創設、特定技能制度の見直し等（令和6年法律第60号）

以下の改正事項は、公布の日から起算して3年を超えない範囲内において政令で定める日から施行されます（令和6年法律第60号附則1条本文）。

第1　新たな在留資格の創設

1　在留資格「育成就労」

入管法改正により、「技能実習」の在留資格を廃止するとともに、「育成就労」の在留資格を創設します（入管法別表第1の2の表の育成就労の項の下欄）。入管法別表第1の2の表の育成就労の項の下欄は、「育成就労」に係る在留資格該当性として、「育成就労法第11条第1項に規定する認定育成就労計画に基づいて、講習を受け、及び育成就労法第2条第2号に規定する育成就労産業分野に属する技能を要する業務に従事する活動」を規定しています。

育成就労産業分野とは、特定産業分野のうち、外国人にその分野に属する技能を本邦において就労を通じて修得させることが相当であるものとして主務省令で定める分野をいいます（育成就労法2条2号）。特定産業分野とは、人材を確保することが困難な状況にあるため外国人により不足する人材の確保を図るべき産業上の分野として法務省令（特定技能分野等省令）で定めるものをいい（入管法別表第1の2の表の特定技能の項の下欄1号）、特定技能外国人の受入対象分野を意味します。

技能実習制度においては、企業単独型及び団体監理型のいずれについても、その段階ごとに、在留資格が、「技能実習1号」（1年目）、「技能実習2号」（2〜3年目）、「技能実習3号」（4〜5年目）に分かれ、これらは、いずれも別の在留資格でした（改正前入管法2条の2第1項括弧書、2項括弧書）。また、「技能実習1号」、「技能実習2号」、「技能実習3号」のうち、企業単独型（「技能実習1号イ」、「技能実習2号イ」、「技能実習3号イ」）と団体監理型（「技能実習1号ロ」、「技能実習2号ロ」、「技能実習3号ロ」）の区分も、それぞれ別の在留資格でした（改正前入管法2条の2第1項括弧書、2項括弧書）。それに対し、「育成就労」は、後記第2編第1章第1節第1　2(1)の単独型育成就労及び(2)の監理型育成就労を包含し、また、何年目であるかの段階を問わず、1個の在留資格です。育成就労法の解説については、後記第2編を参照して下さい。

●技能実習制度と育成就労制度における在留資格の建て付けの違い

技能実習制度	育成就労制度
「技能実習1号イ」（第1号企業単独型技能実習）、「技能実習1号ロ」（第1号団体監理型技能実習）、「技能実習2号イ」（第2号企業単独型技能実習）、「技能実習2号ロ」（第2号団体監理型技能実習）、「技能実習3号イ」（第3号企業単独型技能実習）、「技能実習3号ロ」（第3号団体監理型技能実習）という6個の在留資格	「育成就労」という1個の在留資格（認定育成就労計画に基づいて、講習を受け、及び育成就労産業分野に属する技能を要する業務に従事する活動）

●特定技能制度に係る特定産業分野と育成就労制度に係る育成就労産業分野の違い

特定技能制度に係る特定産業分野	育成就労制度に係る育成就労産業分野
人材を確保することが困難な状況にあるため外国人により不足する人材の確保を図るべき産業上の分野として特定技能分野等省令で定めるもの（入管法別表第1の2の表の特定技能の項の下欄1号） ※具体的には、介護、ビルクリーニング、工業製品製造業、建設、造船・舶用工業、自動車整備、航空、宿泊、農業、漁業、飲食料品製造業、外食業、自動車運送業、鉄道、林業、木材産業の16分野（特定技能分野等省令改正予定）	特定産業分野のうち、外国人にその分野に属する技能を本邦において就労を通じて修得させることが相当であるものとして主務省令で定める分野（入管法別表第1の2の表の育成就労の項の下欄、育成就労法2条2号）

2 在留資格「企業内転勤2号」

　入管法改正により、「企業内転勤2号」の在留資格を創設します（入管法別表第1の2の表の企業内転勤の項の下欄2号）。

　入管法別表第1の2の表の企業内転勤の項の下欄2号は、「企業内転勤2号」に係る在留資格該当性として、本邦に本店、支店その他の事業所のある公私の機関のうち、当該機関の事業の規模、本邦の事業所における受入れ体制等が技能、技術又は知識（以下「技能等」といいます。）を適正に修得させることができるものとして法務省令で定める基準に適合するものの外国にある事業所の職員が、技能等を修得するため、本邦にある事業所に期間を定めて

転勤して当該事業所において講習を受け、及び技能等に係る業務に従事する活動（「企業内転勤1号」に係る活動及び「育成就労」に係る活動を除きます。）を規定しています。

「企業内転勤2号」は、従来行われてきた企業単独型技能実習のうち、育成就労産業分野において国内での3年間の就労を通じて「特定技能1号」に係る技能水準にまで育成するという育成就労制度になじまないものの、実施の意義がある一定の技能等の修得活動を想定しています。

「企業内転勤2号」は「企業内転勤1号」（令和6年法律第60号による改正前入管法における「企業内転勤」に相当）とは別の在留資格であり（入管法2条の2第1項括弧書、2項括弧書）、「企業内転勤1号」とは異なり、家族帯同は認められません（入管法別表第1の4の表の家族滞在の項の下欄括弧書）。

第2　特定技能制度の適正化

特定技能所属機関が1号特定技能外国人に対する義務的支援（入管法19条の22第1項）を外部委託する場合の委託先を、登録支援機関（入管法19条の27第1項）に限ることとしました（入管法19条の22第2項）。これにより、義務的支援の（全部ではなく）一部であっても、その実施を登録支援機関以外の者に委託することは認められないこととなりました。

第3　不法就労助長罪の厳罰化

外国人に不法就労活動をさせる等の不法就労助長罪の法定刑が、「3年以下の拘禁刑若しくは300万円以下の罰金又はこれらの併科」から、「5年以下の拘禁刑若しくは500万円以下の罰金又はこれらの併科」に引き上げられました（入管法73条の2第1項）。

第4　永住許可制度の適正化等

1　永住許可の要件（国益適合要件）の明確化

永住許可要件のうち、国益適合要件の内容について、「この法律に規定する義務の遵守、公租公課の支払等」との文言が加わり、明確化されました（入管法22条2項柱書）。

2　永住者に係る在留資格取消事由の追加

（1）　永住者について追加された在留資格取消事由

上記1の永住許可の要件たる国益適合要件の明確化を前提に、永住者が当該要件を満たさなくなった場合等を在留資格取消事由として追加しました（入管法22条の4第1項8号、9号）。

具体的には、次の①ないし③が永住者に係る在留資格取消事由として追加されました。③に掲げられている犯罪は、入管法別表第1の在留資格をもって在留する者に係る退去強制事由たる入管法24条4号の2に掲げられているものと同じです。

① 永住者の在留資格をもつて在留する者が、入管法に規定する義務を遵守しないこと（入管法22条の4第1項11号（中長期在留者が正当な理由がないにもかかわらず90日以内に新住居地の届出をしないこと）及び12号（中長期在留者が虚偽の住居地を届け出たこと）に掲げる事実に該当する場合を除きます。）（入管法22条の4第1項8号）

② 永住者の在留資格をもつて在留する者が、故意に公租公課の支払をしないこと（入管法22条の4第1項8号）

③ 永住者の在留資格をもつて在留する者が、刑法第2編第12章、第16章から第19章まで、第23章、第26章、第27章、第31章、第33章、第36章、第37章若しくは第39章の罪、暴力行為等処罰に関する法律1条、1条ノ2若しくは1条ノ3（刑法222条又は261条に係る部分を除きます。）の罪、盗犯等の防止及び処分に関する法律の罪、特殊開錠用具の所持の禁止等に関する法律15条若しくは16条の罪又は自動車の運転により人を死傷させる行為等の処罰に関する法律2条若しくは6条1項の罪により拘禁刑に処せられたこと（入管法22条の4第1項9号）

（2）　在留資格取消事由追加の趣旨

上記（1）の②の在留資格取消事由の追加の趣旨について、丸山秀治入管庁次長は、令和6年5月10日の衆議院法務委員会厚生労働委員会連合審査会において、「今回の永住許可制度の適正化は、一部において、入管の永住許可の審査において必要とされる期間だけ税を納付し、その後、再び滞納するなどする事案があるとの指摘があるところ、かかる永住許可後の行為は、永住許可制度の趣旨に反するものであることから、永住者の在留資格の取消し事由として追加しようとするものでございます。すなわち、法務大臣が適切な在留管理の観点から在留資格を取り消すことができるとすることと、国や地方公共団体が税金等の徴収のために差押えなどを行うことは、異なる機関が異なる目的で行うものであり、両立することから、差押え等がなされるからといって、永住者の在留資格を取り消すことができる制度を設ける必要がないとは考えておりません。」と答弁しています。小泉龍司法務大臣は、令和6年5月14日の衆議院法務委員会において、「外国人材の方、永住者の方々は、納税者としての法的なポジションと、ステータスと、出入国在留管理上の許可を得た者という法律上のステータスを持っておられます。その両方についての措置が、税務上の問題であれば差押え、督促、そして、出入国在留管理上の手当てとしては、在留資格の変更、こういった措置を取るということが適切な法の執行だというふうに認識をしております。」と答弁しています。

（3）　追加された在留資格取消事由の解釈

上記（1）の①の在留資格取消事由の解釈について、丸山秀治入管庁次長は、令和6年4月24日の衆議院法務委員会において、「個々の事案の個別具体的な状況等を考慮して悪質性を

第1編　第8章　在留カードとマイナンバーカードの一体化、「育成就労」及び「企業内転勤2号」の創設、特定技能制度の見直し、永住許可制度の適正化等に関する令和6年入管法改正　175

判断するものであるため、一概にお答えすることは困難ではございますが、一般論として申し上げれば、在留カードの携帯を失念したような場合に取り消すことは想定しておりません。」と答弁しています。入管庁HP「永住許可制度の適正化Q&A」は、入管法が規定する永住者が遵守すべき義務で、退去強制事由として規定されている義務ではないが、義務の遵守が罰則により担保されているものについて、正当な理由なく履行しないことをいうとしています。

　上記（1）の②の在留資格取消事由の解釈について、丸山秀治入管庁次長は、「改正後の入管法第22条の4第1項第8号における公租とは、所得税、住民税等の租税全般をいい、公課とは、租税以外の公的医療保険、公的年金などの公的負担金のことを指しております。」（令和6年4月24日の衆議院法務委員会）、「故意とは、一般的に、自己の行為から一定の結果が生じることを知りながら、あえてその行為をすることをいうところ、ここでは、支払い義務があることを認識しているにもかかわらず、あえて支払いをしないということをいう」（令和6年5月8日の衆議院法務委員会）、「本人に帰責性があるとは認め難く、やむを得ず支払えないような場合には、これに該当しない」（令和6年5月8日の衆議院法務委員会）、「一般論として申し上げますと、病気などによってやむを得ず公租公課を支払えないような場合には、これに該当しない」（令和6年4月24日の衆議院法務委員会）、「一般論として、生活保護受給者は、故意に公租公課の支払いをしない者には該当しないことから、今般提案しております永住者の在留資格の取消しの対象とはならない」（令和6年4月24日の衆議院法務委員会）、「仮に取消し事由に該当するとして、実際にその取消しなどをするかどうかは、公租公課の未納額や未納期間のほか、最終的に支払いに応じたか否か、すなわち、御指摘の未納の公租公課に係る関係行政機関の措置への永住者の対応の状況などをも踏まえて判断することになる」（令和6年5月17日の衆議院法務委員会）と答弁しています。入管庁HP「永住許可制度の適正化Q&A」は、「「故意に公租公課の支払をしないこと」とは、支払義務があることを認識しているにもかかわらず、あえて支払をしないことをいい、例えば、支払うべき公租公課があることを知っており、支払能力があるにもかかわらず、公租公課の支払をしない場合などを想定しています。このような場合は、在留状況が良好とは評価できず、「永住者」の在留資格を認め続けることは相当ではないと考えられます。他方で、病気や失業など、本人に帰責性があるとは認めがたく、やむを得ず公租公課の支払ができないような場合は、在留資格を取り消すことは想定していません。取消事由に該当するとしても、取消しなどするかどうかは、不払に至った経緯や督促等に対する永住者の対応状況など個別具体的な事情に応じて判断することとなります」、「永住許可制度の適正化は、在留状況が良好とは評価できない永住者に対し、法務大臣が適切な在留管理を行うことを目的とするものであって、滞納処分による差押え等により公租公課の徴収という目的が達成されたとしても、それにより、必ずしも在留資格の取消しなどの対象とならないというものではありません。しかし、仮に取消事由に該当したとしても、実際に取消しなどするかどうかについては、適切な在留管理を行うという観点から判断するものであり、

個別の事案における公租公課の未納額、未納期間のほか、支払に応じたか否かなどの関係機関の措置への永住者の対応状況等も踏まえて判断することになり、事後的に公租公課の不払状況が解消されたかどうかについても考慮されます。」と述べています。

上記（1）の③の在留資格取消事由について、「拘禁刑に処せられた」（入管法22条の4第1項9号）とは、刑の執行猶予の言渡しを受けた場合を含みます。

なお、上記（1）の①及び②の入管法22条の4第1項8号の適用に当たっては、「永住者」の在留資格をもって在留する外国人の適正な在留を確保する観点から、同号に該当すると思料される外国人の従前の公租公課の支払状況及び現在の生活状況その他の当該外国人の置かれている状況に十分配慮するものとされます（令和6年法律第60号附則25条）。また、「永住者に対する永住許可の取消及び職権による在留資格の変更を行おうとする場合には、既に我が国に定住している永住者の利益を不当に侵害することのないよう、定着性及び法令違反の悪質性等の個別事情を厳正に判断するとともに、具体的な事例についてのガイドラインを作成し周知するなど、特に慎重な運用に努めること。また、その場合における永住者の家族の在留資格の取扱いについて、十分な配慮を行うものとすること。」と衆議院及び参議院においてそれぞれ附帯決議されています。入管庁HP「永住許可制度の適正化Q&A」は、「在留資格の取消し又は変更の対象となるのは、在留資格取消事由に該当する者だけであり、当該対象者の家族であることを理由として、在留資格の取消し又は「永住者」以外の在留資格への変更の対象となるわけではありません。そのため、永住者の子の在留資格が「永住者」、「永住者の配偶者等」である場合、その在留資格に影響はありません。また、配偶者の在留資格が「永住者」の場合もその在留資格に影響はありませんが、「永住者の配偶者等」の場合は、「定住者」などの在留資格に変更していただくことになります。」と述べています。

3　永住者の在留資格の取消しに伴う職権による在留資格の変更

法務大臣は、永住者の在留資格をもって在留する外国人について、上記2（1）の①ないし③の事実（入管法22条の4第1項8号又は9号に掲げる事実）が判明したことにより在留資格の取消しをしようとする場合には、当該外国人が引き続き本邦に在留することが適当でないと認める場合を除き、職権で、永住者の在留資格以外の在留資格への変更を許可します（入管法22条の6第1項）。小泉龍司法務大臣は、令和6年4月24日の衆議院法務委員会において、「一般的には、ほとんどの場合、定住者になると思われます。」と答弁していますが、中長期在留者（入管法19条の3）に該当する在留資格への変更が許可されるとは限りません（入管法22条の6第2項2号参照）。職権による在留資格の変更に不服がある場合は、取消訴訟等を提起することが可能です（入管庁HP「永住許可制度の適正化Q&A」）。入管庁HP「永住許可制度の適正化Q&A」は、「定住者」等の在留資格に変更された場合であっても、その後、公的義務が適正に履行されていること等が確認できれば、再度、永住許可を受けることが可能であると述べています。

「当該外国人が引き続き本邦に在留することが適当でないと認める場合」（入管法22条の6第

1項）について、小泉龍司法務大臣は、令和6年4月24日の衆議院法務委員会において、「当該取消し事由に該当するに至った経緯、それまでの在留状況や今後の在留意向などを総合的に判断することになりますが、例えば、今後も納税する意思がないことが明らかである場合や犯罪傾向が進んでいる場合などは、これに該当する場合があると考えられます。」と答弁しています。入管庁HP「永住許可制度の適正化Q&A」も同様に述べています。

4　在留資格取消事由に係る通報制度の創設

　国又は地方公共団体の職員は、その職務を遂行するに当たって入管法22条の4第1項各号の在留資格取消事由のいずれかに該当すると思料する外国人を知ったときは、その旨を書面又は口頭をもって、所轄の入国審査官又は入国警備官に通報することができることとなりました（入管法62条の2第1項、2項）。

　丸山秀治入管庁次長は、令和6年4月24日の衆議院法務委員会において、「出入国在留管理庁におきましては、国又は地方公共団体の職員が通報の要否を検討する際に参考となる事例を示す必要性があることは理解しており、施行までに、故意に公租公課の支払いをしないことに該当するとして在留資格を取り消すことが想定される事例について、ガイドライン等として公表することを予定しております。」と答弁しています。

第9章 特定産業分野及び業務区分等の追加並びに「特定技能2号」の対象分野拡大

第1節 特定産業分野及び業務区分等の追加

第1 自動車運送業分野、鉄道分野、林業分野及び木材産業分野の特定産業分野への追加

令和6年3月29日に、特定技能政府基本方針が変更され、自動車運送業分野、鉄道分野、林業分野及び木材産業分野が特定産業分野に追加されることとなりました。これを踏まえて特定技能分野等省令も改正される予定です（現在パブリックコメント手続中）。

第2 素形材・産業機械・電気電子情報関連製造業分野の工業製品製造業分野への名称変更、業務区分及び受入事業所の追加

上記第1の特定技能政府基本方針の変更により、素形材・産業機械・電気電子情報関連製造業分野が工業製品製造業分野に名称変更された上で（特定技能分野等省令の改正も現在パブリックコメント手続中）、特定技能分野別運用方針（工業製品製造業分野）の改正により、「特定技能1号」について、7業務区分（紙器・段ボール箱製造、コンクリート製品製造、陶磁器製品製造、紡織製品製造、縫製、RPF製造、印刷・製本）が追加されました。今後、特定技能素形材・産業機械・電気電子情報関連製造業分野告示の改正により（現在パブリックコメント手続中）、新たな業務区分について、それぞれ、上乗せ基準が設けられる予定です。既存の業務区分（機械金属加工、電気電子機器組立て、金属表面処理）についても、特定技能素形材・産業機械・電気電子情報関連製造業分野告示の改正により（上記のとおり、現在パブリックコメント手続中）、「特定技能1号」について、鉄鋼、アルミサッシ、プラスチック製品、金属製品塗装、こん包関連の事業所が契約適合性に係る受入事業所として新たに含められる予定です。

第3 造船・舶用工業分野における業務区分の再編

令和6年3月29日に、特定技能分野別運用方針（造船・舶用工業分野）及び特定技能分野別運用要領（造船・舶用工業分野）が改正され、当該分野における業務区分が再編されました。具体的には、6業務区分（溶接、塗装、鉄工、仕上げ、機械加工、電気機器組立て）が3業務区分（造船、舶用機械、舶用電気電子機器）に再編されるとともに、作業範囲が拡大され、造船・舶用工業に係る必要となる各種作業が新たな業務区分に追加されました。

第4　飲食料品製造業分野における受入事業所の追加

特定技能飲食料品製造業分野告示の改正により、契約適合性として、特定技能外国人の受入れが認められる事業所が追加され、食料品スーパーマーケット及び総合スーパーマーケットの食料品部門における惣菜等の製造も可能となりました（特定技能飲食料品製造業分野告示2条5号、6号）。

第5　在留資格「特定技能1号」の許可要件まとめ

上記第1ないし第4を踏まえて、在留資格「特定技能1号」の許可要件（在留資格該当性及び上陸許可基準適合性）をまとめると以下のとおりとなります。

在留資格該当性	特定産業分野該当性　※法務大臣が指定書において特定産業分野を個別指定	
		介護分野 ※1号特定技能外国人を受け入れる事業所は、介護福祉士国家試験の受験資格の認定において実務経験として認められる介護等の業務に従事させることができる事業所でなければならない（入管法2条の5第3項1号、特定技能基準省令2条1項13号、特定技能特有事情分野告示1条、特定技能介護分野告示2条1号）。 ※訪問介護等の訪問系サービスを行う事業所においては、1号特定技能外国人を受け入れることが認められない（特定技能介護分野告示2条1号括弧書）。
		ビルクリーニング分野 ※1号特定技能外国人を受け入れる営業所は、建築物清掃業又は建築物環境衛生総合管理業の登録を受けていなければならない（入管法2条の5第3項1号、特定技能基準省令2条1項13号、特定技能特有事情分野告示1条、特定技能ビルクリーニング分野告示2条1号）。
		工業製品製造業分野 ※1号特定技能外国人を受け入れる事業所は、次のいずれかの日本標準産業分類に該当する産業を行っていなければならないとされる予定（入管法2条の5第1項1号、特定技能基準省令1条1項7号、特定技能特有事情分野告示1条、改正後の特定技能素形材・産業機械・電気電子情報関連製造業分野告示（現在パブリックコメント手続中の特定技能工業製品製造業分野告示）2条1項）。 11―繊維工業 141―パルプ製造業 1421―洋紙製造業 1422―板紙製造業 1423―機械すき和紙製造業 1431―塗工紙製造業（印刷用紙を除く） 1432―段ボール製造業 144―紙製品製造業 145―紙製容器製造業 149―その他のパルプ・紙・紙加工品製造業 15―印刷・同関連業 18―プラスチック製品製造業

2123－コンクリート製品製造業

2142－食卓用・ちゅう房用陶磁器製造業

2143－陶磁器製置物製造業

2194－鋳型製造業（中子を含む）

2211－高炉による製鉄業

2212－高炉によらない製鉄業

2221－製鋼・製鋼圧延業

2231－熱間圧延業（鋼管、伸鉄を除く）

2232－冷間圧延業（鋼管、伸鉄を除く）

2234－鋼管製造業

225－鉄素形材製造業

2291－鉄鋼シャースリット業

2299－他に分類されない鉄鋼業（ただし、鉄粉製造業に限る。）

235－非鉄金属素形材製造業

2422－機械刃物製造業

2424－作業工具製造業

2431－配管工事用附属品製造業（バルブ、コックを除く）

2441－鉄骨製造業

2443－金属製サッシ・ドア製造業

2446－製缶板金業（ただし、高圧ガス用溶接容器・バルク貯槽製造業に限る。）

245－金属素形材製品製造業

2461－金属製品塗装業

2462－溶融めっき業（表面処理鋼材製造業を除く）

2464－電気めっき業（表面処理鋼材製造業を除く）

2465－金属熱処理業

2469－その他の金属表面処理業（ただし、アルミニウム陽極酸化処理業に限る。）

248－ボルト・ナット・リベット・小ねじ・木ねじ等製造業

2499－他に分類されない金属製品製造業（ただし、ドラム缶更生業に限る。）

25－はん用機械器具製造業（ただし、2591－消火器具・消火装置製造業を除く。）

26－生産用機械器具製造業

27－業務用機械器具製造業（ただし、274－医療用機械器具・医療用品製造業及び276－武器製造業を除く。）

28－電子部品・デバイス・電子回路製造業

29－電気機械器具製造業（ただし、2922－内燃機関電装品製造業を除く。）

30－情報通信機械器具製造業

3295－工業用模型製造業

3299－他に分類されないその他の製造業（ただし、RPF製造業に限る。）

484－こん包業

建設分野

※建設業法3条の許可を受けていなければならない（入管法2条の5第3項1号、特定技能基準省令2条1項13号、2項7号、特定技能特有事情分野告示1条、特定技能建設分野告示2条1号、3条3項1号イ）。

第1編　第9章　特定産業分野及び業務区分等の追加並びに「特定技能2号」の対象分野拡大　181

造船・舶用工業分野

※後記（1）の造船業又は後記（2）の舶用工業に該当する事業者でなければならない（特定技能分野別運用要領（造船・舶用工業分野）第3　1、特定技能運用要領（造船・舶用工業分野）、造船・舶用工業事務取扱要領第2、入管法2条の5第3項1号、2号、特定技能基準省令2条1項13号、2項7号、特定技能特有事情分野告示1条、特定技能造船・舶用工業分野告示2条1号）。

（1）　造船業

① 　造船法5条1項1号又は2号の届出を行っている者
② 　小型船造船業法4条の登録を受けている者
③ 　上記①又は②の者からの委託を現に受けて船体の一部の製造又は修繕を行う者

（2）　舶用工業（上記（1）の造船業に該当する者を除く。）

① 　造船法5条1項3号又は4号の届出を行っている者
② 　船舶安全法6条の2の事業場の認定を受けている者
③ 　船舶安全法6条の3の整備規程の認可を受けている者
④ 　船舶安全法6条の3の事業場の認定を受けている者
⑤ 　船舶安全法6条の4の整備規程の認可を受けている者
⑥ 　船舶安全法6条の4の事業場の認定を受けている者
⑦ 　船舶安全法6条の5の型式承認を受けている者
⑧ 　海洋汚染等及び海上災害の防止に関する法律の規定に基づき、上記②から④及び⑦までに相当する制度の適用を受けている者
⑨ 　産業標準化法30条1項の規定に基づき、部門記号Fに分類される鉱工業品に係る日本産業規格について登録を受けた者の認証を受けている者
⑩ 　船舶安全法2条1項に掲げる事項に係る物件（構成部品等を含む。）の製造又は修繕を行う者
⑪ 　造船造機統計調査規則5条2号に規定する船舶用機関又は船舶用品（構成部品等を含む。）の製造又は修繕を行う者であって同規則に基づき調査票の提出を行っているもの
⑫ 　上記以外で、①から⑪までに規定する者に準ずるものとして国土交通省海事局船舶産業課長が認める者

自動車整備分野

※道路運送車両法78条1項に基づき地方運輸局長の認証を受けた事業場を有しなければならない（入管法2条の5第3項1号、2号、特定技能基準省令2条1項13号、2項7号、特定技能特有事情分野告示1条、特定技能自動車整備分野告示2条1号）。

航空分野

※空港管理規則に基づく構内営業承認等を受けた事業者又は航空法に基づく航空機整備等に係る認定事業場等でなければならない（入管法2条の5第3項1号、2号、特定技能基準省令2条1項13号、2項7号、特定技能特有事情分野告示1条、特定技能航空分野告示2条1号）。

宿泊分野

※旅館業法2条2項に規定する旅館・ホテル営業の形態で旅館業を営んでおり、旅館業

法3条1項の旅館・ホテル営業の許可を受けていなければならない（入管法2条の5第3項1号、2号、特定技能基準省令2条1項13号、2項7号、特定技能特有事情分野告示1条、特定技能宿泊分野告示2条1号柱書、イ）。

自動車運送業分野

※道路運送法2条2項に規定する自動車運送事業（貨物利用運送事業法2条8項に規定する第二種貨物利用運送事業を含む。）を経営する者でなければならない（特定技能分野別運用方針（自動車運送業分野））。

※一般財団法人日本海事協会が実施する運転者職場環境良好度認証制度に基づく認証を受けた者又は（トラック運送業においては）全国貨物自動車運送適正化事業実施機関（貨物自動車運送事業法43条に規定する全国貨物自動車運送適正化事業実施機関）が認定する安全性優良事業所を有する者でなければならない（特定技能分野別運用方針（自動車運送業分野））。

※特定技能雇用契約に基づいて1号特定技能外国人がその活動を行う特定技能所属機関の事業所は、日本標準産業分類に掲げる産業のうち、次のいずれかに掲げるものを行っていなければならない（特定技能分野別運用要領（自動車運送業分野））。

43　道路旅客運送業
44　道路貨物運送業

鉄道分野

※鉄道事業法による鉄道事業者、軌道法による軌道経営者その他鉄道事業又は軌道事業の用に供する施設若しくは車両の整備又は車両の製造に係る事業を営む者でなければならない（特定技能分野別運用方針（鉄道分野）。上乗せ告示においても規定予定であり、現在パブリックコメント手続中）。）。

農業分野

漁業分野

飲食料品製造業分野

※1号特定技能外国人を受け入れる事業所は、主として次のいずれかの日本標準産業分類に該当する産業を行っていなければならない（入管法2条の5第1項1号、特定技能基準省令1条1項7号、特定技能特有事情分野告示1条、特定技能飲食料品製造業分野告示2条）。

09　食料品製造業
101　清涼飲料製造業
103　茶・コーヒー製造業（清涼飲料を除く）
104　製氷業
5621　総合スーパーマーケット（但し、食料品製造を行うものに限る。）
5811　食料品スーパーマーケット（但し、食料品製造を行うものに限る。）
5861　菓子小売業（製造小売）
5863　パン小売業（製造小売）
5896　豆腐・かまぼこ等加工食品小売業（但し、豆腐・かまぼこ等加工食品の製造を行うものに限る。）

外食業分野

※1号特定技能外国人を以下の①ないし④の飲食サービス業のいずれかを行っている事

		業所に就労させなければならない（入管法別表第1の2の表の特定技能の項の下欄1号、特定技能分野等省令、特定技能分野別運用方針（外食業分野）5（1）、特定技能分野別運用要領（外食業分野）第3　1、特定技能運用要領（外食業分野））。 ①　客の注文に応じ調理した飲食料品、その他の飲食料品をその場で飲食させる飲食サービス業（食堂、レストラン、料理店等の飲食店、喫茶店等） ②　飲食することを目的とした設備を事業所内に有さず、客の注文に応じ調理した飲食料品を提供する持ち帰り飲食サービス業（持ち帰り専門店等） ③　客の注文に応じ、事業所内で調理した飲食料品を客の求める場所に届ける配達飲食サービス業（仕出し料理・弁当屋、宅配専門店、配食サービス事業所等） ④　客の求める場所において調理した飲食料品の提供を行う飲食サービス業（ケータリングサービス店、給食事業所等）
		林業分野
		木材産業分野 ※1号特定技能外国人を受け入れる事業所は、次のいずれかの日本標準産業分類に該当する産業を行っていなければならない（入管法2条の5第1項1号、特定技能基準令1条1項7号、特定技能特有事情分野告示1条、特定技能木材産業分野告示により規定予定）。 121　製材業、木製品製造業 1222　合板製造業 1223　集成材製造業 1224　建築用木製組立材料製造業 1227　銘木製造業 1228　床板製造業
業務区分該当性（右記の主たる業務のほか関連業務にも付随的に	介護分野【1業務区分】	・身体介護等（利用者の心身の状況に応じた入浴、食事、排せつの介助等）のほか、これに付随する支援業務（レクリエーションの実施、機能訓練の補助等） ※訪問系サービスは対象外
	ビルクリーニング分野【1業務区分】	・建築物内部の清掃
	工業製品製造業分野【10業務区分】	・機械金属加工 ・電気電子機器組立て ・金属表面処理 ・紙器・段ボール箱製造 ・コンクリート製品製造 ・RPF製造 ・陶磁器製品製造 ・印刷・製本

従事可		・紡織製品製造 ・縫製
	建設分野 【3業務区分】	・土木 ・建築 ・ライフライン・設備
	造船・舶用工業分野【3業務区分】	・造船 ・舶用機械 ・舶用電気電子機器
	自動車整備分野【1業務区分】	・自動車の日常点検整備、定期点検整備、特定整備、特定整備に付随する基礎的な業務
	航空分野【2業務区分】	・空港グランドハンドリング（社内資格等を有する指導者やチームリーダーの指導・監督の下で従事する、地上走行支援業務、手荷物・貨物取扱業務等） ・航空機整備（機体、装備品等の整備業務等）
	宿泊分野【1業務区分】	・宿泊施設におけるフロント、企画・広報、接客、レストランサービス等の宿泊サービスの提供
	自動車運送業分野【3業務区分】	・事業用自動車（トラック）の運転、運転に付随する業務全般 ・事業用自動車（タクシー）の運転、運転に付随する業務全般 ・事業用自動車（バス）の運転、運転に付随する業務全般
	鉄道分野【5業務区分】	・軌道整備（軌道等の新設、改良、修繕に係る作業・検査業務等） ・電気設備整備（電路設備、変電所等設備、電気機器等設備、信号保安設備、保安通信設備、踏切保安設備等の新設、改良、修繕に係る作業・検査業務等） ・車両整備（鉄道車両の整備業務等） ・車両製造（鉄道車両、鉄道車両部品等の製造業務等） ・運輸係員（駅係員、車掌、運転士等）
	農業分野【2業務区分】	・耕種農業全般（栽培管理、農産物の集出荷・選別等） 　※派遣形態もあり ・畜産農業全般（飼養管理、畜産物の集出荷・選別等） 　※派遣形態もあり
	漁業分野【2業務区分】	・漁業（漁具の製作・補修、水産動植物の探索、漁具・漁労機械の操作、水産動植物の採捕、漁獲物の処理・保蔵、安全衛生の確保等） 　※派遣形態もあり

		・養殖業（養殖資材の製作・補修・管理、養殖水産動植物の育成管理・収獲（穫）・処理、安全衛生の確保等） ※派遣形態もあり
	飲食料品製造業分野【1業務区分】	・飲食料品製造業全般（飲食料品（酒類を除く）の製造・加工及び安全衛生の確保） ※総合スーパーマーケット（但し、食料品製造を行うものに限る。）及び食料品スーパーマーケット（但し、食料品製造を行うものに限る。）に該当する事業所においては、関連業務としても販売業務に従事することは不可（特定技能運用要領（飲食料品製造業分野））
	外食業分野【1業務区分】	・外食業全般（飲食物調理、接客、店舗管理）
	林業分野【1業務区分】	・林業（育林、素材生産等）
	木材産業分野【1業務区分】	・製材業、合板製造業等に係る木材の加工等

受入機関適合性（特定技能雇用契約の相手方となる本邦の公私の機関の基準）				
	適合特定技能雇用契約の適正な履行の確保に係る基準 〔契約適正履行確保基準〕 （入管法2条の5第3項1号、特定技能基準省令2条1項）		適合1号特定技能外国人支援計画の適正な実施の確保に係る基準 〔支援計画適正実施確保基準〕 （入管法2条の5第3項2号、特定技能基準省令2条2項） ※登録支援機関に支援の全部委託をした場合には、本基準に適合するとみなされる（入管法2条の5第5項）。	
	① 労働、社会保険及び租税に関する法令の規定の遵守	特定技能所属機関が労働関係法令、社会保険関係法令及び租税関係法令を遵守していること（特定技能基準省令2条1項1号）	① 中長期在留者の受入実績等	特定技能所属機関が、次のiないしiiiのいずれかに該当すること（特定技能基準省令2条2項1号） i 過去2年間に就労資格をもって在留する中長期在留者の受入れ又は管理を適正に行った実績があること及び役職員の中から、支援責任者及び事業所ごとに1名以上の支援担当者を選任していること（同号イ） ii 役職員であって過去2年間

※法務大臣が指定書において特定技能所属機関を個別指定				
				に就労資格をもって在留する中長期在留者の生活相談業務に従事した経験を有するものの中から、支援責任者及び事業所ごとに1名以上の支援担当者を選任していること（同号ロ） ⅲ ⅰ及びⅱに該当する者と同程度に支援業務を適正に実施することができる者として出入国在留管理庁長官が認めること及び役職員の中から、支援責任者及び外国人に特定技能雇用契約に基づく活動をさせる事業所ごとに1名以上の支援担当者を選任していること（同号ハ）
	② 非自発的離職者の発生	特定技能外国人に従事させる業務と同種の業務に従事する労働者を、一定の例外を除き非自発的に離職させていないこと（特定技能基準省令2条1項2号）	② 十分に理解できる言語による支援体制	ⅰ特定技能外国人が十分に理解できる言語による適切な情報提供体制、ⅱ担当職員を確保して特定技能外国人が十分に理解できる言語による適切な相談体制等があること（特定技能基準省令2条2項2号）
	③ 行方不明者の発生	雇用契約締結の日の前1年以内及び当該契約締結後に責めに帰すべき事由により特定技能外国人又は技能実習生の行方不明者を発生させていないこと（特定技能基準省令2条1項3号）	③ 支援の実施状況に係る文書の作成等	ⅰ支援実施体制に関する管理簿、ⅱ支援の委託契約に関する管理簿、ⅲ支援対象者に関する管理簿、ⅳ支援の実施に関する管理簿を作成し、支援を行う事業所に特定技能雇用契約の終了日から1年以上備えて置くこと（特定技能基準省令2条2項3号）
	④ 関係法律による刑罰を受けたことによる欠格	ⅰ禁錮以上の刑に処せられた者（特定技能基準省令2条1項4号イ）、ⅱ一定の出入国又は労働に関する法律に違反し、罰金刑に処せられた者（同号ロ）、ⅲ暴力団関係法令、刑法等に違反し、罰金刑に処せられた者（同号	④ 支援の中立性等	支援責任者及び支援担当者が、ⅰ1号特定技能外国人を監督する立場にないこと及び特定技能所属機関と当該外国人の間に紛争が生じた場合に少なくとも中立的な立場であること、ⅱ一定の欠格事由に該当しないこと

事由	ハ）、iv社会保険各法及び労働保険各法において事業主としての義務に違反し、罰金刑に処せられた者（同号ニ）のうち、刑に処せられ、その執行を終わり、又は執行を受けることがなくなった日から5年を経過しない者は、欠格事由に該当すること		（特定技能基準省令2条2項4号）
⑤ 特定技能所属機関の行為能力・役員等の適格性に係る欠格事由	i 精神機能の障害により特定技能雇用契約の適正な履行に必要な認知等を適切に行うことができない者（特定技能基準省令2条1項4号ホ）、ii 破産手続開始の決定を受けて復権を得ない者（同号ヘ）、iii 未成年者であって、その法定代理人が特定技能基準省令2条1項4号各号（ワを除く。）に該当するもの（同号ル）、iv 法人であって、その役員のうちに特定技能基準省令2条1項4号各号（ワを除く。）に該当する者があるもの（同号ヲ）は、欠格事由に該当すること	⑤ 支援実施義務の不履行	特定技能雇用契約締結前の5年以内及び当該契約締結後に支援計画に基づく支援を怠ったことがないこと（特定技能基準省令2条2項5号）
⑥ 実習認定の取消しを受けたことによる欠格事由	実習実施者として技能実習生を受け入れていた際に実習認定の取消しを受け、当該取消日から5年を経過しない者（特定技能基準省令2条1項4号ト）及び実習認定を取り消された法人の役員であった者で、当該取消日から5年を経過しないもの（同号チ）は、欠格事由に該当すること	⑥ 定期的な面談の実施	支援責任者又は支援担当者が、特定技能外国人のみならず、当該外国人を監督する立場にある者とも3か月に1回以上の頻度で直接に対面して面談を実施できる体制を有していること（特定技能基準省令2条2項6号）
⑦ 出入国又は労働関係法令に関する不正行為	特定技能雇用契約の締結の日前5年以内又はその締結の日以後に、出入国又は労働関係法令に関する不正行為又は著しく不当な行為を行った者は、欠格事由に該当すること（特定技能基準省令2条1項4号リ）	⑦ 分野に特有の事情に鑑みて定められた基準	特定産業分野ごとの特有の事情に鑑みて個別に定める基準に適合していること（特定技能基準省令2条2項7号）

⑧ 暴力団排除の観点からの欠格事由	ⅰ暴力団員又は暴力団員でなくなった日から5年を経過しない者（以下「暴力団員等」という。）（特定技能基準省令2条1項4号ヌ）、ⅱ法人であって、その役員のうちに暴力団員等がいるもの（同号ヲ）、ⅲ暴力団員等がその事業活動を支配する者（同号ワ）は、欠格事由に該当すること		
⑨ 特定技能外国人の活動状況に係る文書の作成等	特定技能外国人の活動状況に関する文書（ⅰ特定技能外国人の管理簿、ⅱ特定技能雇用契約の内容に関する書類、ⅲ雇用条件に関する書類、ⅳ特定技能外国人の待遇に係る事項が記載された書類（賃金台帳等）、ⅴ特定技能外国人の出勤状況に関する書類（出勤簿等））を作成し、特定技能外国人が業務に従事する事業所に特定技能雇用契約終了日から1年以上備えて置くこと（特定技能基準省令2条1項5号）		
⑩ 保証金の徴収・違約金契約等による欠格事由	特定技能外国人又はその親族等が、保証金の徴収や財産の管理又は違約金契約を締結させられているなどの場合には、そのことを認識して特定技能雇用契約を締結していないこと（特定技能基準省令2条1項6号、7号）		
⑪ 支援に要する費用の負担	1号特定技能外国人に対する支援に要する費用を、1号特定技能外国人に直接的又は間接的にも負担させないこと（特定技能基準省令2条1項8号）		
⑫ 派遣形態による受入れ	特定技能外国人を派遣労働者として受入れをする場合には、派遣元は、一般の特定技能所属機関としての受入機関適合性を満		

たすことに加え、当該外国人が従事することとなる特定産業分野に関する業務を行っていること等（※1、※2）が求められるほか、出入国在留管理庁長官と当該特定産業分野を所管する関係行政機関の長との協議により適当であると認められなければならないこと（特定技能基準省令2条1項9号イ）。

派遣先についても、労働、社会保険及び租税に関する法令の遵守、特定技能外国人に従事させる業務と同種の業務に従事する労働者を一定の例外を除き非自発的に離職させていないこと、責めに帰すべき事由により特定技能外国人又は技能実習生の行方不明者を発生させていないこと及び一定の欠格事由に該当しないことが求められること（同号ロ）

※1〔農業分野〕
　①　農業分野に係る業務又はこれに関連する業務を行っている者であること
　②　地方公共団体又は①に掲げる者が資本金の過半数を出資していること
　③　地方公共団体の職員又は①に掲げる者若しくはその役職員が役員であることその他地方公共団体又は①に掲げる者が業務執行に実質的に関与していると認められる者であること
　④　国家戦略特別区域法16条の5第1項に規定する特定機関であること

※2〔漁業分野〕
　①　漁業又は漁業に関連する業務を行っている者である

		こと	
		② 地方公共団体又は①に掲げる者が資本金の過半数を出資していること	
		③ 地方公共団体の職員又は①に掲げる者若しくはその役職員が役員であることその他地方公共団体又は①に掲げる者が業務執行に実質的に関与していると認められる者であること	
	⑬ 労災保険法に係る措置等	労災保険の適用事業所である場合には、労災保険に係る保険関係の成立の届出を適切に履行していること（特定技能基準省令2条1項10号）	
	⑭ 特定技能雇用契約継続履行体制	特定技能所属機関が事業を安定的に継続し、特定技能外国人と締結した特定技能雇用契約を確実に履行し得る財政的基盤を有していること（特定技能基準省令2条1項11号）	
	⑮ 報酬の口座振込み等	報酬の支払方法として預貯金口座への振込みがあることを説明した上で、当該外国人の同意を得た場合には、預貯金口座への振込み等により行うこと。また、預貯金口座への振込み以外の支払方法を採った場合には、じ後に出入国在留管理庁長官に対しその支払の事実を裏付ける客観的な資料を提出し、出入国在留管理庁長官の確認を受けること（特定技能基準省令2条1項12号）	
	⑯ 分野に特有の事情に鑑みて定め	特定産業分野ごとの特有の事情に鑑みて個別に定める基準に適合していること（特定技能基準省令2条1項13号） ※下記は特に重要な事項のみ	

られた基準	介護分野	就業場所	事業所は、介護福祉士国家試験の受験資格の認定において実務経験として認められる介護等の業務に従事させることができる事業所でなければならない（特定技能介護分野告示2条1号）。 訪問系サービスを行う事業所は、受入不可（特定技能介護分野告示2条1号括弧書）。		
		人数枠	事業所単位で、日本人等（①介護福祉士国家試験に合格したEPA介護福祉士（在留資格「特定活動」）、②在留資格「介護」により在留する者、③入管法別表第2の在留資格により在留する者、④特別永住者を含む。）の常勤介護職員の総数を超えないこと（特定技能介護分野告示2条2号）。		
	ビルクリーニング分野	営業所	建築物清掃業又は建築物環境衛生総合管理業の登録を受けた営業所において受け入れること（特定技能ビルクリーニング分野告示2条1号）		
		協議会に対する協力	他の特定技能所属機関に雇用されている特定技能外国人の引抜きを行わないこと、特定技能外国人の看過しがたい偏在が生じた場合の		

	等	協議会による大都市圏での受入れの自粛要請が決議されたときは、これを尊重すること（特定技能ビルクリーニング分野告示2条3号、4号、ビルクリーニング分野特定技能協議会入会規程1条、2条、厚生労働省HP）
工業製品製造業分野	協議会において協議が調った事項	1号特定技能外国人の受入事業所が日本標準産業分類11－繊維工業、15－印刷・同関連業又は484－こん包業を行っている場合は、協議会において協議が調った事項に関する措置を講ずること（現在パブリックコメント手続中の特定技能工業製品製造業分野告示3条2号において規定予定）
	訓練又は研修の実施	特定技能外国人に対し、必要に応じて訓練又は研修を実施すること（特定技能素形材・産業機械・電気電子情報関連製造業分野告示3条3号（改正後4号）） ※特に当該特定技能外国人が技能実習で従事した職種とは異なる業務に従事させる等の場合には、労働災害を防止するために、十分な訓練や安全衛生教育を含む各種研修を実施する必要がある（特定技能運用要領（素形材・産

			実務経験証明書の交付	特定技能外国人からの求めに応じ、特定技能雇用契約に係る実務経験を証明する書面を交付すること（特定技能素形材・産業機械・電気電子情報関連製造業分野告示3条4号（改正後5号））	
				業機械・電気電子情報関連製造業分野））。	
	建設分野	建設特定技能受入計画		建設特定技能受入計画について、国土交通大臣の認定を受けていること（特定技能建設分野告示2条1号イ）。認定要件は下記のとおり（特定技能建設分野告示3条3項）。	
				① 認定申請者が次に掲げる要件をいずれも満たしていること i 建設業法3条の許可を受けていること ii 建設キャリアアップシステムに登録していること iii 特定技能外国人受入事業実施法人（一般社団法人建設技能人材機構（JAC））又は当該法人を構成する建設業者団体に所属し、行動規範（他事業者が雇用している外国人に対し、直接的、間接的な手段を問わ	

				ず、悪質な引抜行為を行わないこと等）を遵守すること iv　5年以内又は申請日以後に、建設業法に基づく監督処分を受けていないこと v　職員の適切な処遇、適切な労働条件を提示した労働者の募集その他の国内人材確保の取組みを行っていること	
				②　同等の技能を有する日本人が従事する場合と同等額以上の報酬を安定的に支払い（月給制）、技能習熟に応じて昇給を行うとともに、その旨を特定技能雇用契約に明記していること	
				③　特定技能雇用契約を締結するまでの間に、重要事項を、様式第2により当該外国人が十分に理解することができる言語で説明していること	
				④　受入れを開始し、若しくは終了したとき又は特定技能雇用契約に基づく活動を継続することが困難となったときは、国土交通大臣に報告を行うこと	

					⑤ 1号特定技能外国人を建設キャリアアップシステムに登録すること		
					⑥ 1号特定技能外国人が従事する建設工事において、申請者が下請負人である場合には、発注者から直接当該工事を請け負った建設業者の指導に従うこと		
					⑦ 1号特定技能外国人の総数と外国人特定建設就労者の総数の合計が常勤職員（1号特定技能外国人、技能実習生及び外国人建設就労者を含まない。）の総数を超えないこと		
					⑧ 1号特定技能外国人に対し、受入後に、国土交通大臣が指定する講習又は研修を受講させること		
				適正就労監理機関等による確認	認定を受けた建設特定技能受入計画を適正に実施し、国土交通大臣又は適正就労監理機関（一般財団法人国際建設技能振興機構（FITS））により、その旨の確認を受けること（特定技能建設分野告示2条1号ロ）		
			造船・舶	受入対象	上記の特定産業分野該当性における（1）の造船業又は（2）の舶用工		

		用工業分野	機関	業に該当する事業を営む者であること（特定技能造船・舶用工業分野告示2条1号）※受入対象機関に該当する者であることの確認を国土交通省から受けなければならない。	
			協議会に対する協力	他の特定技能所属機関に雇用されている特定技能外国人、外国人造船就労者又は技能実習生に対する引き抜き（登録支援機関にあっては引き抜きの幇助）を行わないこと（特定技能造船・舶用工業分野告示2条3号、5号、造船・舶用工業分野特定技能協議会規約5条4号）	
			実務経験証明書の交付	特定技能外国人からの求めに応じ、当該特定技能外国人の当該機関における造船・舶用工業分野に係る実務経験を証する書類を交付すること（特定技能造船・舶用工業分野告示2条6号）	
		自動車整備分野	認証事業場（実質的人数枠）	道路運送車両法78条1項に基づき地方運輸局長の認証を受けた事業場を有すること（特定技能自動車整備分野告示2条1号）※事業場の認証要件として、従業員に対する整備士の要件（1級、2級又は3級の	

				自動車整備士技能検定合格者数が、従業員の数を4で除して得た数（1未満の端数は1とする。）以上であること）が課される。自動車整備士技能検定に合格していない特定技能外国人は、整備士としてカウントできない。従業員の数には、技能実習生及び特定技能外国人もカウントされる。	
			協議会に対する協力	他の機関に雇用されている特定技能外国人又は技能実習生に対する引き抜き（登録支援機関にあっては引き抜きの幇助）を行わないこと、看過しがたい偏在が生じた場合の協議会による大都市圏での受入れの自粛要請に従うこと（特定技能自動車整備分野告示2条3号、5号イ、自動車整備分野特定技能協議会運営規程8条1項3号、4号）	
			登録支援機関	支援計画の全部の実施を受託する登録支援機関は、1級又は2級の自動車整備士技能検定合格者又は自動車整備士の養成施設において5年以上の指導に係る実務の経験を有する者が置かれている必要がある（特定技能自動車整備分野告示2条5号ロ）。	

	実務経験証明書の交付	特定技能外国人からの求めに応じ、当該特定技能外国人の当該機関における自動車整備分野に係る実務経験を証する書類を交付すること（特定技能自動車整備分野告示2条6号）	
航空分野	構内営業承認、認定事業場等	空港管理規則に基づく構内営業承認等を受けた事業者又は航空法に基づく航空機整備等に係る認定事業場等であること（特定技能航空分野告示2条1号）	
	協議会に対する協力	他の特定技能所属機関に雇用されている特定技能外国人の引き抜き（登録支援機関にあっては引き抜きの幇助）を行わないこと、特定技能外国人の看過しがたい偏在が生じた場合の協議会による大都市圏等での受入れの自粛要請が決議されたときは、これを尊重すること（特定技能航空分野告示2条3号、5号、航空分野特定技能協議会規約7条1項、航空分野特定技能協議会加入届出書兼構成員資格証明書（特定技能所属機関）（第1号様式）「2．遵守事項」、航空分野特定技能協議会加入届出書兼構成員資格証明書（登録支援機関）（第2号様	

		式）「2．遵守事項」）
	実務経験証明書の交付	特定技能外国人からの求めに応じ、実務経験を証明する書面を交付すること（特定技能航空分野告示2条6号）
宿泊分野	営業形態、許認可等	①旅館業法2条2項に規定する旅館・ホテル営業の形態で旅館業を営んでいること、②旅館業法3条1項の旅館・ホテル営業の許可を受けていること、③1号特定技能外国人及び2号特定技能外国人に、風営法2条6項4号に規定する施設（ラブホテル等）において就労させないこととしていること、④1号特定技能外国人及び2号特定技能外国人に、風営法2条3項に規定する接待を行わせないこととしていること（特定技能宿泊分野告示2条1号）。
	協議会に対する協力	他の特定技能所属機関に雇用されている特定技能外国人の引抜き（登録支援機関にあっては、引抜きの幇助）を行わないこと（特定技能宿泊分野告示2条3号、5号、「宿泊分野特定技能協議会の運営について」（平成31年4月1日付宿泊分野特定技能協議会決定）3項）

				実務経験証明書の交付	特定技能外国人からの求めに応じ、宿泊分野に関する実務経験を証明する書面を交付すること（特定技能宿泊分野告示2条6号）	
			自動車運送業分野	自動車運送事業	道路運送法2条2項に規定する自動車運送事業（貨物利用運送事業法2条8項に規定する第二種貨物利用運送事業を含む。）を経営する者であること（特定技能分野別運用方針（自動車運送業分野））	
				活動を行う事業所	特定技能雇用契約に基づいて1号特定技能外国人がその活動を行う特定技能所属機関の事業所は、日本標準産業分類に掲げる産業のうち、次のいずれかに掲げるものを行っていること（特定技能分野別運用要領（自動車運送業分野））。 43　道路旅客運送業 44　道路貨物運送業 ※上乗せ告示において、受入機関適合性としてではなく契約適合性として規定される可能性あり	
				運転者職場環境良好度	一般財団法人日本海事協会が実施する運転者職場環境良好度認証制度に基づく認証を受けた者又は（トラック運送業においては）全国貨物自動車運送適正化	

				認証、安全性優良事業所	事業実施機関（貨物自動車運送事業法43条に規定する全国貨物自動車運送適正化事業実施機関）が認定する安全性優良事業所を有する者であること（特定技能分野別運用方針（自動車運送業分野））	
				新任運転者研修	タクシー運送業及びバス運送業における特定技能所属機関は、特定技能1号の在留資格で受け入れる予定の外国人に対し、新任運転者研修（旅客自動車運送事業運輸規則38条1項、2項及び5項並びに39条に規定する事項についての指導、監督及び特別な指導を受け、並びに適性診断を受診すること。以下同じ。）を実施すること（特定技能分野別運用方針（自動車運送業分野））	
			鉄道分野	経営する事業	鉄道事業法による鉄道事業者、軌道法による軌道経営者その他鉄道事業又は軌道事業の用に供する施設若しくは車両の整備又は車両の製造に係る事業を営む者であること（特定技能分野別運用方針（鉄道分野）。上乗せ告示においても規定予定であり、現在パブリックコメント手続中）。	

	実務経験証明書の交付	特定技能外国人からの求めに応じ、実務経験を証明する書面を交付すること（上乗せ告示において規定予定であり、現在パブリックコメント手続中）	
農業分野	直接雇用	直接雇用する場合は、過去5年以内に、労働者（技能実習生を含む。）を6か月以上継続して雇用した経験又はこれに準ずる経験があること（特定技能農業分野告示1号）。	
	派遣	派遣による場合には、派遣先は、過去5年以内に、労働者（技能実習生を含む。）を6か月以上継続して雇用した経験があるか、又は派遣先責任者講習その他労働者派遣法における派遣先の講ずべき措置等の解説が行われる講習を受講した者を派遣先責任者として選任していること（特定技能農業分野告示2号）。	
	実務経験証明書の交付	特定技能雇用契約に基づき特定技能外国人を農業分野の実務に従事させたときは、当該特定技能外国人からの求めに応じ、当該特定技能外国人に対し、当該契約に係る実務経験を証明する書面（その作成に代えて電磁的記録を作成する場合における当該電磁的記録を含	

					む。）を交付し、又は提供すること（特定技能農業分野告示7号）	
			漁業分野	協議会において協議が調った事項	業務区分「漁業」（特定技能漁業分野告示2号）①漁船事故を防止するための推進事項について、特定技能外国人に対し指導及び教育を行うこと（令和元年10月8日付漁業特定技能協議会・漁業分科会決定第2号1条）、②当面の間、漁船1隻当たり、技能実習生と特定技能外国人の合計人数が、それ以外の乗組員の人数の範囲内とすることを目安とすること（令和元年10月8日付漁業特定技能協議会・漁業分科会「特定技能所属機関による外国人材の配乗人数に係る申し合わせ」）、③自らが所属する漁業2号構成員に対し、自らが特定技能外国人を配乗させている漁船の配乗状況を提出すること（令和元年10月8日付漁業特定技能協議会・漁業分科会「特定技能外国人等の配乗人数の報告」）、④他地域及び他の漁業種類で雇用されている外国人材を積極的に引き抜き雇用することを自粛すること（令和元年7月30日付漁業特定技能協議会・漁業分科会「特定	

技能所属機関による外国人材の引き抜き防止に係る申し合わせ」)

業務区分「養殖業」
（特定技能漁業分野告示2号）
①厚生労働省労働基準局が作成した「モデル就業規則」を参考にして、特定技能所属機関たる各養殖1号構成員（養殖事業者）の実情に応じた就業規則を作成し、雇用する特定技能外国人に対しても日本人職員と同等の賃金水準及び労働時間等の適正な就業規則を適用すること、②作成した就業規則を漁業特定技能協議会1号構成員資格証明書交付手続規則1条二の書類（協議会において協議が調った事項に関する措置を講じていることが確認できる書類）として提示すること、③雇用する特定技能外国人が加入する労働組合と養殖1号構成員が労働協約を締結している場合には、①及び②の就業規則に代えて当該労働協約を適用及び提示することができること（漁業特定技能協議会・養殖業分科会決定第2号3項）、④雇用する特定技能外国人の事件、事故、行方不明及び離職・退職等の事案が発生した場合には、協議

				会に報告すること、このような事案が発生した養殖1号構成員は、定期（3か月ごと）に当該事案の経過報告及び再発防止策等について、協議会に報告すること（漁業特定技能協議会・養殖業分科会決定第2号4項）、⑤他地域及び他の漁業種類で雇用されている外国人材を積極的に引き抜き雇用することを自粛すること（令和元年7月30日付漁業特定技能協議会・養殖業分科会「特定技能所属機関による外国人材の引き抜き防止に係る申し合わせ」）	
			実務経験証明書の交付	特定技能雇用契約に基づき特定技能外国人を漁業分野の実務に従事させたときは、当該特定技能外国人からの求めに応じ、当該特定技能外国人に対し、当該契約に係る実務経験を証明する書面（その作成に代えて電磁的記録を作成する場合における当該電磁的記録を含む。）を交付し、又は提供すること（特定技能漁業分野告示6号）	
		飲食料品製造業分野	協議会に対する協力	大都市圏等特定地域に外国人が過度に集中することを予防する観点から、他地域で雇用されている外国人労働者を積極的に引き抜き雇用することを自粛すること（特定技能飲食料	

| | | | | キャリアアップ計画書の交付・説明 | 品製造業分野告示3条2号、平成31年3月29日付「特定技能所属機関による外国人労働者の引き抜き防止に係る申し合わせ」）

特定技能外国人と特定技能雇用契約を締結するときは、あらかじめ、当該特定技能外国人に対し、当該特定技能外国人のキャリアアップ（職務経験又は職業訓練等の職業能力の開発の機会を通じ、職業能力の向上並びにこれによる将来の職務上の地位及び賃金をはじめとする処遇の向上が図られることをいう。）を図るための計画について書面（その作成に代えて電磁的記録を作成する場合における当該電磁的記録を含む。）を交付し、又は提供して説明をすること（特定技能飲食料品製造業分野告示3条5号）

※特定技能外国人に対して、キャリアアッププランのイメージをあらかじめ設定し、雇用契約を締結する前に書面を交付し、又はこれを記録した電磁的記録を提供して説明しなければならない。
【キャリアアッププランの内容の例】
※任意様式 | |

					・想定されるキャリアルート ・各レベルの業務内容及び習熟の目安となる年数 ・レベルアップするときに必要な経験・実績、資格・検定等（特定技能運用要領（飲食料品製造業分野））	
				実務経験証明書の交付	特定技能雇用契約に基づき特定技能外国人を飲食料品製造業分野の実務に従事させたときは、当該特定技能外国人からの求めに応じ、当該特定技能外国人に対し、当該契約に係る実務経験を証明する書面（その作成に代えて電磁的記録を作成する場合における当該電磁的記録を含む。）を交付し、又は提供すること（特定技能飲食料品製造業分野告示3条6号）	
			外食業分野	接待の禁止等	①風営法2条1項に規定する風俗営業及び風営法2条5項に規定する性風俗関連特殊営業を営む営業所において就労させないこと、②風営法2条3項に規定する接待を行わせないこと（特定技能外食業分野告示2条1号、2号）。	
				協議会に	大都市圏等特定地域に外国人が過度に集中することを予防する観点	

| | | | | 対する協力 | から、他地域で雇用されている外国人労働者を積極的に引き抜き雇用することを自粛すること（特定技能外食業分野告示2条4号、平成31年3月29日付「特定技能所属機関による外国人労働者の引き抜き防止に係る申し合わせ」） | |
| | | | | キャリアアップ計画書の交付・説明 | 特定技能外国人と特定技能雇用契約を締結するときは、あらかじめ、当該特定技能外国人に対し、当該特定技能外国人のキャリアアップ（職務経験又は職業訓練等の職業能力の開発の機会を通じ、職業能力の向上並びにこれによる将来の職務上の地位及び賃金をはじめとする処遇の向上が図られることをいう。）を図るための計画について書面（その作成に代えて電磁的記録を作成する場合における当該電磁的記録を含む。）を交付し、又は提供して説明をすること（特定技能外食業分野告示2条7号）
※特定技能外国人に対して、キャリアアッププランのイメージを予め設定し、雇用契約を締結する前に書面を交付し、又はこれを記録した電磁的記録を提供して説明しなければならない。 | |

					【キャリアアッププランの内容の例】 ※任意様式 ・想定されるキャリアルート ・各レベルの業務内容及び習熟の目安となる年数 ・レベルアップするときに必要な経験・実績、資格・検定等（特定技能運用要領（外食業分野）） ※キャリアアップさせる際は、辞令や職務命令書等をもって、例示した役職を命じ、業務に従事させなければならない（特定技能運用要領（外食業分野））。		
				実務経験証明書の交付	特定技能雇用契約に基づき特定技能外国人を外食業分野の実務に従事させたときは、当該特定技能外国人からの求めに応じ、当該特定技能外国人に対し、当該契約に係る実務経験を証明する書面（その作成に代えて電磁的記録を作成する場合における当該電磁的記録を含む。）を交付し、又は提供すること（特定技能外食業分野告示2条8号）		
	契約適合	雇用関係に関する事項に係る基準〔雇用関係事項基準〕（入管法2条の5第1項1号、特定技能基準					外国人の適正な在留に資するために必要な事項に係る基準〔適正在留必要事項基準〕

				（入管法2条の5第1項2号、特定技能基準省令1条2項）
性（特定技能雇用契約の内容の基準）	省令1条1項）			
	① 労働関連法令適合性	労働に関する法令の規定に適合していること（特定技能基準省令1条1項柱書）	①帰国担保措置	外国人が特定技能雇用契約の終了後の帰国に要する旅費を負担することができないときは、特定技能所属機関が、当該旅費を負担するとともに、出国が円滑になされるよう必要な措置を講ずることとしていること（特定技能基準省令1条2項1号）
	② 従事させる業務	特定産業分野に属する分野等省令で定める相当程度の知識若しくは経験を必要とする技能を要する業務に外国人を従事させるものであること（特定技能基準省令1条1項1号）	② 健康状況その他の生活状況把握のための必要な措置	特定技能所属機関が外国人の健康の状況その他の生活の状況を把握するために必要な措置を講ずることとしていること（特定技能基準省令1条2項2号）
	③ 所定労働時間	外国人の所定労働時間が、特定技能所属機関に雇用される通常の労働者の所定労働時間と同等であること（特定技能基準省令1条1項2号）	③ 分野に特有の事情に鑑みて定められた基準	上記のほか、特定技能特有事情分野告示で定める特定産業分野に係るものにあっては、上乗せ告示で定める基準に適合すること（特定技能基準省令1条2項3号）
	④ 報酬等	外国人に対する報酬の額が日本人が従事する場合の報酬の額と同等以上であること（特定技能基準省令1条1項3号）		
		外国人であることを理由として、報酬の決定、教育訓練の実施、福利厚生施設の利用その他の待遇について、差別的な取扱いをしていないこと（特定技能基準省令1条1項4号）		
	⑤ 一時帰国のための有給休暇取得	外国人が一時帰国を希望した場合には、必要な有給休暇を取得させるものとしていること（特定技能基準省令1条1項5号）		
	⑥ 派遣先	外国人を労働者派遣等の対象とする場合にあっては、雇用期間		

		の全てにおいて、当該外国人が労働者派遣等をされることとなる本邦の公私の機関の氏名又は名称及び住所並びにその派遣の期間が定められていること（特定技能基準省令1条1項6号）	
	⑦ 分野に特有の事情に鑑みて定められた基準	上記のほか、特定技能特有事情分野告示で定める特定産業分野に係るものにあっては、上乗せ告示で定める基準に適合すること（特定技能基準省令1条1項7号）	
支援計画適合性		1号特定技能外国人支援計画の記載事項（必要的記載事項）等 （入管法2条の5第6項、特定技能基準省令3条1項、2項）	1号特定技能外国人支援計画の基準 （入管法2条の5第8項、特定技能基準省令4条）
		① 事前ガイダンスの提供（特定技能基準省令3条1項1号イ） ② 出入国する際の送迎（特定技能基準省令3条1項1号ロ） ③ 適切な住居の確保に係る支援、生活に必要な契約に係る支援（特定技能基準省令3条1項1号ハ） ④ 生活オリエンテーションの実施（特定技能基準省令3条1項1号ニホ） ⑤ 日本語学習の機会の提供（特定技能基準省令3条1項1号ヘ） ⑥ 相談又は苦情への対応（特定技能基準省令3条1項1号ト） ⑦ 日本人との交流促進に係る支援（特定技能基準省令3条1項1号チ） ⑧ 外国人の責めに帰すべき事由によらないで特定技能雇用契約を解除される場合の転職支援（特定技能基準省令3条1項1号リ） ⑨ 定期的な面談の実施、行政機関への通報（特定技能基準省令3条1項1号ヌ） ⑩ 支援計画の全部の実施を契約により登録支援機関に委託する場合にあっては、	① 支援の内容が、当該外国人の適正な在留に資するものであって、かつ、適切に実施することができるものであること（特定技能基準省令4条1号） ② 左記①の支援が、対面により又はテレビ電話装置その他の方法により実施されること（特定技能基準省令4条2号） ③ 左記①④⑥⑨（面談）の支援が、外国人が十分に理解することができる言語により実施されること（特定技能基準省令4条3号） ④ 支援計画の一部を契約により他者に委託する場合は、委託の範囲が明示されていること（特定技能基準省令4条4号） ⑤ 上記のほか、特定技能特有事情分野告示で定める分野に係るものにあっては、所管する関係行政機関の長が告示で定める基準に適合すること（特定技能基準省令4条5号）

		登録支援機関登録簿に登録された事項及び当該契約の内容（特定技能基準省令3条1項2号） ⑪　支援の実施を契約により他の者に委託する場合にあっては、当該他の者の氏名等及び当該契約の内容（特定技能基準省令3条1項3号） ⑫　支援責任者及び支援担当者の氏名及び役職名（特定技能基準省令3条1項4号） ⑬　上記のほか、特定技能特有事情分野告示で定める分野に係るものにあっては、当該分野を所管する関係行政機関の長が告示で定める事項（特定技能基準省令3条1項5号） ※1号特定技能外国人支援計画は、特定技能所属機関が、日本語及び当該1号特定技能外国人支援計画に係る外国人が十分に理解することができる言語により作成し、当該外国人にその写しを交付しなければならない（特定技能基準省令3条2項）。	
上陸許可基準適合性		①　契約適合性、受入機関適合性、支援計画適合性（上陸基準省令の特定技能1号の項の下欄柱書）	契約適合性（入管法2条の5第1項、2項）、受入機関適合性（入管法2条の5第3項、4項）及び支援計画適合性（入管法2条の5第6項、7項）があること
		②　年齢に関するもの（上陸基準省令の特定技能1号の項の下欄1号イ）	18歳以上であること
		③　健康状態に関するもの（上陸基準省令の特定技能1号の項の下欄1号ロ）	健康状態が良好であること
		④　技能水準に関するもの（上陸基準省令の特定技能1号の項の下欄1号ハ）	●原則として、従事しようとする業務に必要な相当程度の知識又は経験を必要とする技能を有していることが試験その他の評価方法（介護分野以外にあっては技能試験の合格、介護分野にあっては①技能試験の合格、②介護福祉士養成施設修了又は③EPA介護福祉士候補者としての在留期間（4年間）満了）により証明されていること ※なお、自動車運送業分野においては、特定技能1号評価試験の合格に加えて、各業務区分において、以下のi～

	iiiの免許等が必要（運転免許の取得や新任運転者研修の受講以外の要件を満たした者については、受入機関との雇用契約の下、在留資格「特定活動」による入国・在留が認められる。この「特定活動」による在留期間の上限は、トラック運送業については6月、タクシー運送業及びバス運送業については1年。当該在留資格をもって在留する期間は、「特定技能1号」の在留資格をもって在留する通算在留期間に算入しない。また、当該在留資格による在留中には、上記手続等のほか、受入機関における車両の清掃といった関連作業に従事することが認められる（特定技能分野別運用要領（自動車運送業分野））。） 　i　トラックの運転 　　第1種運転免許（外免切替制度を含む） 　ii　タクシーの運転 　　第2種運転免許、新任運転者研修修了 　iii　バスの運転 　　第2種運転免許、新任運転者研修修了 ●例外として、技能実習2号を良好に修了しており、従事しようとする業務と技能実習2号の職種・作業に関連性が認められる場合には、技能水準について試験その他の評価方法による証明は要しないこと
⑤　日本語能力に関するもの（上陸基準省令の特定技能1号の項の下欄1号ニ）	●原則として、本邦での生活に必要な日本語能力及び従事しようとする業務に必要な日本語能力を有していることが試験その他の評価方法により証明されていること ※介護分野、自動車運送業分野（タクシーの運転、バスの運転）及び鉄道分野（運輸係員）以外にあっては国際交流基金日本語基礎テスト又は日本語能力試験N4以上の合格 ※介護分野にあっては①国際交流基金日

		本語基礎テスト又は日本語能力試験N4以上に加え、介護日本語評価試験の合格、②介護福祉士養成施設修了又は③EPA介護福祉士候補者としての在留期間（4年間）満了 ※自動車運送業分野におけるタクシーの運転に係る業務区分及びバスの運転に係る業務区分にあっては、日本語能力試験N3以上の合格 ※鉄道分野における運輸係員に係る業務区分にあっては、日本語能力試験N3以上の合格 ●例外として、技能実習2号を良好に修了している場合には、日本語能力について試験その他の評価方法による証明は要しないこと（但し、介護職種・介護作業に係る技能実習2号を良好に修了していない場合は、介護分野に係る介護日本語評価試験は免除されない。また、技能実習2号を良好に修了していても、日本語能力試験N3以上の合格は免除されない。）
⑥	退去強制令書の円滑な執行への協力に関するもの（上陸基準省令の特定技能1号の項の下欄1号ホ）	退去強制令書の円滑な執行に協力しない国（特定技能除外国告示によりイラン）の国籍でないこと
⑦	通算在留期間に関するもの（上陸基準省令の特定技能1号の項の下欄1号ヘ）	「特定技能1号」（及び一部の「特定活動」）をもって在留した期間が通算で5年以内であること
⑧	保証金の徴収・違約金契約等に関するもの（上陸基準省令の特定技能1号の項の下欄2号）	特定技能外国人又はその親族等が、保証金の徴収や財産の管理又は違約金契約を締結させられていないこと
⑨	費用負担の合意に関するもの（上陸基準省令の特定技能1号の項の下欄3号、5号）	特定技能外国人が入国前に負担する費用（上陸基準省令の特定技能1号の項の下欄3号）及び在留中に負担する費用（上陸基準省令の特定技能1号の項の下欄5号）について、金額及び内訳を十分に理解して合意していること。在留中に負担する費用（上陸基準省令の特定技能1号の項の下欄5号）については、金額が実費に相当する額その他の適正な額であり、かつ、当該費用の明細書その他の書面が提示されること

⑩ 本国において遵守すべき手続に関するもの（上陸基準省令の特定技能1号の項の下欄4号）	特定技能外国人が特定技能に係る活動を行うに当たり、海外に渡航して労働を行う場合の当該本国での許可等、本国において必要な手続を遵守していること
⑪ 分野に特有の事情に鑑みて定められた基準に関するもの（上陸基準省令の特定技能1号の項の下欄6号）	特定産業分野ごとの特有の事情に鑑みて個別に定める基準に適合していること

第2節　「特定技能2号」の対象分野拡大（令和5年8月31日法務省令第35号）

　令和5年8月、特定技能分野等省令の改正（令和5年8月31日法務省令第35号）により、「特定技能2号」の対象分野が追加されました。これにより、同改正時点の全ての特定産業分野において、上級試験の合格等により、「特定技能1号」から通算在留期間の上限がない在留資格（介護分野にあっては「介護」、それ以外の特定産業分野にあっては「特定技能2号」）に移行できることとなりました。この「特定技能2号」の対象分野拡大の意義と課題については、山脇康嗣「「特定技能2号」の対象分野拡大の意義と課題」季刊労働法283号124頁～136頁を参照して下さい。

　なお、令和5年8月31日法務省令第35号による改正後、上記第1節第1のとおり、令和6年3月29日に特定技能政府基本方針が変更され、特定産業分野が追加されることとなったところ（自動車運送業分野、鉄道分野、林業分野及び木材産業分野）、この新たに追加された特定産業分野については、今後改正予定（現在パブリックコメント手続中）の特定技能分野等省令括弧書により、当面は、「特定技能2号」の対象とされない見込みです。

　また、上記第1節第2のとおり、特定技能政府基本方針の変更により、素形材・産業機械・電気電子情報関連製造業分野が工業製品製造業分野に名称変更された上で（特定技能分野等省令の改正も現在パブリックコメント手続中）、特定技能分野別運用方針（工業製品製造業分野）の改正により、7業務区分（紙器・段ボール箱製造、コンクリート製品製造、陶磁器製品製造、紡織製品製造、縫製、RPF製造、印刷・製本）が追加されましたが、この新たに追加された業務区分についても、当面は、「特定技能2号」の対象とされない見込みです（特定技能分野別運用方針（工業製品製造業分野）5（1）イ、別表2ｂ。現在パブリックコメント手続中の特定技能工業製品製造業分野告示2条2項参照）。さらに、既存の業務区分（機械金属加工、電気電子機器組立て、金属表面処理）について、特定技能素形材・産業機械・電気電子情報関連製造業分野告示の改正により（現在パブリックコメント手続中）、鉄鋼、アルミサッシ、プラスチック製品、金属製品塗装、こん包関連の事業所が契約適合性に係る1号特定技能外国人の受入事業所として新たに含められる予定ですが、これらの事業所における就労も、当面は、「特定技能2号」の対象と

されない見込みです（現在パブリックコメント手続中の特定技能工業製品製造業分野告示2条2項参照）。

　これらを踏まえて、在留資格「特定技能2号」の許可要件をまとめると以下のとおりとなります。

●在留資格「特定技能2号」の許可要件まとめ

在留資格該当性	特定産業分野該当性　※法務大臣が指定書において特定産業分野を個別指定	ビルクリーニング分野、建設分野、造船・舶用工業分野、自動車整備分野、航空分野、宿泊分野、農業分野、漁業分野、飲食料品製造業分野及び外食業分野については、「特定技能1号」に係る特定産業分野該当性と同じ
		※自動車運送業分野、鉄道分野、林業分野及び木材産業分野は、当面は、「特定技能2号」に係る特定産業分野該当性なしとされる見込み
		※工業製品製造業分野における紙器・段ボール箱製造、コンクリート製品製造、陶磁器製品製造、紡織製品製造、縫製、RPF製造、印刷・製本の7業務区分は、当面は、「特定技能2号」の対象とされない見込み
		※工業製品製造業分野における既存の業務区分（機械金属加工、電気電子機器組立て、金属表面処理）について、鉄鋼、アルミサッシ、プラスチック製品、金属製品塗装、こん包関連の事業所が1号特定技能外国人の受入事業所として新たに含められる予定であるが、これらの事業所における就労も、当面は、「特定技能2号」の対象とされない見込み
		工業製品製造業分野
		※2号特定技能外国人を受け入れる事業所は、次のいずれかの日本標準産業分類に該当する産業を行っていなければならないとされる予定（入管法2条の5第1項1号、特定技能基準省令1条1項7号、特定技能特有事情分野告示1条、現在パブリックコメント手続中の特定技能工業製品製造業分野告示2条2項）。
		2194－鋳型製造業（中子を含む。）
		225－鉄素形材製造業
		235－非鉄金属素形材製造業
		2422－機械刃物製造業
		2424－作業工具製造業
		2431－配管工事用附属品製造業（バルブ、コックを除く）
		245－金属素形材製品製造業
		2462－溶融めっき業（表面処理鋼材製造業を除く）
		2464－電気めっき業（表面処理鋼材製造業を除く）
		2465－金属熱処理業
		2469－その他の金属表面処理業（ただし、アルミニウム陽極酸化処理業に限る。）
		248－ボルト・ナット・リベット・小ねじ・木ねじ等製造業
		25－はん用機械器具製造業（ただし、2591－消火器具・消火装置製造業を除く。）
		26－生産用機械器具製造業
		27－業務用機械器具製造業（ただし、274－医療用機械器具・医療用品製造業及び276－武器製造業を除く。）
		28－電子部品・デバイス・電子回路製造業

第1編　第9章　特定産業分野及び業務区分等の追加並びに「特定技能2号」の対象分野拡大　217

		29－電気機械器具製造業（ただし、2922－内燃機関電装品製造業を除く。） 30－情報通信機械器具製造業 3295－工業用模型製造業
業務区分該当性（右記の主たる業務のほか関連業務にも付随的に従事可）	ビルクリーニング分野 【1業務区分】	・建築物内部の清掃に、複数の作業員を指導しながら従事し、現場を管理する業務及び同業務の計画作成、進行管理その他のマネジメント業務 ※多数の利用者が利用する建築物（住宅を除く。）の内部を対象に、衛生的環境の保護、美観の維持、安全の確保及び保全の向上を目的として、場所、部位、建材、汚れ等の違いに対し、方法、洗剤及び用具を適切に選択して清掃作業を行い、建築物に存在する環境上の汚染物質を排除し、清潔さを維持する業務に、複数の作業員を指導しながら従事し、現場を管理する業務のほか、同業務の計画作成、進行管理その他のマネジメント業務をいう（特定技能運用要領（ビルクリーニング分野））。
	工業製品製造業分野 【3業務区分】	・機械金属加工（複数の技能者を指導しながら、素形材製品や産業機械等の製造工程の作業に従事し、工程を管理） ・電気電子機器組立て（複数の技能者を指導しながら、電気電子機器等の製造工程、組立工程の作業に従事し、工程を管理） ※電子機器を構成するコンデンサ等の電子部品製造作業を含む（特定技能運用要領（素形材・産業機械・電気電子情報関連製造業分野））。 ・金属表面処理（複数の技能者を指導しながら、表面処理等の作業に従事し、工程を管理）
	建設分野 【3業務区分】	・土木（複数の建設技能者を指導しながら、土木施設の新設、改築、維持、修繕に係る作業等に従事し、工程を管理） ※主な業務内容（特定技能運用要領（建設分野）） 　①型枠施工、②コンクリート圧送、③トンネル推進工、④建設機械施工、⑤土工、⑥鉄筋施工、⑦とび、⑧海洋土木工、⑨その他、土木施設の新設、改築、維持、修繕に係る作業 ※想定される関連業務（特定技能運用要領（建設分野）） 　①原材料・部品の調達・搬送、②機器・装置・工具等の保守管理、③足場の組立て、設備の掘り起こしその他の後工程の準備作業、④足場の解体、設備の埋め戻しその他の前工程の片付け作業、⑤清掃・保守管理作業、⑥その他、主たる業務に付随して行う作業 ・建築（複数の建設技能者を指導しながら、建築物の新築、増築、改築若しくは移転又は修繕若しくは模様替に係る作業等に従事し、工程を管理） ※主な業務内容（特定技能運用要領（建設分野）） 　①型枠施工、②左官、③コンクリート圧送、④屋根ふき、⑤土工、⑥鉄筋施工、⑦鉄筋継手、⑧内装仕上げ、⑨表装、⑩とび、⑪建築大工、⑫建築板金、⑬吹付ウレタン断熱、⑭その他、建築物の新築、増築、改築若しくは移転、修繕、模様替又は係る作業 ※想定される関連業務（特定技能運用要領（建設分野）） 　①原材料・部品の調達・搬送、②機器・装置・工具等の保守管理、③足場の組立て、設備の掘り起こしその他の後工程の準備作業、④足場の解

		体、設備の埋め戻しその他の前工程の片付け作業、⑤清掃・保守管理作業、⑥その他、主たる業務に付随して行う作業 ・ライフライン・設備（複数の建設技能者を指導しながら、電気通信、ガス、水道、電気その他のライフライン・設備の整備・設置、変更又は修理の作業等に従事し、工程を管理） ※主な業務内容（特定技能運用要領（建設分野）） 　①電気通信、②配管、③建築板金、④保温保冷、⑤その他、ライフライン・設備の整備・設置、変更又は修理に係る作業 ※想定される関連業務（特定技能運用要領（建設分野）） 　①原材料・部品の調達・搬送、②機器・装置・工具等の保守管理、③足場の組立て、設備の掘り起こしその他の後工程の準備作業、④足場の解体、設備の埋め戻しその他の前工程の片付け作業、⑤清掃・保守管理作業、⑥その他、主たる業務に付随して行う作業
	造船・舶用工業分野 【3業務区分】	・造船（複数の作業員を指揮・命令・管理しながら、船舶の製造工程の造船作業に従事） ※溶接、塗装、鉄工、とび、配管、船舶加工といった船舶の製造工程において必要となる各種作業が対象（特定技能運用要領（造船・舶用工業分野）） ・舶用機械（複数の作業員を指揮・命令・管理しながら、舶用機械の製造工程の作業に従事） ※溶接、塗装、鉄工、仕上げ、機械加工、配管、鋳造、金属プレス加工、強化プラスチック成形、機械保全、舶用機械加工といった舶用機械の製造工程において必要となる各種作業が対象（特定技能運用要領（造船・舶用工業分野）） ・舶用電気電子機器（複数の作業員を指揮・命令・管理しながら、舶用電気電子機器の製造工程の作業に従事） ※機械加工、電気機器組立て、金属プレス加工、電子機器組立て、プリント配線板製造、配管、機械保全、舶用電気電子機器加工といった舶用電気電子機器の製造工程において必要となる各種作業が対象（特定技能運用要領（造船・舶用工業分野）） ※上記の3業務区分について想定される関連業務（特定技能運用要領（造船・舶用工業分野）） 　読図作業、作業工程管理、検査（外観、寸法、材質、強度、非破壊、耐圧気密等）、機器・装置・工具の保守管理、機器・装置・運搬機の運転、資材の材料管理・配置、部品・製品の養生、足場の組立て・解体、廃材処理、梱包・出荷、資材・部品・製品の運搬、入出渠、清掃
	自動車整備分野 【1業務区分】	・他の要員への指導を行いながら従事する自動車の日常点検整備、定期点検整備、特定整備、特定整備に付随する一般的な業務
	航空分野 【2業務	・空港グランドハンドリング（社内資格等を有する指導者やチームリーダーとして、地上走行支援業務、手荷物・貨物取扱業務等に従事し、工程を管

区分】	理） ・航空機整備（自らの判断により行う、機体、装備品等の専門的・技術的な整備業務等） ※業務の遂行に際しては、航空法等の関係法令や安全管理規程、業務規程、運航・整備規程、社内規定等の規程類を遵守することが必要（特定技能運用要領（航空分野））
宿泊分野 【1業務区分】	・複数の従業員を指導しながら、宿泊施設におけるフロント、企画・広報、接客、レストランサービス等の宿泊サービスの提供に従事する業務
農業分野 【2業務区分】	・耕種農業全般（栽培管理、農産物の集出荷・選別等）及び当該業務に関する管理業務 ※派遣形態もあり ・畜産農業全般（飼養管理、畜産物の集出荷・選別等）及び当該業務に関する管理業務 ※派遣形態もあり ※栽培管理又は飼養管理の業務が従事する業務に含まれていることが必要（特定技能運用要領（農業分野））
漁業分野 【2業務区分】	・漁業（漁具の製作・補修、水産動植物の探索、漁具・漁労機械の操作、水産動植物の採捕、漁獲物の処理・保蔵、安全衛生の確保等）、操業を指揮監督する者の補佐、作業員の指導及び作業工程の管理 ※派遣形態もあり ・養殖業（養殖資材の製作・補修・管理、養殖水産動植物の育成管理、養殖水産動植物の収獲（穫）・処理、安全衛生の確保等）、養殖を管理する者の補佐、作業員の指導及び作業工程の管理 ※派遣形態もあり ※漁業又は養殖業を主体的に営むものではなく、船長や漁労長、養殖経営者の下で、操業を指揮監督する者や養殖を管理する者を補佐する者又は他の作業員を指導しながら自らも作業に従事し、作業工程を指揮・管理する者として漁労作業や養殖作業の業務に従事するもの（特定技能運用要領（漁業分野））
飲食料品製造業分野 【1業務区分】	・飲食料品製造業全般（飲食料品（酒類を除く。）の製造・加工及び安全衛生の確保）及び当該業務に関する管理業務 ※1号特定技能外国人が従事する製造・加工及び安全衛生の確保に加え、2号特定技能外国人は、これらに関する業務として、衛生管理、安全衛生管理、品質管理、納期管理、コスト管理、従業員管理、原材料管理等（以下「飲食料品製造業全般に関する管理業務」という。）が想定される（特定技能運用要領（飲食料品製造業分野））。 ※2号特定技能外国人は、熟練した技能を持って、上記の飲食料品全般に関する作業を自らの判断で適切に行うことが必要である。そのためには

		試験で立証された能力を生かし、またこれまで飲食料品製造業分野において複数の作業員を指導しながら自らも作業に関わり、トータルで管理できる能力が必要となる。その結果、主に飲食料品製造業全般に関する管理業務を中心に行い、従来の製造・加工及び安全衛生の確保に関する作業に従事することも差し支えない（特定技能運用要領（飲食料品製造業分野））。 ※２号特定技能外国人は、事業所責任者（工場長等）が行う飲食料品製造業全般に関する管理業務を補助することを前提に雇用することになるので、役職等を命じ、業務に従事させる必要がある（特定技能運用要領（飲食料品製造業分野））。
	外食業分野【１業務区分】	・外食業全般（飲食物調理、接客、店舗管理）及び店舗経営 ※各業務について想定されるものは以下のとおり（特定技能運用要領（外食業分野）） 飲食物調理：客に提供する飲食料品の調理、調製、製造を行うもの（例：食材仕込み、加熱調理、非加熱調理、調味、盛付け、飲食料品の調製等） 接客：客に飲食料品を提供するために必要な飲食物調理以外の業務を行うもの（例：席への案内、メニュー提案、注文伺い、配膳、下膳、カトラリーセッティング、代金受取り、商品セッティング、商品の受け渡し、食器・容器等の回収、予約受付、客席のセッティング、苦情等への対応、給食事業所における提供先との連絡・調整等） 店舗管理：店舗の運営に必要となる上記２業務以外のもの（例：店舗内の衛生管理全般、従業員のシフト管理、求人・雇用に関する事務、従業員の指導・研修に関する事務、予約客情報・顧客情報の管理、レジ・券売機管理、会計事務管理、社内本部・取引事業者・行政等との連絡調整、各種機器・設備のメンテナンス、食材・消耗品・備品の補充、発注、検品又は数量管理、メニューの企画・開発、メニューブック・POP広告等の作成、宣伝・広告の企画、店舗内外・全体の環境整備、店内オペレーションの改善、作業マニュアルの作成・改訂等） 店舗経営：店舗をトータルで管理するために必要な上記３業務以外のもの（例：店舗の経営分析、経営管理、契約に関する事務等） ※２号特定技能外国人は、試験等で立証された能力を用いて外食業全般及び店舗経営の業務について、トータルで管理できる人材として、従事する必要がある。そのため、例えば、店舗経営・管理の業務に加え、接客、飲食物調理を行うことも、差し支えない（特定技能運用要領（外食業分野））。
受入機関適合性（特定技	適合特定技能雇用契約の適正な履行の確保に係る基準〔契約適正履行確保基準〕 （入管法２条の５第３項１号、特定技能基準省令２条１項）
	① 労働、社会保険及び租税に関	特定技能所属機関が労働関係法令、社会保険関係法令及び租税関係法令を遵守していること（特定技能基準省令２条１項１号）

能雇用契約の相手方となる本邦の公私の機関の基準）　※法務大臣が指定書において特定技能所属機関を個別指定	する法令の規定の遵守	
	② 非自発的離職者の発生	特定技能外国人に従事させる業務と同種の業務に従事する労働者を、一定の例外を除き非自発的に離職させていないこと（特定技能基準省令2条1項2号）
	③ 行方不明者の発生	雇用契約締結の日の前1年以内及び当該契約締結後に責めに帰すべき事由により特定技能外国人又は技能実習生の行方不明者を発生させていないこと（特定技能基準省令2条1項3号）
	④ 関係法律による刑罰を受けたことによる欠格事由	ⅰ禁錮以上の刑に処せられた者（特定技能基準省令2条1項4号イ）、ⅱ一定の出入国又は労働に関する法律に違反し、罰金刑に処せられた者（特定技能基準省令2条1項4号ロ）、ⅲ暴力団関係法令、刑法等に違反し、罰金刑に処せられた者（特定技能基準省令2条1項4号ハ）、ⅳ社会保険各法及び労働保険各法において事業主としての義務に違反し、罰金刑に処せられた者（特定技能基準省令2条1項4号ニ）のうち、刑に処せられ、その執行を終わり、又は執行を受けることがなくなった日から5年を経過しない者は、欠格事由に該当すること
	⑤ 特定技能所属機関の行為能力・役員等の適格性に係る欠格事由	ⅰ精神機能の障害により特定技能雇用契約の適正な履行に必要な認知等を適切に行うことができない者（特定技能基準省令2条1項4号ホ）、ⅱ破産手続開始の決定を受けて復権を得ない者（特定技能基準省令2条1項4号ヘ）、ⅲ未成年者であって、その法定代理人が特定技能基準省令2条1項4号各号（ワを除く。）に該当するもの（特定技能基準省令2条1項4号ル）、ⅳ法人であって、その役員のうちに特定技能基準省令2条1項4号各号（ワを除く。）に該当する者があるもの（特定技能基準省令2条1項4号ヲ）は、欠格事由に該当すること
	⑥ 実習認定の取消しを受けたことによる欠格事由	実習実施者として技能実習生を受け入れていた際に実習認定の取消しを受け、当該取消日から5年を経過しない者（特定技能基準省令2条1項4号ト）及び実習認定を取り消された法人の役員であった者で、当該取消日から5年を経過しないもの（特定技能基準省令2条1項4号チ）は、欠格事由に該当すること
	⑦ 出入国又は労働関	特定技能雇用契約の締結の日前5年以内又はその締結の日以後に、出入国又は労働関係法令に関する不正行為又は著しく不当な行為を行った者は、欠格事由に該当すること（特定技能基準省令2条1項4号リ）

	係法令に関する不正行為		
	⑧ 暴力団排除の観点からの欠格事由	i 暴力団員又は暴力団員でなくなった日から5年を経過しない者（以下「暴力団員等」という。）（特定技能基準省令2条1項4号ヌ）、ii 法人であって、その役員のうちに暴力団員等がいるもの（特定技能基準省令2条1項4号ヲ）、iii 暴力団員等がその事業活動を支配する者（特定技能基準省令2条1項4号ワ）は、欠格事由に該当すること	
	⑨ 特定技能外国人の活動状況に係る文書の作成等	特定技能外国人の活動状況に関する文書（i 特定技能外国人の管理簿、ii 特定技能雇用契約の内容に関する書類、iii 雇用条件に関する書類、iv 特定技能外国人の待遇に係る事項が記載された書類（賃金台帳等）、v 特定技能外国人の出勤状況に関する書類（出勤簿等））を作成し、特定技能外国人が業務に従事する事業所に特定技能雇用契約終了日から1年以上備えて置くこと（特定技能基準省令2条1項5号）	
	⑩ 保証金の徴収・違約金契約等による欠格事由	特定技能外国人又はその親族等が、保証金の徴収や財産の管理又は違約金契約を締結させられているなどの場合には、そのことを認識して特定技能雇用契約を締結していないこと（特定技能基準省令2条1項6号、7号）	
	⑪ 派遣形態による受入れ	特定技能外国人を派遣労働者として受入れをする場合には、派遣元は、一般の特定技能所属機関としての受入機関適合性を満たすことに加え、当該外国人が従事することとなる特定産業分野に関する業務を行っていること等が求められるほか、出入国在留管理庁長官と当該特定産業分野を所管する関係行政機関の長との協議により適当であると認められなければならないこと（特定技能基準省令2条1項9号イ） 派遣先についても、労働、社会保険及び租税に関する法令の遵守、特定技能外国人に従事させる業務と同種の業務に従事する労働者を一定の例外を除き非自発的に離職させていないこと、責めに帰すべき事由により特定技能外国人又は技能実習生の行方不明者を発生させていないこと及び一定の欠格事由に該当しないことが求められること（同号ロ）	
	⑫ 労災保険法に係る措置等	労災保険の適用事業所である場合には、労災保険に係る保険関係の成立の届出を適切に履行していること（特定技能基準省令2条1項10号）	

	⑬ 特定技能雇用契約継続履行体制	特定技能所属機関が事業を安定的に継続し、特定技能外国人と締結した特定技能雇用契約を確実に履行し得る財政的基盤を有していること（特定技能基準省令2条1項11号）	
	⑭ 報酬の口座振込み等	報酬の支払方法として預貯金口座への振込みがあることを説明した上で、当該外国人の同意を得た場合には、預貯金口座への振込み等により行うこと。また、預貯金口座への振込み以外の支払方法を採った場合には、じ後に出入国在留管理庁長官に対しその支払の事実を裏付ける客観的な資料を提出し、出入国在留管理庁長官の確認を受けること（特定技能基準省令2条1項12号）	
	⑮ 分野に特有の事情に鑑みて定められた基準	特定産業分野ごとの特有の事情に鑑みて個別に定める基準に適合していること（特定技能基準省令2条1項13号） ※ビルクリーニング分野、工業製品製造業分野、造船・舶用工業分野、自動車整備分野、航空分野、宿泊分野、農業分野、漁業分野、飲食料品製造業分野及び外食業分野については、「特定技能1号」に係る受入機関適合性の上乗せ基準と同じ	

	建設分野	受入対象機関	① 建設業法3条1項の許可を受けていること（特定技能建設分野告示2条2号イ） ② 建設キャリアアップシステムに登録していること（特定技能建設分野告示2条2号ロ） ③ 特定技能外国人受入事業実施法人（一般社団法人建設技能人材機構（JAC））又は当該法人を構成する建設業者団体に所属し、行動規範（他事業者が雇用している外国人に対し、直接的、間接的な手段を問わず、悪質な引抜行為を行わないこと等）を遵守すること（特定技能建設分野告示2条2号ハ）

契約適合性（特定技能雇用契約の内容の基準）	雇用関係に関する事項に係る基準〔雇用関係事項基準〕（入管法2条の5第1項1号、特定技能基準省令1条1項）		外国人の適正な在留に資するために必要な事項に係る基準〔適正在留必要事項基準〕（入管法2条の5第1項2号、特定技能基準省令1条2項）	
	① 労働関連法令適合性	労働に関する法令の規定に適合していること（特定技能基準省令1条1項柱書）	① 帰国担保措置	外国人が特定技能雇用契約の終了後の帰国に要する旅費を負担することができないときは、特定技能所属機関が、当該旅費を負担するとともに、出国が円滑になされるよう必要な措置を講ずることとしていること（特定技能基準省令1条2項1号）

② 従事させる業務	特定産業分野に属する分野等省令で定める熟練した技能を要する業務に外国人を従事させるものであること（特定技能基準省令1条1項1号）	② 健康状況その他の生活状況把握のための必要な措置	特定技能所属機関が外国人の健康の状況その他の生活の状況を把握するために必要な措置を講ずることとしていること（特定技能基準省令1条2項2号）
③ 所定労働時間	外国人の所定労働時間が、特定技能所属機関に雇用される通常の労働者の所定労働時間と同等であること（特定技能基準省令1条1項2号）	③ 分野に特有の事情に鑑みて定められた基準	上記のほか、特定技能特有事情分野告示で定める特定産業分野に係るものにあっては、上乗せ告示で定める基準に適合すること（特定技能基準省令1条2項3号）
④ 報酬等	外国人に対する報酬の額が日本人が従事する場合の報酬の額と同等以上であること（特定技能基準省令1条1項3号）		
	外国人であることを理由として、報酬の決定、教育訓練の実施、福利厚生施設の利用その他の待遇について、差別的な取扱いをしていないこと（特定技能基準省令1条1項4号）		
⑤ 一時帰国のための有給休暇取得	外国人が一時帰国を希望した場合には、必要な有給休暇を取得させるものとしていること（特定技能基準省令1条1項5号）		
⑥ 派遣先	外国人を労働者派遣等の対象とする場合にあっては、雇用期間の全てにおいて、当該外国人が労働者派遣等をされることとなる本邦の公私の機関の氏名又は名称及び住所並びにその派遣の期間が定められていること（特定技能基準省令1条1項6号）		
⑦ 分野に特有の事情	上記のほか、特定技能特有事情分野告示で定める特定産業分野に係るものにあっては、上乗せ		

		第1編　第9章　特定産業分野及び業務区分等の追加並びに「特定技能2号」の対象分野拡大		

		に鑑みて定められた基準	告示で定める基準に適合すること（特定技能基準省令1条1項7号）	

上陸許可基準適合性	① 契約適合性及び受入機関適合性（上陸基準省令の特定技能2号の項の下欄柱書）	契約適合性（入管法2条の5第1項及び2項）及び受入機関適合性（入管法2条の5第3項1号、4項）があること
	② 年齢に関するもの（上陸基準省令の特定技能2号の項の下欄1号イ）	18歳以上であること
	③ 健康状態に関するもの（上陸基準省令の特定技能2号の項の下欄1号ロ）	健康状態が良好であること
	④ 技能水準に関するもの（上陸基準省令の特定技能2号の項の下欄1号ハ）	従事しようとする業務に必要な熟練した技能を有していることが試験その他の評価方法により証明されていること

特定産業分野	技能試験	実務経験	日本語試験
ビルクリーニング分野	【①又は②のいずれか】 ① 「ビルクリーニング分野特定技能2号評価試験」(学科及び実技）の合格 ② 「技能検定1級（ビルクリーニング）」(学科及び実技）の合格 ※「技能検定1級（ビルクリーニング）」の受検資格は、次のいずれか1つを満たしていること等 ⅰ　5年以上の実務経験（パート・アルバイトを含めて、概ね1週	建築物衛生法2条1項に規定する特定建築物の建築物内部の清掃又は同法12条の2第1項1号に規定する建築物清掃業若しくは同項8号に規定する建築物環境衛生総合管理業の登録を受けた営業所が行う建築物（住居を除く。）内部の清掃に、複数の作業員を指導しながら従事し、現場を管理する者としての実務経験を2年以上有すること ※建築物衛生法2条1項に規定する特定建築物とは、興行場、百貨店、店舗、事務所、学校、共同住宅等の用に供される相当程度の規模を有する建築物（建築基準法2条1号に掲げる建築物）で、多数の者が使用し、又は利用し、かつ、その維持管理について環境衛生上特に配慮が必要なものとして建築物における衛生的環境の確保に関する法律施行令1条で定めるものをいう。 ※「現場を管理する者としての実務経験」とは、作業管理、労務管理、安全衛生管理等の業務に従事している経験であり、具体的には厚生労働大臣が設置するビルクリーニング分野特定技能協議会において定める（特定技能運用要領（ビルクリーニング分野）、現場を管理する	なし

	24時間以上勤務）を有する者 ⅱ　2級の技能検定に合格した者で、合格後1年以上の実務経験を有する者 ⅲ　3級の技能検定に合格した者で、合格後3年以上の実務経験を有する者	者としての実務経験の内容及びその確認方法等に関する規程1条（令和5年10月17日付ビルクリーニング分野特定技能協議会決定第2号））。 ※令和5年6月9日の分野別運用要領改正の時点で、ビルクリーニング分野の1号特定技能外国人として本邦に在留する者については、同日以前の期間に関しては、建築物（住宅を除く。）内部の清掃に、複数の作業員を指導しながら従事し、現場を管理する者として就労していたかに関わらず、当該者に該当していたものとして取り扱う（特定技能分野別運用要領（ビルクリーニング分野））。	
工業製品製造業分野	【①又は②のいずれか】 ①　「製造分野特定技能2号評価試験」（CBT方式又はペーパーテスト方式）及び「ビジネス・キャリア検定3級（生産管理プランニング区分又は生産管理オペレーション区分のいずれか）」（マークシート方式）の合格 ②　「技能検定1級」（学科及び実技）の合格 ※「技能検定1級」の受検資格は、次のいずれか1つを満たしていること等 ⅰ　実務経験7年（学歴により年数が異な	日本国内に拠点を持つ企業の製造業の現場における3年以上の実務経験を有すること ※「日本国内に拠点を持つ企業」とは日本国内に登記している本店又は主たる事務所等がある企業をいう（特定技能運用要領（素形材・産業機械・電気電子情報関連製造業分野））。 ※「製造業の現場における実務経験」とは、日本標準産業分類に掲げる産業のうち、大分類Ｅ－製造業(但し、「中分類09－食料品製造業」及び「中分類10－飲料・たばこ・飼料製造業」を除く。以下同じ。）に掲げるものを行っている事業所（事業所において、直近1年間で大分類Ｅ－製造業に掲げるものについて製造品出荷額等が発生していること）にて、製造品の加工等に従事した経験を指す（特定技能運用要領（素形材・産業機械・電気電子情報関連製造業分野））。	なし

	る） ⅱ　3級合格後の実務経験4年 ⅲ　2級合格後の実務経験2年		
建設分野	【①又は②のいずれか】 ①　「建設分野特定技能2号評価試験」（CBT方式）の合格 ②　「技能検定1級」又は「技能検定単一等級」（学科及び実技）の合格 ※「技能検定1級」の受検資格は、次のいずれか1つを満たしていること等 　ⅰ　実務経験7年（学歴により年数が異なる） 　ⅱ　3級合格後の実務経験4年 　ⅲ　2級合格後の実務経験2年 ※「技能検定単一等級」の受験資格は実務経験3年（学歴により年数が異なる）等	建設現場において複数の建設技能者を指導しながら作業に従事し、工程を管理する者（班長）としての実務経験（必要な年数については、業務区分ごとに国土交通省が別途定める。）を有すること ※業務区分に対応する建設キャリアアップシステムの能力評価基準のある職種に係る能力評価基準のレベル3相当の「就業日数（職長＋班長）」を必要な実務経験とし、対応する能力評価基準がない場合については、「就業日数（職長＋班長）が3年（勤務日数645日）以上であること」を必要な実務経験とする（特定技能運用要領（建設分野））。	なし
造船・舶用工	【①又は②のいずれか】	造船・舶用工業において複数の作業員を指揮・命令・管理する監督者としての実務経験を2年	なし

業分野	① 「造船・舶用工業分野特定技能2号試験」（学科及び実技）の合格 ② 「技能検定1級」（学科及び実技）の合格 ※「技能検定1級」の受検資格は、次のいずれか1つを満たしていること等 　ⅰ　実務経験7年（学歴により年数が異なる） 　ⅱ　3級合格後の実務経験4年 　ⅲ　2級合格後の実務経験2年	以上有すること ※「監督者」とは、グループ長やグループリーダー等といった者をいい、実務経験とは、例えば、自らのグループの各従業員への作業指示、製作物の確認、安全確保のための設備や作業場環境の点検、作業計画の作成、作業の進捗管理等を行いながら、造船・舶用工業における業務に従事した経験をいう（特定技能運用要領（造船・舶用工業分野））。 ※令和5年6月9日の分野別運用要領改正の時点で、造船・舶用工業分野の1号特定技能外国人として本邦に在留する者（業務区分「溶接」として在留する者を除く。）については、同日以前の期間に関しては、造船・舶用工業において複数の作業員を指揮・命令・管理する監督者として就労していたかに関わらず、当該者に該当していたものとして取り扱う（特定技能分野別運用要領（造船・舶用工業分野））。	
自動車整備分野	【①又は②のいずれか】 ① 「自動車整備分野特定技能2号評価試験」（学科及び実技）の合格 ② 「自動車整備士技能検定試験2級」の合格 ※「自動車整備士技能検定試験2級」の受検資格は、3級合格後の実務経験3年等	道路運送車両法78条1項に基づく地方運輸局長の認証を受けた事業場における3年以上の実務経験を有すること（「自動車整備士技能検定2級」に合格した者を除く。） ※実務経験とは分解、点検、調整等の整備作業をいい、具体的には以下の作業となる（特定技能運用要領（自動車整備分野））。 ・道路運送車両法施行規則3条に規定する特定整備に係る作業 ・電子制御装置の整備、板金塗装等の特定整備に付随する整備作業 ・キャブレータ、インジェクション・ポンプ等の主要な装置の点検、調整等の整備作業 ・自動車の装置、主要部品等の交換を行う整備作業 ・自動車の装置、主要部品等に係る点検、調整等の整備作業 ・上記に掲げるものと同等の自動車の点検、調整等の整備作業	なし

| 第 1 編 | 第 9 章 | 特定産業分野及び業務区分等の追加並びに「特定技能 2号」の対象分野拡大 |

航空分野	空港グランドハンドリング		
	「航空分野特定技能2号評価試験（空港グランドハンドリング）」(学科及び実技)の合格	空港グランドハンドリングの現場において技能者を指導しながら作業に従事した実務経験を有すること ※実務経験とは、航空機の駐機場への誘導や移動、手荷物・貨物の仕分け、手荷物・貨物の航空機への移送・搭降載、客室内清掃等、特定技能2号として就業する上で必要となる知識や技能を習得（安全管理規定の理解や作業資格の取得等）した上で、新入社員等に指導したことをいう（特定技能運用要領（航空分野））。	なし
	航空機整備		
	【①又は②のいずれか】 ①　「航空分野特定技能2号評価試験（航空機整備）」(学科及び実技)の合格 ②　「航空従事者技能証明」(学科及び実地) の取得	航空機整備の現場において、専門的な知識・技量を要する作業を実施した3年以上の実務経験を有すること ※実務経験とは航空会社や航空機整備会社において、国家資格整備士等の指導・監督の下、ドック整備や材料・部品等の領収検査等、機体、装備品等の専門的・技術的な整備業務に3年以上従事したことをいう（特定技能運用要領（航空分野））。	なし
宿泊分野	「宿泊分野特定技能2号評価試験」(学科（CBT方式又はペーパーテスト方式）及び実技（CBT方式又は口頭による判断等試験）) の合格	宿泊施設において複数の従業員を指導しながら、フロント、企画・広報、接客、レストランサービス等の業務に2年以上従事した実務経験を有すること ※令和5年6月9日の分野別運用要領改正の時点で、宿泊分野の1号特定技能外国人として本邦に在留する者については、同日以前の期間に関しては、宿泊施設において複数の従業員を指導しながら業務に従事する者として就労していたかに関わらず、当該者に該当していたものとして取り扱う（特定技能分野別運用要領（宿泊分野））。	なし
農業分野	耕種農業全般		
	「2号農業技能測定試験（耕種農業全般）」(CBT方式又は	耕種農業の現場において複数の従業員を指導しながら作業に従事し、工程を管理する者としての2年以上の実務経験又は耕種農業の現場にお	なし

	ペーパーテスト方式）の合格	ける３年以上の実務経験を有すること	
	畜産農業全般		
	「２号農業技能測定試験（畜産農業全般）」（CBT方式又はペーパーテスト方式）の合格	畜産農業の現場において複数の従業員を指導しながら作業に従事し、工程を管理する者としての２年以上の実務経験又は畜産農業の現場における３年以上の実務経験を有すること	なし
漁業分野	漁　業		
	「２号漁業技能測定試験（漁業）」（学科及び実技（写真、イラスト等を用いて実務能力を測るもの）。学科及び実技ともCBT方式可）の合格	漁船法上の登録を受けた漁船において、操業を指揮監督する者を補佐する者又は作業員を指導しながら作業に従事し、作業工程を管理する者としての実務経験を２年以上有すること ※令和５年６月９日の分野別運用要領改正の時点で、漁業分野（漁業区分）の１号特定技能外国人として本邦に在留する者については、同日以前の期間に関しては、操業を指揮監督する者を補佐する者又は作業員を指導しながら作業に従事し、作業工程を管理する者として就労していたかに関わらず、当該者に該当していたものとして取り扱う（特定技能分野別運用要領（漁業分野））。	「日本語能力試験（Ｎ３以上）」の合格
	養殖業		
	「２号漁業技能測定試験（養殖業）」（学科及び実技（写真、イラスト等を用いて実務能力を測るもの）。学科及び実技ともCBT方式可）の合格	漁業法及び内水面漁業の振興に関する法律に基づき行われる養殖業の現場において、養殖を管理する者を補佐する者又は作業員を指導しながら作業に従事し、作業工程を管理する者としての実務経験を２年以上有すること ※令和５年６月９日の分野別運用要領改正の時点で、漁業分野（養殖業区分）の１号特定技能外国人として本邦に在留する者については、同日以前の期間に関しては、養殖を管理する者を補佐する者又は作業員を指導しながら作業に従事し、作業工程を管理する者として就労していたかに関わらず、当該者に該当していたものとして取り扱う（特定技能分野別運用要領（漁業分野））。	「日本語能力試験（Ｎ３以上）」の合格
飲食料品製造	「飲食料品製造業特定技能２号技能測定	飲食料品製造業分野において複数の作業員を指導しながら作業に従事し、工程を管理する者と	なし

業分野	試験」（CBT方式又はペーパーテスト方式）の合格	しての実務経験（管理等実務経験）を2年以上有すること ※令和5年6月9日の分野別運用要領改正の時点で、飲食料品製造業分野の1号特定技能外国人として本邦において就労している期間が2年6か月を超える者については、運用要領改正の翌日以降特定技能1号の在留期間上限の日までの日数から6か月を減じた期間を目安とした管理等実務経験を積んでいること （特定技能分野別運用要領（飲食料品製造業分野））	
外食業分野	「外食業特定技能2号技能測定試験」（CBT方式又はペーパーテスト方式）の合格	食品衛生法の営業許可を受けた飲食店において、複数のアルバイト従業員や特定技能外国人等を指導・監督しながら接客を含む作業に従事し、店舗管理を補助する者（副店長、サブマネージャー等）としての、2年間の実務経験（但し、当該経験を終えてから、別途農林水産大臣が定める期間を経過していないものに限る。以下「指導等実務経験」という。）を有すること ※令和5年6月9日の分野別運用要領改正の時点で、外食業分野の1号特定技能外国人として本邦において就労している期間が2年6か月を超える者については、運用要領改正の翌日以降特定技能1号の在留期間上限の日までの日数から6か月を減じた期間を目安とした指導等実務経験を積んでいること（特定技能分野別運用要領（外食業分野））	「日本語能力試験（N3以上）」の合格
⑤　退去強制令書の円滑な執行への協力に関するもの（上陸基準省令の特定技能2号の項の下欄1号ニ）		退去強制令書の円滑な執行に協力しない国（特定技能除外国告示によりイラン）の国籍でないこと	
⑥　保証金の徴収・違約金契約等に関するもの（上陸基準省令の特定技能2号の項の下欄2号）		特定技能外国人又はその親族等が、保証金の徴収や財産の管理又は違約金契約を締結させられていないこと	
⑦　費用負担の合意に関するもの（上陸基準省令の特定技能2号の項の下欄3号、5号）		特定技能外国人が入国前に負担する費用（上陸基準省令の特定技能2号の項の下欄3号）及び在留中に負担する費用（上陸基準省令の特定技能2号の項の下欄5号）について、金額及び内訳を十分に理解して合意していること。在留中に負担する費用（上陸基準省令の特定技能2号の項の下欄5号）につい	

	ては、金額が実費に相当する額その他の適正な額であり、かつ、当該費用の明細書その他の書面が提示されること
⑧　本国において遵守すべき手続に関するもの（上陸基準省令の特定技能2号の項の下欄4号）	特定技能外国人が特定技能に係る活動を行うに当たり、海外に渡航して労働を行う場合の当該本国での許可等、本国において必要な手続を遵守していること
⑨　技能実習により修得等した技能等の本国への移転に関するもの（上陸基準省令の特定技能2号の項の下欄6号）	技能実習の活動に従事していた者については、技能実習において修得等した技能等を本国へ移転することに努めると認められること
⑩　分野に特有の事情に鑑みて定められた基準に関するもの（上陸基準省令の特定技能2号の項の下欄7号）	特定産業分野ごとの特有の事情に鑑みて個別に定める基準に適合していること

第2編

育成就労法の解説

234

第1章　育成就労法の概要

　以下の改正事項は、準備行為に係るものを除き（育成就労法附則1条但書）、公布の日から起算して3年を超えない範囲内において政令で定める日から施行されます（育成就労法附則1条本文）。

第1節　育成就労制度の目的及び基本方針

第1　新たな在留資格「育成就労」の創設

1　1個の在留資格

　入管法改正により、「技能実習」の在留資格を廃止するとともに、「育成就労」の在留資格を創設します（入管法別表第1の2の表の育成就労の項の下欄）。入管法別表第1の2の表の育成就労の項の下欄は、「育成就労」に係る在留資格該当性として、「育成就労法第11条第1項に規定する認定育成就労計画に基づいて、講習を受け、及び育成就労法第2条第2号に規定する育成就労産業分野に属する技能を要する業務に従事する活動」を規定しています。

　育成就労産業分野とは、特定産業分野のうち、外国人にその分野に属する技能を本邦において就労を通じて修得させることが相当であるものとして主務省令で定める分野をいいます（育成就労法2条2号）。特定産業分野とは、人材を確保することが困難な状況にあるため外国人により不足する人材の確保を図るべき産業上の分野として法務省令（特定技能分野等省令）で定めるものをいい（入管法別表第1の2の表の特定技能の項の下欄1号）、特定技能外国人の受入対象分野を意味します。

　技能実習制度においては、企業単独型及び団体監理型のいずれについても、その段階ごとに、在留資格が、「技能実習1号」（1年目）、「技能実習2号」（2～3年目）、「技能実習3号」（4～5年目）に分かれ、これらは、いずれも別の在留資格でした（改正前入管法2条の2第1項括弧書、2項括弧書）。また、「技能実習1号」、「技能実習2号」、「技能実習3号」のうち、企業単独型（「技能実習1号イ」、「技能実習2号イ」、「技能実習3号イ」）と団体監理型（「技能実習1号ロ」、「技能実習2号ロ」、「技能実習3号ロ」）の区分も、それぞれ別の在留資格でした（改正前入管法2条の2第1項括弧書、2項括弧書）。それに対し、「育成就労」は、後記2（1）の単独型育成就労及び後記2（2）の監理型育成就労を包含し、また、何年目であるかという段階を問わず、1個の在留資格です。

●技能実習制度と育成就労制度における在留資格の建て付けの違い

技能実習制度	育成就労制度
「技能実習1号イ」（第1号企業単独型技能実習）、「技能実習1号ロ」（第1号団体監	「育成就労」という1個の在留資格 （認定育成就労計画に基づいて、講習を受

理型技能実習）、「技能実習2号イ」（第2号企業単独型技能実習）、「技能実習2号ロ」（第2号団体監理型技能実習）、「技能実習3号イ」（第3号企業単独型技能実習）、「技能実習3号ロ」（第3号団体監理型技能実習）という6個の在留資格

け、及び育成就労産業分野に属する技能を要する業務に従事する活動）

● 特定技能制度に係る特定産業分野と育成就労制度に係る育成就労産業分野の違い

特定技能制度に係る特定産業分野	育成就労制度に係る育成就労産業分野
人材を確保することが困難な状況にあるため外国人により不足する人材の確保を図るべき産業上の分野として特定技能分野等省令で定めるもの（入管法別表第1の2の表の特定技能の項の下欄1号） ※具体的には、介護、ビルクリーニング、工業製品製造業、建設、造船・舶用工業、自動車整備、航空、宿泊、農業、漁業、飲食料品製造業、外食業、自動車運送業、鉄道、林業、木材産業の16分野（特定技能分野等省令改正予定）	特定産業分野のうち、外国人にその分野に属する技能を本邦において就労を通じて修得させることが相当であるものとして主務省令で定める分野 （入管法別表第1の2の表の育成就労の項の下欄、育成就労法2条2号）

2　2つの区分

　上記1のとおり「育成就労」は1個の在留資格ですが、後記（1）及び（2）のとおり、育成就労外国人の受入機関別に、単独型育成就労と監理型育成就労の2つの区分（育成就労法8条3項5号参照）があります（育成就労法2条1号）。単独型育成就労の対象となっている外国人を単独型育成就労外国人といい（育成就労法2条5号）、監理型育成就労の対象となっている外国人を監理型育成就労外国人といい（育成就労法2条6号）、両者をあわせて育成就労外国人といいます（育成就労法2条4号）。

（1）　単独型育成就労

　単独型育成就労とは、日本の企業等が、その外国にある事業所の職員を受け入れて育成就労を実施するものです。

　即ち、単独型育成就労とは、本邦の公私の機関（育成就労実施者）の外国にある事業所の職員である外国人が、育成就労産業分野に属する相当程度の知識又は経験を必要とする技能を修得するため、「育成就労」の在留資格をもって、当該機関により受け入れられて必要な講

習を受けること及び当該機関との雇用契約に基づいて当該機関の本邦にある事業所において当該育成就労産業分野に属する技能を要する業務に従事することをいいます（育成就労法2条2号）。

（2） 監理型育成就労

監理型育成就労とは、基本的に、非営利の監理支援機関（事業協同組合、商工会等）が育成就労外国人を受け入れ、傘下の企業等で育成就労を実施するものです（育成就労法2条3号）。監理型育成就労には、後記アの原則的な実施態様と後記イの派遣形態によって実施する例外的な態様とがあります。

ア 原則的な実施態様

監理型育成就労とは、後記イの労働者派遣等育成就労産業分野において派遣形態によって実施する労働者派遣等監理型育成就労（育成就労法2条3号ロ、8条2項括弧書）を除き、外国人が、育成就労産業分野に属する相当程度の知識又は経験を必要とする技能を修得するため、「育成就労」の在留資格をもって、本邦の営利を目的としない法人（監理支援機関）により受け入れられて必要な講習を受けること及び当該法人による監理支援を受ける本邦の公私の機関（育成就労実施者）との雇用契約に基づいて当該機関の本邦にある事業所において当該育成就労産業分野に属する技能を要する業務に従事することをいいます（育成就労法2条3号イ）。

なお、上記のうち、「受け入れられて必要な講習を受けること」については、本邦の公私の機関（育成就労実施者）が、当該機関と「主務省令で定める取引上密接な関係を有する外国の公私の機関の外国にある事業所」の職員を雇用する場合は、監理支援機関ではなく、本邦の公私の機関（育成就労実施者）により受け入れられて必要な講習を受けることになります（育成就労法2条3号イ括弧書）。

イ 派遣形態によって実施する例外的な態様

季節的業務に係る派遣形態による例外的な労働者派遣等監理型育成就労は、労働者派遣等育成就労産業分野においてのみ例外的に認められるものです。

労働者派遣等育成就労産業分野とは、育成就労産業分野のうち、外国人にその分野に属する技能を本邦において就労を通じて修得させるに当たり季節的業務に従事させることを要する分野であって、当該技能を労働者派遣等（労働者派遣法2条1号に規定する労働者派遣又は船員職業安定法6条11項に規定する船員派遣をいいます。以下同じ。）による就労を通じて修得させることができると認められるものとして主務省令で定める分野をいいます（育成就労法2条3号ロ）。

労働者派遣等監理型育成就労は、具体的には、外国人が、労働者派遣等育成就労産業分野に属する相当程度の知識又は経験を必要とする技能を修得するため、「育成就労」の在留資格をもって、本邦の営利を目的としない法人（監理支援機関）により受け入れられて必要な講習を受けること及び当該法人（監理支援機関）による監理支援を受ける本邦の派遣元事業主等（労働者派遣法2条4号に規定する派遣元事業主又は船員職業安定法6条14項に規定する船員派遣元事業主たる育成就労実施者をいいます。以下同じ。）との雇用契約に基づいて当

該労働者派遣等育成就労産業分野に属する技能を要する業務に従事することをいいます（育成就労法2条3号ロ）。

　この労働者派遣等監理型育成就労は、上記の業務を、監理支援機関による監理支援を受ける複数の本邦の派遣先の本邦にある事業所においてのみ従事する場合（派遣元事業主等の事業所においては従事しない場合）（育成就労法2条3号ロ（2））と、監理支援機関による監理支援を受ける派遣元事業主等の本邦にある事業所においても従事する場合（育成就労法2条3号ロ（1））の2類型があります。

●単独型育成就労と監理型育成就労

育成就労		
単独型育成就労	監理型育成就労	
本邦の公私の機関（育成就労実施者）の外国にある事業所の職員である外国人が、育成就労産業分野に属する相当程度の知識又は経験を必要とする技能を修得するため、「育成就労」の在留資格をもって、当該機関により受け入れられて必要な講習を受けること及び当該機関との雇用契約に基づいて当該機関の本邦にある事業所において当該育成就労産業分野に属する技能を要する業務に従事すること（育成就労法2条2号）	原則的な実施態様 　（本邦の公私の機関が、取引上密接な関係を有する外国の公私の機関の外国にある事業所の職員に育成就労を行わせる場合を除く）	派遣形態によって実施する例外的な態様
	外国人が、育成就労産業分野に属する相当程度の知識又は経験を必要とする技能を修得するため、「育成就労」の在留資格をもって、本邦の営利を目的としない法人（監理支援機関）により受け入れられて必要な講習を受けること及び当該法人による監理支援を受ける本邦の公私の機関（育成就労実施者）との雇用契約に基づいて当該機関の本邦にある事業所において当該育成就労産業分野に属する技能を要する業務に従事すること（育成就労法2条3号イ）	育成就労産業分野のうち、外国人にその分野に属する技能を本邦において就労を通じて修得させるに当たり季節的業務に従事させることを要する分野であって、当該技能を労働者派遣等（労働者派遣又は船員派遣）による就労を通じて修得させることができると認められるものとして主務省令で定める分野において派遣形態によって実施する労働者派遣等監理型育成就労（育成就労法2条3号ロ、8条2項括弧書）

第2　法律名の変更

　外国人の技能実習の適正な実施及び技能実習生の保護に関する法律（平成28年法律第89号）の法律名を、外国人の育成就労の適正な実施及び育成就労外国人の保護に関する法律（育成就労法）に改めます。育成就労法は新法ではなく技能実習法の抜本改正です。

第3　制度目的の変更

　育成就労制度は、育成就労産業分野において、特定技能1号水準の技能を有する人材（育成就労産業分野に属する相当程度の知識又は経験を必要とする技能を有する人材）を育成するとともに、当該分野における人材を確保することを目的とします（育成就労法1条、2条2号、3号）。

　技能実習制度は、人材育成を通じた開発途上地域等への技能等の移転による国際協力の推進を目的としていたのに対し（技能実習法1条）、育成就労制度は、人材育成と人材確保を目的としています。当該目的の変更を受け、「技能実習は、労働力の需給の調整の手段として行われてはならない。」と規定していた技能実習法3条2項は削除されました。また、技能実習生の責務として「技能実習生は、技能実習に専念することにより、技能等の修得等をし、本国への技能等の移転に努めなければならない。」と規定していた技能実習法6条も、育成就労外国人の責務として「育成就労外国人は、育成就労に専念することにより、育成就労産業分野に属する相当程度の知識又は経験を必要とする技能の修得に努めなければならない。」との規定に改正されました（育成就労法6条）。

　育成就労法3条は、基本理念として、「育成就労は、育成就労産業分野に属する相当程度の知識又は経験を必要とする技能の適正な修得を図り、かつ、育成就労外国人が育成就労に専念できるようにその保護を図る体制が確立された環境で行われなければならない。」と規定しています。育成就労外国人に対する保護方策については、後記第5節を参照して下さい。

●技能実習制度と育成就労制度の目的の相違

技能実習制度の目的	育成就労制度の目的
人材育成を通じた開発途上地域等への技能等の移転による国際協力の推進（技能等の移転による国際協力）	育成就労産業分野において、特定技能1号水準の技能を有する人材を育成するとともに、当該分野における人材を確保すること（育成就労産業分野における人材育成と人材確保）

第4　基本方針及び分野別運用方針

　政府は、後記1の育成就労の適正な実施及び育成就労外国人の保護に関する基本方針（育成就労法7条。以下「育成就労政府基本方針」といいます。）及び後記2の分野別運用方針（育成就労法7条の2。以下「育成就労分野別運用方針」）を定めます。そして、育成就労分野別運用方針において、各分野の受入見込数を設定します（育成就労法7条の2第2項4号）。

1　育成就労政府基本方針

　育成就労政府基本方針は、①育成就労制度の意義に関する事項、②育成就労産業分野及び労働者派遣等育成就労産業分野の選定に関する基本的事項、③育成就労産業分野において求められる人材に関する基本的事項、④育成就労外国人の保護を図るための施策に関する基本的事項、⑤育成就労制度の運用に関する関係行政機関の事務の調整に関する基本的事項、⑥その他育成就労制度の運用に関する重要事項について定めます（育成就労法7条2項1号ないし6号）。

　なお、上記②の労働者派遣等育成就労産業分野とは、上記第1　2（2）イのとおり、育成就労産業分野のうち、外国人にその分野に属する技能を本邦において就労を通じて修得させるに当たり季節的業務に従事させることを要する分野であって、当該技能を労働者派遣等（労働者派遣法2条1号に規定する労働者派遣又は船員職業安定法6条11項に規定する船員派遣をいいます。）による就労を通じて修得させることができると認められるものとして主務省令で定める分野をいいます（育成就労法2条3号ロ）。

2　育成就労分野別運用方針

　育成就労分野別運用方針は、①当該分野別運用方針において定める個別育成就労産業分野及び労働者派遣等育成就労産業分野である場合にはその旨、②当該個別育成就労産業分野において求められる人材の基準に関する事項、③当該個別育成就労産業分野における育成就労外国人の育成に関する事項、④当該個別育成就労産業分野における人材の受入見込数その他の人材の確保に関する事項（人材が不足している地域の状況を含みます。）、⑤当該個別育成就労産業分野における育成就労認定の停止の措置（育成就労法12条の2）及びその再開の措置に関する事項、⑥当該個別育成就労産業分野における育成就労実施者の変更に関する事項、⑦その他当該個別育成就労産業分野における育成就労制度の運用に関する重要事項について定めます（育成就労法7条の2第2項1号ないし7号）。

第2編　第1章　育成就労法の概要　　241

第2節　育成就労計画の認定制度

第1　在留資格該当性の要件としての認定育成就労計画

　上記第1節第1　1のとおり、入管法別表第1の2の表の育成就労の項の下欄は、「育成就労」に係る在留資格該当性として、「育成就労法第11条第1項に規定する認定育成就労計画に基づいて、講習を受け、及び育成就労法第2条第2号に規定する育成就労産業分野に属する技能を要する業務に従事する活動」を規定しています。

　育成就労を行わせようとする本邦の個人又は法人は、主務省令で定めるところにより、育成就労の対象となろうとする外国人ごとに、育成就労の実施に関する計画（育成就労計画）を作成し、これを入管庁長官及び厚生労働大臣（育成就労法12条1項により、外国人育成就労機構に認定事務を行わせることが可能）に提出して、その育成就労計画が適当である旨の認定を受けることができます（育成就労法8条1項）。育成就労計画の内容の適正化を図るために、監理型育成就労を行わせようとする申請者は、監理支援機関の指導に基づき、育成就労計画を作成しなければならず（育成就労法8条5項1号）、監理支援機関は、育成就労計画の作成に関する情報の提供、助言、指示その他の必要な指導を行わなければなりません（育成就労法8条5項2号）。

　①育成就労法8条1項が規定する原則的な認定（育成就労を行わせようとする場合の原則的な認定）、②育成就労法8条の5第1項が規定する新たな育成就労計画の認定（転籍希望の申出をした育成就労外国人を対象として新たに育成就労を行わせようとする場合の認定）、③育成就労法8条の6第1項が規定する育成就労計画認定を取り消された外国人等の新たな育成就労計画の認定（育成就労の対象でなくなった外国人を対象として新たに育成就労を行わせようとする場合の認定）、④これらに係る育成就労法11条1項による変更の認定をあわせて育成就労認定といい（育成就労法11条1項括弧書）、育成就労認定を受けた育成就労計画のことを認定育成就労計画といいます（育成就労法11条1項括弧書）。

　認定育成就労計画に基づき単独型育成就労を行わせる者を単独型育成就労実施者といい（育成就労法2条8号）、認定育成就労計画に基づき監理型育成就労を行わせるものを監理型育成就労実施者といい（育成就労法2条9号）、両者をあわせて育成就労実施者といいます（育成就労法2条7号）。

●在留資格該当性の要件としての認定育成就労計画の4類型

「育成就労」に係る在留資格該当性（入管法別表第1の2の表の育成就労の項の下欄）	認定育成就労計画の類型（育成就労法11条1項括弧書）
育成就労法11条1項に規定する認定育成就労計画に基づいて、講習を受け、及び育成	①　育成就労法8条1項が規定する原則的な認定を受けた計画

就労法2条2号に規定する育成就労産業分野に属する技能を要する業務に従事する活動	② 育成就労法8条の5第1項が規定する新たな育成就労計画の認定を受けた計画
	③ 育成就労法8条の6第1項が規定する育成就労計画認定を取り消された外国人等の新たな育成就労計画の認定を受けた計画
	④ ①～③に係る育成就労法11条1項による変更の認定を受けた計画

第2 認定要件

1 基準適合性と欠格事由非該当性

育成就労計画の認定要件は、育成就労法が規定する認定基準に適合し（基準適合性）、かつ、育成就労法10条が規定する欠格事由に該当しないこと（欠格事由非該当性）です。

2 認定基準

（1） 原則的な認定基準

育成就労計画の原則的な認定基準は、育成就労法9条1項が規定しています。育成就労法9条1項は、育成就労計画の原則的な認定基準を次の①～⑪のとおり規定しています。①の基準について、人材育成の一貫性を確保する観点から、一つの育成就労計画において、例えば「夏は農業、冬は漁業」のように分野をまたいで業務に従事させることは認められません（入管庁HP「育成就労制度・特定技能制度Q&A」）。

なお、親会社（会社法2条4号）とその子会社（会社法2条3号）の関係その他主務省令で定める密接な関係を有する本邦の複数の法人が育成就労を共同して行わせようとする密接関係法人育成就労（育成就労法8条の2第4項括弧書）の場合は、これら複数の法人が育成就労計画を作成して認定を受けることになります（育成就労法8条1項括弧書）。

① 従事させる業務において要する技能の属する分野が育成就労産業分野であること（育成就労法9条1項1号）

② 従事させる業務、当該業務において要する技能、日本語の能力その他の育成就労の目標及び内容として定める事項が、育成就労の区分に応じて主務省令で定める基準に適合していること（育成就労法9条1項2号）

③ 育成就労の期間が3年以内であること（育成就労法9条1項3号）

④ 育成就労を終了するまでに、育成就労外国人が修得した技能及び育成就労外国人の日本

語の能力の評価を主務省令で定める時期に主務省令で定める方法により行うこと（育成就労法9条1項4号）

⑤　育成就労を行わせる体制及び事業所の設備が主務省令で定める基準に適合していること（育成就労法9条1項5号）

⑥　育成就労を行わせる事業所ごとに、主務省令で定めるところにより育成就労の実施に関する責任者が選任されていること（育成就労法9条1項6号）

⑦　単独型育成就労に係るものである場合は、単独型育成就労実施者に対する単独型育成就労の実施に関する監査の体制が主務省令で定める基準に適合していること（育成就労法9条1項7号）

⑧　監理型育成就労に係るものである場合は、申請者が、育成就労計画の作成について指導を受けた監理支援機関による監理支援を受けること（育成就労法9条1項8号）

⑨　育成就労外国人に対する報酬の額が日本人が当該業務に従事する場合の報酬の額と同等以上であることその他育成就労外国人の待遇が主務省令で定める基準に適合していること（育成就労法9条1項9号）

⑩　申請者が育成就労の期間において同時に複数の育成就労外国人に育成就労を行わせる場合は、その数が主務省令で定める数を超えないこと（育成就労法9条1項10号）

⑪　外国の送出機関（監理型育成就労の対象となろうとする外国人からの監理型育成就労に係る求職の申込みを適切に本邦の監理支援機関に取り次ぐことができる者として主務省令で定める要件に適合するものをいいます。）からの取次ぎを受けた外国人に係るものである場合は、当該外国人が送出機関に支払った費用の額が、育成就労外国人の保護の観点から適正なものとして主務省令で定める基準に適合していること（育成就労法9条1項11号）

（2）　例外的な認定基準（労働者派遣等監理型育成就労の場合等）

　育成就労計画の例外的な認定基準として、労働者派遣等監理型育成就労の場合（育成就労法9条1項柱書括弧書、9条2項柱書括弧書参照）について育成就労法9条2項が規定し、転籍希望の申出をした育成就労外国人を対象として新たに育成就労を行わせようとする場合（育成就労法8条の5第1項）について育成就労法9条の2が規定し、育成就労認定が取り消されたこと又は「育成就労」の在留資格を有する者でなくなったことにより育成就労の対象者でなくなった外国人を対象として新たに育成就労を行わせようとする場合（育成就労法8条の6第1項）について育成就労法9条の3が規定しています。

　育成就労法9条2項は、労働者派遣等監理型育成就労の場合の認定基準を次の①〜⑥のとおり規定しています。③の基準について、丸山秀治入管庁次長は、令和6年5月10日の衆議院法務委員会厚生労働委員会連合審査会において、「季節ごとの就労先や業務内容を含めた3年間の育成就労計画をあらかじめ作成することとしており、無制限に就労先を変更することは認めない」と答弁しています。育成就労計画の認定を受ける際は、あらかじめ派遣先ごとに派遣時期を定めて育成就労計画を作成する必要があります（入管庁HP「育成就労制度・特定技能制度Q&A」）。労働者派遣等監理型育成就労を行わせるものであるときは、本邦の派遣元事業主等及び本邦の一又は複数の派遣先は、共同して育成就労計画を作成して認定を受けな

ければなりません（育成就労法8条2項）。なお、転籍希望の申出をした育成就労外国人を対象として新たに育成就労を行わせようとする場合の認定基準（育成就労法9条の2）については後記第3　2（1）を、育成就労認定が取り消されたこと又は「育成就労」の在留資格を有する者でなくなったことにより育成就労の対象者でなくなった外国人を対象として新たに育成就労を行わせようとする場合の認定基準（育成就労法9条の3）については後記第3　2（2）を参照して下さい。

① 　上記（1）の原則的な認定基準の②～④、⑥、⑧、⑨、⑪のいずれにも該当すること（育成就労法9条2項1号）

② 　従事させる業務において要する技能の属する分野が労働者派遣等育成就労産業分野であること（育成就労法9条2項2号）

③ 　業務に従事させるいずれの事業所においても同一の労働者派遣等育成就労産業分野に属する技能を要する業務に従事させることとしていることその他育成就労の内容が本邦の派遣元事業主等及び本邦の派遣先が共同して育成就労を行わせることについて育成就労の適正な実施及び育成就労外国人の保護の観点から支障がないものとして主務省令で定める基準に適合していること（育成就労法9条2項3号）

④ 　育成就労を行わせる体制及び事業所の設備が本邦の派遣元事業主等及び本邦の派遣先ごとにそれぞれ主務省令で定める基準に適合していること（育成就労法9条2項4号）

⑤ 　本邦の派遣元事業主等の育成就労に関する業務を行う事業所（育成就労を行わせる事業所を除きます。）ごとに、主務省令で定めるところにより育成就労の実施に関する責任者が選任されていること（育成就労法9条2項5号）

⑥ 　申請者が育成就労の期間において同時に複数の育成就労外国人に育成就労を行わせる場合は、その数が育成就労を行わせる本邦の派遣元事業主等の職員の総数及び本邦の派遣先の職員の総数を勘案して主務省令で定める数を超えないこと（育成就労法9条2項6号）

3　欠格事由

育成就労計画認定の欠格事由は、育成就労法10条が次の①～⑬のとおり規定しています。

① 　拘禁刑以上の刑に処せられ、その執行を終わり、又は執行を受けることがなくなった日から起算して5年を経過しない者（育成就労法10条1号）

② 　育成就労法の規定その他出入国若しくは労働に関する法律の規定（④の規定を除きます。）であって政令で定めるもの又はこれらの規定に基づく命令の規定により、罰金の刑に処せられ、その執行を終わり、又は執行を受けることがなくなった日から起算して5年を経過しない者（育成就労法10条2号）

③ 　暴力団員による不当な行為の防止等に関する法律の規定（同法50条2号及び52条の規定を除きます。）により、又は刑法204条、206条、208条、208条の2、222条若しくは247条の罪若しくは暴力行為等処罰に関する法律の罪を犯したことにより、罰金の刑に処せられ、その執行を終わり、又は執行を受けることがなくなった日から起算して5年を経過しない者（育成就労法10条3号）

④　健康保険法208条、213条の2若しくは214条1項、船員保険法156条、159条若しくは160条1項、労働者災害補償保険法51条前段若しくは54条1項（同法51条前段の規定に係る部分に限ります。）、厚生年金保険法102条、103条の2若しくは104条1項（同法102条又は103条の2の規定に係る部分に限ります。）、労働保険の保険料の徴収等に関する法律46条前段若しくは48条1項（同法46条前段の規定に係る部分に限ります。）又は雇用保険法83条若しくは86条（同法83条の規定に係る部分に限ります。）の規定により、罰金の刑に処せられ、その執行を終わり、又は執行を受けることがなくなった日から起算して5年を経過しない者（育成就労法10条4号）

⑤　心身の故障により育成就労実施者としての責務を果たすことがでない者として主務省令で定めるもの（育成就労法10条5号）

⑥　破産手続開始の決定を受けて復権を得ない者（育成就労法10条6号）

⑦　育成就労認定を取り消され（育成就労法16条1項）、当該取消しの日から起算して5年を経過しない者（密接関係法人育成就労又は労働者派遣等監理型育成就労を行わせていた者であって、当該取消しの処分の理由となった事実に関して当該者が有していた責任の有無及び程度を考慮して⑦の欠格事由に該当しないこととすることが相当であると認められるものとして主務省令で定めるものを除きます。）（育成就労法10条7号）

⑧　育成就労認定を取り消された者が法人である場合（育成就労実施者が育成就労計画の欠格事由のいずれかに該当することとなったことにより当該育成就労認定を取り消された場合については、当該法人が②又は④に該当することとなったことによる場合に限ります。）において、当該取消しの処分を受ける原因となった事項が発生した当時現に当該法人の役員（業務を執行する社員、取締役、執行役又はこれらに準ずる者をいい、相談役、顧問その他いかなる名称を有する者であるかを問わず、法人に対し業務を執行する社員、取締役、執行役又はこれらに準ずる者と同等以上の支配力を有するものと認められる者を含みます。）であった者で、当該取消しの日から起算して5年を経過しないもの（育成就労法10条8号）

⑨　出入国又は労働に関する法令に関し不正又は著しく不当な行為をした日から起算して5年を経過しない者（育成就労法10条9号）

⑩　暴力団員による不当な行為の防止等に関する法律2条6号に規定する暴力団員又は暴力団員でなくなった日から5年を経過しない者（以下、あわせて「暴力団員等」といいます。）（育成就労法10条10号）

⑪　営業に関し成年者と同一の行為能力を有しない未成年者であって、その法定代理人が①〜⑩又は⑫のいずれかに該当するもの（育成就労法10条11号）

⑫　法人であって、その役員のうちに①〜⑪のいずれかに該当する者があるもの（育成就労法10条12号）

⑬　暴力団員等がその事業活動を支配する者（育成就労法10条13号）

246 第2編 第1章 育成就労法の概要

●育成就労計画の認定要件

認定基準に適合し、かつ、欠格事由に該当しないこと	
認定基準	欠格事由
原則的な認定基準 （育成就労法9条1項）	育成就労法10条
例外的な認定基準 ① 労働者派遣等監理型育成就労の場合 （育成就労法9条2項） ② 転籍希望の申出をした育成就労外国人を対象として新たに育成就労を行わせようとする場合（育成就労法9条の2） ③ 育成就労認定が取り消されたこと又は「育成就労」の在留資格を有する者でなくなったことにより育成就労の対象者でなくなった外国人を対象として新たに育成就労を行わせようとする場合（育成就労法9条の3）	

第3 転籍（育成就労実施者の変更）

1 転籍の類型

転籍（育成就労実施者の変更）には、①転籍希望の申出をした育成就労外国人を対象として新たに育成就労を行わせる場合（育成就労法8条の5）、②育成就労の対象でなくなった外国人を対象として新たに育成就労を行わせる場合（育成就労法8条の6）の2類型があります。そして、②の類型は、育成就労の対象でなくなった原因により、ⅰ育成就労認定が取り消されたことによる場合と、ⅱ「育成就労」の在留資格を有する者でなくなったことによる場合の2つに分かれます。

●転籍の類型

① 転籍希望の申出をした育成就労外国人を対象として新たに育成就労を行わせる場合 （育成就労法8条の5）

② 育成就労の対象でなくなった外国人を対象として新たに育成就労を行わせる場合（育成就労法8条の6）	i	育成就労認定が取り消されたことによる場合
	ii	「育成就労」の在留資格を有する者でなくなったことによる場合

2 転籍時に求められる新たな育成就労計画の認定

　転籍（育成就労実施者の変更）の際には、上記1のいずれの類型であっても、転籍先において新たな育成就労計画の認定を受けなければなりません（育成就労法8条の5第1項、8条の6第1項）。

（1）　転籍希望の申出をした育成就労外国人を対象として新たに育成就労を行わせる場合の認定基準

　転籍希望の申出をした育成就労外国人を対象として新たに育成就労を行わせる場合（育成就労法8条の5第1項）の認定基準は、次のとおりです（育成就労法9条の2）。なお、欠格事由は、上記第2　3のとおり、育成就労法10条が規定しています。

　「やむを得ない事情」がある転籍の場合は、①ないし③の基準を満たすことが求められるのに対し（育成就労法9条の2第4号柱書但書）、「やむを得ない事情」がなく、自己都合（本人意向）による転籍の場合は、①ないし③に加えて④iないしiiiの基準も満たすことが求められます（育成就労法9条の2第4号柱書本文）。④iiの自己都合（本人意向）による転籍時の日本語能力に係る基準について、丸山秀治入管庁次長は、令和6年4月24日の衆議院法務委員会において、「3年間の就労で特定技能1号の技能水準の人材を育成するという育成就労の目的を達成する上で、転籍により当該育成に支障が生じることがない程度に日本語能力が向上していることを確認するために設けているものであり、当該要件により、外国人の段階的な学習が促進されることが期待され」、「具体的な水準につきましては、分野ごとに設定するものとしており、その際には、就労開始時と育成就労終了時に求められる日本語能力の水準を考慮した上で、転籍可能時点で達成されるべき能力水準、業務の実情等を踏まえ、転籍先でも支障なく就労する上で必要な能力水準などを踏まえて水準を設定することを想定している」と答弁しています。原口剛厚生労働省大臣官房審議官も、令和6年5月8日の衆議院法務委員会において、「外国人の労働者としての権利保護をより適切に図る観点から、本人意向による転籍を認めることとしつつ、その際には、外国人労働者が転籍先でスムーズに育成就労を継続できるよう、最低限の技能及び日本語能力を有していることを要件とするもの」と答弁しています。

①　育成就労計画の原則的な認定基準（育成就労法9条1項）又は労働者派遣等監理型育成就労の場合の認定基準（育成就労法9条2項）に適合すること（育成就労法9条の2第1号）

② 育成就労の期間が、従前の育成就労（業務区分が同一であるものに限ります。）の期間（育成就労法8条の5第2項5号）と通算して3年以内（育成就労計画の変更により育成就労の期間が延長されている場合にあっては4年以内）であること（育成就労法9条の2第2号）

③ 従事させる業務において要する技能及び当該技能の属する育成就労産業分野が従前の認定育成就労計画に定められていたものとそれぞれ同一（業務区分が同一）であること（育成就労法9条の2第3号）

④ 当該申請に係る育成就労外国人を対象として新たに育成就労を行わせることについて主務省令で定めるやむを得ない事情があると認められるときを除き（育成就労法9条の2第4号柱書但書）、次のiからiiiまでのいずれにも適合すること（育成就労法9条の2第4号柱書本文）

　i 直近の育成就労実施者が育成就労を行わせた期間が、1年以上2年以下の範囲内で育成就労外国人に従事させる業務の内容等を勘案して主務省令で定める期間を超えていること（育成就労法9条の2第4号イ）

　ii 育成就労外国人が修得した技能、育成就労外国人の日本語の能力その他育成就労外国人の育成の程度に関し主務省令で定める基準に適合していること（育成就労法9条の2第4号ロ）

　iii 育成就労を行わせようとする者が育成就労の実施に関する実績、育成就労外国人の育成に係る費用の負担能力その他の育成就労を適正に実施するために必要な事項に関して主務省令で定める基準に適合していること（育成就労法9条の2第4号ハ）

●転籍希望の申出をした育成就労外国人を対象として新たに育成就労を行わせる場合の認定基準

「やむを得ない事情」がある転籍	「やむを得ない事情」がなく、自己都合による転籍
① 育成就労計画の原則的な認定基準又は労働者派遣等監理型育成就労の場合の認定基準に適合すること	① 同左
② 育成就労の期間が、従前の育成就労（業務区分が同一であるものに限ります。）の期間と通算して3年以内（育成就労計画の変更により育成就労の期間が延長されている場合にあっては4年以内）であること	② 同左
③ 従前の認定育成就労計画に定められていた業務区分と同一であること	③ 同左

第2編　第1章　育成就労法の概要　　249

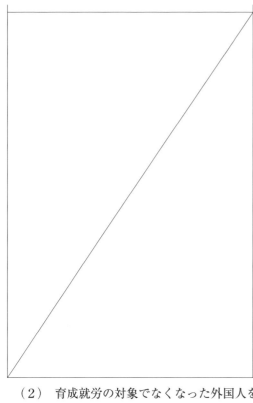

④　次のいずれにも適合すること
　ⅰ　直近の育成就労実施者が育成就労を行わせた期間が、1年以上2年以下の範囲内で育成就労外国人に従事させる業務の内容等を勘案して主務省令で定める期間を超えていること
　ⅱ　育成就労外国人が修得した技能、育成就労外国人の日本語の能力その他育成就労外国人の育成の程度に関し主務省令で定める基準に適合していること
　ⅲ　育成就労を行わせようとする者が育成就労の実施に関する実績、育成就労外国人の育成に係る費用の負担能力その他の育成就労を適正に実施するために必要な事項に関して主務省令で定める基準に適合していること

（2）　育成就労の対象でなくなった外国人を対象として新たに育成就労を行わせる場合の認定基準

　ア　育成就労認定が取り消されたことによる場合の認定基準

　育成就労認定が取り消されたことにより育成就労の対象でなくなった外国人を対象として新たに育成就労を行わせる場合（育成就労法8条の6第1項）の認定基準は、次の①～③のとおりです（育成就労法9条の3）。なお、欠格事由は、上記第2　3のとおり、育成就労法10条が規定しています。

①　育成就労計画の原則的な認定基準（育成就労法9条1項）又は労働者派遣等監理型育成就労の場合の認定基準（育成就労法9条2項）に適合すること（育成就労法9条の3第1号）

②　育成就労の期間が、従前の育成就労（業務区分が同一であるものに限ります。）の期間（育成就労法8条の6第2項4号）と通算して3年以内（育成就労計画の変更により育成就労の期間が延長されている場合にあっては4年以内）であること（育成就労法9条の3第2号）

③　次のⅰ及びⅱのいずれにも適合すること（育成就労法9条の3第3号）
　ⅰ　従事させる業務において要する技能及び当該技能の属する育成就労産業分野が従前の認定育成就労計画に定められていたものとそれぞれ同一（業務区分が同一）であること（育成就労法9条の3第3号イ）
　ⅱ　当該申請に係る育成就労の対象でなくなった外国人を対象として新たに育成就労を行

わせることについて主務省令で定めるやむを得ない事情があると認められること（育成就労法9条の3第3号ロ）

イ　「育成就労」の在留資格を有する者でなくなったことによる場合の認定基準

「育成就労」の在留資格を有する者でなくなったことにより育成就労の対象でなくなった外国人を対象として新たに育成就労を行わせる場合（育成就労法8条の6第1項）の認定基準は、次の①～③のとおりです（育成就労法9条の3柱書但書）。なお、欠格事由は、上記第2　3のとおり、育成就労法10条が規定しています。

① 育成就労計画の原則的な認定基準（育成就労法9条1項）又は労働者派遣等監理型育成就労の場合の認定基準（育成就労法9条2項）に適合すること（育成就労法9条の3第1号）

② 育成就労の期間が、従前の育成就労（業務区分が同一であるものに限ります。）の期間（育成就労法8条の6第2項4号）と通算して3年以内（育成就労計画の変更により育成就労の期間が延長されている場合にあっては4年以内）であること（育成就労法9条の3第2号）

③ 日本から単純出国した事実があり、当該単純出国前の育成就労期間が2年を超えず、当該単純出国後に育成就労の対象となったことがない場合において、従前の認定育成就労計画に定められていた技能と同一でない技能を要する業務又は従前の認定育成就労計画に定められていた育成就労産業分野と同一でない育成就労産業分野に属する技能を要する業務（育成就労産業分野又は業務区分が従前と異なる業務）に従事させることについて主務省令で定めるやむを得ない事情があると認められること（育成就労法9条の3柱書但書）

●育成就労の対象でなくなった外国人を対象として新たに育成就労を行わせる場合の認定基準

育成就労認定が取り消されたことによる場合	「育成就労」の在留資格を有する者でなくなったことによる場合
① 育成就労計画の原則的な認定基準又は労働者派遣等監理型育成就労の場合の認定基準に適合すること	① 同左
② 育成就労の期間が、従前の育成就労（業務区分が同一であるものに限ります。）の期間と通算して3年以内（育成就労計画の変更により育成就労の期間が延長されている場合にあっては4年以内）であること	② 同左

③　次のいずれにも適合すること	③　日本から単純出国した事実があり、当
ⅰ　従前の認定育成就労計画に定められ ていた業務区分と同一であること ⅱ　当該申請に係る育成就労の対象でな くなった外国人を対象として新たに育 成就労を行わせることについて主務省 令で定めるやむを得ない事情があると 認められること	該単純出国前の育成就労期間が２年を超 えず、当該単純出国後に育成就労の対象 となったことがない場合において、従前 の認定育成就労計画に定められていた育 成就労産業分野又は業務区分と異なる業 務に従事させることについて主務省令で 定めるやむを得ない事情があると認めら れること

3　転籍希望の申出

（1）　育成就労外国人による申出

育成就労外国人は、育成就労実施者の変更（転籍）を希望するときは、主務省令で定める
ところにより、書面をもって、育成就労実施者の変更を希望する旨を、①育成就労実施者若
しくは②監理支援機関又は③入管庁長官及び厚生労働大臣（単独型にあっては、①育成就労
実施者又は②入管庁長官及び厚生労働大臣）のいずれかに申し出ることができます（育成就労
法8条の2第1項）。

なお、入管庁長官及び厚生労働大臣は、外国人育成就労機構に、上記の申出及び後記（2）
（3）の届出の受理に係る事務を行わせることができます（育成就労法8条の3第1項）。

（2）　育成就労外国人が育成就労実施者に申し出た場合の措置

育成就労実施者は、上記（1）の申出（監理型について育成就労法8条の2第1項2号、単独型につい
て育成就労法8条の2第1項1号）を受けたときは、遅滞なく、主務省令で定めるところにより、
当該申出をした育成就労外国人の氏名その他の主務省令で定める事項を監理支援機関に通知
（単独型にあっては、入管庁長官及び厚生労働大臣に届出）しなければなりません（監理型に
ついて育成就労法8条の2第3項、単独型について育成就労法8条の2第2項）。

そして、育成就労実施者から上記の通知（育成就労法8条の2第3項）を受けた監理支援機関
は、遅滞なく、主務省令で定めるところにより、申出をした育成就労外国人の氏名その他の
主務省令で定める事項を入管庁長官及び厚生労働大臣に届け出なければなりません（育成就
労法8条の2第7項）。

なお、親会社（会社法2条4号）とその子会社（会社法2条3号）の関係その他主務省令で定め
る密接な関係を有する本邦の複数の法人が育成就労を共同して行わせる密接関係法人育成就
労の場合は、上記（1）の申出を受けた育成就労実施者は、当該育成就労を共同して行わせて
いる他の育成就労実施者に主務省令で定める事項を通知しなければなりません（育成就労法8
条の2第4項）。また、労働者派遣等監理型育成就労の場合は、上記（1）の申出を受けた育成就

労実施者は、当該育成就労を共同して行わせている他の育成就労実施者に主務省令で定める事項を通知しなければなりません（育成就労法8条の2第5項前段）。この場合において、上記（1）の申出を受けた育成就労実施者が派遣先であるときは、上記の育成就労法8条の2第5項前段の通知を受けた派遣元事業主等が監理支援機関に通知（育成就労法8条の2第3項）しなければなりません（育成就労法8条の2第5項後段）。

（3）　育成就労外国人が監理支援機関に申し出た場合の措置

監理支援機関は、上記（1）の申出（育成就労法8条の2第1項2号）を受けたときは、主務省令で定めるところにより、当該申出をした育成就労外国人の氏名その他の主務省令で定める事項を、遅滞なく入管庁長官及び厚生労働大臣に届け出るとともに、育成就労実施者に通知しなければなりません（育成就労法8条の2第6項）。

三浦靖厚生労働大臣政務官は、令和6年4月24日の衆議院法務委員会において、「育成就労外国人が転籍を希望する際には、新たな転籍先を探している事実について、現在の育成就労実施者には知られたくないといったケースが想定されるところでございます。そのような状況も踏まえまして転籍支援を行うことが大変重要だと考えておるところでございます。（中略）監理支援機関又は外国人育成就労機構に対する転籍の申出があり、転籍希望の事実を現在の育成就労実施者に通知することが適当でない場合には、当該通知は行わずに転籍支援を行うことを可能としておるところでございます。」と答弁してます。これは、育成就労法8条の2第6項は、入管庁長官及び厚生労働大臣（外国人育成就労機構）には遅滞なく届け出なければならないとしているものの、育成就労実施者への通知については、「遅滞なく」という文言を規定していないことによるものと解されます。

（4）　育成就労外国人が入管庁長官及び厚生労働大臣に申し出た場合の措置

入管庁長官及び厚生労働大臣は、上記（1）の申出（監理型について育成就労法8条の2第1項2号、単独型について育成就労法8条の2第1項1号）を受理したときは、主務省令で定めるところにより、その旨を育成就労実施者及び監理支援機関（単独型にあっては、育成就労実施者）に通知します（監理型について育成就労法8条の4第1項2号、単独型について育成就労法8条の4第1項1号）。

また、入管庁長官及び厚生労働大臣は、上記（1）の申出又は上記（2）（3）の届出を受理したときは、育成就労法8条の3第1項により外国人育成就労機構に当該受理に係る事務を行わせているときを除き（育成就労法8条の4第2項但書）、外国人育成就労機構に通知します（育成就労法8条の4第2項本文）。

4　転籍希望の申出があった場合の連絡調整等

（1）　外国人育成就労機構による職業紹介等の援助

外国人育成就労機構は、育成就労実施者の変更（転籍）の希望の申出に係る育成就労外国人が他の育成就労実施者の育成就労の対象となること等により育成就労の継続が可能となる

第2編　第1章　育成就労法の概要　　253

よう、当該育成就労外国人からの相談に応じ、必要な情報の提供、助言、職業紹介その他の援助を行わなければなりません（育成就労法8条の4第3項）。

（2）　監理支援機関による職業紹介等の措置

監理支援機関は、育成就労実施者の変更（転籍）の希望の申出又は通知を受けたときは、当該申出又は通知に係る育成就労外国人が他の育成就労実施者の育成就労の対象となること等により育成就労の継続が可能となるよう、他の育成就労実施者又は監理支援機関その他関係者との連絡調整、職業紹介その他の必要な措置を講じなければなりません（育成就労法8条の4第5項）。

●転籍希望の申出があった場合の関係機関の連携（監理型育成就労）

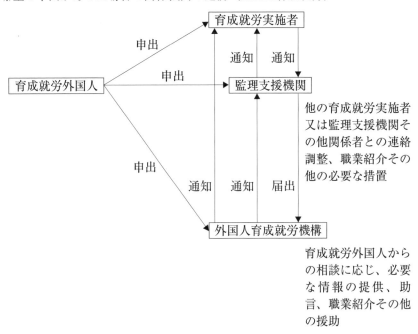

第4　育成就労計画の変更

育成就労実施者は、認定育成就労計画について育成就労法8条3項各号（5号が規定する単独型育成就労又は監理型育成就労の区分を除きます。）、8条の5第2項1号及び2号（8条3項5号に係る部分を除きます。）又は8条の6第2項1号及び2号（8条3項5号に係る部分を除きます。）に掲げる事項の変更をしようとするときは、主務省令で定める軽微な変更を除き（育成就労法11条1項前段括弧書）、入管庁長官及び厚生労働大臣（育成就労法12条1項により、外国人育成就労機構に認定事務を行わせることが可能）の認定を受けなければなりません（育成就労法11条1項前段）。

254 第2編 第1章 育成就労法の概要

　この場合において、密接関係法人育成就労又は労働者派遣等監理型育成就労であるときは、当該育成就労実施者の全員が共同して当該変更認定の申請をしなければなりません（育成就労法11条1項後段）。

　育成就労計画の変更認定にあたっては、上記第2の原則的な認定基準（育成就労法9条1項）及び例外的な認定基準（育成就労法9条2項、9条の2、9条の3）並びに欠格事由（育成就労法10条）が準用されます（育成就労法11条2項）。

第5　育成就労認定の停止及び再開

1　育成就労認定の停止

　個別育成就労産業分野を所管する関係行政機関の長は、育成就労分野別運用方針に基づき（育成就労法7条の2第2項5号参照）、当該個別育成就労産業分野において必要とされる人材が確保されたと認めるときは（育成就労法7条の2第2項4号参照）、主務大臣に対し、一時的に育成就労認定の停止の措置をとることを求めます（育成就労法12条の2第1項）。現に育成就労の対象となっている者（育成就労外国人）及び育成就労認定が取り消されたことにより育成就労の対象でなくなった者に係るものは停止の対象から除かれます（育成就労法12条の2第1項括弧書）。

　主務大臣は、上記の求めがあったときは、育成就労分野別運用方針に基づき、一時的に同項の停止の措置をとります（育成就労法12条の2第2項）。

2　育成就労認定の再開

　上記1により育成就労認定の停止の措置がとられた場合において、当該個別育成就労産業分野を所管する関係行政機関の長は、育成就労分野別運用方針に基づき（育成就労法7条の2第2項5号参照）、当該個別育成就労産業分野において人材が不足すると認めるときは、主務大臣に対し、育成就労認定の再開の措置をとることを求めることができます（育成就労法12条の2第3項）。

　主務大臣は、上記の求めがあったときは、育成就労分野別運用方針に基づき、再開の措置をとることができます（育成就労法12条の2第4項）。

第6　育成就労実施者の帳簿書類の作成、備置き

　その事業所において育成就労を行わせる育成就労実施者は、育成就労に関して、一定の帳簿書類を作成し、育成就労を行わせる当該事業所に備えて置かなければなりません（育成就労法20条1項）。また、労働者派遣等監理型育成就労である場合においては、本邦の派遣元事業主等も、一定の帳簿を作成し、育成就労に関する業務を行う事業所に備えて置かなければな

第2編　第1章　育成就労法の概要　　255

りません（育成就労法20条2項）。これらの帳簿書類は、外国人育成就労機構が行う実地検査や主務大臣が行う立入検査の際にも提示できるよう適切に作成して備えて置く必要があります。

第7　育成就労実施者の届出、報告

　育成就労実施者は、育成就労計画の認定を受け、育成就労外国人を受け入れた後も、育成就労法で定められた届出及び報告の手続を、定められた様式に従って行う必要があります。その手続一覧は、次のとおりです。

●育成就労開始後に育成就労実施者が行うべき届出及び報告一覧

番号	届出・報告の種類	事　由	期　限
1	育成就労実施の届出 （育成就労法17条1項）	育成就労実施者となって初めて育成就労を行わせたとき	育成就労開始後遅滞なく
2	育成就労計画軽微変更届出 （育成就労法11条1項括弧書）	認定育成就労計画について育成就労法8条3項各号（5号を除く。）、8条の5第2項1号及び2号（8条3項5号に係る部分を除く。）又は8条の6第2項1号及び2号（8条3項5号に係る部分を除く。）に掲げる事項に、主務省令で定める軽微な変更が生じたとき ※軽微でない変更をしようとするときは、変更認定の申請が必要（育成就労法11条1項）	主務省令により規定予定
3	育成就労実施困難時届出 （育成就労法19条1項） ※単独型のみ。監理型にあっては、育成就労実施者から監理支援機関に遅滞なく通知することが必要 （育成就労法19条2項）	単独型育成就労を行わせることが困難となったとき	遅滞なく
4	育成就労認定取消事由該当事実に係る報告	育成就労認定取消事由（育成就労法16条1項）に該当するに至ったときとなると思われ	主務省令において

	（主務省令において規定されると思われる） ※単独型のみと思われる。監理型にあっては、育成就労実施者から監理支援機関に報告することが必要となると思われる。	る。	規定されると思われる。
5	実施状況報告 （育成就労法21条1項）	育成就労を行わせたとき ※密接関係法人育成就労又は労働者派遣等監理型育成就労であるときは、当該育成就労実施者の全員が共同して報告書を作成し、提出をしなければならない（育成就労法21条1項後段）。	主務省令により規定予定

第8　育成就労実施者に対する処分等

1　報告徴収及び実地検査

（1）　主務大臣によるもの

　主務大臣は、必要な限度において、育成就労実施者若しくは育成就労実施者であった者（以下「育成就労実施者等」といいます。）、監理支援機関若しくは監理支援機関であった者（以下「監理支援機関等」といいます。）又はそれらの役職員若しくは役職員であった者（以下「役職員等」といいます。）に対し、報告若しくは帳簿書類の提出若しくは提示を命じ、若しくは出頭を求め、又は当該主務大臣の職員に、関係者に対して質問若しくは立入検査をさせることができます（育成就労法13条1項）。

　主務大臣が行う報告徴収等について、報告若しくは帳簿書類の提出若しくは提示をせず、若しくは虚偽の報告若しくは虚偽の帳簿書類の提出若しくは提示をし、又は質問に対して答弁をせず、若しくは虚偽の答弁をし、若しくは検査を拒み、妨げ、若しくは忌避したときは、育成就労計画の認定の取消事由となる（育成就労法16条1項4号）ほか、罰則（30万円以下の罰金）の対象ともなります（育成就労法112条3号）。

（2）　外国人育成就労機構によるもの

　入管庁長官及び厚生労働大臣は、育成就労法12条1項により外国人育成就労機構に認定事務の全部又は一部を行わせるときは、必要な限度において、次に掲げる事務を同機構に行わせることができます。即ち、①育成就労実施者等若しくは監理支援機関等又は役職員等に対して必要な報告又は帳簿書類の提出若しくは提示を求める事務、②職員をして、関係者に対して質問させ、又は実地に育成就労実施者等若しくは監理支援機関等の設備若しくは帳簿書

類その他の物件を検査させる事務を行わせることができます（育成就労法14条1項）。

　この外国人育成就労機構が行う報告徴収等については、虚偽の報告若しくは虚偽の帳簿書類の提出若しくは提示をし、又は虚偽の答弁をしたときは、育成就労計画の認定の取消事由となります（育成就労法16条1項5号）。外国人育成就労機構による検査等を単に拒んだり、妨げたり、忌避したことのみでは認定の取消事由には該当しないものの（この点で、上記（1）の主務大臣による検査等と異なります。）、調査への協力が得られない場合には、育成就労計画の認定に必要な情報が得られないとして、育成就労計画が認定されないこととなりえます。

2　改善命令

　入管庁長官及び厚生労働大臣は、育成就労実施者が認定育成就労計画に従って育成就労を実施していないとき又は育成就労法、入管法令若しくは労働法令に違反した場合において育成就労の適正な実施を確保するために必要があるときは、改善命令を発することができます（育成就労法15条1項）。

　改善命令は、違反行為そのものについての是正を行うことはもとより、育成就労実施者として、違反行為を起こすような管理体制や運営を行っていることについて、改善を行わせることを目的として発せられます。育成就労実施者は、入管庁長官及び厚生労働大臣から、期限を定めて問題となっている事項の改善に必要な措置をとるよう命じられますので、期限内に命じられた事項について、改善措置を講じる必要があります。

　改善命令に従わない場合や、改善措置を講じたとしても入管庁長官及び厚生労働大臣から適切な措置であると認められない場合には、育成就労計画の認定の取消事由となります（育成就労法16条1項1号、2号、3号、6号）。また、改善命令に従わないことは、罰則（6月以下の拘禁刑又は30万円以下の罰金）の対象ともなります（育成就労法111条1号）。さらに、改善命令を受けた実習実施者は、改善命令を受けた旨を公示されることとなりますので（育成就労法15条2項）、不適正な受入れを行っていたことが周知の事実となります。従って、改善命令を受けることのないよう、日常的に育成就労を適正に実施することが求められます。そのためには、入管法、育成就労法及び労働法の全てに通じた法律専門家から継続的な助言指導を受けられる体制の構築が必要不可欠です。

　なお、育成就労法に基づく育成就労制度においては、育成就労実施者に対する行政処分について行政手続法及び行政不服審査法が適用されるため、育成就労実施者に対する改善命令（育成就労法15条1項）については、事前手続として、聴聞（行政手続法13条1項1号ニ）又は弁明の機会の付与（行政手続法13条1項2号）が行われ、処分に不服がある者は審査請求することができます（行政不服審査法2条）。

3　認定の取消し

　入管庁長官及び厚生労働大臣は、一度認定された育成就労計画であっても、次のいずれかに該当するときは、育成就労認定を取り消すことができます（育成就労法16条1項柱書）。

即ち、①育成就労実施者が認定育成就労計画に従って育成就労を行わせていないとき（育成就労法16条1項1号）、②認定育成就労計画が認定基準（育成就労法9条1項各号、2項各号、9条の2各号、9条の3各号）のいずれかに適合しなくなったとき（育成就労法16条1項2号）、③育成就労実施者が欠格事由（育成就労法10条各号）のいずれかに該当することとなったとき（育成就労法16条1項3号）、④主務大臣が行う報告徴収等について、報告若しくは帳簿書類の提出若しくは提示をせず、若しくは虚偽の報告若しくは虚偽の帳簿書類の提出若しくは提示をし、又は質問に対して答弁をせず、若しくは虚偽の答弁をし、若しくは検査を拒み、妨げ、若しくは忌避したとき（育成就労法16条1項4号）、⑤外国人育成就労機構が行う報告若しくは帳簿書類の提出若しくは提示の求めに虚偽の報告若しくは虚偽の帳簿書類の提出若しくは提示をし、又は同機構の職員が行う質問に対して虚偽の答弁をしたとき（育成就労法16条1項5号）、⑥改善命令に違反したとき（育成就労法16条1項6号）は、認定の取消しの対象となります。

育成就労認定が取り消されると、認定の取消しを受けた旨が公示されることとなり（育成就労法16条2項）、不適正な受入れを行っていることが周知の事実となります。また、育成就労法10条7号括弧書の場合を除き、認定の欠格事由に該当することとなるため、取消しの日から5年間は新たな育成就労計画の認定を受けられなくなります（育成就労法10条7号）。

なお、認定の取消しは、「公権力の行使に当たる行為」（行政事件訴訟法3条2項）に当たり、処分性を有すると解されます。その理由は次のとおりです。即ち、育成就労法10条8号が認定の取消しを指して「取消しの処分」という文言を用いていることから、同法は認定の取消しが処分性を有するとの理解にたつものと解される上、実質的にも、認定が取り消されると、育成就労実施者は、育成就労外国人を受け入れる手続を行う法的地位を失うだけでなく、取消日から5年間認定を受けることができず（育成就労法10条7号）、育成就労を実施できなくなるため、認定の取消しは、育成就労実施者の地位に直接影響を及ぼすものといえるからです（技能実習認定の取消しは処分性を有すると判示した福岡高裁令和6年2月29日判決（（令5（行コ）53号）公刊物未登載）及び同じく処分性を有すると判示した原審たる福岡地裁令和5年8月30日判決（（令4（行ウ）31号）公刊物未登載）参照）。

第3節　監理支援機関

第1　監理型育成就労の定義

上記第1節第1　2（2）のとおり、監理型育成就労とは、労働者派遣等監理型育成就労（育成就労法2条3号ロ、8条2項括弧書）を除き、原則として、外国人が、育成就労産業分野に属する相当程度の知識又は経験を必要とする技能を修得するため、「育成就労」の在留資格をもって、本邦の営利を目的としない法人（監理支援機関）により受け入れられて必要な講習を受けること及び当該法人による監理支援を受ける本邦の公私の機関（育成就労実施者）との雇

用契約に基づいて当該機関の本邦にある事業所において当該育成就労産業分野に属する技能を要する業務に従事することをいいます（育成就労法2条3号イ）。

　なお、本邦の公私の機関（育成就労実施者）が当該機関と主務省令で定める取引上密接な関係を有する外国の公私の機関の外国にある事業所の職員である外国人を雇用する場合（本邦の公私の機関が、取引上密接な関係を有する外国の公私の機関の外国にある事業所の職員に育成就労を行わせる場合）にあっては、育成就労実施者により受け入れられて必要な講習を受けること及び監理支援機関による監理支援を受ける育成就労実施者との雇用契約に基づいて当該育成就労実施者の本邦にある事業所において当該育成就労産業分野に属する技能を要する業務に従事することをいいます（育成就労法2条3号イ括弧書）。

●労働者派遣等監理型育成就労を除く監理型育成就労の定義

原則的な場合	本邦の公私の機関が、取引上密接な関係を有する外国の公私の機関の外国にある事業所の職員に育成就労を行わせる場合
①　監理支援機関により受け入れられて必要な講習を受けること ＋ ②　監理支援機関による監理支援を受ける育成就労実施者との雇用契約に基づいて当該育成就労実施者の本邦にある事業所において当該育成就労産業分野に属する技能を要する業務に従事すること	①　育成就労実施者により受け入れられて必要な講習を受けること ＋ ②　同左

第2　監理支援の定義

　監理型育成就労において、監理支援機関が行う監理支援とは、原則として、次の①及び②の行為を行うことをいいます（育成就労法2条10号）。

　即ち、①監理型育成就労実施者等（監理型育成就労実施者又は監理型育成就労を行わせようとする者をいいます。以下同じ。）と監理型育成就労外国人等（監理型育成就労外国人又は監理型育成就労の対象となろうとする外国人をいいます。以下同じ。）との間における雇用関係の成立のあっせん（育成就労法2条10号イ）及び②監理型育成就労実施者に対する監理型育成就労の実施に関する監理（育成就労法2条10号ロ）を行うことをいいます。

　なお、本邦の公私の機関（育成就労実施者）が当該機関と育成就労法2条3号イ括弧書の主務省令で定める取引上密接な関係を有する外国の公私の機関の外国にある事業所の職員で

ある外国人を雇用する場合（本邦の公私の機関が、取引上密接な関係を有する外国の公私の機関の外国にある事業所の職員に育成就労を行わせる場合）にあっては、①の行為（雇用関係の成立のあっせん）は必要ないので（育成就労法2条3号イ括弧書参照）、②の行為（監理型育成就労の実施に関する監理）を行うことのみをいいます（育成就労法2条10号柱書括弧書）。

●監理支援の定義

原則的な場合	本邦の公私の機関が、取引上密接な関係を有する外国の公私の機関の外国にある事業所の職員に育成就労を行わせる場合
① 雇用関係の成立のあっせん ＋ ② 育成就労の実施に関する監理	育成就労の実施に関する監理

第3 監理支援機関に係る許可制

1 監理支援事業について許可を受ける必要性

　監理支援機関とは、育成就労法23条1項の許可（監理支援機関の許可）を受けて監理支援を行う事業を行う本邦の営利を目的としない法人をいいます（育成就労法2条11号）。

　育成就労制度において、監理支援事業を行おうとする者は、あらかじめ、主務大臣から監理支援機関の許可を受ける必要があります（育成就労法23条1項）。この監理支援機関許可申請書（育成就労法23条2項）は、育成就労法25条1項の許可基準を満たすことを証明する添付資料等を添えて（育成就労法23条3項）、外国人育成就労機構に申請しなければなりません（育成就労法24条3項）。主務大臣は、監理支援機関の許可をしたときに、監理支援事業を行う事業所の数に応じた許可証を交付します（育成就労法29条1項）。許可証の交付を受けた監理支援機関は、事業所ごとに許可証を備え付け、関係者から請求があればいつでも提示できるようにしておかなければなりません（育成就労法29条2項）。

　許可を受けた監理支援機関は、職業安定法上の許可等を受けなくとも育成就労に限って職業紹介事業（育成就労職業紹介事業）を行うことができるなど、職業安定法の特例等が措置されています（育成就労法27条）。他方、監理支援機関の許可を受けていたとしても、職業安定法上の許可を受け又は届出を行っていない場合には、育成就労関係以外の日本人等の雇用関係の成立のあっせんを行うことはできません。また、育成就労法に基づく監理支援機関の許可を受けた場合においても、法律上、船員職業安定法の特例は設けられていません（育成就労法27条1項参照）。従って、船員職業安定法上の許可は別途取得する必要があります。

　なお、外国人育成就労機構は、その業務として、職業安定法33条1項（無料職業紹介事業

の許可制）及び船員職業安定法34条1項（無料の船員職業紹介事業の許可制）の規定にかかわらず、機構実施職業紹介事業（外国人育成就労機構が、育成就労実施者又は育成就労を行わせようとする者のみを求人者とし、育成就労外国人等のみを求職者とし、求人及び求職の申込みを受け、求人者と求職者との間における育成就労に係る雇用関係の成立をあっせんすることを業として行うもの）を行うことができます（育成就労法87条の2第1項）。

2　監理支援機関の許可の区分

　技能実習制度においては、監理団体の許可には、事業区分として、①一般監理事業（第1号、第2号及び第3号の技能実習の実習監理が可能）、②特定監理事業（第1号及び第2号のみの技能実習の実習監理が可能）の2区分が存在し（技能実習法23条1項1号、2号）、一般監理事業の許可を受けるためには、高い水準を満たした優良な監理団体でなければなりませんでした（技能実習法25条1項7号）。

　それに対し、育成就労制度においては、「育成就労」は1つの在留資格であり（入管法別表第1の2の表の育成就労の項の下欄）、旧在留資格「技能実習」に係る第1号ないし第3号のような区分がなく、そのため、監理支援機関の事業区分も存在しません（育成就労法23条1項）。

　但し、監理支援機関の許可の有効期間に関しては、後記3のとおり、原則としては「3年を下回らない政令で定める期間」とされる一方で（育成就労法31条1項本文）、監理型育成就労の実施状況の監査その他の業務の遂行に関して主務省令で定める基準に適合している者であると主務大臣が認めるときは、「5年を下らない政令で定める期間」とされます（育成就労法31条1項但書）。このように、優良な監理支援機関は長い許可の有効期間が付与されます。

3　監理支援機関の許可の有効期間

（1）　有効期間

　監理支援機関の許可の原則的な有効期間は、「3年を下回らない政令で定める期間」です（育成就労法31条1項本文）。監理型育成就労の実施状況の監査その他の業務の遂行に関して主務省令で定める基準に適合している者であると主務大臣が認めるときは、「5年を下らない政令で定める期間」です（育成就労法31条1項但書）。

（2）　許可の更新

　許可の有効期間の満了後引き続き当該許可に係る監理支援事業を行おうとする者は、監理支援機関許可有効期間更新申請書を外国人育成就労機構に提出しなければなりません（育成就労法31条2項、5項、23条2項、24条3項）。

　許可の有効期間の更新申請に際しては、許可基準（育成就労法31条3項、25条1項各号）を満たしていることを証明する書類その他必要な書類を提出しなければなりません（育成就労法31条5項、23条3項）。

4 監理支援機関の許可の条件

監理支援機関の許可には条件が付されることや、付された条件が変更されることがあります（育成就労法30条1項）。なお、付される条件は、許可の趣旨に照らして、又は当該許可に係る事項の確実な実施を図るために必要な最小限度のものに限り、かつ、当該許可を受ける者に不当な義務を課することとなるものであってはなりません（育成就労法30条2項）。

監理支援機関は、許可に条件が付された後に、条件が付された理由が解消された場合には、当該条件の解除を申し出ることができます（育成就労法30条1項「変更」、2項）。

第4 監理支援機関の許可要件

監理支援機関の許可要件は、後記1の許可基準（育成就労法25条1項）に適合し、かつ後記2の欠格事由（育成就労法26条）に該当しないことです。

1 許可基準

育成就労法25条1項は、監理支援機関の許可基準を次の①～⑦のとおり規定しています。外部監査人を設置せずに外部役員を選任することも認めていた（技能実習法25条1項5号イ）技能実習制度における監理団体とは異なり、育成就労制度における監理支援機関については、外部監査人の設置を許可基準として義務付けています（育成就労法25条1項5号）。

① 本邦の営利を目的としない法人であって主務省令で定めるものであること（育成就労法25条1項1号）

② 監理支援事業を適正に遂行するに足りる能力を有するものとして主務省令で定める基準に適合しているものであること（育成就労法25条1項2号）

③ 監理支援事業を健全に遂行するに足りる財産的基礎を有するものとして主務省令で定める基準に適合しているものであること（育成就労法25条1項3号）

④ 個人情報を適正に管理し、並びに監理型育成就労実施者等及び監理型育成就労外国人等の秘密を守るために必要な措置を講じていること（育成就労法25条1項4号）

⑤ 監事その他法人の業務を監査する者による監査のほか、監理型育成就労実施者と主務省令で定める密接な関係を有しない者であって、職務の執行の監査を公正かつ適正に遂行することができる知識又は経験等を有することその他主務省令で定める要件に適合するものに、主務省令で定めるところにより、役員の監理支援事業に係る職務の執行の監査を行わせるための措置を講じていること（育成就労法25条1項5号）

⑥ 外国の送出機関から監理型育成就労の対象となろうとする外国人からの監理型育成就労に係る求職の申込みの取次ぎを受けようとする場合にあっては、外国の送出機関との間で当該取次ぎに係る契約を締結していること（育成就労法25条1項6号）

⑦ 上記①ないし⑥のほか、申請者が、監理支援事業を適正に遂行することができる能力を有するものであること（育成就労法25条1項7号）

2 欠格事由

育成就労法26条は、監理支援機関の許可の欠格事由を次の①～⑥のとおり規定しています。

① 育成就労法10条2号（育成就労法10条4号に規定する規定を除く同法の規定その他出入国若しくは労働に関する法律の規定であって政令で定めるもの又はこれらの規定に基づく命令の規定により、罰金の刑に処せられ、その執行を終わり、又は執行を受けることがなくなった日から起算して5年を経過しない者）、4号（健康保険法208条、213条の2若しくは214条1項、船員保険法156条、159条若しくは160条1項、労働者災害補償保険法51条前段若しくは54条1項（同法51条前段の規定に係る部分に限ります。）、厚生年金保険法102条、103条の2若しくは104条1項（同法102条又は103条の2の規定に係る部分に限ります。）、労働保険の保険料の徴収等に関する法律46条前段若しくは48条1項（同法46条前段の規定に係る部分に限ります。）又は雇用保険法83条若しくは86条（同法83条の規定に係る部分に限ります。）の規定により、罰金の刑に処せられ、その執行を終わり、又は執行を受けることがなくなった日から起算して5年を経過しない者）又は13号（暴力団員等がその事業活動を支配する者）に該当する者（育成就労法26条1号）

② 許可を取り消され、当該取消しの日から起算して5年を経過しない者（育成就労法26条2号）

③ 許可の取消しの処分に係る行政手続法15条の規定による通知があった日から当該処分をする日又は処分をしないことを決定する日までの間に、監理事業の廃止の届出をした者（当該事業の廃止について相当の理由がある者を除きます。）で、当該届出の日から起算して5年を経過しないもの（育成就労法26条3号）

④ 出入国又は労働に関する法令に関し不正又は著しく不当な行為をした日から起算して5年を経過しない者（育成就労法26条4号）

⑤ 役員のうちに次のいずれかに該当する者があるもの（育成就労法26条5号）

イ 育成就労法10条1号（拘禁刑以上の刑に処せられ、その執行を終わり、又は執行を受けることがなくなった日から起算して5年を経過しない者）、3号（暴力団員による不当な行為の防止等に関する法律の規定（同法50条2号及び52条の規定を除きます。）により、又は刑法204条、206条、208条、208条の2、222条若しくは247条の罪若しくは暴力行為等処罰に関する法律の罪を犯したことにより、罰金の刑に処せられ、その執行を終わり、又は執行を受けることがなくなった日から起算して5年を経過しない者）、5号（心身の故障により育成就労実施者としての責務を果たすことができない者として主務省令で定めるもの）、6号（破産手続開始の決定を受けて復権を得ない者）、10号（暴力団員等）又は11号（営業に関し成年者と同一の行為能力を有しない未成年者であって、その法定代理人が育成就労法10条1号ないし10号又は12号のいずれかに該当するもの）に該当する者（育成就労法26条5号イ）

ロ ①（育成就労法10条13号に係る部分を除きます。）又は④に該当する者（育成就労法26条5号ロ）

ハ　許可を取り消された場合（許可の欠格事由に該当することとなったことにより許可を取り消された場合については、①のうち、育成就労法10条2号又は4号に該当する者となったことによる場合に限ります。）において、当該取消しの処分を受ける原因となった事項が発生した当時現に当該処分を受けた者の役員であった者で、当該取消しの日から起算して5年を経過しないもの（育成就労法26条5号ハ）

ニ　許可の取消しの処分に係る行政手続法15条の規定による通知があった日から当該処分をする日又は処分をしないことを決定する日までの間に監理事業の廃止の届出をした場合において、当該通知の日前60日以内に当該届出をした者（当該事業の廃止について相当の理由がある者を除きます。）の役員であった者で、当該届出の日から起算して5年を経過しないもの（育成就労法26条5号ニ）

⑥　暴力団員等をその業務に従事させ、又はその業務の補助者として使用するおそれのある者（育成就労法26条6号）

第5　監理支援機関の遵守事項

1　認定育成就労計画に従った監理支援等

（1）　監理支援

監理支援機関は、認定育成就労計画に従い、当該育成就労外国人に係る育成就労の監理支援を行わなければなりません（育成就労法39条1項）。

（2）　指導及び助言

監理支援機関は、育成就労実施者が育成就労外国人が修得した技能の評価を行うに当たっては、当該育成就労実施者に対し、必要な指導及び助言を行わなければなりません（育成就労法39条2項）。

（3）　育成就労外国人が転籍を希望する際の連絡調整及び職業紹介等

監理支援機関は、主務省令で定める基準に従い、育成就労法8条の4第5項及び育成就労法51条1項、2項に規定する措置（育成就労外国人が育成就労実施者の変更を希望する際の連絡調整及び職業紹介等）その他の必要な措置を適切に行わなければなりません（育成就労法39条3項）。

（4）　監　査

上記（1）ないし（3）のほか、監理支援機関は、育成就労の実施状況の監査その他の業務の実施に関し主務省令で定める基準に従い、その業務を実施しなければなりません（育成就労法39条4項）。

（5）　育成就労実施者と密接な関係を有する役職員の業務制限

監理支援機関は、育成就労実施者と主務省令で定める密接な関係を有する役員又は職員を、上記（1）ないし（4）の業務のうち主務省令で定めるもの（監理支援、監査、指導・助言等が想定されます。）の実施に関わらせてはなりません（育成就労法39条5項）。

第2編　第1章　育成就労法の概要　　265

2　名義貸しの禁止

　監理支援機関は、自己の名義をもって、他人に監理支援事業（育成就労法2条10号が規定する、雇用関係の成立のあっせん及び監理型育成就労の実施に関する監理を行う事業）（育成就労法23条1項）を行わせてはなりません（育成就労法38条）。

　これに違反した場合には、罰則（1年以下の拘禁刑又は100万円以下の罰金）の対象となります（育成就労法109条4号）。監理支援機関の許可（育成就労法23条1項）を受けずに監理支援事業を行った者についても、罰則（1年以下の拘禁刑又は100万円以下の罰金）の対象となります（育成就労法109条1号）。このように、名義貸しをした監理支援機関のみならず、監理支援機関から名義貸しを受けた者（名義借りをした者）も罰則の対象となります。

3　監理支援責任者の設置等

（1）　事業所ごとの監理支援責任者の選任

　ア　選任義務

　監理支援機関は、監理支援事業を行う事業所ごとに、欠格事由（育成就労法40条2項）に該当しない監理支援責任者を選任しなければなりません（育成就労法40条1項）。

　イ　統括管理事項

　監理支援責任者は、監理支援事業に関し次の①〜⑥に掲げる事項を統括管理します（育成就労法40条1項）。

①　育成就労外国人の受入れの準備に関すること（育成就労法40条1項1号）

②　育成就労外国人の技能の修得に関する育成就労実施者への指導及び助言並びに育成就労実施者との連絡調整に関すること（育成就労法40条1項2号）

③　育成就労外国人の保護に関すること（育成就労法40条1項3号）

④　育成就労実施者等及び育成就労外国人等の個人情報の管理に関すること（育成就労法40条1項4号）

⑤　育成就労外国人の労働条件、産業安全及び労働衛生に関し、育成就労実施責任者（育成就労法9条1項6号、2項5号）との連絡調整に関すること（育成就労法40条1項5号）

⑥　国及び地方公共団体の機関であって育成就労に関する事務を所掌するもの、外国人育成就労機構その他関係機関との連絡調整に関すること（育成就労法40条1項6号）

（2）　監理支援責任者による指導

　監理支援機関は、育成就労実施者が、育成就労に関し労働基準法、労働安全衛生法その他の労働に関する法令に違反しないよう、監理支援責任者をして、必要な指導を行わせなければなりません（育成就労法40条3項）。

（3）　監理支援責任者による指示、関係行政機関への通報

　監理支援機関は、育成就労実施者が、育成就労に関し労働基準法、労働安全衛生法その他の労働に関する法令に違反しているときは、監理支援責任者をして、是正のため必要な指示を行わせなければなりません（育成就労法40条4項）。

　そして、監理支援機関は、育成就労法40条4項の是正指示を行ったときは、速やかに、そ

の旨を労働基準監督署等の関係行政機関に通報しなければなりません（育成就労法40条5項）。

4　帳簿書類の作成、備置き

　監理支援機関は、監理支援事業に関して、主務省令で定める帳簿書類を作成し、監理支援事業を行う事業所に備えて置かなければなりません（育成就労法41条）。これらの帳簿書類は、外国人育成就労機構が行う実地検査や主務大臣が行う立入検査の際にも提示できるよう適切に作成して備え置いておく必要があります。

5　個人情報の管理

　監理支援機関は、個人情報を適正に管理するために必要な措置を講じなければなりません（育成就労法43条2項）。監理支援機関の役職員又は役職員であった者は、正当な理由なく、その業務に関して知ることができた秘密を漏らし、又は盗用してはなりません（育成就労法44条）。

6　報告、届出

　監理支援機関は、許可を受け、育成就労の実施に関する監理を開始した後も、育成就労法で定められた報告及び届出の手続を、定められた様式に従って行う必要があります。その手続一覧は、次のとおりです。

●育成就労開始後に監理支援機関が行うべき届出及び報告一覧

番号	届出・報告の種類	事由	期限
1	監査報告 （育成就労法42条1項）	監査を行ったとき	監査終了後遅滞なく
2	育成就労実施困難時届出 （育成就労法33条1項）	育成就労実施者から育成就労法19条2項の規定による通知を受けた場合その他育成就労実施者が育成就労を行わせることが困難となったと認めるとき	遅滞なく
3	事業報告 （育成就労法42条2項）	主務省令で定めるところによる	主務省令で定めるところによる
4	変更届出 （育成就労法32条1項）	育成就労法23条2項各号に掲げる事項（主務省令で定めるものを除く。）に変更があったとき	変更日から1月以内
5	変更届出及び許可証書換申請 （育成就労法32条4項）	変更届出をする場合において、当該事項が許可証の記載事項に該当するとき	変更日から1月以内

6	許可取消事由該当事実に係る報告 （育成就労法39条4項を受けた主務省令において規定されると思われる）	許可の取消事由（育成就労法37条1項各号）に該当したときと規定されると思われる	主務省令において規定されると思われる
7	事業休止届出 （育成就労法34条1項）	監理支援事業の全部又は一部を休止しようとするとき	休止日の1月前まで
8	事業再開届出 （主務省令において規定されると思われる）	休止した監理支援事業を再開しようとするときと規定されると思われる	主務省令において規定されると思われる
9	事業廃止届出 （育成就労法34条1項）	監理支援事業を廃止しようとするとき	廃止日の1月前まで

第6　監理支援費

　監理支援機関は、監理支援事業に通常必要となる経費等を勘案した適正な種類及び額の監理支援費を、育成就労実施者等へあらかじめ用途及び金額を明示した上で徴収することができます（育成就労法28条2項）。監理支援機関は、この監理支援費を除いて、監理支援事業に関し、育成就労実施者及び育成就労外国人等の関係者から、いかなる名義でも、手数料又は報酬を受けてはなりません（育成就労法28条1項）。これに違反した場合は、6月以下の拘禁刑又は30万円以下の罰金に処せられます（育成就労法111条2号）。

第7　監理支援機関に対する処分等

1　報告徴収等
　主務大臣は、監理型育成就労関係者（監理支援機関等又は監理型育成就労実施者若しくは監理型育成就労実施者であった者をいいます。以下同じ。）又は監理型育成就労関係者の役職員若しくは役職員であった者（以下「役職員等」といいます。）に対し、報告若しくは帳簿書類の提出若しくは提示を命じ、若しくは監理型育成就労関係者若しくは役職員等に対し出頭を求め、又は当該主務大臣の職員に、関係者に対して質問させ、若しくは監理型育成就労関係者に係る事業所その他監理型育成就労に関係のある場所に立ち入り、その設備若しくは帳簿書類その他の物件を検査させることができます（育成就労法35条1項）。

主務大臣が行う報告徴収等について、拒んだり、虚偽の回答を行ったりした場合等には、監理支援機関の許可の取消事由となる（育成就労法37条1項）ほか、罰則（30万円以下の罰金）の対象ともなります（育成就労法112条1項3号）。

2 改善命令

　主務大臣は、監理支援機関が、育成就労法その他出入国若しくは労働に関する法令に違反した場合において、監理支援事業の適正な運営を確保するために必要があると認めるときは、当該監理支援機関に対し、期限を定めて、その監理支援事業の運営を改善するために必要な措置をとるべきことを命ずることができます（育成就労法36条1項）。

　主務大臣は、この改善命令をした場合には、その旨を公示します（育成就労法36条2項）。

　改善命令は、違反行為そのものについての是正を行うことはもとより、監理支援機関として、違反行為を起こすような管理体制や運営を行っていることについて、改善を行わせることを目的として発せられるものです。監理支援機関は、主務大臣から、期限を定めて問題となっている事項の改善に必要な措置をとるよう命じられますので、期限内に命じられた事項について、改善措置を講じる必要があります。改善命令に従わない場合や、改善措置を講じたとしても主務大臣から適切な措置であると認められない場合には、監理支援機関の許可の取消事由となる（育成就労法37条1項1号、4号）ほか、罰則（6月以下の拘禁刑又は30万円以下の罰金）の対象ともなります（育成就労法111条3号）。

3 監理支援機関の許可の取消し

　主務大臣は、監理支援機関が、①育成就労法25条1項各号が定める監理支援機関の許可の基準のいずれかに適合しなくなったとき（育成就労法37条1項1号）、②育成就労法26条各号（2号、3号並びに5号ハ及びニを除きます。）が定める監理支援機関の許可の欠格事由のいずれかに該当することとなったとき（育成就労法37条1項2号）、③育成就労法30条1項により付された許可の条件に違反したとき（育成就労法37条1項3号）、④育成就労法の規定若しくは出入国若しくは労働に関する法律の規定であって政令で定めるもの又はこれらの規定に基づく命令若しくは処分に違反したとき（育成就労法37条1項4号）のいずれかに該当するときは、監理支援機関の許可を取り消すことができます（育成就労法37条1項）。

　主務大臣は、この監理支援機関の許可の取消しをした場合には、その旨を公示します（育成就労法37条3項）。

　監理支援機関は、監理支援機関の許可の取消しを受けた場合には、その後5年間、欠格事由に該当し、新規の監理支援機関の許可を受けられなくなります（育成就労法26条2号）。

4 事業停止命令

　主務大臣は、監理支援機関が上記3の①③④のいずれかに該当するとき（欠格事由以外の許可の取消事由に該当することとなったとき）は、違反の内容等を考慮した上で、許可の取

消しではなく、期間を定めて当該監理支援事業の全部又は一部の停止を命ずることができます（育成就労法37条2項）。上記2の改善命令が行われた場合と同様に、監理支援機関は、主務大臣から事業停止命令を受ける理由となった事項の改善に必要な措置を速やかに講ずることが重要であり、再発防止に向けた改善措置を講じる必要があります。主務大臣は、事業停止命令をした場合には、その旨を公示します（育成就労法37条3項）。

5　行政手続法及び行政不服審査法の適用

育成就労法に基づく育成就労制度においては、監理支援機関に対する行政処分について行政手続法及び行政不服審査法が適用されます。そのため、監理支援機関に対する改善命令（育成就労法36条1項）、監理支援機関の許可の取消し（育成就労法37条1項）、監理支援機関に対する事業停止命令（育成就労法37条2項）及び監理団体に対する取扱職種範囲等変更命令（育成就労法27条2項、職業安定法32条の12第3項）については、いずれも、事前手続として、聴聞（行政手続法13条1項1号）又は弁明の機会の付与（行政手続法13条1項2号）が行われ、処分に不服がある者は審査請求することができます（行政不服審査法2条）。

第4節　関係機関

第1　外国人育成就労機構

1　外国人育成就労機構の目的

外国人育成就労機構は、育成就労の適正な実施及び育成就労外国人の保護を図り、もって育成就労産業分野に属する相当程度の知識又は経験を必要とする技能を有する人材の育成及び育成就労産業分野における人材の確保に寄与することを目的とします（育成就労法57条）。

2　外国人育成就労機構の業務範囲、関係機関との連携

（1）　外国人育成就労機構の業務範囲

外国人育成就労機構は、①育成就労法87条1項が規定する育成就労に関する業務及び②育成就労法87条2項を受けた入管法69条の2の2が規定する特定技能に関する業務（特定技能外国人からの相談に応じ、必要な情報の提供、助言その他の援助を行う業務及びこれらの業務に附帯する業務）を行います。

外国人育成就労機構は、育成就労外国人等が育成就労の対象となること又は育成就労を継続することに資する業務として、職業紹介をすることが必要な場合において、求人及び求職の申込みを受け、求人者と求職者との間における育成就労に係る雇用関係の成立をあっせんすることも行います（育成就労法87条1項3号ハ）。

（2）　外国人育成就労機構と公共職業安定所・地方運輸局との相互連携

外国人育成就労機構及び公共職業安定所又は地方運輸局は、次のとおり相互に連携を図りながら協力しなければなりません。

即ち、①育成就労外国人から転籍希望の申出があった場合において、外国人育成就労機構が相談に応じ、必要な情報の提供、助言、職業紹介その他の援助を行うこと（育成就労法8条の4第3項、4項）、②育成就労外国人から転籍希望の申出があった場合において、育成就労実施者又は監理支援機関が関係者との連絡調整その他の必要な措置を講じること（育成就労法51条1項）、③育成就労認定が取り消され、当該外国人が新たに育成就労の対象となることを希望する場合において、監理支援機関が当該希望を実現できるよう、関係者との連絡調整その他の必要な措置を講じること（育成就労法51条2項）、④外国人育成就労機構が、育成就労外国人等が育成就労の対象となること又は育成就労を継続することに資する業務を行うこと（育成就労法87条1項3号）が円滑に行われるよう、相互に連携を図りながら協力しなければなりません（育成就労法106条3項）。外国人育成就労機構は、この連携を図るため、公共職業安定所又は地方運輸局に対し、主務省令で定めるところにより必要な情報の提供を行います（育成就労法106条4項、87条1項3号ニ）。

第2　分野別協議会

分野所管行政機関の長（個別育成就労産業分野を所管する行政機関の長）は、当該分野所管行政機関の長及びその所管する個別育成就労産業分野に係る育成就労実施者又は監理支援機関を構成員とする団体その他の関係者により構成される協議会（分野別協議会）を組織することができます（育成就労法54条1項）。

分野別協議会は、その構成員が相互の連絡を図ることにより、育成就労の適正な実施及び育成就労外国人の保護に有用な情報を共有し、その構成員の連携の緊密化を図るとともに、個別育成就労産業分野の実情を踏まえた育成就労の適正な実施及び育成就労外国人の保護に資する取組みについて協議を行います（育成就労法54条3項）。

第3　地域協議会

地域において育成就労に関する事務を所掌する国の機関は、当該機関及び地方公共団体の機関その他の関係機関により構成される協議会（地域協議会）を組織することができます（育成就労法56条1項）。

地域協議会は、その構成員が相互の連絡を図ることにより、育成就労の適正な実施及び育成就労外国人の保護に有用な情報を共有し、その構成員の連携の緊密化を図るとともに、その地域の実情を踏まえた育成就労の適正な実施及び育成就労外国人の保護に資する取組みについて協議を行います（育成就労法56条3項）。

第5節　育成就労外国人に対する保護方策

第1　禁止行為

　育成就労法は、監理支援機関の許可制、育成就労計画の認定制、外国人育成就労機構や主務大臣による実地検査等の制度を設け、管理監督体制を強化することにより、育成就労外国人の保護を図っています。そのほか、以下のとおり禁止行為を定め、育成就労実施者若しくは監理支援機関又はこれらの役職員が違反する事実がある場合においては、育成就労外国人は、その事実を入管庁長官及び厚生労働大臣に申告することができるとしています（育成就労法49条1項）。また、この申告をしたことを理由として、育成就労外国人に対して不利益な取扱いをすることを禁止しています（育成就労法49条2項）。

1　暴力、脅迫、監禁等による育成就労の強制の禁止

　監理支援者又はその役職員が、暴行、脅迫、監禁その他精神又は身体の自由を不当に拘束する手段によって、育成就労外国人の意思に反して育成就労を強制することは禁止されています（育成就労法46条）。これに違反した場合には、罰則（1年以上10年以下の拘禁刑又は20万円以上300万円以下の罰金）の対象となります（育成就労法108条）。許可を受けた監理支援機関のほか、許可を受けずに監理支援を行う者も規制対象に含まれます。育成就労法46条ないし48条は、規制対象として、「監理支援機関」ではなく「監理支援を行う者（監理支援者）」と規定しているからです。

　育成就労法46条では育成就労実施者について触れられていませんが、使用者である育成就労実施者については、労働基準法5条（強制労働の禁止）の適用があります。違反した場合の罰則も、育成就労法と同じ法定刑となっています（労働基準法117条）。

2　育成就労に係る契約の不履行についての違約金等の禁止

　監理支援者又はその役職員が、育成就労外国人等（育成就労外国人又は育成就労の対象となろうとする外国人。以下同じ。）又はその配偶者、直系若しくは同居の親族その他育成就労外国人等と社会生活において密接な関係を有する者との間で、育成就労に係る契約の不履行について違約金を定め、又は損害賠償額を予定する契約をすることは禁止されています（育成就労法47条1項）。保証金の徴収は、育成就労法47条1項が禁止する「育成就労に係る契約の不履行について違約金を定め、又は損害賠償額を予定する契約」に該当するものであり、禁止されています。

　さらに、監理支援者又はその役職員が、育成就労外国人等に育成就労に係る契約に付随し

て貯蓄の契約をさせ、又は育成就労外国人等との間で貯蓄金を管理する契約をすることも禁止されています（育成就労法47条2項）。育成就労法47条1項又は2項に違反した場合には、罰則（6月以下の拘禁刑又は30万円以下の罰金）の対象となります（育成就労法111条4号）。許可を受けた監理支援機関のほか、許可を受けずに監理支援を行う者も規制対象に含まれます。

育成就労法47条では育成就労実施者について触れられていませんが、使用者である育成就労実施者については、労働基準法16条（賠償予定の禁止）及び18条（強制貯金）の適用があります。違反した場合の罰則も、育成就労法と同じ法定刑となっています（労働基準法119条1号）。

3　旅券や在留カードの保管の禁止

育成就労外国人の旅券・在留カードの保管や外出等の私生活の自由の制限は、育成就労外国人の国内における移動を制約することで育成就労実施者における業務従事の強制等の問題を引き起こし、育成就労外国人の自由意思に反した人権侵害行為を惹起するおそれがあり、こうした行為から育成就労外国人を保護することが必要です。

このため、育成就労実施者その他育成就労を行わせようとする者若しくは監理支援者又はこれらの役職員（育成就労関係者）が、育成就労外国人等の旅券や在留カードを保管することは禁止されています（育成就労法48条1項）。これに違反して、育成就労外国人等の意思に反して育成就労外国人等の旅券又は在留カードを保管した場合には、罰則（6月以下の拘禁刑又は30万円以下の罰金）の対象となります（育成就労法111条5号）。許可を受けずに監理支援を行う者や認定を受けずに育成就労を行わせようとする者も規制対象に含まれます。育成就労法48条1項及び2項は、規制対象として、「育成就労実習実施者」ではなく「育成就労実施者その他育成就労を行わせようとする者」と規定しているからです。

4　私生活の自由の不当な制限の禁止

育成就労実施者その他育成就労を行わせようとする者若しくは監理支援者又はこれらの役職員（育成就労関係者）が、育成就労外国人の外出その他の私生活の自由を不当に制限することは禁止されています（育成就労法48条2項）。これに違反して、育成就労外国人等に対し、解雇その他の労働関係上の不利益又は制裁金の徴収その他の財産上の不利益を示して、育成就労が行われる時間以外における他の者との通信若しくは面談又は外出の全部又は一部を禁止する旨を告知した場合には、罰則（6月以下の拘禁刑又は30万円以下の罰金）の対象となります（育成就労法111条6号）。許可を受けずに監理支援を行う者や認定を受けずに育成就労を行わせようとする者も、規制対象に含まれます。

第2編　第1章　育成就労法の概要　　273

第2　相談・支援体制

1　相談、情報提供、助言その他の援助

　入管庁長官及び厚生労働大臣並びに外国人育成就労機構は、育成就労の適正な実施及び育成就労外国人の保護を図るために育成就労外国人からの相談に応じ、必要な情報の提供、助言その他の援助を行います（育成就労法50条2項、87条1項1号ロ、2号、3号イ）。

　また、外国人育成就労機構は、育成就労外国人等が育成就労の対象となること又は育成就労を継続することに資する業務として、職業紹介をすることが必要な場合において、求人及び求職の申込みを受け、求人者と求職者との間における育成就労に係る雇用関係の成立をあっせんすること（機構実施職業紹介事業）も行います（育成就労法87条1項3号ハ、87条の2第1項）。

2　育成就労実施者の変更（転籍）の支援

（1）　育成就労を行わせることが困難となった場合及び育成就労認定が取り消された場合

　育成就労法は、育成就労実施者及び監理支援機関に対し、育成就労を行わせることが困難となった場合の通知・届出義務（育成就労法19条、33条）及び育成就労継続に関する対応義務（育成就労法51条）を課しています。即ち、育成就労実施者及び監理支援機関は、育成就労を行わせることが困難となった場合の通知・届出をしようとするときは、引き続き育成就労を継続することを希望する育成就労外国人が育成就労を継続することができるよう、他の育成就労実施者又は監理支援機関その他関係者との連絡調整その他の必要な措置を講じなければなりません（育成就労法51条1項）。

　また、監理支援機関は、育成就労認定が取り消された場合において、当該外国人が新たに育成就労の対象となることを希望するときは、当該外国人が新たに育成就労の対象となることができるよう、他の育成就労実施者又は監理支援機関その他関係者との連絡調整その他の必要な措置を講じなければなりません（育成就労法51条2項）。

　そして、入管庁長官及び厚生労働大臣は、上記の各措置の円滑な実施のためその他必要があるときは、育成就労実施者、監理支援機関その他関係者に対する必要な指導及び助言を行うことができます（育成就労法51条3項）。

　また、外国人育成就労機構が、育成就労外国人からの相談に対応し、保有情報を活用しながら、転籍先の調整やあっせんも含む支援を実施します（育成就労法87条1項2号、3号、5号）。

（2）　育成就労外国人が、育成就労実施者の変更（転籍）を希望する場合

　上記第2節第3　3（1）のとおり、育成就労外国人は、育成就労実施者の変更（転籍）を希望するときは、主務省令で定めるところにより、書面をもって、育成就労実施者の変更を

希望する旨を、①育成就労実施者若しくは②監理支援機関又は③入管庁長官及び厚生労働大臣（単独型にあっては、①育成就労実施者又は②入管庁長官及び厚生労働大臣）のいずれかに申し出ることができます（育成就労法8条の2第1項）。なお、入管庁長官及び厚生労働大臣は、外国人育成就労機構に、上記の申出に係る事務を行わせることができます（育成就労法8条の3第1項）。

そして、上記第2節第3　4のとおり、転籍希望の申出があった場合の連絡調整等として、外国人育成就労機構は、育成就労実施者の変更（転籍）の希望の申出に係る育成就労外国人が他の育成就労実施者の育成就労の対象となること等により育成就労の継続が可能となるよう、当該育成就労外国人からの相談に応じ、必要な情報の提供、助言、職業紹介その他の援助を行わなければなりません（育成就労法8条の4第3項）。また、監理支援機関は、育成就労実施者の変更（転籍）の希望の申出又は通知を受けたときは、当該申出又は通知に係る育成就労外国人が他の育成就労実施者の育成就労の対象となること等により育成就労の継続が可能となるよう、他の育成就労実施者又は監理支援機関その他関係者との連絡調整、職業紹介その他の必要な措置を講じなければなりません（育成就労法8条の4第5項）。

入管庁長官及び厚生労働大臣は、上記の監理支援機関による措置（育成就労法8条の4第5項）の円滑な実施のためその他必要があるときは、育成就労実施者、監理支援機関その他関係者に対する必要な指導及び助言を行うことができます（育成就労法51条3項）。

3　法違反事実の入管庁長官及び厚生労働大臣への申告権

育成就労実施者若しくは監理支援機関又はこれらの役職員に育成就労法令違反事実がある場合は、育成就労外国人は、入管庁長官及び厚生労働大臣に申告できます（育成就労法49条1項）。

育成就労実施者若しくは監理支援機関又はこれらの役職員は、申告を理由として育成就労の中止その他不利益取扱いをしてはならず（育成就労法49条2項）、この違反に対する罰則（6月以下の拘禁刑又は30万円以下の罰金）が規定されています（育成就労法111条7号）。

第3　罰則の整備

育成就労法は、育成就労の適正な実施及び育成就労外国人の保護（育成就労法1条）を図るために、以下のとおり罰則を設けています。

1　育成就労外国人の保護を図るための罰則

育成就労法は、育成就労外国人の保護を図るために、次のとおり、監理支援機関及び育成就労実施者に対する罰則を整備しています。また、法人の代表者又は法人若しくは人の代理人、使用人その他の従業者が、その法人又は人の業務に関して、罰則の対象となる違反行為をしたときは、行為者を罰するほか、その法人又は人に対しても、各本条の罰金刑を科する

こととしています（両罰規定）（育成就労法113条）。

　なお、罰則の対象とはならなくても、禁止されている行為もあることに留意する必要があります。

●育成就労外国人の保護を図るための罰則一覧

法定刑	監理支援機関役職員を対象とする構成要件	育成就労実施者役職員を対象とする構成要件	罰則に対応する禁止行為
1年以上10年以下の拘禁刑又は20万円以上300万円以下の罰金	①　〔育成就労強制罪〕 　暴行、脅迫、監禁その他精神又は身体の自由を不当に拘束する手段によって、育成就労外国人の意思に反して育成就労を強制する行為（育成就労法108条、46条） ※許可を受けずに監理支援を行う者も対象	労働基準法に同様の規定あり（労働基準法117条、5条）	禁止行為の内容は、①の構成要件と同じ
6月以下の拘禁刑又は30万円以下の罰金	②　〔賠償予定罪〕 　育成就労外国人等又はその配偶者、直系若しくは同居の親族その他育成就労外国人等と社会生活において密接な関係を有する者との間で、育成就労に係る契約の不履行について違約金を定め、又は損害賠償額を予定する契約をする行為（育成就労法111条4号、47条1項） ※許可を受けずに監理支援を行う者も対象 ③　〔強制貯金罪〕 　育成就労外国人等に育成就労に係る契約に付随して貯蓄の契約をさせ、又は育成就労外国人等との間で貯蓄金を管理する契約をする行為（育成就労法111条4号、47条2項） ※許可を受けずに監理支援を行う者も対象	労働基準法に同様の規定あり（労働基準法119条1号、16条、18条1項）	禁止行為の内容は、②又は③の構成要件と同じ

④ 〔旅券等保管罪〕 　育成就労外国人等の意思に反して、旅券又は在留カードを保管する行為（育成就労法111条5号、48条1項） ※許可を受けずに監理支援を行う者及び（育成就労実施者以外の）育成就労を行わせようとする者も対象	育成就労外国人等の意思に反しないで旅券又は在留カードを保管する行為は、罰則の対象ではないが禁止（育成就労法48条1項）
⑤ 〔通信等禁止告知罪〕 　育成就労外国人等に対し、労働関係上の不利益又は財産上の不利益を示して、育成就労が行われる時間以外における他の者との通信若しくは面談又は外出の全部又は一部を禁止する旨を告知する行為（育成就労法111条6号、48条2項） ※許可を受けずに監理支援を行う者及び（育成就労実施者以外の）育成就労を行わせようとする者も対象	⑤の構成要件に該当する行為以外でも、育成就労外国人等の外出その他の私生活の自由を不当に制限する行為は、禁止（育成就労法48条2項）
⑥ 〔申告不利益取扱罪〕 　育成就労法令違反事実を入管庁長官及び厚生労働大臣に申告したことを理由として、育成就労外国人に対して育成就労の中止その他不利益な取扱いをする行為（育成就労法111条7号、49条2項）	禁止行為の内容は、⑥の構成要件と同じ（育成就労法49条2項）

2　育成就労の適正な実施を図るための罰則

　育成就労法は、育成就労の適正な実施を図るために、次のとおり、監理支援機関及び育成就労実施者等に対する罰則を整備しています（外国人育成就労機構、分野別協議会及び地域協議会に係る規定は除いています。）。また、法人の代表者又は法人若しくは人の代理人、使用人その他の従業者が、その法人又は人の業務に関して、罰則の対象となる違反行為をしたときは、行為者を罰するほか、その法人又は人に対しても、各本条の罰金刑を科することとしています（両罰規定）（育成就労法113条）。

第2編　第1章　育成就労法の概要　　277

●育成就労の適正な実施を図るための罰則一覧（「法」は育成就労法を指す。）

罰則適用条項	構成要件	法定刑	罰則規定
法8条の2第2項、6項、7項 （育成就労実施者の変更の希望の申出に係る入管庁長官及び厚生労働大臣への届出）	単独型育成就労実施者又は監理支援機関が、育成就労実施者の変更（転籍）の希望の申出について、入管庁長官及び厚生労働大臣への届出をせず、又は虚偽の届出をする行為	30万円以下の罰金	法112条1項1号
法8条の2第3項、4項、5項 （育成就労実施者の変更の希望の申出に係る監理支援機関、密接関係法人育成就労を共同して行わせている他の育成就労実施者又は労働者派遣等監理型育成就労を共同して行わせている他の育成就労実施者への通知）	育成就労実施者が、育成就労実施者の変更（転籍）の希望の申出について、監理支援機関、密接関係法人育成就労を共同して行わせている他の育成就労実施者又は労働者派遣等監理型育成就労を共同して行わせている他の育成就労実施者への通知をせず、又は虚偽の通知をする行為	30万円以下の罰金	法112条1項2号

法13条1項 （育成就労実施者等、監理支援機関等又はこれらの役職員等に対する報告徴収等）	育成就労実施者等、監理支援機関等又はこれらの役職員等が、法13条1項の規定による報告若しくは帳簿書類の提出若しくは提示をせず、若しくは虚偽の報告若しくは虚偽の帳簿書類の提出若しくは提示をし、又はこれらの規定による質問に対して答弁をせず、若しくは虚偽の答弁をし、若しくはこれらの規定による検査を拒み、妨げ、若しくは忌避する行為	30万円以下の罰金	法112条1項3号
法15条1項 （育成就労実施者に対する改善命令）	育成就労実施者が、法15条1項の規定による改善命令に違反する行為	6月以下の拘禁刑又は30万円以下の罰金	法111条1号
法17条 （育成就労実施者による実施の届出）	育成就労実施者が、初めて育成就労を行わせたとき、その開始後遅滞なく、実施の届出をせず、又は虚偽の届出をする行為	30万円以下の罰金	法112条1項4号
法19条1項、3項 （単独型育成就労実施者による育成就労を行わせることが困難となった場合の届出）	単独型育成就労実施者（密接関係法人育成就労である場合は共同して行わせている育成就労実施者の全員）が、育成就労を行わせることが困難となったとき、遅滞なく、入管庁長官及び厚生労働大臣に届出をせず、又は虚偽の届出をする行為	30万円以下の罰金	法112条1項5号
法19条2項、3項、4項 （監理型育成就労実施者による育成就労を行わせることが困難となった場合の通	監理型育成就労実施者（密接関係法人育成就労である場合は共同して行わせている育成就労実施者の全員。労働者派遣等監理型育成就労である場合は本邦の派遣元事業主等）が、育成就労を行わせることが困難となったとき、遅滞なく、監理支援機関に通知をせず、又は虚偽の通知をする行為 労働者派遣等監理型育成就労実施者が、育成就労を行わせることが困難となったとき、遅滞なく、	30万円以下の罰金	法112条1項6号

知)	共同して行わせている他の育成就労実施者に通知をせず、又は虚偽の通知をする行為		
法20条1項、2項 （育成就労実施者による帳簿の作成・備付け）	育成就労実施者が、法20条1項の規定に違反して帳簿を作成せず、若しくは事業所に備えて置かず、又は虚偽の帳簿書類を作成する行為 労働者派遣等監理型育成就労である場合において、本邦の派遣元事業主等が、法20条2項の規定に違反して帳簿を作成せず、若しくは育成就労に関する業務を行う事業所に備えて置かず、又は虚偽の帳簿書類を作成する行為	30万円以下の罰金	法112条1項7号
法23条1項 （監理支援機関の許可）	監理支援機関の許可を受けないで、監理支援事業を行う行為	1年以下の拘禁刑又は100万円以下の罰金	法109条1号
法23条1項、31条2項 （監理支援機関の許可、許可の有効期間の更新）	偽りその他不正の行為により、監理支援機関の許可又は許可の有効期間の更新を受ける行為	1年以下の拘禁刑又は100万円以下の罰金	法109条2号
法23条2項（31条5項において準用する場合を含む。）、23条3項（31条5項において準用する場合を含む。） （監理支援機関の許可に係る申請書及び添付書類）	監理支援機関の許可又は許可の有効期間の更新に係る申請書又は添付書類であって虚偽の記載のあるものを提出する行為	30万円以下の罰金	法112条1項8号

法28条1項（監理支援費）	監理支援機関が、法28条1項の規定に違反して、監理支援事業に関し、法28条2項で許容される監理支援費以外の手数料又は報酬を受ける行為	6月以下の拘禁刑又は30万円以下の罰金	法111条2号
法32条1項（監理支援機関による変更の届出）	監理支援機関が、法23条2項各号に掲げる事項に変更があったとき、変更日から1月以内に、入管庁長官及び厚生労働大臣に届出をせず、若しくは虚偽の届出をし、又は監理支援事業を行う事業所の新設に係る添付書類であって虚偽の記載のあるものを提出する行為	30万円以下の罰金	法112条1項9号
法33条1項（監理支援機関による育成就労の実施が困難となった場合の届出）	監理支援機関が、育成就労実施者が育成就労を行わせることが困難になったと認めるとき、遅滞なく、入管庁長官及び厚生労働大臣に届出をせず、又は虚偽の届出をする行為	30万円以下の罰金	法112条1項10号
法34条1項（監理支援機関の事業の休廃止）	監理支援機関が、監理支援事業を廃止し、又はその全部若しくは一部を休止しようとするとき、その廃止又は休止の日の1月前までに、入管庁長官及び厚生労働大臣への届出をしないで、又は虚偽の届出をして、監理支援事業を廃止し、又はその全部若しくは一部を休止する行為	30万円以下の罰金	法112条1項11号
法35条1項（監理支援機関等、監理型育成就労実施者等又はこれらの役職員等に対する報告徴収等）	監理支援機関等、監理型育成就労実施者等又はこれらの役職員等が、法35条1項の規定による報告若しくは帳簿書類の提出若しくは提示をせず、若しくは虚偽の報告若しくは虚偽の帳簿書類の提出若しくは提示をし、又はこれらの規定による質問に対して答弁をせず、若しくは虚偽の答弁をし、若しくはこれらの規定による検査を拒み、妨げ、若しくは忌避する行為	30万円以下の罰金	法112条1項3号
法36条1項（監理支援機関に対する改	監理支援機関が、法36条1項の規定による改善命令に違反する行為	6月以下の拘禁刑又は30万円以下	法111条3号

善命令）		の罰金	
法37条2項 （監理支援機関に対する事業停止命令）	監理支援機関が、法37条2項の規定による事業停止命令に違反する行為	1年以下の拘禁刑又は100万円以下の罰金	法109条3号
法38条 （監理支援機関による名義貸し）	監理支援機関が、自己の名義をもって、他人に監理支援事業を行わせる行為	1年以下の拘禁刑又は100万円以下の罰金	法109条4号
法40条1項 （監理支援責任者の設置）	監理支援機関が、監理支援事業を行う事業所ごとに監理支援責任者を選任しない行為	30万円以下の罰金	法112条1項12号
法41条 （監理支援機関による帳簿の作成・備付け）	監理支援機関が、法41条の規定に違反して帳簿を作成せず、若しくは事業所に備えて置かず、又は虚偽の帳簿書類を作成する行為	30万円以下の罰金	法112条1項13号
法44条 （監理支援機関の役職員又は役職員であった者の秘密保持義務）	監理支援機関の役職員又は役職員であった者が、正当な理由なく、その業務に関して知ることができた秘密を漏らし、又は盗用する行為	1年以下の拘禁刑又は50万円以下の罰金	法110条1項

第2章　技能実習に関する経過措置

第1節　育成就労法施行の際現に行っている技能実習

　育成就労法施行日前に実習認定を受けた技能実習計画に基づいて育成就労法施行の際現に行っている技能実習については、なお従前の例によります（育成就労法附則9条1項）。また、これによりなお従前の例によることとされた技能実習に係る技能実習計画の変更及び当該変更された技能実習計画に基づく技能実習についても、なお従前の例によります（育成就労法附則9条4項）。

第2節　育成就労法施行日前にされた実習認定申請に係る認定及び当該認定に基づく技能実習

　育成就労法施行日前にされた実習認定申請（当該申請に係る技能実習計画に基づく技能実習の期間の始期が育成就労法施行日から起算して3月を経過する日までのものに限ります。）に係る認定及び当該認定を受けた技能実習計画に基づいて行う技能実習については、なお従前の例によります（育成就労法附則9条2項）。また、これによりなお従前の例によることとされた技能実習に係る技能実習計画の変更及び当該変更された技能実習計画に基づく技能実習についても、なお従前の例によります（育成就労法附則9条4項）。

第3節　従前の例によることとされた技能実習の修了者に係る実習認定申請に係る認定及び当該認定に基づく技能実習

　上記第1節（育成就労法附則9条1項）及び第2節（育成就労法附則9条2項）のとおりなお従前の例によることとされた技能実習を修了した者のうち、①第1号技能実習を修了した者及び②第2号技能実習を修了した者であって、引き続き技能実習を行わせることが適当である者として主務省令で定めるものに技能実習を行わせようとする者からされた実習認定申請に係る認定及び当該認定を受けた技能実習計画に基づいて行う技能実習については、なお従前の例によります（育成就労法附則9条3項）。また、これによりなお従前の例によることとされた技能実習に係る技能実習計画の変更及び当該変更された技能実習計画に基づく技能実習についても、なお従前の例によります（育成就労法附則9条4項）。

索 引

284

事 項 索 引

【あ】

	ページ
あいさつを交わす行為	13
アイスホッケー	17
握手	13
アナウンサー	11

【い】

育成就労	
——実施の届出	255
——の強制の禁止	271
「——」の在留資格の創設	171
「——」の在留資格を有する者でなくなったことによる場合の認定基準	250
——の実施が困難となった場合の届出	280
——の対象でなくなった外国人を対象として新たに育成就労を行わせる場合の認定基準	249
——を行わせることが困難となった場合の通知	278
——を行わせることが困難となった場合の届出	278
育成就労認定が取り消されたこと又は「——」の在留資格を有する者でなくなったことにより育成就労の対象者でなくなった外国人を対象として新たに育成就労を行わせようとする場合	243
在留資格「——」	235
育成就労外国人	236
——に対する保護方策	271
転籍希望の申出をした——を対象として新たに育成就労を行わせようとする場合	243
転籍希望の申出をした——を対象として新たに育成就労を行わせる場合の認定基準	247
育成就労強制罪	275

育成就労計画	241
——認定の欠格事由	244
——の原則的な認定基準	242
——の認定制度	241
——の認定要件	242
——の変更	253
——の変更認定	254
——の例外的な認定基準	243
転籍時に求められる新たな——の認定	247
育成就労計画軽微変更届出	255
育成就労産業分野	235
育成就労実施困難時届出	255, 266
育成就労実施者	237, 241
——と密接な関係を有する役職員の業務制限	264
——に対する処分等	256
——の帳簿書類の作成、備置き	254
——の届出、報告	255
——の変更	246
——の変更（転籍）の支援	273
——の変更の希望の申出	277
育成就労職業紹介事業	260
育成就労制度	235
育成就労政府基本方針	240
育成就労認定	
——が取り消されたことによる場合の認定基準	249
——が取り消されたこと又は「育成就労」の在留資格を有する者でなくなったことにより育成就労の対象者でなくなった外国人を対象として新たに育成就労を行わせようとする場合	243
——の再開	254
——の停止	254
——の取消し	257
育成就労認定取消事由該当事実に係る報告	255

育成就労分野別運用方針	240	永住者		
育成就労法	235	——に係る在留資格取消事由の追加	173	
委託先の限定	173	——の在留資格の取消しに伴う職権		
1号特定技能外国人に対する義務的支援	173	による在留資格の変更	176	
一時出国許可	138	営利を目的としない本邦の公私の機関		
——の取消し	139	が運営する施設	34	
一時庇護上陸許可の対象者の追加	89	FGM	65,67	
違反事件の引継ぎ	97	演劇、演芸、歌謡、舞踊又は演奏	10	
違反事実の申告	271	演劇等	10	
違約金	271	——が行われる施設	40	
イラン・イスラム共和国	136	——の興行に係る活動	10,22,26	
因果関係	69	——の興行に係る活動以外の興行に		
飲食料品製造業分野における受入事業		係る活動	22,44	
所の追加	179	演出家	14	
インターネット				
——上での活動実績や知名度	19			
——上での芸能活動	46	**【お】**		
——上の配信	46			
商品又は事業の宣伝を——上で行う		オーケストラ	11	
こと	46	大相撲力士	17	
		屋外の施設	34	
		踊り場	42	
【う】		親会社	242	
		音楽学校	32	
運営機関	41,43			
		【か】		
【え】		会員制クラブ	41	
		外貨		
映画		——により支払われる場合	40	
——の製作に係る活動	45,46	報酬が——により支払われる場合	40	
——の宣伝	46	外国		
映画監督	19,45	——の教育機関	37	
営業所の床面積	42	——の製品等の実演を行う活動	46	
永住許可		——の民族料理を提供する飲食店	38	
——制度の適正化	173	取引上密接な関係を有する——の公		
——要件（国益適合要件）の明確化	173	私の機関	237,259	
——要件の緩和	89	外国語によるCD等への録音（吹き込み）	47	
		外国人育成就労機構	269	

外国人雇用状況の届出	78, 102
外国人留学生キャリア形成促進プログラム	158
——の認定	157
解除事由	125
改善命令	257, 268 278, 280
該当条項	53
外部監査人	262
外部交通	146
画家	46
学位	4
隔離	144
過去に提出された経歴に係る書類との矛盾	19
歌手	46
高額の報酬を受け、かつ、短期間我が国に滞在して行う著名な——等の興行	32, 35
加重逃走罪	137
家族帯同	173
活動の状況の届出	79
カメラマン	19
仮滞在期間	
——が経過するまでの間の退去強制手続の停止	87
——の終期の到来	79
仮滞在許可を受けていない者及び——が経過することになった者に係る退去強制令書に基づく送還の停止	87
仮滞在許可	76, 87
——の取消し	81
——を受けた外国人に禁止される活動	78
——を受けた在留資格未取得外国人の在留資格の取得	80
——を受けていない者及び仮滞在期間が経過することになった者に係る退去強制令書に基づく送還の停止	87
仮滞在許可書	79
仮放免	113
——の要件	113

仮放免期間の延長	115
仮放免許可書	114
——の常時携帯・提示義務	114
仮放免されている者	
収容されている者又は——以外の者に対する監理措置の決定	106
収容されている者又は——に対する監理措置の決定	106
関係行政機関への通報	265
監査	264
監査官	143
——に対する苦情の申出	151
監査報告	266
監督	46
監理	259
監理型育成就労	237, 258
監理型育成就労外国人	236
監理型育成就労実施者	241
監理支援	237, 259
監理支援機関	237, 258
——に係る許可制	260
——に対する処分	267
——による変更の届出	280
——の許可基準	262
——の許可要件	262
——の事業の休廃止	280
——の遵守事項	264
——の帳簿書類の作成、備置き	266
——の報告、届出	266
優良な——	261
監理支援機関の許可	260, 279
——に係る申請書及び添付書類	279
——の区分	261
——の欠格事由	263
——の更新	261
——の条件	262
——の条件の解除の申出	262
——の取消し	268
——の有効期間	261

監理支援責任者	265
——による指示	265
——による指導	265
——の設置	281
監理支援費	267,280
監理措置	93
収容されている者又は仮放免されている者以外の者に対する——の決定	106
収容されている者又は仮放免されている者に対する——の決定	106
監理措置決定	94,106
——の失効	105,112
——の取消し	104,111
——の要否の検討	133
——を取り消した場合の収容等の手続	104,112
監理措置決定通知書	
——の常時携帯及び提示義務	103,111
監理措置条件	94,97 106,107
監理措置制度と全件収容主義との関係	112
監理人	98,108
——の辞任	100,110
——の責務	98,108
——の選定	100,110
——の選定取消し	100,110
——の届出義務	98,109
——の報告義務	99,110
関連性要件	158

【き】

「企業内転勤2号」の在留資格の創設	172
機構実施職業紹介事業	261,273
帰国等保証金	139
技術者	46
技術・人文知識・国際業務	
「興行」と「——」との関係	11
基準適合性	242

季節的業務	237
技能実習制度	235
「技能実習」の在留資格の廃止	171
規範的要素	52
義務的支援	173
客席において飲食物を有償で提供	34
客席部分の収容人員が100人以上である施設	34
客の接待をしない施設	34
脚本家	46
キャディー	15
教育的な活動に基づく興行	32
供述	
——内容の具体性・詳細性	74
——の一部に疑義がある場合	74
——の一貫性・変遷	73
——の信憑性評価	72
強制結婚	65
強制貯金	272
強制貯金罪	275
行政手続法	84,257
——及び行政不服審査法の適用	269
行政不服審査法	150,151 257
行政手続法及び——の適用	269
強制労働の禁止	271
許可基準	262
許可証	260
許可証書換申請	
変更届出及び——	266
許可取消事由該当事実に係る報告	267
許可内容変更申請	102
許可の取消し	268
規律及び秩序	
——の維持	144
——を維持するための措置の限度	144
禁止行為	271,275

【く】

苦情の申出	151
クラブチーム	17
軍務	57

【け】

経営・管理	
「興行」と「──」との関係	11
経過措置	282
芸術	
「興行」と「──」との関係	11
芸能活動	45
芸能活動関係者	19
芸能人	46
軽微な変更	253
経歴に係る書類	
過去に提出された──との矛盾	19
ゲームの大会	44
劇作家	14
欠格事由	242,244
	263
欠格事由非該当性	242
健康状態の配慮	116
健康診断	143
現実的な危険	59
原則収容主義	113

【こ】

公演状況の常態的把握	30
公演日程	42
公演を行うオーケストラ	11
高額の報酬を受け、かつ、短期間我が国に滞在して行う著名な歌手等の興行	32,35

効果的な保護	70
興行	
「──」と「技術・人文知識・国際業務」との関係	11
「──」と「経営・管理」との関係	11
「──」と「芸術」との関係	11
「──」と「特定活動」（特定活動告示6号）との区別	16
「──」と「報道」との関係	11
──に係る活動	10,12
──に係る活動以外の芸能活動	10,22,45
──に係る業務を適正に遂行する能力	29
──に直接関係する活動以外の活動	12
──を個人事業として行う外国人	11
──を事業として行う企業を経営する外国人	11
公的機関が主催する──	32
公的機関の資金援助がある──	32
興行関係者	14
興行契約機関	28,39
──及び出演施設の適格性	19
──の実態	19
興行契約の内容	40
公共職業安定所・地方運輸局との相互連携	270
工業製品製造業分野	178
興行主	11
広告収入	46
公示	257,258
	268,269
講習	237
控除	40
公租公課	
──の支払	173
故意に──の支払をしないこと	174
公的機関	
──が主催する興行	32
──の資金援助がある興行	32
高等専門学校	157

行動範囲拡大			
——の許可申請	95,114		
行動範囲の制限	95		
高度学術研究活動	4		
高度経営・管理活動	4		
高度専門・技術活動	4		
高度専門士	157		
拷問	83		
拷問等禁止条約	83		
合理性のテスト	62		
合理的な疑いを容れない程度の証明	74		
コーチ	14		
子会社	242		
国際人権文書	76		
国際スポーツ大会	17		
国際的保護に関するガイドライン	76		
国際連合難民高等弁務官事務所その他の国際機関が保護の必要性を認めた者	89		
国籍	64		
国籍国等の外にいる	70		
国籍国の保護	70		
国内避難可能性	59		
国民健康保険			
——の適用関係	108		
被監理者の——の適用関係	108		
国連難民高等弁務官事務所	56,76		
個人競技	17,18		
個人参加	18		
個人情報の管理	266		
個人番号カード	166		
個別的な認知（把握）	59		
雇用関係の成立のあっせん	259,261		
ゴルフトーナメント			
——に出場するプロ選手	17		
コンサートホール	32		
コンテスト	44		

【さ】

サーカス	14,44
再審査の申請	150
再入国許可書	85
再発防止のため必要な措置	150
財務状況	29
在留カード	
——とマイナンバーカードの一体化	166
——の券面記載事項の変更	166
——の提示義務に含まれる内容の明確化	170
——の保管の禁止	272
——の有効期間の変更	166
在留カード電磁的記録	166,170
在留資格	
——「育成就労」	235
——「興行」に係る上陸許可基準	9
育成就労認定が取り消されたこと又は「育成就労」の——を有する者でなくなったことにより育成就労の対象者でなくなった外国人を対象として新たに育成就労を行わせようとする場合	243
「育成就労」の——を有する者でなくなったことによる場合の認定基準	250
永住者の——の取消しに伴う職権による——の変更	176
仮滞在許可を受けた在留資格未取得外国人の——の取得	80
「企業内転勤2号」の——の創設	172
「技能実習」の——の廃止	171
職権による——の変更	176
日系4世の「定住者」への——変更	154
補完的保護対象者認定を受けた者の——の取消し	88
在留資格取消事由に係る通報制度の創設	177
在留資格未取得外国人	76
仮滞在許可を受けた——の在留資格の取得	80

在留特別許可	116
——に係る申請権の教示	123
——に係る申請権の保障	123
——の要件	117
在留特別許可申請をしない場合等における退去強制令書の発付	123
在留特別許可手続	
難民認定手続と——の分離	81
在留特別許可に係るガイドライン	118
サッカー	16
３回目の難民認定申請	127
残虐な刑罰	83

【し】

CD、BD、DVD等への録音・録画	47
恣意的・差別的な訴追や処罰	56
J-Skip	3
J-Find	6
J-LIS（地方公共団体情報システム機構）	168
ジェンダー	66
事業休止届出	267
事業再開届出	267
事業停止命令	268,281
事業廃止届出	267
事業報告	266
自己都合（本人意向）による転籍	247
事実の申告	150
事実の調査権限に含まれる内容の明確化	170
私生活の自由の不当な制限の禁止	272
施設	
営利を目的としない本邦の公私の機関が運営する——	34
演劇等が行われる——	40
屋外の——	34
客席部分の収容人員が100人以上である——	34
客の接待をしない——	34
スタンディングで100人以上収容できる——	35

実業団チーム	16,17
失効	169
実施状況報告	256
実施の届出	278
実地監査	143
実地検査	256
指定期間	138
指定期間内不帰国	139
指定住居変更許可申請	95,114
自動車運送業分野	178
自費出国の許可	131
社会認知アプローチ	68
社交員名簿	42
写真家	46
宗教	63
——上の行為	143
従業員の数が５名以上	43
修士号以上の学位	4
終止条項	53
自由の侵害又は抑圧	56
十分に理由のある恐怖	58
収容されている者	
——又は仮放免されている者以外の者に対する監理措置の決定	106
——又は仮放免されている者に対する監理措置の決定	106
収容人員	34
収容等の手続	
監理措置決定を取り消した場合の——	104,112
収容の開始の際の事情聴取	143
収容令書	
——の発付に代わる監理措置の決定	94
——又は退去強制令書によって身柄を拘束されている者で逃走したもの	137
——を発付された容疑者等に対する監理措置の決定	96
収令監理措置	94
取材その他の報道上の活動	11

出演施設	
——の舞台	42
——を運営する機関	41,43
興行契約機関及び——の適格性	19
出演者用の控室	42
出国意思確認書	92
出国確認の留保	141
出国許可	138
出国禁止命令	140
出国制限制度	137
出国制限対象者	141
——に対する不法残留罪及び不法在留罪の適用	142
——による条件の遵守状況等の届出	141
——の不法就労罪	142
出国制限対象者条件指定書	141
出国命令	92
——の対象者の類型の追加	92
出身国情報	74,76
出入国在留管理上の優遇措置	5
遵守事項	144
商業用写真の撮影に係る活動	45,47
商業用のレコード、ビデオテープその他の記録媒体に録音又は録画を行う活動	45,47
賞金	44
条件の遵守状況等の届出	141
商品又は事業の宣伝に係る活動	45
商品又は事業の宣伝をインターネット上で行うこと	46
情報へのアクセスに関する武器の対等	76
照明係	14
上陸拒否期間	92
上陸拒否期間を1年とする旨の決定	131
除外条項	53
職員の常勤性	19
処遇の原則	142
職業安定法の特例	260
女性器切除	65
職権による在留資格の変更	176
親権者の同意	19
人権の重大な侵害	56
申告	271

申告不利益取扱罪	276
審査請求	88,257
	269
審査の申請	149
人種	63
信書	148
——の検査	148
——の内容による差止め	148
申請内容の信憑性	19
進捗状況の報告	133
人道配慮による在留特別許可	83
信憑性評価	72
診療	144

【す】

スタンディングで100人以上収容できる施設	35
スポーツ選手	16
スポーツの試合	44

【せ】

生活及び行動についての指示	144
製作者	46
政治的意見	66
制止等の措置	145
性的マイノリティ	65
政府基本方針	240
是正指示	265
接客	12
接待	12
セレモニーへの参加	46
船員職業安定法上の許可	260
船員職業安定法の特例	260
船員派遣	237
船員派遣元事業主	237
全件収容主義	112
専攻科目と従事しようとする業務の関連性	158

専属キャディー	15
選択的・部分的兵役拒否	58
専門学校	157

【そ】

送還先からの除外	89
送還先国	131
送還先指定部分	127
送還するために必要な行為	134
送還停止効	87,124
——の解除事由	125
——の例外	87,124
——の例外規定と人権諸条約との関係	128
総合格闘技選手	17
造船・舶用工業分野における業務区分の再編	178
相談・支援体制	273
相当の理由がある資料を提出した者	126
即売会	46
その他送還するために必要な行為	134
その他の芸能活動	10,18
損害賠償額を予定する契約	271

【た】

退去	
——のための計画	133
——の命令	136
——の命令違反罪	137
——の命令により退去させられた者の取扱い	137
——の命令の効力停止	136
退去強制手続	
——に係る改正	91
——の停止	87
仮滞在期間が経過するまでの間の——の停止	87

退去強制令書	
——の執行停止	141
——の発付後の収容に代わる監理措置	105
——の発付前の収容に代わる監理措置	94
仮滞在許可を受けていない者及び仮滞在期間が経過することになった者に係る——に基づく送還の停止	87
収容令書又は——によって身柄を拘束されている者で逃走したもの	137
代表チーム	17,18
退令監理措置	105
短期大学	157
単純出国	250
ダンス選手権	44
団体競技	17
単独型育成就労	236
単独型育成就労外国人	236
単独型育成就労実施者	241
単独室への収容	145

【ち】

地域協議会	270
チェス大会	44
秩序	
規律及び——の維持	144
規律及び——を維持するための措置の限度	144
チップをもらう行為	13
地方運輸局・公共職業安定所との相互連携	270
地方公共団体情報システム機構（J-LIS）	168
中核的事実	73
徴兵	57
帳簿書類	254,266
帳簿の作成・備付け	279,281
聴聞	257,269
貯蓄金を管理する契約	272

貯蓄の契約	272

【つ】

通常人	56
通信	
電話等による――	149
通信等禁止告知罪	276
通報	177,266

【て】

定住者	
日系4世の「――」への在留資格変更	154
ディナーショー	35
DVD等に録画されて販売される映画	46
テーマパーク	32,33
デザイナー	19,45
デジタルノマド	160
手錠の使用	145
鉄道分野	178
テレビ番組	46
――の製作者	19
展示会	46
電磁的記録	170
転籍	246
――の類型	246
「やむを得ない事情」がある――	247
転籍希望の申出	246,251 277
――があった場合の連絡調整等	252
――をした育成就労外国人を対象として新たに育成就労を行わせようとする場合	243
――をした育成就労外国人を対象として新たに育成就労を行わせる場合の認定基準	247

転籍時に求められる新たな育成就労計画の認定	247
天引き	40
電話等による通信	149

【と】

動画として配信される映画	46
動画の製作	46
同性愛	64,67
逃走罪	137
動物飼育員	14
逃亡罪	97,108 116
登録支援機関	173
特殊法人	32
特定活動	
「興行」と「――」（特定活動告示6号）との区別	16
特定活動告示46号	156
特定技能外国人からの相談に応じ、必要な情報の提供、助言その他の援助を行う業務	269
特定技能制度の適正化	173
「特定技能2号」の対象分野拡大	215
特定在留カード	166,167
――・特定特別永住者証明書の失効及び返納	169
――の交付	168
――の交付申請	167
――の作成	168
特定産業分野	235
――及び業務区分等の追加	178
特定特別永住者証明書	169
特定在留カード・――の失効及び返納	169
特定の社会的集団の構成員	64
特別永住者	169
特別高度人材	3
――の優遇措置	5

特別高度人材証明書	5
途中から始めた供述	73
届出	266
取引上密接な関係を有する外国の公私の機関	237, 259
トレーナー	14

【な】

内戦	83
難民	
——に該当するための時間的制限	53
——に該当するための地理的制限	53
——に関する取扱いに準じた取扱い	85
——の定義	52
難民該当性	52
難民該当性判断の手引	53
難民認定基準ハンドブック	56, 76
難民認定事務取扱要領	73
難民認定申請	
3回目の——	127
難民認定手続	
——及び補完的保護対象者認定手続と退去強制手続との関係	124
——と在留特別許可手続の分離	81
——に係る改正	52
難民認定等	
——の申請をした外国人に対する適切な配慮	52
——を適切に行うための措置	52
難民の地位に関する議定書	52
難民の地位に関する条約	52
難民旅行証明書	81
——の有効期間	81
——の有効期間の延長	81

【に】

日系4世	
——受入れサポーター要件	153
——の受入要件	153
——の「定住者」への在留資格変更	154
日本語教育	90
日本放送協会	32
入管法53条3項1号	130
入管法53条3項該当性の判断プロセス	130
入管法上の難民	52
入管法に規定する義務を遵守しないこと	174
入国警備官から入国審査官への違反事件の引継ぎ	97
入国警備官による制止等の措置	145
入国者収容所等	142
入国者収容所等視察委員会	143
入場料に飲食料金が含まれている場合	34
認定育成就労計画	241
認定基準	242
育成就労計画の原則的な——	242
育成就労計画の例外的な——	243
育成就労認定が取り消されたことによる場合の——	249
「育成就労」の在留資格を有する者でなくなったことによる場合の——	250
育成就労の対象でなくなった外国人を対象として新たに育成就労を行わせる場合の——	249
転籍希望の申出をした育成就労外国人を対象として新たに育成就労を行わせる場合の——	247
認定専修学校専門課程	158
認定の取消し	257
——の処分性	258
認定要件	242

【ね】

年収	4, 5
年齢制限要件	153

【の】

ノン・ルフールマン原則	128

【は】

バーカウンター	34
灰色の利益の原則	75
賠償予定罪	275
賠償予定の禁止	272
配膳	12
ハイタッチ	13
俳優	46
迫害	56
迫害主体	58, 70
迫害理由	63
迫害を受けるおそれ	82
——があるという十分に理由のある恐怖	58
派遣元事業主	237
派遣元事業主等	237
バスケットボール	17
罰則	274
花束をもらう行為	13
番組の製作に係る活動	46
番組又は映画がインターネット上のみで配信される場合	46
番組や映画の出演又は製作等に係る活動	45

【ひ】

控室	42
被仮放免者逃亡罪	116

被監理者

——に対する不法残留罪及び不法在留罪の適用関係	97, 107
——の義務	103, 111
——の国民健康保険の適用関係	108
——の逃亡罪	97, 108
——の届出義務	103, 111
——の不法就労罪	97, 103 108
非国家主体	58, 59, 69 70
非国家武装集団	57

被収容者

——以外の者に対する措置	145
——に対する活動の援助	143
——に対する措置	145
——の隔離	144
——の処遇	142
非人道的な刑罰	83
秘密保持義務	281
秘密申立て	150, 151 152
日割り	40

【ふ】

ファッション雑誌等のモデル	47
ファッションショー	19, 44, 45
ファッションモデル	45
不正に認定を受けたこと等による補完的保護対象者認定の取消し	88
舞台	42
舞台挨拶	46
物産展	46
フットサル	17
不当に重い処罰	56
不服申立て	149
不法在留罪	97, 108
出国制限対象者に対する不法残留罪及び——の適用	142
被監理者に対する不法残留罪及び——の適用関係	97, 107

不法残留罪	97, 108
出国制限対象者に対する——及び不法在留罪の適用	142
被監理者に対する——及び不法在留罪の適用関係	97, 107
不法就労罪	97, 103 108, 142
不法就労助長罪の厳罰化	173
プライベートレッスン	11
不利益取扱いの禁止	150, 151 152, 271 274
振付師	14
武力紛争や戦争から逃れる人	58
プロゴルファー	15
プロスポーツ選手を指導する活動	14
プロ選手	16
プロレス選手	17
紛争	83
分野別運用方針	240
分野別協議会	270

【へ】

変更届出	266
変更届出及び許可証書換申請	266
返納	169
弁明の機会の付与	257, 269

【ほ】

法違反事実の申告権	274
報告	266
報告徴収	256, 267 278, 280

報酬	
——が外貨により支払われる場合	40
——額の上限	102
報酬を受ける活動	
——の許可	78, 100
——の許可の取消し	79
——の許可の内容の変更を希望する場合	102
放送番組の製作に係る活動	45, 46
放置・助長論	72
報道	
「興行」と「——」との関係	11
報道上の活動	11
報道番組	11
——の製作に係る活動	47
法令により拘禁された者	137
補完的保護対象者	82
——に対する保護及び支援	90
——の該当性	82
——の認定	84
補完的保護対象者定住支援プログラム	90
補完的保護対象者認定	
——の取消し	88
——を受けた者の在留資格の取消し	88
不正に認定を受けたこと等による——の取消し	88
補完的保護対象者認定証明書	85
——の返納	88, 89
補完的保護対象者認定手続	82
難民認定手続及び——と退去強制手続との関係	124
補完的保護対象者認定不正取得罪	90
ボクシングプロ選手	17
保健衛生及び医療	143
保護される特性アプローチ	68
保護室への収容	145
保護方策	271

保証金
　——の徴収　　　　　　　271
　——の納付　　　　　　96,97
　　　　　　　　　　　106,107
　——の没取　　　　　105,112
捕縄の使用　　　　　　　145
補助者　　　　　　　　14,38
ホペイロ　　　　　　　　16
本人意向による転籍　　　247
本人の能力等　　　　　　19
本邦大学等卒業者　　　　156

【ま】

マネージャー　　　　　14,38

【み】

密接関係法人育成就労　　242
密接な関係を有する本邦の複数の法人　242
みなし再入国許可の適用除外　90,103
見本市　　　　　　　　　45
未来創造人材　　　　　　6
民族浄化　　　　　　　　59

【む】

無許可出国　　　　　　　139
無国籍者　　　　　　　　52
無差別かつ無分別な暴力　83

【め】

名義貸し　　　　　　265,281
名義借り　　　　　　　265

面会　　　　　　　　　　146
　——に関する制限　　　147
　——の相手方　　　　　146
　——の一時停止　　　　147
　——の終了　　　　　　147
　——の立会い　　　　　146

【も】

木材産業分野　　　　　　178
専ら客の接待に従事する従業員　41
モデル
　——としての活動　　　45
　ファッション雑誌等の——　47

【や】

野球　　　　　　　　　　16
「やむを得ない事情」がある転籍　247

【ゆ】

UNHCR　　　　　　　56,76
遊興の内容　　　　　　　42
優遇措置　　　　　　　　5
優良な監理支援機関　　　261

【ら】

ラグビー　　　　　　　　17

【り】

力士	17
立証の責任・程度	73,74
リモートワーク	160
理由提示	85
良心的兵役拒否	58
両罰規定	275,276
旅券等保管罪	276
旅券の保管の禁止	272
旅券発給申請等命令	134
林業分野	178

【る】

累積的・総合的判断	58

【れ】

令和6年入管法改正	166

【ろ】

労働者派遣	237
労働者派遣等	237
労働者派遣等育成就労産業分野	237
労働者派遣等監理型育成就労	237
労務管理能力	30
録音技師	19
録音・録画を行う活動	45

令和5年度・6年度入管法令改正
　　　　及び育成就労法の解説

－特別高度人材、未来創造人材、興行、送還停止効の例外、
　退去命令、監理措置、補完的保護、在留特別許可申請、
　日系4世、本邦大学等卒業者、
　技術・人文知識・国際業務に係る関連性審査、
　デジタルノマド、特定在留カード、特定技能、育成就労－

令和6年9月6日　初版発行

著　　山　脇　康　嗣

発行者　河　合　誠　一　郎

発　行　所　新　日　本　法　規　出　版　株　式　会　社

本　　　社
総 轄 本 部　（460-8455）　名古屋市中区栄1－23－20

東 京 本 社　（162-8407）　東京都新宿区市谷砂土原町2－6

支社・営業所　札幌・仙台・関東・東京・名古屋・大阪・高松
　　　　　　　広島・福岡

ホームページ　https://www.sn-hoki.co.jp/

【お問い合わせ窓口】
新日本法規出版コンタクトセンター
📞 0120-089-339（通話料無料）
●受付時間／9：00～16：30（土日・祝日を除く）

※本書の無断転載・複製は、著作権法上の例外を除き禁じられています。
※落丁・乱丁本はお取替えします。　　　　ISBN978-4-7882-9376-2
5100331　入管改正解説　　　　　　　　ⓒ山脇康嗣 2024 Printed in Japan

併せてご活用ください！

詳説 ＼ 2022年9月発行 ／

入管法と外国人労務管理・監査の実務
― 入管・労働法令、内部審査基準、実務運用、裁判例 ―
〔第3版〕

著　弁護士　山脇 康嗣

Point 1
在留資格の要件や各種手続等の入管実務全般について、審査基準や裁判例等を踏まえて具体的かつ詳細に徹底解説しています。

Point 2
「介護」「特定技能」「技能実習」の節を新たに設けています。また、外国人労務管理及び適法性監査の章を新たに設け、入管法制と労働法制が交錯する接点等について重点的に解説しています。

Point 3
入国在留審査関係申請取次行政書士としても豊富な実務経験を持つ弁護士が執筆しています。

B5判・総頁1,134頁
定価10,780円（本体9,800円）
送料570円

電子書籍も新日本法規WEBサイトで販売中!!

＜電子版＞定価9,790円（本体8,900円）
※閲覧はストリーミング形式になりますので、インターネットへの接続環境が必要です。

📞 **0120-089-339**（通話料無料）
受付時間 9:00～16:30（土・日・祝日を除く）
WEBサイト https://www.sn-hoki.co.jp/

詳細はコチラ！